岐阜経済大学学長室にて（1972 年 5 月 31 日）

トリエール　マルクスの家にて
(1975 年 7 月 27 日)

本書編集者下平尾勲氏と

還暦の日の金融論講義風景（1966 年 12 月 2 日）

大学院ゼミ（1966 年 12 月 6 日）

信用の理論的研究

信用の理論的研究

飯　田　　繁

藤原書店

序　文

信用といっぱんにいわれるものは二つのちがう研究分野を内包する。貨幣論分野と資本論分野との二つを。商業信用は貨幣論分野に、銀行信用は資本論分野に、それぞれの本質・運動を包蔵している。商業信用と銀行信用とがまったくちがう二つの信用だ、とされるわけは、両者のはたす役割がたがいにあい関連しながらも、両者はもともと大きくちがう貨幣論段階と資本論（しかも、最高物神・利子つき資本論）段階との差異・格差からそれぞれ生じるのだからである。それなのに、両者のちがいがとかく粗雑にあつかわれがちだ。

そこで、信用のなかに包括される二つのあい異なる商業信用と銀行信用を正確に理解するためには、両者をべつべつに引きはなして、それぞれの原点である、貨幣理論と資本理論との本質・運動上の段階的相違を正しく見きわめることに、まず重心がおかれなければならない。信用の理論的研究のためには貨幣の理論的解明が先行すべきだ、という正しい方法を提起・実践しながら、惜しくもその貨幣理論の弱さから信用理論の正しさがひきだせなかった、といわれるルドルフ・ヒルファディング（〃流通信用と資本信用〃論者）は、いまや、われわれにとっては容易にえがたい〃反面教師〃であるわけだ。

商業信用の本質・運動が貨幣論（非資本論）段階にあり、それとはちがい、銀行信用の本質・運動が資本論（非貨幣論）段階にある、とはいっても、商業信用は資本主義社会に先立つ単純な商品社会に固有なもの・過去のものだ、それにたいして、銀行信用だけが現代的なものだ、などと曲解されてはならない。

近代資本主義社会で商業信用と銀行信用とが共存し、あい関連・まざり合っている。この事実は、商業信用の〝貨幣性〟(〝非資本性〟)を、そしてまた銀行信用の〝資本性〟(〝非貨幣性〟)をそれぞれけっして変えはしない。資本主義社会のなかでげんにおこなわれる商業信用の〝貨幣性〟(〝非資本性〟)が強調されるわけは、商業信用が、価値生産・増殖しない価値形態転換の場・〝げんじつの流通過程〟(そこでは、商品資本・貨幣資本はたんなる商品・たんなる貨幣として機能する)での事象だからである。これにたいして、銀行信用は、価値増殖(利子取得)の場・〝独特な流通過程〟での現象である。

こうした両信用のあい異なる本質と運動をそれぞれ正しく把握するためには、くりかえすが、貨幣論と資本論との対照・差異をまずあらかじめあやまりなく取得しておくことが必須要件となる。そこで、第一部「マルクス信用論の研究〝序説〟」では、いまさらながら、貨幣と資本の基礎要領がもとめられるので、諸誌・諸辞典などの短い拙文が収録されている。また、第二部「商業信用と銀行信用」では、旧著の拙文がことわりなく訂正・引用されている。ひたすらご寛容を乞う。

飯田繁

(注)「まえがきはすべてが完成したときに書くものだ」と、いつも語っておられたことからすれば、本序文については、全体の校正が終了した段階で全体の構想と内容に即して加筆訂正される予定であったと考えられる。(編集者——下平尾勲)

目次

第二部　商業信用と銀行信用
――貨幣段階の信用と、資本段階の信用――

第四部　ヒルファディング信用理論の研究

第一部　マルクス信用論の研究〝序説〟

――貨幣論分野と資本論（→金融論）分野――

第一章　貨幣論・金融論の地位と課題

――マルクス的研究方法の序章――

I　貨幣と資本（→金融）との関係

金融論（金融経済論）研究の第一歩は、経済学全体系のなかでの金融論の位置づけからはじまる。金融論は経済学全体系のどの理論的段階に位置しているのかを知ることが、金融論を経済学の一分野として正しく理解するための第一要件なのだからである。

金融論は、マルクス経済学では、資本の生産過程論・流通過程論につづく資本運動の総過程論の終わりの部分・『資本論』第三巻第五篇ではじめて研究されている。

同篇第二一章からはじまり・展開されている同篇各章ぜんたいの利子つき資本論―銀行信用論がいわゆるマルクス金融論の核心をなすところのものである。このように、金融論が純粋資本運動論のさいごを形成しているという事実こそは、金融論が、資本の理論であるというだけではなく、さらにまた、産業（生産）資本論や商業（流通）資本論よりも形態規定的にいちだんと向上・具体化された資本の最高物神論でもあるということをもっともよく示している。

そしてまた、この事実こそは、金融（信用（銀行信用））の理論が『資本論』第一巻第一篇でさっそく登場する貨幣の理論とは論理段階的にどんなに遠くはなれた理論体系の一環であるかをも強くいいあらわしている。デ・ローゼンベルグは、だから、こういった。「……貨幣の問題から直接に信用（金融―飯田注）の問題へ移行することは不可能である……。貨幣の問題の研究と資本主義的信用の問題の研究との間には、《資本論》第一巻と、第二巻と、及び第三巻のかなりの部分とが横たはってゐるともいふことが出来よう」[(1)]、と。

（1） デ・ローゼンベルグ、淡徳三郎訳『資本論注解』（第四巻）一六三ページ（改造社版）。

「……剰余価値の利潤化どころか、剰余価値そのものすらまだあらわれてこない理論的・現実的段階での貨幣の問題（『資本論』第一巻第一篇）は、近代的な利子つき資本と利子の研究を中心課題とする近代的信用の問題の直接的前提ではない、……すなわち、たんなる抽象的段階としての貨幣が理解されても、それだけでは信用の問題は解明されえない」（飯田繁『利子つき資本の理論』三七ページ）。飯田繁『現代銀行券の基礎理論』三七―四〇ページ参照。

新聞・雑誌・著書や講演・研究会などで、〃金（かね）でもの（正しくは、商品〔労働生産物の歴史的・社会的形態〕というべきだ）を買う〃とか、〃金（かね）を貸しつける〃とか、いう文句やことばがよく見かけられ・聞かれる。〃金でものを買う〃というばあいの金は貨幣のことであり、〃金を貸しつける〃というばあいの金は資本・しかも利子つき（貸付）資本のことである。貨幣と利子つき資本との形態規定での段階的距離を無視して、いちように〃金（かね）よばわり〃するのは、まったく非科学的である。学会報告などでさえ、〃金（キンではなく、かね）〃ということばが専門学者の口からしばしばもれる。なるほど、〃金〃ということばは、〃資金〃などということばとおなじように、しごく便利なことばであり、それらのことばを使う学者たちは、おそらく貨幣と利子つき資本との形態規定・論理的段階のちがいを十分に心得てはいるのだろうが、ついそのことばの〃便利さ〃にかまけて貨幣と利子つき資本とのどちらをもおなじく〃金〃・〃お金〃などといってしまっているのでもあろう。けれども、げんみつな科学的分析をこころみるさいには、煩雑さをいとわず正確に貨幣とか利子つき資本とか、いうように表現すべきだ。

さて、うえにみたように、金融論は、貨幣にかんする学問ではなく、資本にかんする学問であるが、しかし論理段階的にたがいに遠くへだたる、貨幣にかんする学問と、資本にかんする学問とは体系的にも・領域的にもきんみつにあい関連する。第一に、資本にかんする学問は、貨幣にかんする学問を基礎・前提としてはじめて定立される。第二に、資本にかんする学問は貨幣にかんする学問と交錯し・関係しあう。

そこで、資本にかんする学問にはいるまえに、われわれはまず貨幣にかんする学問――それにさきだっては、商品にかんする学問と、商品にかんする学問から貨幣にかんする学問への転化・展開と――を正しく修得しなければならない。貨幣にかんする学問では、貨幣の本質・発生・諸機能にかんする究明が課題となる。けれども、貨幣にかんする学問それじたいは金融論の本来的な固有の研究分野ではないので、貨幣にかんする学問の研究は、資本にかんする学問としての金融論の解明を課題とするさいには、それの前提を獲得・整理するために必要な限度内にとどめられなければならない。(2)

(2) 紙面の都合上、いまはこれについてまったくふれることができない。注意までに一言。

貨幣にかんする学問が、貨幣の本質論からはじまるのであって、発生論からはじまる(カウツキー説やヒルファディング説)のではない、ということについては、飯田繁「貨幣の必然性」(『経済学雑誌』第一九巻第四・五号)を参照、『マルクス貨幣理論の研究』に収録。本質不明なものの発生を論じることはできない、いいかえれば、なにものかの発生を論じるさいには、その、発生するものがなんであるかをあらかじめつかんでいなければならない、からである。麓健一『貨幣論』一―五六ページ、小林威雄『貨幣の基礎理論』一二―四〇ページ参照。

「……貨幣の本質論があきらかにされたのち、はじめて貨幣の発生(貨幣〔発生〕の必然性)論が、そしてまたそれにつづいて、貨幣の機能論・運動論が説かれうるものである……。貨幣の本質が一般的等価形態である、ということがわかっているのでなければ、われわれは、貨幣の必然性を、価値の価値形態への転化の必然性として、交換過程における商品の貨幣への転化の必然性としてはつかめないことになるだろうし、したがってまた、貨幣の諸機能を、交換手段=流通手段機能からではなく、価値尺度機能からはじまり、世界貨幣機能へとすすむ弁証法的展開のなかにとらえることができないことになろうからである」(飯田繁「貨幣流通と物価運動との関係(一)――貨幣流通の現代的理論への志向――」〔『経済学雑誌』第五四巻第三号、昭和四一年三月、二七―八ページ）、貨幣にかんする学問の私見については、とりあえず、同稿・続稿（『貨幣・物価の経済理論』に収録）を参照。

貨幣が資本へ転化すること（一方に、一定貨幣量の集積〔生産手段や生活資料の所有者→資本家の階級的形成〕と、他方に、対立物としての、労働力の商品化〔商品としての労働力の所有者→賃金労働者の階級的成立〕）によって、(3) 単純商品流通（W―G―W）は資本流通（G―W―G'）に展開・向上する。こうした貨幣の資本への転化の論理と現実を契機として、貨幣にかんする学問は資本にかんする学問へ止揚される。だが、貨幣の資本への転化によって成立する資本流通様式のなかでも、貨幣の流通はのこる。資本の〝げんじつの流通過程〟（G―W、W'―G'）のなかでは、貨幣資本（資本としての貨幣）はたんなる貨幣として機能し、商品資本はたんなる商品として機能する(4)――貨幣の流通手段機能・支払手段機能がおこなわれる――のだからである。だからこそ、資本にかんする学問としての金融経済論（金融論）と、先行する貨幣にかんする学問としての貨幣経済論（貨幣論）とは、それぞれ学問領域・分野を異にしながらも、なおたがいにきんみつに交錯し・関係しあうことにもなる。

（3）「貨幣や商品ははじめから資本なのではない、諸生産手段や諸生活資料がはじめから資本なのではないのとおなじように。それらは資本への転化を必要とする。この転化じたいは、しかしながら、つぎの点に集約される一定諸事情のもとだけでおこなわれる。すなわち、一方では、他人の労働力の購買をとおしてじぶんたちによって所有されている価値量を増殖しようとねらっている貨幣・諸生産手段・諸生活資料の所有者と、他方では、自由な労働者、じぶんじしんの労働力の売り手、したがって労働の売り手との、二とおりのひじょうにちがう種類の商品所有者が対立し、接触しなければならない、という点である」（Das Kapital, Bd. I., S. 752.〔傍点―原著者〕）。
「……貨幣所有者が労働力を商品として市場でみいだすためには、いろいろな条件がみたされねばならない。……労働力の所有者が労働力を商品として売るためには、かれは労働力を自由に処理することができねばならない、したがって、かれの労働能力の、かれの人格の、自由な所有者でなければならない。……貨幣所有者が労働力を市場で商品としてみいだすための第二の本質的な条件は、労働力の所有者が、かれの労働の対象化されている諸商品を売ることができないで、むしろかれの生きた身体のなかにだけ存在するかれの労働力じたいを商品として売りださねばならない、ということである。……貨幣の資本への転化のためには、だから、貨幣所有者は自由な労働者を商品市場でみいださねばならない、二重のいみで自由な、……」(a. a. O., Bd. I., SS. 175-6.〔傍点—原著者〕)。

「貨幣または商品の所有者は、生産のために前貸しされる最低限量が中世的最大限量をずっとこえるようになるときに、はじめてじっさいに資本家に転化する。たんなる量的変化が一定点で質的差異に急転する、という、ヘーゲルによってかれの論理学のなかで発見された法則の正しさが、ここでも、自然科学でとおなじように立証される」(a. a. O., Bd. I., S. 323.〔傍点—原著者〕)。

「近代的資本が創出されるための歴史的諸条件は、要約すれば、一方の極での貨幣財産の集積であり、他方の極での労働力の〈商品〉化である。一方の極で集積された貨幣財産の所有者と、他方の極で〈商品〉化された労働力の所有者とのあいだでむすばれるところの、歴史的に特殊な対立的社会関係こそが、まさに近代的な資本関係の本質を形成するものなのである。端的にいえば、労働力が商品の形態をとるようになったので、貨幣は資本となることができるようになった(労働力所有者は賃金労働者として、そしてまた貨幣所有者は資本家として、それぞれあらわれることになった—追記)わけだ」(飯田繁『利子つき資本』一三七ページ)。

(4)「……貨幣資本は産業資本の循環のなかでは(G—W´; W´—G´. すなわち、資本の流通過程=〃げんじつの流通過程〃のなかでは—飯田注)貨幣諸機能いがいの機能をおこなうものではなく、そしてこれらの貨幣諸機能はこの循環の他の諸段階との関連によってのみ同時に資本諸機能の意味をもつ……」(Das Kapital, Bd. II., S. 73.)。

「貨幣資本としては、貨幣は貨幣諸機能を、さしあたりのばあいでいえば、一般的な購買手段・一般的な支払手段の諸機能をはたすことができる状態にある……。このような能力は、貨幣資本が資本であることからうまれるのではなく、貨幣資本が貨幣であることから生じるのだ……」(a. a. O., Bd. II., S. 26.)「げんじつの流通過程では、資本はいつも商品または貨幣としてしかあらわれず、資本の運動は一連の諸購買と諸販売に帰着する」(a. a. O., Bd. III. Tl. I., S. 377.)。

「資本は、資本の流通過程のなかでは、けっして資本としてではなく、ただ商品として、あるいは貨幣としてあらわれるのであり、この商品また貨幣こそこのばあい、他者にとっての資本の唯一の定在なのである」(a. a. O., Bd. III. Tl. I., SS. 375-6. 傍点—原著者)。『利子つき資本の理論』五四—五ページ参照。『経済学雑誌』第五四巻第三号、一二三—七ページ、同誌第五四巻第五号、五七—六二ページ（『貨幣・物価の経済理論』に収録）参照。

ところで、資本にかんする学問としての金融論の地点に到達するためには、まず、資本にかんする学問としての産業資本論→商業資本論を経由しなければならない。こうしてはじめて、Gが貨幣としてではなく、資本・利子つき資本として譲渡され・運動する過程（利子つき資本の〝独特な流通過程〟〔der eigentümliche Zirkulationsprozess des zinstragenden Kapitals〕）にわれわれはいきつくことができる。貨幣資本（G・G'）が資本としてではなく、貨幣として譲渡され・運動する資本の〝げんじつの流通過程〟（G—W, W'—G'）と、貨幣資本（G・G'）が、貨幣としてではなく、資本として譲渡され・運動する利子つき資本の〝独特な流通過程〟（G—〔G—W—G'〕—G'; G—〔……〕—G'; 短縮すると、G—G'）とは、いいかえれば、流通資本としての貨幣資本の本質・運動と、利子つき資本としての貨幣資本の本質・運動とは、どのように交錯・関連するかの問題、すなわち、資本主義的社会関係のもとでの、貨幣経済論と金融経済論との交錯・関連をめぐる問題は、三「金融と経済」でのもっとも錯雑・困難な諸問題の一核心を形成する。(5)

（5） 銀行券（兌換・不換）の貨幣論側面と金融論（銀行信用論）的側面との交錯・関係については、飯田繁『現代銀行券の基礎理論』七一—一九八ページ、四二四—六八ページ、「不換銀行券の二重規定と伸縮性〈序章〉」（『経済学年報』第一九集、昭和三八年一二月）、「銀行券の二重規定にかんする論争点」（『経済学雑誌』第四八巻第五号、昭和三八年五月）参照。飯田繁『不換銀行券・物価の論争問題』に収録。

Ⅱ　金融と利子つき資本との関係

生産過程のなかで運動する資本＝生産資本・産業資本と、流通過程のなかで運動する資本＝流通資本・商業資本とは、ともにいちように平均利潤を追求してやまない本質規定をもつ機能資本＝現実資本である。もっとも、産業資本と商業資本とは、剰余労働→剰余価値（率）→利潤（率）→平均利潤（率）の形成・取得機能のうえでそれぞれまったくちがう。剰余価値は、直接の生産過程のなかでと、〝流通過程にまで延長された生産過程〟[1]のなかでしか生産・形成されないのだからである。

（1） Vgl. Das Kapital, Bd. II., SS. 130-46.

ところが、商業資本は、純粋な流通過程のなかでだけ機能し、剰余価値の生産にはなにもあずからないのに、なお機能資本としては産業資本とおなじ資格で平均利潤の取得に参与する。[2] 諸機能資本間の自由競争によって成立するこうした平均利潤（率）を前提として、はじめて平均利潤（率）の一分割部分・一派生形態としての利子（率）が考慮されうることになる。平均利潤（率）の形成には、産業資本だけではなく、商業資本もまた参加するのだからこそ、利子つき資本論（『資本論』第三巻第五篇）に先だって、商業資本論（第四篇）がおかれるわけなのだ[3]（超過利潤・剰余利潤〔平均利潤をこえる利潤部分〕の一転化形態としての地代は、平均利潤の内部的な一分割部分としての利子が究明されたのちに、やっと研究の対象となる[4]）。

（2） 「商品取扱資本は（商業資本のもうひとつの亜種・貨幣取扱資本もまた〔飯田注〕）、だから、……価値も剰余価値も創造しないで、ただそれらの実現を媒介する……だけだ。それでもなお、産業資本の流通部面は、生産とおなじく、再生産過程の一部面を形成するのだから、流通過程で自立的に機能する資本は、いろいろな生産部門で機能する資本とおなじように、年々の平均利潤をえ（abwerfen）なければならない」（a. a. O., Bd. III. Tl. I., S. 312.）。

（3） 「一般的利潤率と平均利潤は、いまや、まえよりもせまい範囲内であらわれる。……こうして、平均率の完成された姿態にだけに関連する。平均率は、これからは産業資本と商業資本とにとっておなじであるから、この平均利潤がとりあつかわれるかぎりでは、産業利潤と商業利潤とを区別だてすることは、もはや必要ではない」（a. a. O., Bd. III. Tl. I., S. 370.）。

（4）「……利子つき資本・利子にかんする研究は、一方では商業資本・商業利潤（平均利潤）にかんする研究のあとにおかれねばならないが、他方では土地所有者（者）のもとでの〈超過利潤の地代への転化〉にかんする究明のまえにあたえられねばならないし、げんにマルクスはそうしたのであった」（『利子つき資本』三二ページ）。なお、そういうふうには考えられない宇野弘蔵教授の論理については、同書三二ページ参照。宇野弘蔵編『資本論研究』（V利子・地代）一七一―二ページ参照。

生産過程や流通過程で運動する〝利潤つき資本〟（das profittragende Kapital）(5) とはちがい、利子つき資本（das zinstragende Kapital）は、剰余労働→剰余価値→個別利潤→平均利用の生産・形成過程からはるかに遠くはなれた――流通過程（〝げんじつの流通過程〟）からも遠ざかった――信用過程（銀行信用過程＝〝独特な流通過程〟）に身をおきながら、しかも資本として（といっても、機能資本とは異なる所有資本として）平均利潤の一分割部分・利子を取得する。利子つき資本が身をおき・主体的に運動する信用過程(6)こそがいわゆる金融部面なのである。

（5）**Vgl. zum Beispiel, Grundrisse aer Kritik der politischen Ökonomie, S. 736.**『利子つき資本』一八三ページ参照。
（6）『利子つき資本』三九二―八ページ、三九九―四二〇ページ、四二一―七一ページ参照。

こうした、利子つき資本が主体的に運動する信用過程＝銀行信用過程は、貨幣が主体的に運動する信用過程＝商業信用過程とはげんみつに区別されなければならない。商業信用の諸関係は支払手段としての貨幣の機能から生じる。商業信用の諸関係は、だから、貨幣（支払手段としての貨幣）の理論的段階に位置するのに、銀行信用の諸関係は、資本（利子つき資本）の理論的段階に地位をしめる。

商業信用の諸関係と銀行信用の諸関係とは、このように、理論段階的には遠くはなれていながらも、現実的には、しかし、たがいにあい接触し・あい交錯する。(7) こうして、商業信用とのまざりあいは、(8) 貨幣論と金融論とのひとつの接点を形成する。商業信用の諸関係を代表する商業手形の割引→銀行券（まず兌換銀行券についてみる）の発行・

貸しつけは、ひろい意味の信用貨幣（商業手形・本来的な商業貨幣）からせまい意味の・本来的な信用貨幣[9]（兌換銀行券→預金貨幣）への転換[10]を、そしてまた、商業信用から銀行信用への切り替え・交錯をいみするのだからである。貨幣論と金融論との〝ひとつの接点〟（貨幣論と金融論との〝もうひとつの接点〟は蓄蔵貨幣→預金〔貸しつけられうる貨幣資本の一源泉〕の形成[11]）を正しく把握するためにも、貨幣論の事前的な解明が絶対的に必要なのであった。

（7） Vgl. Das Kaptial, Bd. III. Tl. I., SS. 436-52. Tl. II., SS. 523-9. SS. 565-92. SS. 593-611.『利子つき資本の理論』一六五—二一〇ページ、三二九—三三一ページ、三七五—四三九ページ、四四〇—七一ページ参照。『利子つき資本』三三三—四七一ページ参照。『現代銀行券の基礎理論』五四—七一ページ参照。

（8）『利子つき資本の理論』一九七ページ参照。

（9） Vgl. Das Kapital, Bd. III. Tl. I., S. 436.

（10） Vgl. a. a. O., Bd. III. Tl. I., S. 467.

（11）『利子つき資本の理論』一八八—九三ページ参照。

利子つき資本の本質は、一方では、〝資本としての商品[12]〟・〝ひとつの独特な商品〟（eine Ware sui generis〔eigener Art〕）[13]として、そしてまた他方では〝たんなる所有としての資本〟・〝たんなる資本所有〟・〝資本所有としての資本所有[14]〟として規定される。〝資本としての商品〟・〝ひとつの独特な商品〟としての利子つき資本の本質規定が、普通商品（gemeine Ware）や貨幣商品（Geldware）＝一般商品（allgemeine Ware）などからどのように区別されなければならないものなのか、そしてまた、それでもなお、利子つき資本をなぜ〝商品〟として、〝ひとつの独特な商品〟として本質規定しなければならないのか[15]、を知ることは、利子つき資本の最高物神性・最高疑制性[16]を見きわめるうえで、どんなに重要な・しかも困難な一課題であるかをおもいしらされる。

（12） Vgl. Das Kapital, Bd. III. Tl. I., S. 376.（傍点—原著者）。

（13） Vgl. a. a. O., Bd. III. Tl. I., S. 371, S. 382.

（14）　Vgl. a. a. O., Bd. III. Tl. I., S. 408.

（15）　『利子つき資本』二三七—六一ページ参照。

（16）　Vgl. Das Kapital, Bd. III. Tl. I., SS. 426-35.『利子つき資本の理論』一四四—六四ページ参照。『利子つき資本』一〇一—一二一ページ参照。

われわれは、マルクスが『資本論』第三巻第五篇第二一章であたえたこの困難な課題のいっそう精密な究明を避けてとおるようなこと——ややもすると、困難のあまりやりがちな——をけっしてしてはならない。『資本論』の全構成を論理体系的・一貫的に商品論（使用価値と価値との対立的統一論）の展開として理解しとおすことができるためにも。『資本論』の商品論は、第一巻第一篇でおわるのではけっしてなく、さらに剰余価値論（労働力の〝商品〟化論のうえに位置づけられる）[17]——資本運動論のさいごまで延々とつづいて展開されているのだから。

（17）　Vgl. Das Kapital. Bd. I., SS. 153-84.

利子つき資本のもうひとつの本質規定＝〝たんなる資本所有〟・〝資本所有としての資本所有〟は、機能資本の本質規定＝〝たんなる機能としての資本〟・〝たんなる資本機能〟・〝機能資本としての機能資本〟と対立する。[18]〝たんなる所有〟とは機能から分離した所有のことであり、〝たんなる機能〟とは所有から分離した機能のことである。資本はもともと機能と所有との統一体として発生し、資本家は、資本の機能者・機能資本家であるとともに、資本の所有者・所有資本家でもあった。だが、『資本論』第三巻第四篇までの資本いっぱんの分析は、資本所有の側面をふせたまま、ただ資本機能の側面だけについておこなわれてきた。[19]

（18）「利子つき資本は、機能としての資本と対立する所有としての資本である」（Das Kapital Bd. III. Tl. I ., S. 414.〔傍点—原著者〕）。というマルクスの命題は、近代的機能資本と対立する近代的利子つき資本のひとつの性格を巧みにいいあらわしたものであり、また、近代的利子つき資本の最高物神性をうまくしめしたものである。〈機能としての資本〉と対立する〈所有としての資本〉というのは、……機能からきりはなされたんなる所有としての資本のことであり、現実的な諸過程ではなにもじっさいに機能しないたんなる資本所有者（〈再生産過程のそとにたちとどまるたんなる貸し手〉〔a. a. O., Bd. III. Tl. I., S. 413—追記〕）に、資本が、その資本の非所有者、ただし占有者の手のなかでげんじつに機能することによってえられるだろう超過価値（平均利潤、それ以上または以下は偶然）の一部分を、取得させる所有——……——としての資本のことである」（『利子つき資本』二二ページ〔傍点—原文のまま〕）。

(19)「社会的・一般的範疇としての近代的利子つき資本が解明されている《資本論》の叙述段階では、資本の所有と資本の機能との社会的分離が前提されている。ところが、産業資本や商業資本の現実的資本が究明されている叙述の段階ではそうではなく、むしろ資本家は資本の所有者であるとともに、資本の機能者でもある、と仮定されている。……資本主義の母国イギリスでは、資本主義の初期には多くの現実的資本が機能者である個人企業家たちによって所有されていた。……もちろん、これらの個人企業家たちは、たんに自己所有の資本をうごかしていただけでなく、自己の所有しない他人の資本を利用しただろう。だが、あくまでも現実的資本そのものとして考察されるばあいには、自己資本も他人資本もぜんぜん区別されえない。現実的資本がどのようにして機能者の手に帰したか、またそれがだれによって所有されているかということは、現実的資本それじたいの本性や運動にとってはどうでもよいことなのだ」（『利子つき資本』一七五—六ページ）。

そして、第三巻第五篇からいよいよ、資本分析のメスはのこされた所有の側面にたいしてむけられる。そのさい、資本機能の側面は既述のものとして前提され、ただ資本所有の側面だけが資本機能から切りはなされた形で分析・解明される。こうして、理論的に〝機能としての資本から分離したたんなる所有としての資本〟が分析の対象となるのは、歴史的・現実的に資本機能からの資本所有の分離現象が資本主義的経済社会の発展とともに一般的に成立しはじめ、〝たんなる所有としての資本〟の範疇がげんじつに発生することになるからであった(20)。ところで、利子つき資本の本質をうえのように二つのものとして規定するだけでは、しかしなお、まだ、利子つき資本の本質規定を統一的に把握したことにはならない。そこで、おこる問題は、これら二つの本質規定のあいだの関係をどのように統一的に理解するか[21]、だ。これもまた、われわれが解決しなければならないひとつの研究課題である。

（20）「……資本の所有と、資本の機能との分離は、これら二つのものの未分離の否定（展開）として成立する、いっそうそう具体的な内容をもつひとつの事態だ、……。

資本の所有と、資本の機能との未分離のもとでは、資本のなかで内在的に統一されていた所有と機能とは、それの分離のもとでは外在的にあい対立する二要因に転化する。しかも、資本の所有は〈たんなる資本所有〉……となり、資本の機能は〈たんなる資本機能〉……となる。これらの〈たんなる資本所有〉と、〈たんなる資本機能〉とはいまやたがいに外在的に対立しあうことになるとしても、〈たんなる資本所有〉と〈たんなる資本機能〉との外在的対立は、じつはむしろ、資本での所有と機能との内在的矛盾の必然的展開なのであって、けっしてほんらい外部的な要因としての〈たんなる資本所有〉（またはたんなる資本所有者）が、ほんらい内部的な要因としての、純粋な資本関係のなかの、〈たんなる資本機能〉（またはたんなる資本機能者）にたいしてそとからいきなり関係・対立してくる、というふうに想像してはならないだろう」（『利子つき資本』一七七ページ〔傍点―原文のまま〕）。同書六七―八ページ参照。

（21）「……利子つき資本の二つの質的な規定は、もともと……利子つき資本の最高物神をただ二とおりにいいあらわすものであり、したがって、二つの質的規定は、いわばたがいに不可分的に融合されているといっただけでは、しかしながら、まだ二つの質的規定のあいだの関係はわからない。そこにみられる諸関係は、……貨幣の利子つき資本への転化、利子つき資本での〈貨幣の資本化〉の論理的・現実的把握によっていちおうあきらかにされえよう。

まず、資本の所有と資本の機能との社会的分離、したがって現実的機能からはなれた資本所有、……〈たんなる資本所有〉の存立を一般的にゆるす社会的構造が前提されるのでなければ、そしてその結果として、可能的資本として貨幣が存在するのでなければ、けっして可能的資本としての貨幣が、〈商品〉となるというような社会的事象、すなわち、ひろいみの可能的資本としての貨幣が、そのたんなる所有者の手からそれの非所有者（ただし機能者）の手に資本として譲渡されるというような社会的現象はみられないだろうし、したがってまた、けっして貨幣は、社会的にひとつの〈独特な商品〉となることはできないのであった。

しかし、他面、〈たんなる貨幣所有〉がげんじつに利子つき資本の質的規定としての〈たんなる資本所有〉となるのは、貨幣がげんじつにひとつの〈独特な商品〉となることによってである。というのは、貨幣がひとつの〈独特な商品〉となるまえには、貨幣はあらゆる可能性をもつ――ひとつの〈独特な商品〉となる可能性と、それにはならない可能性とをあわせもつ――ひろいいみでの可能的資本であって、それの所有もまたひろく〈たんなる資本所有〉……であるとはいえても、そのまま利子つき資本なのではないからである」（同書一七四ページ〔傍点―原文のまま〕）。

利子つき資本の本質につづいては、利子つき資本の運動があきらかにされなければならない。利子つき資本の運動が機能資本・現実資本の運動とは根本的ちがう点は、利子つき資本が運動する金融・信用過程のなかではなんの現実的んな機能もおこなわれない、ということにある。

利子つき資本は、その二重の本質規定に照応して、一方では、ただ譲渡されるだけで資本・価値増殖するものとなり（″資本としての商品″）、また他方では、譲渡されてもなお譲渡者の所有物である、つまり譲渡者の所有権は譲受者の手に移転されない(22)（″たんなる所有資本″）。利子つき資本の価値増殖という事態（G―G'）は、譲渡行為によって媒介されなければならない――というよりも、むしろ、資本として譲渡されることによって、はじめて貨幣資本（G）はげんじつの所有資本・利子つき資本となる（譲渡前はそれへの可能性をもつものにすぎない）、というべきだ――が、譲渡行為そのものから生じるのではない、また、利子つき資本の増殖価値部分（利子）はその譲渡・貸付行為そのものに起因して譲渡者・貸し手に帰属することになるのでもない。そうではなくて、譲渡されてもなお譲渡者の手にとどまるところの、利子つき資本の固有な所有権こそが、増殖価値の一分割部分（利子）をその譲渡者・所有者の手に帰属させ・取得させる根本原因なのだ(23)。そこで、利子つき資本の価値増殖部分＝利子は機能の所産としてではなく、所有の産物としてあらわれる。所有はしんじつのところ利子の生産要因ではけっしてないのに。あとにも・さきにも等価が代わりにうけとられない形での、したがって、所有権が移転されない形での、一定価値額（G）の譲渡（貸しつけ〔相手方からみれば、借り入れ・借り受け〕）は法的約定・契約期日には所有者の手もとへのG'＝G＋△Gの復帰・還流（回収〔相手からみれば、利子つき返済〕）を必然化する。利子つき資本の譲渡・貸しつけ―利子をともなっての利子つき資本の還流・回収（G—G´）は、本質関係的には、現実資本の機能過程での価値増殖→平均利潤化を媒体としてはじめておこなわれるものであるのに、現象形態的には、これらとは無縁なものとして無媒介的・最高物神的にあらわれる。(24)

(22)「貸付資本家は、等価をうけとらないでかれの資本を手ばなして、産業資本家たちにゆずりわたす。……所有権は移転されない、なんの交換もおこなわれるのではく、またなんの等価も受けられないのだから」(Das Kapital, Bd. III. Tl. I., S. 380.)。

(23)「なるほど、一定価値額の所有者は、それを資本として他人に譲渡し（すなわち、貸しつけ）なければ、利子を収得できないのはじじつだが、だからといって、かれに利子を収得させる究極的・決定的なものは、〈資本の所有ではなく、譲渡＝貸しつけの行為である〉とはいえないだろう。資本所有からきりはなされてはけっして存在できない〈唯一の機能〉であるこの譲渡行為は、けっきょく資本所有の一属性としてしかみなされえないのだから、〈譲渡行為そのもの〉ではなく、譲渡行為によってもなお失われず保たれている、所有、〈資本所有そのもの〉——それは、譲渡行為によって、そのようなものとして顕在化しえたのだが——こそが、資本の所有者に利子を収得させる究極的な原因（源泉、力）である、……そして、譲渡は、ただ、所有の権限にもとづく利子収得を媒介するものにすぎない、といわなくてはならないだろう」『利子つき資本』二一七ページ〔傍点—原文のまま〕)。

「一〇〇ポンドの所有が、その所有者に……利子を収得する（an sich ziehen）力をあたえる、ということはあきらかである」(Das Kapital, Bd. III. Tl. I., S. 371.〔傍点—飯田〕)。

(24)「価値を創造し、利子をもたらす（abwerfen）ことが貨幣（可能的資本としての貨幣、貸しつけられうる貨幣資本・たんなる資本所有〔飯田注〕）の属性となるのは、ちょうど梨の実をつけるのが梨の木の属性であるのとおなじだ。……（段落がかわる）……利子は利潤……の一部分にすぎないのに、その利子がいまやあべこべに資本の本来的な果実として、本源的なものとして、……あらわれる。ここでは、資本の物神的姿態が、そしてまた、資本物神の観念が完成される。……。」(a. a. O., Bd. III. Tl. I., SS. 427-8)。『利子つき資本の理論』一四四—六四ページ参照。『利子つき資本』二一四—五ページ参照。

利子つき資本の借り手が平均的利潤を追求する近代的な機能資本家であり、借り手から貸し手に支払われる利子が、借り手に帰属する平均利潤の一部分であるいじょう、そうした近代的な利子は――前時代的な〝高利貸付資本の利子〟[25]とは本質的にちがい――剰余労働→剰余価値→個別利潤→平均利潤が形成される近代的資本主義のなかではじめて成立することになる。ところが、近代的な利子が平均利潤の一分割部分として位置づけられることによって、いいかえれば、平均利潤が量的に利子と企業者利得とに分割されることによって、一方、利子は資本所有の産物として、そしてまた他方、企業者利得は資本機能の所産＝監督賃金としてあらわれる。[26] こうして、利子と企業者利得とは、じつはほんらいどちらも剰余労働の産物・凝結物でありながら、質的にまったくあい異なる源泉に由来するものであるかのように現象し・物神化される。

(25)「……資本主義的な生産様式に先だつ諸時代での高利貸付資本(Wucherkapital)が存在する特徴的な形態は、二とおりである。……これらの二つの形態とは、第一には、浪費的な権力者・本質的には土地所有者にたいする貨幣貸付による高利であり、第二には、自分じしんの労働諸条件を所有している小生産者たち……にたいする貨幣貸付による高利である」(**Das Kapital, Bd. III. Tl. II., S. 642.** 〔傍点―原著者〕)。「高利貸付資本は、資本の生産様式をもたないで、資本収取様式をもつ」(**a. a. O., Bd. III. Tl. I., S. 645.**)。『利子つき資本の理論』四七二―八九ページ参照。

(26)「総利潤の量的分割がとる自立的形態が、質的分割をうみだす」(**Das Kapital, Bd. III. Tl. I., S. 411.**)。「……資本家の企業者利得は、かれにとっては、利子とは対立して、資本所有から独立したものとして、むしろ非所有者としての・労働者としてのかれの機能の結果としてあらわれる。(段落がかわる)……かれの企業者利得は、……むしろ、それじしん労賃であり、監督賃金である……という表象……」(**a. a. O., Bd. III. Tl. I., S. 415**)。『利子つき資本の理論』一二〇―四三ページ参照。

では、余剰労働の産物とはまったく無縁なものに見える利子の本質はどのように規定されるのか。利子の本質規定をその基低的な生産関係にまでさかのぼって剰余労働の一部分として指摘するだけでは、利子を利子として形態規定することにはならない。利子という形態規定[27]は、それじたい平均利潤という形態規定を先行前提としてはじめて成立する最高物神規定なのだから。利子の本質は、利子つき資本という名の〝たんなる所有としての資本〟・〝ひとつの独特な商品〟と〝価値〟・〝価格〟——その〝使用価値〟(貨幣の追加的使用価値)は、平均利潤を獲得する能力・または平均利潤そのもの——としてあらわれる(物神化され)・したがってまた、そのようなものとして取りあつかわれる(疑制化される[28])。

(27)『利子つき資本』三一三—三一ページ参照。

(28) Vgl. Das Kapital, Bd. III. Tl. I., SS. 370-89.『利子つき資本の理論』三五—九三ページ参照。飯田繁「利子つき資本と利子」(信用理論研究会『講座信用理論体系』I「基礎理論篇」上八八—一六二ページ)参照。

そこで、利子(率)の変動は、普通商品の市場価格変動になぞらえて、利子つき資本(〝ひとつの独特な商品〟)・貸しつけられうる貨幣資本・可能的利子つき資本にたいする需給関係によって規制される。もっとも、普通商品には市場価格の変動中心となる価値位置が存在するのだが、利子率の変動にはそのような中心座標(平均利子率を規制する法則としての自然利子率)はなく、それぞれの条件によって、最高限界(平均利潤率)と最低限界(ゼロではなく、ゼロにいくらでも近づきうる)とのあいだのある一点にきまる[29]。

(29) Vgl. Das Kapital, Bd. III. Tl. I., SS. 389-91. SS. 391-403.『利子つき資本の理論』九四—五ページ、九六—一一〇ページ参照。飯田繁「利子率変動論」(『講座信用理論体系』II「基礎理論篇」(下)三一—三二ページ)参照。

利子つき資本(近代的な)は、貸し手である所有資本家の手から、借り手である機能資本家の手に譲渡される・貸しつけられることによって、それは〝独特な流通過程〟からでて〝げんじつの流通過程〟→生産過程のなかにはいりこむ。こうして、利子つき資本は現実資本・機能資本(流通資本や生産資本)に転形し、一定の現実的な諸機能(流通機能や生産機能)をはたしたのちに、ふたたび出発点に復帰し、利子つき資本に再転形する(G—〔G—W…W、—

G′〕−G′）。

ところで、さきにのべたように、利子つき資本としての貨幣資本（G・G′）は、資本として譲渡され（貸しつけられ）・運動するのに、流通資本としての貨幣資本（G・G′）は貨幣として譲渡され（購買手段・支払手段として機能し）・運動する。(30) したがって、利子つき資本としての貨幣資本の〝独特な流通過程〟では資本還流の法則（とはいっても、現実資本の還流法則〔G−W−G′〕ではなく、それに依存しながらも、それとは無関係にみえる利子つき資本の還流法則〔G−……−G′〕）が支配するのに、流通資本としての貨幣資本の〝けんじつの流通過程〟そのもののなかでは貨幣流通の諸法則（金貨・信用貨幣が流通するばあい）や、紙幣流通の独自の一法則（不換紙幣・不換銀行券が流通するばあい）が支配することになる。G−〔G−W…W′−G′〕−G′の総運動のなかで、さいしょのG・さいごのG′は、それぞれのそのときどきに受けとるそれじしんのちがう形態規定に対応してそれじたいのちがう運動様式をとる。形態規定と運動様式でのそれぞれのG・G′の相互関係としてあらわれる現実資本と利子つき資本(31)（現代的な所有資本の総合名称としての銀行資本）とのあいだの複雑に入りくんだ交錯関係こそは、生産・流通・信用を総合的に内包する資本の総運動過程にみられる〝貨幣論と金融論との交錯・関連〟（上記）の内容・実体をなすところのものである。

(30)「かれ（ヒルファディング）は、かれの主著『金融資本論』のなかで、かれのひとつの信用理論（〈資本信用〉論）での研究対象が利子つき資本であるということをあらかじめ確認しないまま、したがってまた、まえもって利子つき資本そのものの性格をあきらかにしないまま、研究をおしすすめたので、あるときには、利子つき資本としての貨幣資本を、流通資本としての貨幣資本や、蓄蔵貨幣としての貨幣資本と、そしてまたあるときには、利子つき資本を機能資本と、それぞれ混同したのであった」（『利子つき資本』一―二ページ）。

「……《金融資本論》の著者ヒルファディングは、かれの識見をもってさえ、信用理論の展開にさいして、利子つき資本の運動をしばしば機能資本の運動と混同してしまい、利子つき資本の〈独特な運動〉、さかのぼっていうならば、利子つき資本の〈独特な性格〉にたいする十分な理解をしめさなかった、……（同書四〇一ページ）。Vgl. Hilferding, R. Das

Finanzkapital, SS. 72-122. Diez Verl, Berlin 1955. 飯田繁「貨幣資本と利子つき資本――ヒルファディングの《資本信用》論にたいする一批判――」（『バンキング』第一〇七号、昭和三二年二月）参照。飯田繁「ヒルファディングの信用理論」（『講座信用理論体系』Ⅳ「学説篇」二六六―七〇ページ）参照。本書第四部に収録。
(31)『利子つき資本』一二七ページ、三九九―四二〇ページ参照。

Ⅲ　金融と経済との関係

金融・信用（銀行信用）過程＝〝独特な流通過程〟のなかで運動する主体的な形態規定は、〝利子つき資本としての貨幣資本〟であり、そしてその運動様式は、うえにみたように、〝げんじつの流通過程〟のなかで運動する主体的な形態規定である〝流通資本としての貨幣資本〟の運動様式とは根本的にちがう。それでもなお、これらの二つの運動様式がたんに関係しあうとするならば、どのようにしてなのだろうか。

一見、利子つき資本の運動が、流通資本の運動を、そしてまた、生産資本の運動をまでも、つまり、信用が、流通を、そしてまた生産をまでも、リードし・規制するかのようである。だが、それは、本質隠蔽的・虚偽的な外観にすぎないのであって、本質関係的には、利子つき資本の運動・信用の方が、逆に現実資本の諸機能過程（生産・流通過程）によってリードされ・規定される。利子つき資本の利子は、現実資本のもとでの平均利潤の成立を前提とし・母体とするのだからである。

銀行業者・銀行資本家（諸金融機関の代表）は、現実資本の諸運動から定期的・不定期的に遊離する貨幣資本の諸預金（貸しつけられうる貨幣資本＝可能的利子つき資本）としてうけいれ、現実資本家がわからの貨幣資本にたいする需要・借入要求にもとづいて、受動的にそれらの預金や中央発券銀行（銀行の銀行であり、政府の銀行でもある）からの借入金・信用などを利子つき資本として供与・貸しつける。いいかえれば、利子つき資本は、借入要求にもとづいてはじめて出動していくのであり、また借入要求の解消とともにその出発点に復帰・還流するのであって[1]、借入要求のないとき・ところへはけっしてそれじしんの運動を開始しない。

（1）「流通する銀行券の数量は交易の諸要求にしたがうのであって、過剰銀行券はすべてすぐさまそれの発行者に還流する」(Das Kapital, Bd. III. Tl. II., S. 569.)。ここに「流通する銀行券の数量」というのは、貸しつけられて「利子つき資本」として出発したあと→〝げんじつの流通過程〟で、運動する兌換銀行券の数量のことである。『利子つき資本の理論』三七五―四二三ページ参照。『現代銀行券の基礎理論』一〇八―一二一ページ参照。

だが、このような、もともと受身的な立場の銀行資本家は、景気変動過程におこる、平均利潤（率）のなかでの利子（率）の割合低下動向にたいする自然的順応（景気上昇期）あるいは政策的な利子（率）引き下げ措置（不況期での中央銀行の公定歩合引き下げ政策にみちびかれての）によって、現実資本家側からの借入資本・他人資本にたいする需要を促進・刺激することができる地位にある。反対のばあいには逆。

銀行資本家の手をはなれる利子つき資本→銀行券の運動は、こうして現実資本にむかって多かれ少なかれ反作用していく。つまり、利子つき資本→銀行券の運動は、本来的には現実資本の運動によって作用・規定されるのだが、たんにそれだけにとどまらないで、さらにそれは反作用的に現実の運動にたいして大小の影響をおよぼす。金融・信用が資本主義経済―経済変動のなかでどういう地位をしめ、どんな役割をはたすのか――経済変動にたいする明暗、二面的な＝繁栄促進→恐慌激化要因的な反作用――の問題[2]は、基本的にはうえのような視角から正しく解明されなければならない。

（2）Vgl. Das Kapital, Bd. III. Tl. I., SS. 476-83. 『利子つき資本の理論』四四〇―五四ページ、四六三―七一ページ参照。

資本の所有と資本の機能との社会的・一般的な分離事象にもとづいて、近代的な利子つき資本・利子の範疇が確立されるようになると、規則的にくりかえされる一定の貨幣所得を〝利子つき資本〟の〝利子〟収入として〝資本化する〟・〝社会還元する〟（kapitalisieren）ことによって、擬制資本（fiktives Kapital）という新たな一概念が成立することになる。近代的な利子つき資本・利子範疇があらかじめ存立しているからこそ、規則的にくりかえされる一定の貨幣所得は〝利子〟の形態をとることになるのだし、そしてまた、その一定貨幣所得が〝利子〟の形態をとることになるからこそ、その一定貨幣所得を〝資本還元する〟ことによって、その一定貨幣所得の源泉・元本は〝資本〟の形態に擬制されることになるのだ。(3) そこで、擬制資本という概念は、利子つき資本という範疇の基礎のうえにたち、最高資本物神の頂点を形成する。(4)

（3） Vgl. Das Kapital, Bd. III. Tl. II., SS. 508-14.

「擬制資本は、利子つき資本の形態、資本主義的社会関係の最高度の物神的形態を前提として成立する……。利子つき資本の形態が確立すると、一定した規則正しいあらゆる貨幣所得（それが、資本から生じるものであろうと、なかろうと）は、〈資本の利子〉としてあらわれるようになり、またあらゆる価値額は、それが所得として支出されないばあいには、〈資本〉として、すなわち可能的利子または現実的利子に対立する元本（Hauptsumme〔principal〕）として、あらわれるようになる。このばあい、まずはじめに貨幣所得が〈利子の形態〉をとり、そのあとで、その源泉が〈資本の形態〉をとることになる。擬制資本は、このような規則的にくりかえされる一定貨幣所得を、平均利子率で貸し出される資本の収益として計算する・〈資本化する〉（kapitalisieren）ことによって形成される。

　規則的な年貨幣所得が五ポンド、平均利子率が五％であるならば、〈資本化〉によって一〇〇ポンドという擬制資本が形成される。まず、五ポンドは一〇〇ポンドの利子としてあらわれ、一〇〇ポンドは年々五ポンドにたいする法律的な所有名義または債務請求権の〈資本価値〉とみなされる」（『利子つき資本の理論』二八六ページ。

（4） 「……利子つき資本の形態での物神と擬制は、ひろいいみでは、それじたい擬制資本の形態での物神と擬制を内包している。だが、擬制資本の形態での物神と擬制は、一般的には、資本として他人に譲渡される貨幣であるげんみつないみの利子つき資本の形態での物神と擬制よりもいっそう高いといえよう。なぜならば、擬制資本は、利子つき資本（価値）それじたいではなく、利子つき資本が投下されていく部面である利子つき証券（〈価値請求権〉）をふくむ公・私的諸有価証券やその他のものにすぎないのだから」『利子つき資本』一二一ページ〔傍点―原文のまま〕)。

こうして、もともと価値そのもの、したがってまた、資本そのものではない所得源泉・元本――価値・資本を代表する紙製複本(papierne Duplikate. 諸有価証券〔(1)諸商業証券、すなわち商業手形によって代表される諸手形、(2)公的諸有価証券、すなわち国債・地方債などの公債、株式・社債など〕)[5]――が、〝資本〟として機能し・〝資本〟としてとりあつかわれ・擬制化される。こうして、銀行資本の物的成分の最大部分もまた、諸有価証券などの擬制資本からなりたつ。[6] このような事態によって、一方では、貨幣→資本としての金(キン)の現実的な生産→流通空費が節約され、代わりに商品→資本の現実的な生産がいちじるしく刺激されつつ、他方では、価値・資本の社会的再分配が大きく促進される。[7]

(5) Vgl. Das Kapital, Bd. III. Tl. II., SS. 507-8.

(6) 「銀行資本の最大部分は、諸手形、すなわち、産業資本家たちや商人たちの諸支払契約書からなる。貨幣貸付人にとっては、これらの諸手形は利子つき証券である」a. a. O., Bd. III. Tl. II., S. 513.

「銀行資本の最大部分は、諸有価証券(債務請求権〔Schuldforderung〕=手形・国債・社債、所有名義〔Eigentumstitel, Besitztitel〕=株式)からなりたつものであって、純粋に擬制的(fiktiv)なものである。擬制資本は、利子つき資本の形態、資本主義的社会関係の最高度の物神的形態を前提として成立する」(『利子つき資本の理論』二八五―六ページ)。中央発券銀行によって貸しつけられた兌換銀行券もまた中央発券銀行にとっては、一面では債務証券でありながら、他面では利子つき擬制資本である。

(7) 擬制資本の運動による価値再分配の一例。「株式〈価格〉の暴落は、……それらの有価証券(株式)の個々の所有者、低落した有価証券のやむをえない個々の販売者にとっては、その個々人の財産の破滅をいみする。これらの弱者の貨幣財産は少数の強者によって集中され、前者の損失と後者の利得とは相殺される。それは、有価証券の〈価格〉運動を媒体とする社会的総価値内部での価値分配替え・再分配現象でしかない」(『利子つき資本の理論』二九八ページ〔傍点―原文のまま〕)。Vgl. Das Kapital, Bd. III. Tl. I., S. 481.

株式資本・株式会社制度は、こうした近代的信用制度→近代的利子つき資本→擬制資本の諸範疇の成立を基盤として存立している、資本主義経済発展の近代的な最大荷ない手である。株式制度は、個々の零細な他人資本をたんなる借入資本として包摂するのではなく、これらを集結して巨額な〝自己資本〟として使用することによって、資本の蓄積（集積・集中）過程を一挙にたかめ、大規模化し、個別資本・私的資本（Privatkapital）の手ではとうていなしえないような大規模企業・大量生産を株式資本・会社資本・社会資本（Gesellschaftskapital）の形態で実現可能にするのだからである。(8)

（8） **Vgl. Das Kapital, Bd. III. Tl. I., S. 477.**『利子つき資本の理論』四五四―八ページ参照。

株式会社では、資本所有者は、株主として経営圏外にたち、資本機能そのもののなかへは直接にたちいらない。資本の機能と、資本の所有との分離は、こうして株式会社で一般的・社会的にいちおう確立され・成就される。(9) マルクスは、こうした株式会社を、新しい社会的視点での〈機能と所有との再結合〉――社会的機能と社会的所有との新たな結合（〈生産の社会的性質〉と〈所有の社会的性格〉）――への通過点として規定した。(10)

（9） **Vgl. Das Kapital, Bd. III. Tl. I., SS. 478-9.**

「株式会社では、〈資本の所有〉と〈資本の機能〉との、……〈分離〉がいちおう成就されるが、そこにみられる〈分離〉は、個別的資本の貸しつけ・借り入れでみられる〈分離〉とはちがう。

株式会社での貨幣（可能的資本）所有者は、貨幣貸し手としての貨幣資本家ではなく、出資者―株主としての貨幣資本家であり、資本機能者は、借り手として企業家―機能資本家ではなく、企業の管理者としてのたんなる機能者である。資本の所有者は、資本機能の過程外にたつたんなる資本所有の人格者（貨幣資本家―株主）としてだけ存在し、げんじつに機能する〈資本家〉は、他人の資本の、直接的に結合された諸個人の資本の、社会資本・会社資本の、たんなる管理者（**Dirigent, Verwalter**）に転化する。すなわち、資本所有者が株式所有者（株主）となることによって、機能資本家は消滅し、株主の供出資本（出資金）を管理する取締役がかわってあらわれる。かれらの俸給（**Gehalt**）は特定種類の熟練労働力…

…の価格、労賃（監督賃金）であり、またあるはずだ。しかし、いうまでもなく、取締役は、同時に事実上の株主として、資本の所有者・貨幣資本家でもある」『利子つき資本の理論』四五八―九ページ〔傍点―原文のまま〕。

（10） Vgl. Das Kapital, Bd. III. Tl. I., S. 478.

「株式会社は、一面では、このような資本主義社会にあらわれる機能と所有との〈分離〉（両者の〈結合〉にたいするアンティテーゼ）をもっとも一般的な、そしてもっとも発達した形態で表面化させている。同時に株式会社は、他面では、このような資本主義形態にたいするアンティテーゼへの、つまり、アンティテーゼのアンティテーゼ、したがって、ジンテーゼ――新しい社会的視点での機能と所有との再結合〉、社会的機能と社会的所有との新たな結合（〈生産の社会的性質〉と〈所有の社会的性質〉）――への通過点（Durchgangspunkt）としてあらわれる」（『利子つき資本の理論』四六一ページ〔傍点―原文のまま〕）。

株式会社そうごのあいだの、いよいよ激化する自由競争は、周期的恐慌ごとにつよめられてきた資本集中化傾向にともなって、独占資本→国家独占資本の形成を結果した。こんにち、独占資本・国家独占資本として把握されている巨大資本をヒルファディングは、ドイツ的パターンにしたがって、〝金融資本〟（Finanzkapital）と名づけた。かれはこうのべている。

「……じっさいに産業資本に転化されている銀行資本、すなわち、貨幣形態にある資本を、わたくしは金融資本と名づけている」[11]、と。銀行資本優位の〝金融資本〟というヒルファディングの概念規定は、創業者利得・創業利得（Gründergewinn, Gründungsgewinn）――平均利潤をうむ資本と平均利子をうむ資本との差額[12]――の取得を大きなねらいとする銀行資本による独占的産業資本の支配体制に着目してあたえられたものであった。

（11） Hilferding, R., Das Finanzkapital, miteinem Vorwortz von Fred Oelßner, S. 355.〔傍点〔原著者〕〕。

（12） Vgl. a. a. O., S. 144.

レーニンは〝金融資本〟にかんするヒルファディング的概念規定の方式を批判しながらも、〝金融資本〟（「銀行と産業との融合あるいは癒着」）という概念そのものをみとめ、「金融資本の支配」体制を〝帝国主義〟と規定した。そして、かれは、株式所有の民主化を契機とする、資本の所有関係での・さらには、人的（重役）関係での、金融寡頭支配――独占の最高発展形態としての特殊会社・コンツェルン・財閥――の必然性を説いた。(13) ところで、第二次大戦後アメリカ独占資本のパターンにかんする研究が、ヒルファディング的な・すすんではレーニン的な〝金融資本〟論にたいするさまざまな批判を呼びおこしつつある。(14)

（13）レーニン著・副島種典訳『帝国主義論』六〇―八〇ページ参照。
（14）飯田繁「金融資本主義」（『体系金融大辞典』六―七ページ参照。

さいごに、金融政策について一言。およそ、経済構造・経済運動の法則的体系づけを基調とするマルクス経済学では、固有のいみでの経済政策論(15)――資本主義的経済社会の安定的成長をめざす政策論――といったぐあいのものは、さいしょから科学的な研究対象・研究分野とはなりえないのだろう。(16) それでもなお、政策論が考察されるとすれば、考察されうる〝政策論〟は、構造論・運動論（構造・運動の法則的探究）のうえにたち、そしてげんにとられる政策がじっさいに法則性に適合しているのかどうか、そしてまた、それの効果・影響ははたしてどういうことになっているのか、を客観的に分析・検討する性格のものでなければならないだろう。金融政策論もまたけっしてそれの例外ではない。経済政策いっぱんがうえのように経済法則いっぱんにしたがっておこなわれるべきものであるならば、ちょうどそれとおなじように、金融政策もまた金融法則・信用法則―利子つき資本・利子の本質・運動法則のうえにうちたてられなければならない。そこで、金融政策論の究明に先だって、まず金融法則論―利子つき資本―利子の本質・変動規定論、そしてまた、資本主義的経済構造―運動のなかでの金融・信用の位置づけ・役割論がふかく追究されなければならないわけだった。

（15）「マルクスは、資本論第一巻の序文で、資本主義経済を〈自然史的過程〉として研究するといっている。その意味は、研究者の主観的価値判断、あるいはある立場からの価値判断にもとづいて研究するのではないということだと思うが、経済政策論の場合も、経済理論の場合とともに、同じことがいわれるべきだと思う」（高橋正雄「経済政策についての若干の考察」〔鹿児島大学法文学部紀要『経済学論集』第一号、昭和四〇年一二月、三ページ〕）。

(16)「法則が、……ほんらい政策なしにそれの必然的な道をいくという点では、学問としての〝法則性〟と、学問としての〝政策性〟とが両立・併存しなければならない理由はない、ともいえよう。こうして、すくなくとも、資本主義的な社会構造・運動の〝経済法則〟を究明しようとするマルクス経済学では、〝経済法則〟論とあいならんで、経済学体系のなかに組みいれられるべき〝経済政策〟論は存在しない、といえるのだろう。社会関係の歴史的必然性史観のうえに立脚する経済学体系が、一方でザインの〝経済法則〟論を説きながら、それと並行して同時に、他方でゾレンの〝経済政策〟論をとなえるとすれば、ひとつの大きな学問体系上の矛盾をおかすことにもなるからだろう」（飯田繁「貨幣流通の諸法則と貨幣政策」〔『経済学雑誌』第五八巻第四号、昭和四三年四月、二六ページ、『マルクス貨幣理論の研究』に収録〕）。

金融法則に反する金融政策は、したがって、論理的にも・現実的にも、それがめざす政策目的をけっして達成することはできないだろう。とはいっても、反法則的な金融政策の強行は、たんなる無意味なもの、無用・無結果的なものにおわり・消えさるのではない。それは、金融関係—経済関係にいろいろな反作用的影響・足跡・撹乱・傷あとをのこすだろう。それどころか、しばしば、それは資本主義的・対立社会的な階級相互間の価値再分配現象・利害関係変動への介入をさえめざして敢行される(17)。

(17) おなじことは貨幣政策についてもいえる。「……われわれはここで注意して心がけておかなければならない。貨幣政策の目的内容が貨幣流通の諸法則にさからうようなものであるならば、意図された目的内容は、合理的に〈結果として生じる〉はずがないという〝論理の筋道〟を理解する——さいしょにそれを理解することがどんなに大事だったとしても——だけでおわってしまってはならないということを。そしてまた、反法則的な貨幣政策は、たとえ〝貨幣流通の諸法則の支配〟をさまたげ・ひっかきまわしても、これをけっして廃絶することはできない、という安堵と満足で、〝貨幣流通の諸法則の支配〟——〝経済諸関係の進行〟にたいするそれの影響をかるく見すごしてしまってもならないということを。…

…この反法則的な貨幣政策は、〃貨幣流通の諸法則への反作用〃をとおして、経済諸関係での価値の再分配にたいして働きかけ、爪あとをのこしていくだろう――いいかえれば、それはけっして〃無意味におわる〃のではないのだ――からである。価値・生産諸力の再分配・再配置→価値の再生産・生産方向の組みかえをとおしてあたえられる階段的・階層的な利害関係の再編成（一方の利得増減・他方の損失増減）こそは、むしろさいしょから反法則的な貨幣政策（そしてまた、ここでは論外の価値表章政策―追記）の衣の下にかくされたじつの主要なねらいのひとつなのでもあった」（同誌五〇一ページ〔傍点―原文のまま〕）。

金融政策は、正しくはそれじたい利子政策・支払準備率（預金準備率）政策などを内包するものとして、ほんらい貨幣・通貨政策や財政政策などとはげんみつに区別されなければならない。しかし、金融政策をこれらの諸政策と広範に、しかも緊密にミックスし・調整する――金融理論は、貨幣・通貨理論や財政理論とはきびしく区別されながらも、これらの理論ときんみつに関係しあうので、金融政策もまた貨幣・通貨政策や財政政策と密接に関連しあうことができるのだ(18)――ことによって、国家独占資本主義段階的な資本主義経済の安定成長に奉仕する総合経済政策の一環としての効果をあげようとする Policy mix 論がこんにち大きくさけばれている(19)。そこで、そうした政策意図・実施が資本主義的経済構造・運動の展開にたいしてどんな効果・影響をなげかけていくか、を追究・検討することもまた、現代的な金融政策論のひとつのだいじな研究課題となるだろう。

(18)「金の貨幣的流通にかんしてとられるのが貨幣政策であるとすれば、金の信用的流通について講じられるのは金融（銀行信用）政策であろう。したがってまた、貨幣政策がほんらい〃貨幣流通の諸法則〃と関係するものであるならば、金融政策はもともと〃利子つき資本の還流法則〃と関係するものなのであろう。すると、貨幣政策はほんらい〃利子つき資本の還流法則〃とは直接的に関係しないのだし、また金融政策はがんらい〃貨幣流通の諸法則〃とは直接的に関連しない。しかし、金の貨幣的流通と金の信用的流通とが、そしてまた、〃貨幣流通の諸法則〃と〃利子つき資本の還流法則〃とが、理論的にはそれぞれもともとたがいに遠くへだたりながら、しかも現実的には近く触れあうのとおなじように、貨幣政策と金融政策とは、ほんらい次元的・理論段階的にあいちがうもの――まず、あいちがうものであるという、互いのけじめにたいする正しい理解がひじょうに大事だ――なのに、現実的にはたがいに関連しあい、あるひとつの政策目的にむかって相乗的に・あるいは相殺的に作用しあう」（同誌三〇―一ページ〔傍点―原文のまま〕）。

（19）「ポリシー・ミックス」（『金融ジャーナル』第八巻第一一号、一九六七年一一月号）、鈴木武雄「胎動するポリシー・ミックス」（同誌第九巻第一〇号、一九六八年一〇月号）、『金融学会報告』（〔共通論題〕「金融政策と財政政策の調整」XXVII、一九六八年七月）参照。

第二章　研究〝序説〟の補充

はじめに

マルクス経済学で展開される諸方式のなかにあらわれるGは、〝たんなる貨幣〟から、〝資本としての貨幣〟(貨幣資本、貨幣取扱資本、利子つき資本（貸付資本）)の諸形態におよぶ広い概念・意味につかられている。ところが、それらのGというういちような用語は、じつはそれぞれの本質・発生・機能・運動のうえでは、たがいに大きく区別されるものである。これらのちがいをまえもって正しくつかんでおかなければ、マルクス信用理論にちかづくことはできないだろう。

そこで、序説の補充として、貨幣、利子つき資本、それらの関連について、かんたんな解明をこころみよう。なお、いっそうくわしくは、貨幣については、拙著『マルクス貨幣理論の研究』・『インフレーションの理論』・『マルクス紙幣理論の体系』・『貨幣・物価の経済理論』・『価値・価格・物価の研究課題』などを、また利子つき資本については、本書第三部・第四部のほか、『利子つき資本の理論』・『利子つき資本』をそれぞれ参照されたい。

I　貨幣の歴史的・社会的性格
――マルクス貨幣理論とメタリズム――

1　マルクス貨幣理論とメタリズム

多くの貨幣理論の著述のなかにみいだされる誤謬のひとつは、マルクス貨幣理論のメタリズムとの混同、または同視である。マルクスが〝貨幣〟というときには、それは金（銀）のことであって、〝紙幣〟とはげんみつに区別される。

紙幣は、かれのばあい、貨幣ではなく、貨幣の代用物、金の表章（シンボル）、価値表章にすぎない。また貨幣の価値は、金が商品・金属としてもつ価値、すなわち、金の生産上社会的に必要な労働時間によって決定される、その価値にほかならない。

ここに表明されているマルクス貨幣学説の一端は、一見、金属学説の主張といちじるしく類似している。そこで、両学説の混同または同視が、両学説の方法論的立場の相違にまったく無頓着な解説的著者たちによってなされた。しかし、これは放っておけない謬論である。

貨幣学説の個々の論調では、周知のとおり、ことごとくまったくあい反する諸結論にたっする二つの貨幣学派——個別主義的な交換経済観の方法論のうえにたつメタリズムと、普遍主義的な共同経済観の方法論のうえに立脚するノミナリズム——は、ともに、〝貨幣〟の歴史的・社会的性格にたいする無理解を露呈し、貨幣の存立する商品経済社会または貨幣経済社会の歴史性にたいする科学的認識を欠如している。という意味では、すなわち、社会発展にかんするブルジョア的視野の狭隘な非歴史的・非社会的方法論に立脚する共通的視点では、両学派はマルクス貨幣学説と超越的にあい対立する。

だから、マルクス貨幣理論とメタリズムとの混同・同視は、まさに根底的には、商品生産社会に固有な〝価値〟・〝貨幣〟という歴史的・社会的形態にたいする科学的理解の欠如から生じる。といわなければならない。

2　歴史的形態としての貨幣

貨幣は、特定の歴史的・社会的形態である商品生産社会に固有な概念にほかならない。すなわち、貨幣は歴史的に特殊な社会関係である商品生産関係にだけ存在し、この社会関係の消滅とともに存在しなくなる。そのいみで、貨幣は歴史的概念である。さらにまた、貨幣は、その歴史的社会での人と人との、人間労働と人間労働との社会的関係を物的に表現するものである。その意味で、貨幣は社会的概念である。貨幣をこのように、歴史的・社会的概念としてとらえることは、貨幣にたいする科学的理解にたっするための第一要件である。

だから、もしわれわれが、貨幣を超歴史的な、時代をこえた永遠の概念とかんがえ、人間のあらゆる社会形態に発見されるものとみなしたり、または貨幣を特定社会での人と人との社会的関係とはなにもかかわらない非社会的・自然的なものとみたりするならば、貨幣のしんじつの意味はまったくうしなわれることになろう。

貨幣は価値のいっそう具体的な形態であり、価値の一般的な表現形態であるから、〃貨幣〃の歴史的・社会的性格は、〃価値〃の歴史的・社会的性質から生じる。そこで、まず価値という特殊歴史的・社会的性格が理解されなければならない。

生産手段が共有されいている意識的分業社会（共同社会）では、人と人との社会的関係は、人間労働と人間労働との直接的な社会的関係としてあらわれ、人間労働は直接的に労働時間によって〃測定〃され、また〃表現〃される。

ところで、これに反して、生産手段が私有化されている無意識的分業社会（商品生産社会）では、人と人との社会的関係である本質は、共同社会でのように、そのまま現象する、のではなく、物的外皮によって隠蔽され、私的労働生産物である物と物との社会的関係＝交換関係として、または労働生産物の生産者あるいは所有者そうご間の物的関係として間接的にあらわれる。したがってまた、人と人との労働関係は労働時間によって直接的には〃測定・表現〟されない。

このような特定の社会ではじめて、人間労働いっぱんは〝価値〟という物的形態をえ、労働生産物は〝商品〟という特殊な歴史的形態をとる。だから、商品価値は、抽象的人間労働、すなわち人間労働いっぱんによってつくりだされるものだが、抽象的人間労働そのものではない。

抽象的人間労働の凝結物、いいかえれば、抽象的人間労働の物的に対象化された形態が〝価値〟なのである。商品価値を分析して、そのなかに労働を見いだしえた傑出の古典派経済学者たちでさえ、〝労働〟と〝価値〟との関係を科学的に把握することにはことごとく失敗した。

価値は、人間労働いっぱんのものではなく、それの凝結物・体化物である、ということにたいする認識は、人間社会発展の歴史法則を無視する方法論的立場からはえられない。なぜなら、価値は人間社会発展の特定段階である商品社会にだけ見られる、人間労働いっぱんの、特殊歴史的な物神的形態だからである。

3　価値形態と貨幣

貨幣はこのような〝価値〟を一般的・統一的に表現する一定の〝形態〟なのだから、価値の歴史的・社会的性格を理解できなかった古典派経済学者たちが、商品価値の分析からさらに一歩をふみだして価値形態をみちびき、そしてそこに貨幣の本質をみいだすことから遠ざかったのは、かれらの非歴史的方法論のとうぜんの帰結だった、といわなければならない。

かれらは、資本主義的商品社会の生産方法を永遠の現実的形態とみたいじょう、いやおうなく商品を、そしてまた、貨幣を自然的な永遠の存在形態とみなさないわけにはいかなかった。金は、かれらにとっては、本来的に貨幣なのだ。金が貴金属として自然的存在物であるのとおなじく、貨幣もまた、かれらには、特定の社会関係とはなにもかかわりのない自然的存在物である。古典派経済学者にみられるメタリスティックな貨幣思想は、だから、かれらの経済学での非歴史的・非社会的方法論の一結論にほかならない。

「金・銀は本来的に貨幣だというわけではないが、貨幣は本来的に金・銀である」、とマルクスはのべている。このことは、一面では、貨幣が商品生産関係の一定の発展段階にだけ、その商品生産関係を物的に表現する特殊な形態としてあらわれるものであることをしめしているとともに、他面では、金・銀のもつ自然的・物理的性質が、価値の一般的存在形態としての貨幣のえんずべき社会的役割をげんじつに果たすうえでもっとも適していることをものがたっている。

一定の社会関係のもとで、それを物的に表現する貨幣が出現するかぎりでは、貨幣は必然的に金・銀でなければならない。一般的等価という社会的役割をはたすのにもっとも適した自然的・物理的性質を、なぜ金・銀がもっているのか、そんな性質をもつ金・銀が、なぜ大地のなかから産出されるのか。そしてまた、「金・銀は、大地の胎内からでてくるとき、すでにいっさいの人間労働を直接に体化したものとなっている」(『資本論』第一巻第二章)のはなぜか、ということは、だれにも解けない神秘だ。しかし、ここに、〝貨幣の物神的性質〟の発生する根拠がひそむ。金・銀は、まさにこんな神秘をもつから、本来的に貨幣である、というメタリズムの自然論的貨幣思想は、ひっきょう貨幣フェティシズムの無批判的信仰の単純な表明でしかない。

商品、価値と貨幣の歴史的・社会的性格の科学的理解は、こうして、マルクス貨幣理論の、古典的な貨幣金属=商品学説とのちがいを認識させる一つの決定的要項となる。また、超歴史的概念としての〝労働時間〟と、労働時間の歴史的形態としての〝価値〟との区別の認識、無意識的・盲目的に運動する〝価値〟の理解は、いま論議の一焦点となっている社会主義経済下の〝価値法則〟の意味をわれわれに正しく判断させる一つの基準をあたえることになろう。

Ⅱ　貨幣と資本

1　貨幣の本質・必然性と形態

A　貨幣

(1)　意義。貨幣は、《経済学批判》のなかでつぎのように規定されている。「あらゆる商品の交換価値の適当な存在をしめす特定の商品が、いいかえれば、一つの特定の商品としての、排他的な商品としての交換価値が、貨幣である」(Kr. 45)。すなわち、貨幣は、一方では、〝特定の商品〟であり、他方では、〝交換価値〟である。だが、貨幣のこれら二様の規定は統一されている。つまり、貨幣は、〝交換価値としての特定の商品〟であるといってもよいし、また〝特定の商品・排他的商品としての交換価値〟であるといってもよいわけだ。前のいいあらわしでは、貨幣は貨幣商品とおなじものとして、また後のいいあらわしでは、貨幣は価値形態、いっそう正確にいえば、一般的等価形態とおなじものとして規定される。

(2)　本質。上述の貨幣規定からもあきらかなように、貨幣はもともと商品なのであった。しかし、貨幣となる商品は他のあらゆる商品から区別されるのだから、貨幣はただ商品だということがあきらかにされただけでは、貨幣の本質はまだ解明されたとはいえない。

では、貨幣はどういう商品なのか。困難は、貨幣が商品であることを知ることにあるのではなく、商品がどのようにして、なぜ、なにによって貨幣となったか、ということを把握することにある(K. I. 98)。

貨幣は、たんなる商品なのではなく、価値形態として存在し・機能するために商品世界のなかから社会的に選出され・排除された商品である。そこで、貨幣の本質は、たんに商品ということにあるのではなく、価値形態としての商品ということにある。こうして、貨幣本質の解明は価値形態の究明によってあたえられよう。

貨幣の萌芽はすでに簡単な価値形態での等価形態のなかにみられる。というのは、等価として機能する一商品、すなわち、等価形態にある一商品の使用価値は、相対的価値形態にある一商品の価値の現象形態となるのだからである。だが、単純な価値形態（形態A）では、等価形態は個別的・偶然的である。等価形態が一般的・共通的・統一的なものとなるのは、形態Cとしての一般的価値形態でだが、一般的等価形態は、価値の一般的な表現形態にほかならないのだから、それじたい価値であるどの商品にも帰属できる。だが、げんじつには、一般的等価形態はそのときどきの社会でみられる可動的な重要商品に帰属した。

こうして、一般的等価形態として社会的に選びだされ・排除された一特定商品種類が貨幣商品となって、貨幣として機能する。貨幣商品となる特定商品の種類が歴史的にたえず変遷しつつあったかぎりでは、まだ「商品世界の統一的な相対的価値形態は、客観的な固定性と一般的・社会的な妥当性」（K. I. 75）をえることはできなかった。それがえられるようになったのは、貨幣商品となる特定商品の種類が変遷することをやめた瞬間からである。歴史的・必然的に貨幣商品としての社会的地位を最終的に独占したのは、一般的等価の社会的役割をはたすのに、もっとも適した諸自然的属性をもっているからである。

貴金属が貨幣商品になると、形態Cは形態Dである貨幣形態（Geldform）に転化される。形態Dは形態Cと本質的にはなにもちがわない。ただ、一般的等価形態になった特定商品種類が固定的に貴金属によって独占されるいという点だけが、形態Cから区別される形態Dの特徴である。困難は、形態Cを把握することにあるのであって、形態Dを理解することにはない。「特定の交換手段の必然性、すなわち貨幣の必然性がひとたび理解されたならば、のこる問題は、このような特定機能がなぜ他のあらゆる商品にではなく、金・銀に帰属したか、ということを説明することだけである。それは、生産諸関係との関連においてではなく、金・銀の特殊な素材的性質において説明されるべき第二次的な問題である。……問題はもはや経済学の領域には属さない」（Misère 66-7., Elend 107〔Werke 4〕）。

貨幣の本質が、一般的等価形態のなかに、いっそう簡単にいうと、価値形態のなかにひそむということは、貨幣が商品社会関係という歴史的に特殊な社会関係にだけ見いだされる歴史的なものであり、その特殊な社会関係を一般的・共通的・統一的にいいあらわす社会的なものであるというだけではない、さらにまた、その社会関係を対象的・物的におおいかくし、転倒して表現する物神的・形態的なものであることを物語る。

そこで、貨幣の本質を正しく理解するためには、われわれは、貨幣のそのような歴史的・社会的性質を知るだけではなく、さらにまた、それと緊密に関連する貨幣の物神的性格をあやまりなく把握しなければならない。こうして、貨幣（貨幣物神）の登場は、理論的にも・歴史的にも、商品（商品物神）が出現したあとのもの、そしてまた、資本（資本物神）が成立するまえのものである、ということの認識もまた、上述のような貨幣本質の正しい理解によってあたえられることになろう。

(3) 発生。貨幣は商品の交換過程から必然的に発生する。なぜかというと、商品交換の歴史的な拡大と深化は、商品の使用価値と価値との内在的対立を、商品と貨幣との外在的対立に展開するのだからである。商品の交換過程は、価値を価値形態に、商品を貨幣に転化するという理由で、価値形態である貨幣は商品の「交換過程のひとつの必然的な産物」（K. I. 92）なのである。

だが、おなじその理由で、貨幣は商品の交換過程だけのひとつの必然的産物なのではないともいえる。というのは、商品の交換過程は、ただ価値に形態をあたえることができるだけであって、けっして価値そのものをつくりだすことはできないのだからである。交換過程では、商品や価値はあらかじめ生産され・存在するものとして前提されている。そこでまた、価値形態である貨幣は、あくまでも、使用価値と価値との対立の統一的である商品そうごの交換過程からうまれるのであって、価値を全然ふくまないたんなる使用価値そうごの交換過程から生じるのではけっしてない。

貨幣は、商品と商品との直接的交換にふくまれる矛盾と困難を克服するものとしてあらわれる。この矛盾と困難は、商品がたがいにたんに使用価値として実証され・実現されるだけでなく、さらにまた、たがいに価値としても実現されねばならない、ということにもとづいている。そこで、これらの矛盾と困難の度合いは、たんなる使用価値とたんなる使用価値との直接的交換がふくむ矛盾と困難——それは、ただ使用価値の実証・実現にかんしてだけ、すなわち、そうごの使用価値の質と量との個人的・時間的・場所的合致にかんしてだけおこる——をはるかにこえるものである。

商品交換の発展は、一方では、商品の直接的交換にともなう、そのような矛盾と困難を拡大し・全面化するが、他方では、これらの矛盾と困難を解決し、それらを運動できるような形にかえていく契機をじぶんのなかにひそめている。商品の全面的な直接的交換の矛盾と困難は、商品世界のなかから、一般的等価として独占的に機能するひとつの特定商品種類を選出し・排除する社会的・共同的行為によって解決される。

そのひとつの特定商品種類は、上述のように、歴史的・必然的に金または銀に帰着したのであった。それは、たんに人知によって考案されたもの、だれにも受けとられる交換要具としての第三の物品（A・スミス）といったようなしろものではなく、あくまでも、それの使用価値が価値の一般的現象形態となる第三の商品でなければならない。一般的等価としての第三の商品（貨幣）の出現によって、商品の直接的交換（W—W）の方式は商品流通（W—G—W）の形式に転化され、商品の直接的交換の矛盾と困難は、商品流通上でおこる販売の矛盾と困難（「商品の命がけの飛躍」）に転換される。

(4) 諸機能。貨幣のはたす諸機能はたがいにどう関連するのか。商品のえんじる五つの機能は、たんなる一連の形式的な羅列としてあるのではない。

第一の貨幣機能（価値尺度としての）は、第二の貨幣機能（流通手段としての）では否定されている。というのは、価値尺度として機能する貨幣はそれじたい価値である金（あるいは銀）でなければならないが、それはたんなる観念的な金にほかならないのに、流通手段としては観念的な金はもはやなにも役だたないのだからである。流通手段としては、実在する金か、さもなければ、実在する相対的に無価値な象徴にまで展開できる代用品（紙幣）が要求される。

蓄蔵貨幣・支払手段・世界貨幣の諸機能では、流通手段の機能が否定され（否定の否定）、価値尺度の機能と流通手段の機能とは総合される。こうして、貨幣は、もはや観念的なものとしてではなく、また象徴的なものとしてでもなく、あくまでも貨幣商品として、交換価値の唯一の絶対的存在形態（なま身の金・銀）として、またはそれと確実に換えられる代用物（信用貨幣）としてあらわれなければならない（K. I. 135）。そのようないみで、貨幣として総括される、蓄蔵貨幣・支払手段・世界貨幣の〝貨幣としての貨幣〟の諸機能もまた、弁証法的展開のうえで把握されなければならない。

(5) 貨幣の価値と貨幣の流通量。価値形態である貨幣もじつはそれじたい商品なのだから、貨幣の価値は、商品の価値を規定する法則とおなじ法則によって決定される。貨幣商品が銀ではなく金であるならば、貨幣の価値は、商品としての鉱業生産物・金の、限界的な個別的価値（個別的生産価格）の位置に定まる社会的価値（市場生産価格）によって規定される。だから、貨幣の価値は、国家によって恣意的に付与されるものでもなく、また貨幣の数量によってあたえられるのでもない。むしろ反対に、流通すべき貨幣の数量こそが貨幣の価値によって——諸商品の価値や、貨幣の流通速度に変化がないかぎり——決定されるのだ。なぜかというと、貨幣の運動を規定するものは商品の流通であり、貨幣の流通量は、実現されるべき諸商品の価格総額によって正比例的に（貨幣の流通速度が一定のとき）決定されるのだからである。

諸商品の価値に変化がないばあい、貨幣（金）の価値が変化すると、諸商品の価値は反比例的にヨリ多い、あるいはヨリ少ない観念的貨幣（金）量・商品価格に転化されることになる。このことからもわかるように、貨幣価値が変化するということは、貨幣が価値尺度（そしてまた、価格標準＝価格の度量標準）の機能をはたすうえでなんの妨げにもならない。だが、貨幣の価値変化は、貨幣の債権・債務関係に実質的な影響をもたらす。貨幣の価値低下は、貨幣の債務者には利益を、その債権者には不利をあたえる。

『経済学批判』には、金の価値と対照される紙幣の「価値」について、つぎのような叙述がみられる。「価値表章の流通では、げんじつの貨幣流通の諸法則が逆転してあらわれる。金は価値をもつから流通するのに、紙幣（Papier）は流通するから価値をもつ。……流通する金の数量は金じしんの価値に依存するのに、紙幣の価値は紙幣の流通しつつある数量に依存する」（Kr. 128）。

追記　**注**

『経済学批判』でのこの一文は、貨幣としての金の価値と、金の流通量との正しい関係を解明するために、それとはまさに逆転の現象形態である、価値表章・紙幣の流通量と、紙幣の「価値」（じつは、紙幣はもともとほとんど無価値〔紙代・印刷代は紙幣額面の大きさに比べれば〕だ、といわれる）・代表金量との関係をジョークしたもの、と考えられる。飯田繁『商品と貨幣と資本』二四二ページ参照。

しかし、『資本論』では、「紙幣の価値」という表現は用心ぶかく避けられている。流通必要金量をこえる紙幣の増発によってひきおこされる諸商品価格の一般的騰貴（物価水準の上昇）は、価値尺度として機能する貨幣の価値低下にもとづくそれとはまったくちがい、価格標準の事実上の切り下げによってもたらされるものなのだからである。

B　貨幣商品

貨幣商品というのは、「それの自然的形態に等価形態が社会的に癒着する」（K. I. 75）ことになった特定種類の商品のことであって、この商品種類は「貨幣として機能する」（K. I. 75）ことになる。

これは、貨幣商品となる特定の商品種類が商品世界のなかから社会的行為によって選びだされ・排除されるということ、したがって、一般的等価の社会的機能がこの一定商品種類によって社会的に独占される、ということをしめす。

それでは、どういう商品種類が歴史的に貨幣商品となったのか。このことは、さいしょには偶然的にきまった。(1) 共同体の外部から交換をとおしてはいってきた最重要品か、または、(2) 共同体内部での、譲渡されうる財産の主要品、たとえば、家畜のような使用対象か、が貨幣商品となった。遊牧諸民族の財産は、すべて移動でき、したがって直接に譲渡されうるものであったので、さらにまた、かれらはたえず他の共同体と接触し、生産物の交換をおこなったので、かれらは「さいしょに貨幣形態を発生させる」(K. I. 94-5)。原典のこの部分で「貨幣形態」(Geldform) といわれているものは、他の部分 (K. I. 75) でおなじく「貨幣形態」として規定されているものとはちがい、かるく貨幣商品として理解されるべきものだろう。

貴金属・金（または銀）は、その一般的等価の社会的機能をつくすのにもっとも適した諸自然的属性をもっているから、歴史的・必然的に貨幣商品となった。「金がすでに貨幣商品となった瞬間から、……一般的な価値形態は貨幣形態に転化される」(K. I. 76)。ここでは、貨幣商品は貨幣形態からこのように区別されている。貨幣商品の地位は変遷のあげく、こうして終局的には金・銀によって占められることになるが、貨幣商品としての金（または銀）、は、貨幣のすべての機能をはたすことができる唯一のものである。

商品世界のなかから、一定商品が貨幣商品として排除されることによって、商品は二つの範疇、すなわち、普通商品 (gemeine Ware) と貨幣商品（一般商品〔allgemeine Ware〕）とに分化し、流通過程で対立することになる (K. I. 109. 142)。

C 貴金属（貨幣商品としての）

「金と銀はほんらい貨幣なのではないが、貨幣はほんらい金と銀である」(Kr. 167; K. I. 95)。すなわち、金銀はがんらい貴金属・自然物、あるいはたんなる労働生産物・たんなる使用価値にすぎないが、商品生産・流通関係のもとでは、あらかじめ商品として他の諸商品と対立していた金・銀は、一般的等価—貨幣の諸機能をはたすのにもっとも適した諸自然的属性をもっているので、社会的行為によって選ばれて歴史的・必然的に貨幣商品・貨幣となった。こうして、一般的価値形態（形態C）は貨幣形態（形態D）に転化された。貨幣商品・貨幣の地位は、終局的にはこのように、金・銀によって社会的に独占されねばならなかった。

一般的等価・貨幣の諸機能をはたすのにもっとも適した貴金属の諸自然的属性は、つぎのようなものである。①等価性、②任意部分への分割と融合の可能性、③経済的比重（投下労働量→価値）の大きいことにもとづく物質的可動性、④耐久性、相対的不滅性。これらのもののうち、①と②は価値尺度・計算貨幣（Rechengeld）としての貨幣の機能にとっての、③は流通手段としての貨幣の機能にとっての、そして④は蓄蔵貨幣としての貨幣の機能にとっての、それぞれの条件をみたしうる自然的属性である（Kr. 164-6）。

①から④までの自然的属性を複合的に一身にふくむ貴金属は、上述の貨幣諸機能をえんじうるだけではなく、それらの諸機能をえんじうる結果として、さらにまた、それらの総合としての支払手段・世界貨幣の二機能をはたすことができる。貴金属が貨幣材料として役だちうる他の理由、貴金属が生産過程や消費過程ではなくてもすむ存在であるので、両過程を阻害することなしにいくらでも社会的流通過程に入りこみうるということにある（Kr. 166）。

一般的等価という社会的機能をもっともよく果たしうる諸自然的属性を一身にそなえた貴金属は、抽象的労働の直接的体化として、大地の胎内からでてくる。だが、貴金属がなぜそのような諸自然的属性をがんらいもっているのか、ということは、経済学の解きえないところから、貨幣の諸機能がなぜ他のあらゆる商品でなく金・銀に帰属したか、ということは、第二次的な問題である」（Misère 66-7; Elend 107〔Werke 4〕）。

もっとも発達した資本主義社会では、貴金属の貨幣機能は、「止揚されるのではなく、ただ制限される」（Kr. 172）

のであって、貴金属はげんじつには対外的収支決済用の金属準備―世界貨幣としてだけ機能するようになる。

D　貨幣の使用価値

貨幣の使用価値は二重に存在する。その一つは、商品としての貨幣商品の特定の使用価値（besondrer Gebrauchswert）であり、貨幣商品である金が、たとえば、むし歯の充填や奢侈品の材料などに用いられるばあいの使用価値である。もう一つは、貨幣の特殊な社会的諸機能、すなわち、貨幣商品の一般的等価物としての諸機能から生まれる。「一つの形式的な使用価値」（ein formaler Gebrauchswert）である（K. I. 95）。この形式的な使用価値は、『経済学批判』では、「一つの一般的使用価値」（ein allgemeiner Gebrauchswert）とよばれ、つぎのように説明されている。

「この一般的使用価値は、それじたい形態規定である。すなわち、それは、この商品にたいする他の諸商品の全面的行為によってこの商品が交換過程でえんじる特殊な役割から生じる。……一般的等価として排除された商品は、いまや交換過程じたいから生じる一つの一般的欲望の対象であり、交換価値の負担者、一般的交換手段である、という何人にとっても同じ使用価値をもつ」（Kr. 44）。

また、この形式的使用価値は、『剰余価値学説史』では「機能的使用価値」（funktioneller Gebrauchswert）と名づけられている（MW. III. 531）。なおまた、「貨幣の使用価値は……一連の相対的価値表現で、ただ観念的にしかあらわれない」（K. I. 110）という文章のなかの「貨幣の使用価値」は、〝貨幣の形式的使用価値〟とは、文字的にはちがうが、これをさしている。

これらの形式的・一般的・機能的使用価値、あるいは観念的にしかあらわれない使用価値は、貨幣商品の商品体そのものの自然的属性にもとづく特定使用価値とはちがい、貨幣商品が貨幣としておこなう歴史的・社会的機能を貨幣商品の自然的属性・使用価値として現象させるものである、ということが特に注意されねばならない。

貨幣が、たんに貨幣として機能するのでなく、さらに資本として機能するばあいには、貨幣は、「貨幣としてもつ使用価値」のほかに、「資本として機能するという使用価値」、「ひとつの追加的使用価値」（ein zusätzlicher Gebrauchswert）を持つことになる（K. III. 371）。貨幣の追加的使用価値というのは、現実的に資本に転化された貨幣がつくりだす平均利潤、または平均利潤をうみだす能力のことである。貨幣は、資本として貸しつけられるとき、そのような「使用価値」をもつものとして借り手に譲渡されるのであり、この貨幣の「追加的使用価値」が一定期間後に貸し手にもたらされる利子（貸付資本・利子つき資本の「価格」）の現実的な基礎をなす。

E　信用貨幣

(1)　意義。信用貨幣は、広義では、支払手段としての貨幣の機能から直接的に生まれるところの、貨幣にたいするいろいろな形態の諸債務請求権をいみするが、狭義では、それらのうちの一部分、兌換銀行券（いろいろな様式の）だけをさす。信用貨幣は、『資本論』第一巻第一編第三章では前者の意味に、第三巻第五編第二五章では後者の意味に、それぞれもちいられている。

信用貨幣が狭義に理解されるばあいには、「広義の信用貨幣」のうちの他の一部分、すなわち商業手形（さまざまな様式の）は、商業貨幣として規定され、「狭義の信用貨幣」から区別される。だが、信用貨幣の解明は、まず商業手形の究明からはじめられなければならない。

商品流通の形式が発達してくると、商品の譲渡と価格の実現とは時間的にはなれ、貨幣は支払手段として機能するようになる。こうして商品は、等価としての貨幣とひきかえにではなく、一定期間ののちに貨幣を支払うという約束、支払契約書とひきかえに売られるようになる。そのばあい、商品は販売されるとともに貸しつけられるのであり、商品の譲渡者は販売者となると同時に債権者になり、商品の譲受者は購買者（将来の貨幣の代表者）になると同時に債務者になる。

このような商品流通上の貸借関係、商業信用にもとづいて生じる支払契約書、「貨幣にたいする債務請求権」が、広義の信用貨幣の一部分、「本来的な商業貨幣」としての商業手形である。これらの商業手形が商業貨幣として規定されるわけは、これらの商業手形が、そうごに関連する限定された商業領域で、支払期日まで裏書きによってくりかえし新たな支払手段として機能し、そして「商品—貨幣—商品」という商品流通の形式が「商品—商業手形—商品」という商品流通の方式によってとってかわられることになるからである。

商品流通から生じた一連の債権・債務が商業手形の移転によって相殺されるかぎりでは、商業手形は、じっさいに貨幣（金）を代位しうるのであり、それだけの流通手段または支払手段としての貨幣を節約できる。そして貨幣は、この取引領域（卸売部面）では、ただ、手形による支払いの差額を決済するためにだけ必要なものとなる。

商業手形が支払期日前に銀行によって割り引かれるばあいには、商業手形に代わって銀行券が——一時的に預金されようと（このばあい、銀行券は「預金貨幣・預金通貨」のかたちをとる）、されまいと——あらわれる。「手形の振り出し（Wechselziehen）は商品を信用貨幣のひとつの形態に転化することであり、手形の割引（Wechseldiskontieren）はこの信用貨幣を他の信用貨幣、すなわち銀行券に転化することである」（K. III. 467）。

銀行券は、銀行業者によって振り出された、銀行業者あての一覧払い約束手形であり、銀行券の発行権が中央銀行に集中されるようになっても、銀行券そのものの性格、貨幣を代位する「貨幣にたいする債務請求権」としての性格は、なにもかわらない。銀行券が商業手形とちがって一つの点は、それが、たんに限定された商業領域で流通するだけのものではなく、それをこえる一般的流通性をもつ、ということである。

だが、商業手形であれ、銀行券であれ、信用貨幣は、貨幣そのものではなく、「貨幣にたいする債務請求権」である、という意味で、一種の擬制資本である。信用貨幣が一種の擬制資本だといわれるのは、それが、公社債、株式などのような擬制資本とはちがう種類の擬制資本だからである。信用貨幣が一種の擬制資本であるところから、「信用貨幣の価値」もまた真実の「貨幣の価値」とはちがうひとつの擬制的なものであることがわかる。

信用貨幣が、債務請求権として代位する貨幣との関連をたちきられるばあいには、信用貨幣はもはや「貨幣にたいする債務請求権」ではなくなり、したがって、それじしんもはや「擬制的価値」でさえなくなる。しかし、つうれい、中央銀行券だけは、たとえこうして信用貨幣ではなくなっても、国家権力によって強制通用力をあたえられ、国家紙幣（不換紙幣）・価値表章としての性格をもつことになる。

(2) 役割。信用貨幣は、一面では、流通空費としての貨幣を節約し、他面では、商品・資本の形態転換をはやめ（流通時間のない流通）、商品・資本の生産拡大に力をかす。

第一に、かりに、商業手形が商品転形のなかに入りこむことができないのだとすれば、流通・支払いのために必要な金量を直接に代位する銀行券（中央銀行券）が商品転形のなかに入りこまなければならなかったろう。そのことは、げんに恐慌期にみられる。また、かりに、銀行券が商品転形のなかに入りこみえないものだとすれば、流通・支払いのために必要な金量（または、ここでは関説する必要のないことだが、その金量を代表する国家紙幣量）じたいが、商品転形のなかに入りこまなければならなかったろう。

貨幣としての金（または銀）は、「たんなる流通機械（blosse Zirkulationsmaschine）として役だつ一形態に固定された社会的労働」（K. II. 130）であるというみで、そしてまた、金は貨幣（たんなる貨幣）としてはなんの剰余価値をも生まないという意味で、資本主義的衝動によって排除されなければならないとされる一つの空費（faux frais〔「非生産的な、しかし必要な費用」〕）である。商業手形によって流通過程から排除され・節約された銀行券や、また、銀行券によって流通過程から排除され・節約された貨幣（金）は、貸しつけられうる貨幣（利子つき資本）に転化されて、不妊の状態から解放される。

第二に、資本段階では、商業手形にたいして商品が売られることによって、資本の流通期間が短縮され、資本の再生産過程いっぱんが促進される。商品の価値が貨幣に転化されるまえに、商品は機能資本家たちにとっては——かれらがその商品の販売によってうけとった商業手形や、割引によってえた銀行券（または振替預金にあてた小切手）で他の商品を買うことにより——生産資本や商品資本に再転化されうる。

しかも、機能資本家たちは、商業信用によってつくりだされた商業手形や、商業信用と銀行信用との交渉（まざり合い）または銀行信用じたいによってあたえられた銀行券を利用する。それによって（機能資本家じしんの貨幣資本は、こうして、どれほどの信用を入手できるか、したがって、どれだけの信用貨幣を自由にできるか、の尺度であり、基礎である。）、自分じしんの貨幣資本をこえて事業を拡大することが可能となり、そうして資本主義的生産をいっそう発展させるのだが、同時にまた、投機を誘発して過剰生産恐慌を促進する可能性ともなる。

2 資本とその形態

A 商業資本主義

資本の近代的基本形態である産業資本にさきだってあらわれ、活動した前期的（先行的・古代的）形態は商業資本（Handelskapital）と高利貸付資本（Wucherkapital）である。これらの前期的資本は、ただ生産物のすくなくとも一部分が商品となり、商品生産の発達にともなって、貨幣が流通するようになりさえすれば、すなわち、ただ単純な商品流通と貨幣流通が存在しさえすれば、成立することができた。だから、それらは単純な商品流通と貨幣流通がおこなわれるいろいろな前資本主義的な社会形態のもとで発見された。

産業資本主義社会に先だつ社会形態では、貨幣は主要な商人たちの手に集積され、これらの商人たちはその貨幣を商品の売買によって増殖したばかりではなく、さらにそれを高利で貸しつけることによって増殖した。商業資本は、だから、同時にまたそれじたい高利貸付資本でもあった。

商人たちは、一方では、その所有する貨幣で生産者たちの商品を購買し、他方では、生産者たちの必要な商品を販売することによって、商人たちの貨幣を増殖する。すなわち、生産者たちにとってのW—G—W、商品と商品との交換を目的とする生産者たちの単純な商品流通は、商人たちにとってのG—W—G'、貨幣・価値の増殖を目的とする商人たちの資本運動の成立条件である。こうして、商人たちの貨幣はいつまでも資本として機能する。しかし、かれらの貨幣は資本主義的生産様式のうえで資本として機能するのではなく、したがって、増殖される価値の源泉は資本主義的生産関係のなかには存在しない。商人たちの利潤は、流通過程での不等価交換から生じる譲渡利潤(Veräusserungsprofit, profit upon alienation)にほかならない。

カルタゴ、古代ローマでも、また後代のヴェニス、ポルトガル、オランダでも、商業資本の発達は暴力的な略奪、すなわち、海上盗奪や奴隷強奪や植民地での奪取などによって達成されたものであった。生産様式がおくれているところにたいしてのみ、商業資本は略奪の暴威をふるうことができたのであって、商人たちは、国内外の取引相手である享楽的富の代表者たち——専制君主、封建領主や奴隷所有者など——から、商略や欺瞞によって富を収奪して、貨幣財産を集積することができた。

前資本主義的社会形態では、商業が産業を、流通が生産を支配していた。商業はもともと商品生産者そうご間での商品交換を媒介するだけのものだが、くりかえし商業によって商品交換が媒介されるようになると、生産は、ますます交換、したがって、販売をとおして・交換価値—貨幣の獲得をめざしておこなわれるようになり、ひいてはまた、流通によってますます支配されるようになる。貨幣財産を集積した商業資本家は、生産者を自己のもとに従属させる、問屋制家内工業におけるように。

商業資本が前資本主義社会での最主要な資本形態として機能し、ある程度の発達するということは、近代的な資本主義生産様式の歴史的前提である。なぜならば、近代的な資本主義生産様式は、貨幣財産のある程度にまとまった集積(生産資本化されるための貨幣資本の集積)を必要とし、商品の大規模売買を可能にする発達した商業を前提とするが、これらの前提条件を歴史的に準備するものが前期的商業資本だからである。

しかし、商業資本の発達(流通現象)だけでは、新たな生産様式はつくりだされない。商業資本がどの程度に旧生産様式（生産物の直接的消費を主目標とする生産）を分解するか、は旧生産様式そのものの堅さと、その内部の組織による。旧生産様式にかわって、どんな新生産様式があらわれるか、ということも、商業資本の発達とはまったくちがう諸事情、とくに旧生産様式の性格に依存する。古代社会では商業資本の発達は奴隷経済を結果し、近代社会ではそれは資本主義的生産様式をもたらした。

いわゆる地理上の発見にともなう商業革命は、なるほど一六、一七世紀に、封建的生産様式から資本主義的生産様式への変転を促進した主要な一要因であったが、資本主義的生産様式の成立は、なおそのほかに、労働力を商品としあらわせる資本の本源的蓄積などの諸条件（生産過程での）を同時に必要とした。

商業資本の双子兄弟としての　高利貸付資本（高利貸付資本は商業資本――それは、社会的分業によって商品取扱資本（Warenhandlungskapital）と貨幣取扱資本（Geldhandlungskapital）との亜種に分かれる。――とくに貨幣取扱資本の発達につれて発展する）もまた、資本主義的生産様式のうえではなく、小生産者（自営農民や小手工業親方）や、大土地所有者、封建領主、王侯に寄生して貨幣財産を集積した。

高利貸付資本は一つのあたえられた生産様式に外部から関係して、これを搾取し、これに吸着してこれを悲惨なものにするが、それじたい新たな生産様式をつくりだすものではなく、あくまでも保守的・寄生的に旧生産様式にすがりつく。高利貸付資本が変革的に作用するのは、それが前資本主義社会での所有形態を破壊し・分解することによってのみである。すなわち、近代的利子つき資本が剰余価値の一部分を利子として修得するのに反して、高利貸付資本は、剰余価値に相当する超過分のすべてを、いや、しばしば生産者たちの労働条件である土地・家屋・生産要具などを収奪するのだから、高利貸付資本は、一方では、封建領主や小生産者たちを破滅させ、他方では、労働諸条件を資本に集中することによって、資本主義的生産様式の前提を準備することになる。しかし、資本主義的生産様式成立上の他の諸条件が形成されたところでのみ、高利貸付資本が新生産様式の一形成要因として作用することは、商業資本のばあいとおなじだ。

近代的資本主義は歴史的に特殊な資本主義的生産様式の創出によって成立した。この特殊な生産様式では、生産が流通を、産業が商業を支配するのであって、生産資本としての産業資本が近代的・基本的な資本形態となる。そして、商業資本（商品取扱資本と貨幣取扱資本）と利子つき資本（その前資本的形態が高利貸付資本であった）は、近代化・基本的資本形態としての産業資本の派生的・従属的形態として、産業資本の流通的機能を独立専業的におこない、資本主義的生産様式によって生産された剰余価値↓利潤の一部分を取得するものとなる。ここに、産業資本主義の、商業資本主義から区別される特徴的な一点が存在する。

B　産業資本主義

産業資本主義をもたらした資本主義的生産様式はどのようにして創出されたか。封建的な生産様式から近代的な資本主義的生産様式への推転、いいかえれば、商業資本主義から産業資本主義への転換は、マルクスによると、商人が直接に生産を支配する（保守的方法）か、または生産者が商人となり・資本家となる（革命的方法）かによるほかはなかったのであり、したがって、①商人が直接に工業家となるばあい、②商人が小親方たちを自分の仲介者とするか、または名目的に独立した生産者たちから直接に購買するばあい、③工業家が商人となって直接に商業のための大規模生産をおこなうばあい、の三つの道が存在した（『資本論』第三巻、第四篇第二〇章）。

資本主義的生産様式は、集積された貨幣財産の所有者が、封建的身分拘束からも、生産手段の所有からも解放されている自由な労働力の所有者から労働力を「商品」として市場で購買でき、「商品」として購買したその労働力をじぶんの所有する諸生産手段と生産的に結合することによって成立する。

このような自由な労働力所有者の出現、労働力の「商品」化、したがって、資本主義的生産様式の創出のうえに主要な役割をえんじた「いわゆる本源的蓄積」（die sogenannte ursprüngliche Akkumulation）は、資本主義の母国イギリスでは、一五世紀の終わり三分の一期から一六世紀の初期にかけておこなわれた第一次エンクロージュア（第一次農業革命をもたらした）にはじまった。生産手段をうばわれた労働力の所有者は、その唯一の財産である労働力を「商品」として諸生産手段の所有者（同時に、生活資料の所有者でもあり、あるまとまった量に集積された貨幣財産の所有者である、商人または工業家）に販売するほかなく、後者はそれを購買して生産に使用する。こうして、前者は賃金労働者となり、後者は近代的意味の資本家（産業資本家）となった。

賃金労働者と資本家との特殊な階層関係のもとで生産される商品は、独立生産者（かつての労働力の所有者と諸生産手段の所有者とが同一人格のもとで結合されていたころの）によって生産される単純商品とはちがう資本主義的商品である。それは、生産過程でつくりだされた剰余価値を内包しているということで、単純商品から区別される。

近代的基本形態としての産業資本（industrielles Kapital）は、前期的資本としての商業資本（そして高利貸付資本）と異なり、生産過程に入りこむ商品を価値または生産価格どおりに購買し、生産過程から出てくる商品を価値または生産価格どおり販売することによって、いいかえれば、等価交換の方式によって存立しうる。そこで、産業資本存立の究極的な根源は、生産過程でおこなわれる労働力（それは、資本が購買することによって、可変資本に転化される）の価値贈殖のなかに存在しなければならない。

一八世紀中葉にはじまったイギリス産業革命（ヨーロッパ大陸ではそれにより約一世紀おくれて発生した）によって、それまで工場制手工業（マニュファクチュア）の生産形態で展開されつつあった産業資本は、大工業すなわち機械制生産形態への躍進をとげることになった。そしてそれとともに、資本主義的生産様式に内在する本質的矛盾（生産の社会的性質と、領有の私的性質との矛盾、したがって生産と消費との矛盾）は、ますます激化され、前期的時代での諸恐慌とは質的にちがう必然的な過剰生産恐慌（一八二五年の恐慌はさいしょの近代的過剰生産恐慌とよばれている）を周期的にもたらし、それによって一時的に解決されながら、しかも、ますます自分じしん（本質的矛盾）を拡大再生産することになった。

C　貨幣取扱資本

貨幣取扱資本（Geldhandlungskapital）は商品取扱資本とならぶ、商業資本の二つの亜種・分岐形態の一つである。流通過程でたえず貨幣の形態をとる産業資本・商品取扱資本の一部分は二つにわけられる。①貨幣資本いっぱんと、②貨幣取扱い上の純技術的諸機能をはたす貨幣資本とである。もともと、②の貨幣資本を前貸ししていたのは産業資本・商品取扱資本家じしんであったが、社会的分業の発達につれ、かれらにかわって、そしてかれらのために、専業的に前貸しする独立の特定資本家が登場するようになった。こうして、②の貨幣資本は、社会的総資本のなかから分離・独立して貨幣取扱資本となる。

貨幣取扱資本が独立専業的におこなう貨幣の純技術的諸操作は、貨幣そのものの本質・諸機能から生じる。貨幣の諸機能から直接に生じる貨幣の純技術的諸操作についていうと、貨幣の支出・受け取り、蓄蔵貨幣の保管（流通手段準備金・支払手段準備金の形成）、諸支払金の支払い・受領、諸支払いの清算＝支払差額計算＝当座勘定（交互計算）の取扱い、外国貨幣への自国貨幣の両替、地金銀取扱い、外国為替業務、そしてそれぞれの簿記である。

これらの貨幣取扱い上の諸操作・諸業務のうち、もっとも本源的なものは両替業と地金銀取扱業であった。貨幣取扱業がこのように国際的交易関係からおこったのは、商品交換が共同体と共同体との接点に発生し、貨幣制度いっぱんが共同体そうご間の商品交換から発展したという歴史的事情にもとづいている。

貨幣取扱資本は、商品流通のたんなる結果であり、現象形態である貨幣運動の純技術的諸操作を媒介するだけのもの——貨幣運動を原因的に規定するのではなく——なのに、そうすることによって、それらの諸操作を集積・短縮・単純化し、そして社会的総資本のうちの、剰余価値をつくりださない純粋流通費用としての、貨幣取扱業のための資本部分の支出を、最少限度に節約する——裏がえしていえば、剰余価値を生産する資本部分の総量をそれだけふやす——ことに貢献する。

貨幣取扱資本がおこなう業務＝貨幣取扱業は、純粋な形態では、信用（銀行信用）制度と関係しない。貨幣取扱業が、貨幣の純技術的諸操作をおこなうだけではなく、貸しつけ・借り入れの機能や信用取引をもおこなうばあいには、初期であっても完全な形態にたっしている。イングランドでは一七世紀の後半まで、そうした完全な形態の貨幣取扱業者だった地金銀取扱業者・金細工業者（金匠 goldsmith）が銀行業者として機能した。近代的銀行業でも、純粋な貨幣取扱業（手数料収入）と信用業（利子収入）とが結合されている。もっとも、この結合のしかたは、初期の貨幣取扱業のばあいとは逆なのであって、信用業（利子つき資本の運動を媒介する）のかたわら純粋な貨幣取扱業がおこなわれる。

貨幣取扱資本は、G—G′という資本いっぱんの短縮された運動様式をもつが、おなじG—G′の運動をおこなうことで知られている利子つき資本とは、本質規定のうえでも、運動内容のうえでも、はっきりと区別されなければならない。貨幣取扱資本そのものは、機能資本として〝げんじつの流通過程〟で運動することによって、平均利潤を取得するのにたいして、利子つき資本は所有資本として〝独特な流通過程〟で運動することによって、利子を収得する。

D　利子つき資本

(1)　概念と位置づけ。生産（価値生産・増殖）・流通（価値実現）過程のなかで現実的に機能することによって機能資本とも現実資本ともよばれている資本の二形態（生産・産業資本と流通・商業資本）は、ともに、利潤をもたらす資本（profittragendes Kapital）である。これにたいして、生産・流通過程、すなわち現実的・機能的過程のそとにあり。したがって価値増殖・実現上まったく機能しないのに、自己増殖するひとつの資本形態こそが、利子をもたらす資本、利子つき資本（zinstragendes Kapital、長谷川文雄氏の新造訳語によれば、利子生〔う〕み資本）なのである。利子つき資本をマルクスは貸付資本（Leihkapital）ともよんだ。利子をもたらす資本は、あとでみるように、貸しつけられうる貨幣資本だからである。

利子つき資本は、自己増殖上、生産的にか流通的にか、ともかくも機能しなければならない諸資本の形態から対照的に区別される。機能資本にとって自己増殖部分＝利潤は社会的関係の産物としてあらわれるのに、利子つき資本にとって自己増殖部分＝利子はそういうものとしてではなく、ただ物（自然）の産物としてあらわれる。つまり、利子つき資本に利子がつくのは、ちょうど梨の木に梨が自然に実るのとおなじもののようにみえる。利子つき資本は、このような自己増殖の性能を、それじしんの自然的な属性としてもち、自動的に実現することによって、資本としての資本（Kapital als solches）、資本それじたい（Kapital par excellence, Kapital schlechthin, Kapital an sich）としてあらわれることになる。

利子は、しかし、じつのところ、けっして利子つき資本そのものによって現実的・機能的につくりだされるものでもなければ、また利子つき資本それじたいの胎内から自然的・自動的にうみおとされるものでもない。利子つき資本の自己増殖は、機能資本の自己増殖基盤による現実的・機能的な媒介なしにはありえないもので、利子が平均利潤の一部分であることを発見したのは、古典経済学派の一大功績だ、といわれる。だが、そのかんじんな中間媒介が利子つき資本の自己増殖にとっては消滅する。G—〔G—W—G´〕—G´は、G—〔……〕—G´、したがって、G—G´として現象する。利子の、生産源泉＝剰余労働としての本質は、利子の形態ではまったくおおいかくされ、完全に抹殺される。こうして、利子つき資本の最高物神性が確立される。

生産過程のなかでの現実的・機能的な運動をおこなう近代的資本の基本形態は産業資本であり、流通過程のなかでの現実的・機能的運動を独立専業的におこなう近代的資本の副次形態が商業資本である。そういえるなら、生産・流通過程のそとにあり、資本の基本的関係からいっそう遠ざかった信用過程（商業信用の過程とは本質的にちがう銀行信用の過程＝純粋な信用過程＝〝独特な流通過程〟＝金融過程 G—〔……〕—G´, G—G´）のなかに身をおき、非現実的・非機能的な運動をする近代的資本の派生形態が利子つき資本である、といえよう。利子つき資本のこうした資本的位置づけからもあきらかなように、純粋な資本関係にかんするもっとも抽象的な段階からもっとも具体的な段階までの全解明は、「完成された資本」（『資本論』第三巻）としての近代的な利子つき資本の究明を欠いてはあたえられない。

(2) 本質。利子つき資本の本質は二重に規定されうる。〝所有としての資本〟（Kapital als Eigentum）と〝ひとつの独特な商品〟（eine Ware sui generis〔eigener Art〕）とに。〝所有としての資本〟という利子つき資本の本質は、〝機能としての資本〟という機能資本の本質との対照で、それぞれ規定されたものだ。

マルクスは、二つの本質規定のうち、〝ひとつの独特な商品〟として取りあつかうことによって、かれは、利子つき資本をめぐる高度な社会関係を、つかまえやすい低位の「商品」関係としてとらえ（擬制し）、追究できるものとすることに成功した。平均利潤そのもの、あるいは平均利潤をつくりだす貨幣の、資本としての能力・機能を〝ひとつの独特な商品〟の「使用価値」（「貨幣の追加的使用価値」）として、また利子をこの「商品」の「価値・価格」として、そしてまた、利子率の変動をこの「商品」の「市場価格」の変動として。だが、つうれいの商品の使用価値・価格とはちがうこれらの「使用価値・価格」の擬制的な諸形態の把握については、周到な注意が必要だ。

ところで、〝所有としての資本〟というのは、機能しつつある現実資本への転換可能の状態にある資本＝可能的資本のことであり、また〝ひとつの独特な商品〟というのは、つうれいの商品（商品としての商品、貨幣としての商品）とはちがう〝資本としての商品〟のことである。そこで、これらの二つの規定は、利子つき資本にとってべつべつのものではなく、ひとつの本質の二面規定として一体化されるのでなければ、げんじつの利子つき資本の本質を形成することはできない。〝ひとつの独特な商品〟＝〝資本としての商品〟となりつつある可能的資本＝〝所有としての資本〟こそがげんじつの利子つき資本なのである。可能的資本が〝ひとつの独特な商品〟となり、二つの本質規定が一体化するのは、資本の所有と資本の機能とが範疇的に分裂・分離する社会的関係のもとである。資本の所有と資本の機能とがまだ範疇的に分離していない社会的関係のもとでは、遊休貨幣・可能的資本は所有者（同時に機能者である）の手から機能者の手へ、〝商品〟・〝ひとつの独特な商品〟としては譲渡されえないし、したがって、〝所有としての貨幣〟は〝所有としての資本〟にはなりえないからである。

(3) 運動。〝ひとつの独特な商品〟＝〝資本としての商品〟という利子つき資本の本質規定から直接にみちびきだされる利子つき資本の運動規定の内容は、〝譲渡〟を出発点とする無機能的な環流である。しかし、このばあい、その〝商品〟が独特なもの、資本としてのものなので、〝譲渡〟もまた〝独特な譲渡〟＝〝資本としての譲渡〟でなければならない。

〝資本としての譲渡〟の様式はつぎのとおりである。遊休している一定価値額（たいていは貨幣の形態にある）が、〝資本として譲渡〟されるばあいには、〝貨幣として譲渡〟されるばあいとはちがい、価値の形態転換をともなわない価値の位置転換がおこなわれるだけである。譲渡されるものは、〝ひとつの独特な商品〟となる一定価値額のしんじつの価値と「使用価値」（「貨幣の追加的使用価値」）である。G－の運動で、譲渡者は引きかえに等価をうけとらない。そこで、一定価値額の所有は、移転されないで、譲渡者の手にとどまり、一定価値額のしんじつの価値は、やがてその所有者である譲渡者の手にかえってこなければならない（－G）。譲渡されっぱなしになるのは、平均利潤そのものとしての、それの「使用価値」だけである。逆に、譲受者から譲渡者に支払われるものは、〝ひとつ独特な商品〟の「価値・価格」（利子）である。この「価値・価格」は、譲受者がうけとる平均利潤の一部分である。だから、〝資本としての譲渡〟は、商品交換・売買での譲渡とはちがい、ひとつの独特な無機能過程的総運動様式（回収・返済を条件とする貸しつけ・返済）を内包する。利子つき資本は、こうして、〝げんじつの流通過程〟（G－W－G′、W－G－W）のそとによこたわる〝独特な流通過程〟（G－〔……〕－G′）のなかで、ひとつの独特な還流運動——G－W－G′での、それに先だつW－G－WでのGやWの機能的運動とはまったくちがう——をおこなう。

「二〇世紀のはじめは、旧資本主義から新資本主義への、資本いっぱんの支配から金融資本の支配への、分岐点である」とレーニンはその著『帝国主義』のなかでのべている。

E　金融資本主義

金融資本(Finanzkapital)は産業資本の無政府的戦争(いわゆる自由競争)の必然的結果としての、生産の集中、そこから生じる独占を基底とする、銀行資本と産業資本との融合・癒着(産業資本に転化されている銀行資本、このばあい、銀行資本が産業資本を支配する)によって成立する。

そこで、産業資本主義が産業資本のレッセ・フェール段階をいいあらわしたものであるといえるならば、金融資本主義は二〇世紀初頭いらいの独占資本主義(産業資本での独占資本は一九世紀の九〇年代に発生しはじめた)を経済的地盤として形成された。といえる。金融資本は独占資本の形成を基礎として成立するのだが、しかし、独占資本そのものとは区別されねばならない。カルテル・トラストの結成に集約される産業資本の独占的形態そのもの、または、銀行資本の集中、独占的形態そのものが、ただちに金融資本なのではない。もちろん、産業資本の独占的形態と、銀行資本の独占的形態とは、そうごに反作用し、そうごに発展して、究極には融合し・癒着するのであって、金融資本へ必然的に発達していく。

資本主義の最新の発展段階としての金融資本をさいしょに理論づけたヒルファディングは、金融資本の成立をつぎのように説明した。

資本主義的産業の発達は、銀行制度の集中を発展させ、後者はカルテル・トラストでの最高度の資本集中をうながす。カルテル・トラストはさらに諸銀行の結合にたいして反作用し、後者は前者をさらに促進する、といったふうに、産業の独占と銀行の集中とはそうごに促進しあう。ところで、カルテル・トラストは、銀行と産業との関係をいっそう緊密にする。

そのわけは、つぎのとおりである。産業での自由競争排除(独占)によって利潤率が高まり、新独占的企業での高い利潤率は資本還元によって創業者利得（平均利潤を生む資本と、平均利子をうむ資本とのあいだの差額）を構成しうるのであり、この創業者利得をうる目的で銀行は産業での独占を促進する。

他方、カルテル化は企業収益の安全性・等一性を高め、これらによってカルテル諸企業の株式価格の上昇、新株発行での創業者利得の増大、ひいては銀行による産業への信用拡大が招来される。銀行は、カルテル化によって、一面、産業利潤の分前にいっそう多く参与できることになり、他面、産業に投じられる資本の処理権をますます多く掌握することになる。

こうして、銀行の支配的地位確立のもとに銀行と産業との緊密な関係が成立する。つまり、産業資本のうち銀行の所有に帰属する部分がいよいよ増大し、銀行は産業資本家にたいしては資本の所有者となる。銀行はその資本のますます増大する部分を産業に固定するようになり、したがって、銀行はますます産業資本家になる。

このように、産業の銀行への隷属は所有関係の結果であり、産業資本に転化されている、したがって、産業資本を支配する銀行資本こそが、ヒルファディングのいう金融資本である。そこで、かれによれば、「金融資本は、株式会社の発達につれて発展し、産業の独占化につれて最高度にたっする」。

産業資本に転化されている銀行資本、すなわち銀行資本と産業資本との融合は、たんに資本の所有関係でだけでなく、人的（重役）関係でもおこなわれる。このような金融資本が、企業集中、独占の最高発展形態としてのコンツェルン、財閥での主要な形成要因となるのであり、そしてまた、財閥が国家権力と結合する独占資本主義の国家的統制段階では、国民経済にたいする金融寡頭支配が成立する。

金融資本はそれじたい自立的な生産的存立基盤をもつものではなく、産業資本にたいする寄生的生活によって維持される。なぜならば、独占産業資本の独占的超過利潤（平均利潤をこえる部分）は、非独占産業資本が生産する剰余価値または労働者の賃金の一部分を収奪することによって形成されるのであり、産業資本に転化される銀行資本は、その独占産業利潤の一部分を吸収することによって、存立するのだから。

金融資本主義は、資本主義の最新の発展段階での構造的変化を反映するものである。だから、この段階では、資本主義じたいの本質的矛盾のあらわれ方もかわり、産業資本主義の段階であらわれた周期的な恐慌現象、景気変動現象もまた、この段階に相応する変質過程をとげることになった。

Ⅲ　貨幣論と金融論とのあいだ
——不換銀行券論争の核心はどこに?——

金融論を学ぶさいにくれぐれも注意しなければならないことは、貨幣論と金融論との関係である。両者の関係は近いようで、じつは遠い。両者が遠い関係にあるというのは、理論体系上のことで、日常とかく忘れられがちとなり、両者の近い関係だけが目にとまる。そこで、両者は、ややもすれば、無差別に混同・同視されることになる。貨幣論のなかで利子の発生が構想されたり、金融論のなかに貨幣市場論（じつは、資本としての貨幣の市場、〝短期資金〟・〝短期資本〟市場論といわれるもの）が登場したりする。国際通貨論と国際金融論とはしばしば非体系的・無差別的に混成されている、のではなかろうか。

貨幣論と金融論とはそれぞれの体系的な位置づけにしたがってげんみつに区別されたうえで、それらの緊密一体的・矛盾統一的な現実関係が把握されなければならない。現代通貨としての不換銀行券の本質・運動をめぐる論争でも、貨幣論と金融論との関係が理論的・現実的な基盤として追究されなければならないのに、残念ながら論争参加者の一部にはそれにたいする理解が欠けているようにおもわれる。貨幣論と金融論との関係がどんなに遠いか、またどんなに近いかを知ることなしには、貨幣的側面と金融的（資本的）側面とを兼ねそなえている現代不換銀行券の本質・運動を正しくつかめるはずはない。
学問はひとつの体系である。その体系は歴史的・論理的展開によって秩序づけられている。金融の理論は、資本の理論にふくまれるひとつの分野体系であって、産業資本（生産過程）→商業資本（流通過程・〝げんじつの流通過程〟）につづき、それらのうえにたつ利子つき資本の〝独特な流通過程〟（銀行信用）をめぐる諸関係・事情をひろく総合的に研究対象とする。金融論でとりあつかわれる現代の利子概念は、資本主義的生産関係のもとで成立する剰余価値を究極的な前提として、剰余価値の利潤→平均利潤への転形・展開を基底とする。

ところが、貨幣の理論はほんらい資本の理論に先行する。デ・ローゼンベルグはいう。「……貨幣の問題から直接に信用（銀行信用、いま、金融といいかえよう―飯田注）の問題へ移行することは不可能である。……貨幣の問題の研究と資本主義的信用の問題の研究との間には、《資本論》第一巻と、第二巻と、及び第三巻のかなりの部分とが横たわっている……」（淡徳三郎訳『資本論註解』第四巻一六三ページ）。

貨幣はさかのぼると商品から、商品は超歴史的な概念としての労働生産物から、それぞれ転化して成立した歴史的に特有な社会的概念であるが、その貨幣が資本に転化して資本社会が一般的に成立するようになると、貨幣はどうなるのか。

資本社会のもとでも、貨幣は貨幣として機能する所得形態で存在する。しかし、このことはいま問題外としよう。資本の一般的運動方式（G―W―G'）に内包されるG・G'、（資本としての貨幣、貨幣資本、〝流通資本としての貨幣資本〟）は〝げんじつの流通過程〟のなかではまさに貨幣として機能する、ということを、マルクスがくりかえし強調している。このばあい、G・G'は総過程的には資本として機能（価値増殖して還流）しながら、〝げんじつの流通過程〟のなかでは貨幣として機能する。

現代の不換銀行券は、中央銀行から発行され、普通銀行をつうじ、利子つき資本の〝独特な流通過程〟をへて産業資本家・商業資本家の手にわたり、〞げんじつの流通過程〞をとおって、ふたたび普通銀行→中央銀行へ還流する。この全過程のなかで、不換銀行券は、利子つき資本（擬制的）の形態から貨幣（価値表章性の代用貨幣）の形態へ、さらに利子つき資本の形態へと再転化・復帰する。不換銀行券は、この全過程のなかで、擬制的利子つき資本と、価値表章性代用貨幣との両形態のあいだを、金融論分野と貨幣論分野とのあいだを、たえず回転・放浪しつづける。不換銀行券は、資本（利子つき資本）としては価値増殖して・発行点に環流するが、貨幣（価値表章性代用貨幣）としては価値増殖しないし・出発点に環流しない。

単純な古典的不換紙幣にはみられない現代不換銀行券がになうこのような二面性は、不換銀行券の本質と運動にかんする理解を複雑・多様化するものではあるが、だからといって、現代インフレーション（不換銀行券インフレーション）の基本規定としての貨幣論的規定がこれでゆらぐことにはならない。インフレーションは流通必要金量をこえる価値表章（信用貨幣ではない）の発行量によって生じるものであることが、インフレーションの貨幣論的基本規定として科学的に確認されているのだから。

現代インフレーション・不換銀行券インフレーションの特殊性は、古典インフレーション・不換紙幣インフレーションからの質的脱皮、貨幣論的規定から信用論（銀行信用論）的規定への質的転換にあるのではない。不換銀行券インフレーションの本質規定・発生基盤は、不換銀行券の〞利子つき資本性〞（銀行信用性）のなかにあるのではなく、あくまでも不換銀行券のもうひとつの顔である〞価値表章性〞のなかにある。だから、不換銀行券インフレーションがもつといわれる現代性は、やはり〞価値表章性〞そのものの現代性から生じる。

不換銀行券インフレーションの資本再生産論的分析は、原点としての貨幣論的規定をしっかりとふまえたうえでの、商品総価値・総価格→流通必要全量の動きを広く・そして深く総資本（金融をふくむ）の現象的・具体的視野からとらえようとするかぎりで、二〇年にわたる不換銀行券論争を実りあるものに仕上げることになろう。

Ⅳ　現実的平価切り下げの理論

――インフレーションと貨幣名――

まえおき（追記）

貨幣の問題か、資本の問題かをめぐって争われるすぐれて目だつ一例は、よく知られているインフレーション――古典のであろうと、現代のであろうと――の本質・抽象についてである。現代インフレーションの現象・具体についていえば、貨幣の問題のうえに資本の問題がつみあげられることはあきらかだ、としても。

インフレーション本質が、資本性にあるものではなく、貨幣性にあることを、ここではまず解明しなければならない。なぜなら、インフレーションは、価値の増殖過程でおこるのではなく、価値の転形過程で生じる事象であるからだ。

ところが、不覚にも、価値増殖をめざし・内包する銀行信用のインフレーション説（いわゆる〝信用インフレーション説〟）をとなえる論者がいる。価値増殖にそそがれる銀行信用が拡大すると、物価騰貴がおこる、という。流通必要金量をふくらませるほんらいの物価騰貴と、流通必要金量をこえての価値表章総量の増発によっておこる結果現象としての物価騰貴（これこそインフレーション）とはげんみつに区別されなければならない。それなのに、これら二つの物価騰貴現象が、その論者の構想では、残念ながら、無差別に混同されている。銀行信用の増大は、もしおこるとすれば、じつは生産側・流通側の生産・需給関係の諸要因にもとづいて先行的におこる流通必要金量の総ワク内におさめられるほんらいの物価騰貴の結果現象にほかならない。

また、かりにも、その〝信用インフレーション〟が〝商業信用インフレーション〟のことだというのであれば――

―つうれい、そんなことはないのだが――、商業手形→不換銀行券の増発は価値表章性のもとでしかなく、経済外的な国家需要により中央銀行の発行ルート・〝独特な流通過程〟をへて、〝げんじつの流通過程〟で運動するかぎりでは、そのさいのインフレーションはやはり貨幣性（支払い手段機能にもとづく商業信用の貨幣性）のうえにたつ。(1)

（1）飯田繁『貨幣・物価の経済理論』一一八―四六ページ、四〇六―一五ページ参照、『不換銀行券・物価の論争問題』一―五八ページ参照。

そこで、商業信用と銀行信用との関係を論及する前段階の諸項で、貨幣と資本とのちがいをみるひとこまとして、インフレ本質の貨幣性の問題をもうすこしとりあげる。

1 インフレーション

実現されるべき商品総価格によって決定される流通必要金量をこえて、価値表章・金表章である紙幣（または、不換銀行券）が〝国家によって外部から流通過程の内部に投入される〟ばあい、物価水準は上昇する。これがインフレーションである。なぜか。

このばあいにおこる物価騰貴の論理は、つうれい、おろそかにされているようにおもわれる。しかし、その論理のいかんによっては、ひとは貨幣数量説や管理通過論におちいることにもなるので、問題はきわめて重大だ。

2 「紙幣価値低下」の意味

いちばん多いのは、〝紙幣価値の低下〟がそんな物価騰貴の論拠とされている事例である。マルクス貨幣論の立場にたって、〝紙幣流通の独自の一法則〟を〝貨幣（金）流通の諸法則〟からみちびき、したがって、貨幣数量説を極力排撃してやまない人びとが、さいごに物価騰貴を説明する段階で、みずから貨幣数量説におちこんでしまうのは、けっきょく、この説明のなかに、〝紙幣価値の低下〟をもちこんでくるからである。

〝紙幣価値の低下〟がうんぬんされるためには、なによりもまず、紙幣は価値物でなければならない。〝紙幣価値〟が低下するということは、労働価値説の立場をとるかぎりでは、紙幣そのものを生産するのに社会的に必要な労働時間が短縮することにもとづくのでなければならない。

さらに、このような意味でかんがえられた〝紙幣価値の低下〟が物価騰貴をひきおこすとすれば、紙幣はこのばあい、価値尺度の機能をえんじることになる。したがって、その物価騰貴の論理は、金の価値が低下したばあいのそれとなにも区別されえないことになる。

紙幣は、うしなうべきなんの価値ももたない、ほんらいほとんど無価値な価値〝表章〟・〝象徴〟にすぎない。そこで、紙幣の〝価値〟が現実的ないみで存在し、それがげんじつに低下するとかんがえることは、マルクス貨幣理論の立場からは否定される。なるほど、マルクスは『経済学批判』のなかでしばしば「紙幣の価値」といっている。しかし、それがたんに〝金の価値〟と対照的に用いられた軽い比喩的表現にすぎないことはあきらかだ。

紙幣流通量が流通必要金量をこえるばあいに、〝紙幣価値〟がげんじつに低下すると主張する人びとは、紙幣量が流通必要金量を上回ったら、なぜ紙幣を生産するのに必要な労働時間が短縮することになるか、の理由を説明しなければならない。が、そんなことは、かんがえるだけでもコッケイだ。だから、そんな意味で〝紙幣価値〟が低下するのではない、とかれらはいわざるをえまい。では、どんな意味でか。

労働生産物としての紙幣の〝価値〟が低下するのではなくて、紙幣の〝購買力〟、すなわち、紙幣と交換されうる商品量が減少する、という意味の〝紙幣価値の低下〟しかもうのこっていない。こういういみで、かれらが〝紙幣価値低下〟というのであるならば、かれらは、紙幣にたいして価値尺度機能をえんじさせる無理をしないことになろう。ところが、そうなると、〝紙幣価値の低下〟は、物価騰貴をひきおこす価値尺度機能として理解されるのではなく、紙幣数量の増加によってじかに発生した物価騰貴じたいと同意義に、もっと正確にいえば、物価騰貴の単純な逆数的表現としてとらえられることになる。だから、かれらは、もはや立派な数量説論者であり、管理通貨制度・紙幣本位制度論者である。

「すべての商品の価格が、げんに流通している流通要具の分量によるものだとする数量説は、純粋な不換紙幣本位制度、または自由鋳造禁止銀本位制度にたいしては正しいが、金本位制度にたいしては正しくない」（ヴァルガ）。こうして、紙幣はもはや価値表章・金表章ではなくなり、金価値→金量の迂回を省略して、直接に商品の価値（〝社会的流通価値〟）を表象する紙幣の本位制度の可能性が考慮される（ヒルファディング）。

3　金価値低下と物価上昇

金の価値が低下するときにも、物価水準は上昇する。しかし、それは、商品価値を商品価格＝観念的金量に転化させる金の価値尺度機能にもとづく。ところが、紙幣量が流通必要金量をこえるばあいには、金の価値はそれによってなにも変化しない。では、このばあい、物価水準はなぜ高騰するのか。

「物価の騰貴は、金に代わって流通しようとする価値表章を強制的に金量と同等化するところの、その流通過程の反動にほかならない」（『経済学批判』）。「……その結果は、価格標準である金の機能に変化が生じたばあいとちがわない」（『資本論』）。

実現されるべき商品総価格一〇億円によって決定される流通必要金量が二億匁（一匁＝三・七五グラムの貨幣名五円（明治三〇年一〇月一日貨幣法第二条、昭和八年改定、「第二条（単位）純金ノ量目七五〇ミリグラムヲ以テ価格ノ単位ト為シ之ヲ円ト称ス」）であるさいに、紙幣二〇〇〇億円が投入されたとすれば、どうなる？　一〇億円ではなく、二〇〇〇億円の紙幣が二億匁の金量を代表することになり、紙幣五円の代表する金量は二〇〇〇分の一匁となる。

金円にたいして紙幣円の「価値」が低下したのではなく、〝円〟という貨幣名（金の価格標準）が、いまや従来の二〇〇分の一の金量に付与されることになったのとおなじだ。一匁の金は法定の五円でなく事実上一〇〇〇円という貨幣名でよばれることになり、一匁の金と等しい価値をもつ諸商品の価格は五円から一〇〇〇円に騰貴する。インフレーションは、だから、それじたい事実上の平価切り下げ事態である。法律上の平価切り下げ（インフレーション後におこなわれる）はたんにこの事態を事後的に確認し・固定させるのにすぎない。

貨幣名は、貨幣価値とはちがい、法律によって固定される。それでもなお、その固定性は、紙幣インフレーションによって苦もなく廃棄される。貨幣名の法律的変更によって、一国の富が増大するわけではないが、かつての国王や封建領主は、それによって債務を切りすて、財政上のやりくりをした。資本主義国家は、インフレーションによって貨幣名を事実上変更し、国民から莫大な価値をきりとって、それを戦争などに浪費したものだ。

V　インフレーション本質の〝貨幣性〟（〝非資本性〟）
――価値形態転換の問題――

はじめに

インフレーションは、価値の形態転換過程（〝げんじつの流通過程〟）でおこる事態であって、けっして価値増殖過程（生産過程、そしてまた、それを背景とする〝独特な流通過程〟＝銀行信用過程）で発生する事象ではない。これは、インフレーションの本質が〝貨幣性〟のなかにあるのであって、けっして〝資本性〟のなかにあるのではない、ということにもとづいている。そこで、インフレーション本質の〝貨幣性〟究明で第一の焦点となるのは、インフレーション本質の〝非資本性〟である。

ところで、ここにいうインフレーション本質の〝貨幣性〟とは、〝確定金量性〟じたい、あるいは〝確定金量代表性＝信用貨幣性〟ではなく、基礎・前提としての流通必要金量を迂回的・象徴的に代表する〝価値表章性〟のことである。インフレーションの理論構造から貨幣数量説・紙幣数量説を完全に排除するためには、われわれは、まず貨幣流通の諸法則によって規定される流通必要金量の論理と現実を正しく解明しなければならない。そこで、インフレーション本質の〝貨幣性〟追究で第二の焦点となるのは、インフレーション本質の〝価値表章性〟である。

インフレーションの本質が〝貨幣性〟・〝価値表章性〟のなかにあるということは、実在する価値表章が不換国家紙幣の姿態をとる古典インフレーションにかぎられるのではなく、価値表章が不換銀行券の形態であらわれる現代インフレーションでもだ。もっとも、現代インフレーションの本質は〝貨幣性〟のなかにあるのに、その現象は〝資本性〟のなかにみられる。そこで、現代インフレーションの、本質（〝貨幣性〟）と現象（〝資本性〟）との二面性を論理的・現実的に把握することが、インフレーション本質の〝貨幣性〟解明での第三焦点となる。

1　インフレーション本質の〝非資本性〟

インフレーションの本質を〝貨幣性〟のなかにもとめることは、さもインフレーションの現代性を無視した時代錯誤的な構想のようにみえるかもしれない。貨幣が資本化した資本主義社会では、貨幣も商品も、それぞれ資本の形態をとり、貨幣資本・商品資本として機能するのだから。ところが、貨幣・商品が貨幣資本・商品資本として機能するのは、じつは生産過程をふくむ現実的資本の総過程（$G-W<{A \atop Pm}\cdots P\cdots W'-G'$）の論点からみてのことであって、生産過程をはさむ前後の両流通過程＝〝げんじつの流通過程〟じたいのなかでは、マルクスが『資本論』第二・第三巻でくりかえし強調しているように、貨幣資本は〝たんなる貨幣〟として、また商品資本は〝たんなる商品〟としてそれぞれ機能する。したがってまた、単純な商品流通社会ですでに成立する〝貨幣流通の諸法則〟は、資本

主義社会でもそのままあてはまる、とマルクスによって主張されているわけだ。

使用価値のとりかえを目的とする単純商品流通社会のもとだろうと、価値増殖を狙いとする資本主義社会のもとだろうと、〝げんじつの流通過程〟では、価値は増殖しないで、その形態を転換するだけだ。商品から貨幣へ、貨幣から商品へ。商品が生産過程での増殖価値部分をふくんでいようとも、〝げんじつの流通過程〟ではその価値が商品形態から貨幣形態へ実現・転換するだけである。

資本総運動過程のなかの〝げんじつの流通過程〟では、このように貨幣資本は〝たんなる貨幣〟としての諸機能をはたすからこそ、貨幣の価値表章への転化も、また価値表章の総量が、貨幣流通の諸法則によって規定される流通必要金量の額面をこえるインフレーションじたいも、この〝げんじつの流通過程〟のなかでおこる貨幣事象である。ただ、区別されなければならないのは、古典的な価値表章としての不換国家紙幣が貨幣の流通手段機能から直接に発生するのに、現代的な価値表章としての不換銀行券は、貨幣の支払手段機能から成立する信用貨幣としての兌換銀行券の否定である、という点である。それでもなお、象徴的な代用貨幣である価値表章は、不換紙幣であろうと、不換銀行券であろうと、もはや貨幣流通の諸法則によっては支配されないで、エンゲルスが『資本論』第三巻第三三章で注釈しているように、〝紙幣流通の独自の一法則〟によって支配される。

〝貨幣流通の諸法則〟と、それを前提・基礎としながらもそれを否定する〝紙幣流通の独自の一法則〟とは、どちらも〝げんじつの流通過程〟のなかでの、貨幣と象徴的代用貨幣とのそれぞれちがう運動を支配する〝貨幣性・非資本性〟の規定である。

2　インフレーション本質の〝価値表章性〟

インフレーション本質の〝非資本性〟の内容である〝貨幣性〟をいっそう精密に解明するためには、インフレーション本質の〃価値表章性〃を追究しなければならない。なぜならば、インフレーションとは、発行され・流通する価値表章の総量がそのときどきの流通必要金量を額面のうえでこえる――瞬間的・一時的でなく――事態なのだから。そしてまた、そのさいにおこる物価騰貴は、流通必要金量の増大を決定する物価騰貴とはきびしく区別されなければならないのだから。

では、発行され・流通する価値表章の総量が背景・基礎とする流通必要金量を決定する物価騰貴と、その流通必要金量を額面でこえる価値表章総量の増発によって生じる物価騰貴とは、どうちがうのか。

まず、流通必要金量を決定する物価変動は、①商品の価値価格の変動〔商品価値〔分子要因〕の変動と、貨幣価値〔分母要因〕の変動できまる〕、②市場価格の変動、③諸商品取引量の変動、④貨幣個貨の流通回数〔最終分母要因〕の変動によって規定される。そのさい、貨幣の法定価格標準は一定不変と仮定される。

これらの諸要因にもとづいて物価が上昇するばあいには、それにおうじて、その物価〔〃実現されるべき諸商品価格の総額〃〕の上昇を実現するのに必要な金量・貨幣量は増加しなければならない。また逆に、物価が下落するばあいには、それにおうじて、流通必要金量は減少しなければならない。流通必要金量の増減に対応して、逆行的に減増するのがプール役の蓄蔵貨幣量である。蓄蔵貨幣量がたっぷりあれば、原因である物価変動におうじて、結果である流通必要金量はたえず伸縮できる。

ここで注目の最大ポイントとなるのは、〃実現されるべき諸商品価格の総額〃、すなわち、物価が、原因として、結果の流通必要金量・貨幣量を決定するということ、つまり、この因果関係の逆転論理・〃貨幣数量説〃が排除されているということである。このことは、また、後述の、価値表章の総量が、このようにして規定される流通必要金量を額面でこえることによって生じる物価騰貴を、さも〃紙幣数量説〃にもとづくものであるかのようにみることをゆるさない歯止めともなっている。そこに生じる物価騰貴が、〃紙幣数量説〃の謬論にもとづくものではない、とされるわけは、〝貨幣数量説〟構想が根本的に排除されている流通必要金量を背景・基礎とする金量迂回的のうえにたつのだからである。かつて金量迂回〝不用論〟をつよくうちだして、みずから〝紙幣数量説〟容認論の墓穴をほったヒルファディングがこのことを実証している。

そこで、つぎの、価値表章の総量が流通必要金量の額面・ワクをこえることによって生じる物価騰貴、いわゆるインフレーション物価の内容が問題となる。

インフレーション物価の特異性は、ひとことでいえば、価値表章としての代用貨幣の本質である〝象徴性〟に根ざしている。国家によって強制通用力をあたえられた価値表章は、額面上ほとんど無価値な（僅かな労働力しかふくまない）紙片であるから、それじたいほんらい伸縮する蓄蔵機能をもたない。だからこそ、価値表章の総量が、十分価値をもつ金・貨幣とはちがい、流通必要金量の額面・ワクをこえてでも増発され・流通しうるのだ。そのさいの価値表章総量の増発は、ほんらいの物価騰貴→流通必要金量の増大にもとづくのではない。増発された価値表章の総量は、〝かんたんのために一定不変と仮定される〟そのさいの流通必要金量を象徴的に代表するだけだ。

したがって、流通必要金量の額面をこえる価値表章総量が増えればふえるほど、単位あたりの価値表章がじっさいに代表する金量はますます低下する。それとともに、一定金量の事実上の価格名→物価はいよいよ上昇する。いいかえれば、法律上の金価格標準は不変のままで、事実上の金価格標準はますます切り下げられ（五円＝三・七五グラム→〇・三七五グラム→〇・〇三七五グラム……）、事実上の金貨幣名・価格名はいよいよ切り上げられる（三・七五グラム＝5円→五〇円→五〇〇円……）。

このような、金価格標準の事実上の切り下げ・その裏がえし表現である金価格名の事実上の切り上げは、それらの法律上の切り下げ・切り上げとおなじく、商品価値・価格の名目的・水準的な上昇、一般的物価騰貴としてほんらいあらわれる。そのさいの一般的物価騰貴によって、それまでの本来的な流通必要金量の額面がそれだけひき上げられることになり、したがって、増発された価値表章量はもはや過剰ではなく、流通に必要となる。もっとも、これは、インフレーション物価の本質を抽象的にとらえたばあいの究極論（in the long run theory）であって、具体的にはさらに、必然的・偶然的に同時発生する諸要因の影響をうけて複雑化され、その本質はおおいかくされる。こうして、インフレーション物価は、具体的・現象的なヴェール（たとえば、商品個別・類別価格の実質的な格差変動）におおわれた一般的・名目的・水準的上昇運動として内容的に把握されなければならない。

価値表章の総量が流通必要金量の額面をこえて増発され・流通するばあいにおこる物価騰貴・インフレーション本質の〝貨幣性〟・〝非資本性〟をつかむために、その内実としての〝価値表章性〟、価値表章の〝無価値性〟・〝象徴性〟をかんたんにみてきた。そこで、さらに一歩すすめて、価値表章としての代用貨幣の流通を支配する法則の特殊性についてみよう。インフレーションは、その特殊な流通法則（〝紙幣流通の独自の一法則〟）が支配する価値表章の特有な一運動ケースとしてあらわれるのだから。

流通必要金量を背景・基礎としながらも、〝貨幣流通の諸法則〟によっては支配されない価値表章の総量が、なぜ金・貨幣の代用物として発行され・流通するのだろうか。それは、ほんらい象徴化の必然性をもつ流通手段としての貨幣機能から原初的に発生した。象徴的な価値表章の流通は、一面では、げんじつの金流通を省約・効率化するメリットとともに、他面では、経済外的な要請によって過剰発行され・超インフレーションというデメリットをさえもたらす可能性をひそめている。価値表章の発行・流通量はそれじたい伸縮できず、無限の増発も避けられないところから、そこでは〝貨幣流通の諸法則〟が支配するばあいの自律的な伸縮放任とはちがい、数量制限のワクがはめられなければならないことになる。こうして、価値表章の運動は、自律的な伸縮運動を規定する〝貨幣流通の諸法則〟とは根本的にちがう〝制限の法則・規定〟としての〝紙幣流通の独自の一法則〟によって支配される。価値表章は、ほんらい一定金量を象徴的に表示するものとして存在するのだから。

価値表章の流通・運動を支配する紙幣流通の独自の一法則が〝制限の法則・規定〟として要約されているということは、紙幣流通の独自の一法則が支配するのは、流通必要金量の額面をこえる価値表章の流通だけでなく、それをこえない価値表章の流通もだ、ということを明示している。このことをここでとくに強調するわけは、価値表章の総量が流通必要金量の額面をこえないかぎり、価値表章の運動は「貨幣流通の諸法則によって支配される」、という誤解がみられるからだ。かりにも、価値表章が〝貨幣流通の諸法則〟によって支配されて運動するものならば、価値表章は、流通必要金量の増減におうじて自動的に伸縮し、インフレーションをぜったいにおこさない金・貨幣・信用貨幣とまったく同じものとなろう。

価値表章の総量が流通必要金量のワク内――しかも流通必要金量の最低限度内――にとどまるかぎりでは、単位あたりの価値表章はそれぞれ額面どおりの金量を象徴的に表示する。最低限度以上の流通必要金量はげんじつの金量によって満たされ、たえず物価の変動→流通必要金量の変動・伸縮（蓄蔵貨幣量の逆行伸縮をとおして）が可能となる金・紙幣混合流通が登場する。そのさい、伸縮するのは、〝貨幣流通の諸法則〟によって支配される金・貨幣だけであって、価値表章は流通必要金量の最低限流通量として流通過程のなかをかけめぐりながらも、価値表章総量は増減しない。ここに、価値表章が〝紙幣流通の独自の一法則〟によって支配される姿がみられる。

価値表章が、〝貨幣流通の諸法則〟によっては支配されないで、もっぱら〝紙幣流通の独自の一法則〟によって支配されるのは、国家の強制通用力によって支えられながらも、それじたいほとんど無価値な紙片にすぎないものとして、蓄蔵機能→伸縮性をほんらい全くもたないことにもとづいている。この点では、価値表章は、貨幣の支払手段機能から発生する信用貨幣（確定金量との兌換性・同一性が保証されている）が〝貨幣流通の諸法則〟によって支配されるのとは、おなじ代用貨幣のなかでの好対照である。それなのに、上述のように、「流通必要金量の額面を配されるのとは、おなじ代用貨幣のなかでの好対照である。それなのに、上述のように、「流通必要金量の額面をこえない制限数量の価値表章は〝貨幣流通の諸法則〟によって支配されるが、流通必要金量の額面を価値表章総量がこえると、価値表章ははじめて〝紙幣流通の独自の一法則〟によって支配され・運動するようになる」、と構想する誤説がみられる。

しかし、価値表章の運動は、流通必要金量の額面をこえまいと、こえようと、いちように〝制限の法則・規定〟に集約される〝紙幣流通の独自の一法則〟によって支配される。マルクスは、『経済学批判』の、価値表章としての紙幣の運動を解明する段階で、〝紙幣に特有でない運動〟と、〝紙幣に特有な運動〟とを区別した。前者は、流通必要金量の額面をこえない紙幣総量の運動を、また後者は、流通必要金量の額面をこえる紙幣総量の運動をさしているが、どちらも紙幣流通の独自の一法則によって支配されることを明示している。そして、前者のばあいには、〝貨幣流通の諸法則〟が支配するのではなく、「反映する」(sich spiegeln)と『資本論』では記されている。そのさいには、価値表章としての紙幣は、単位あたりの同じ名の金量をそのまま代表するほんらいの価値表章姿態でげんじつにあらわれるのだから。

象徴的な代用貨幣としての価値表章が、貨幣の流通手段機能から直接に発生する不換国家紙幣であるかぎりでは、そのさいにおこりうる古典的インフレーションの本質がもつ〝貨幣性〟→〝価値表章性〟は、もっとも単純・純粋な姿であらわれる。不換国家紙幣を印刷・発行する国家は、それじたい商品の生産・流通業者でもなければ、貨幣を資本として貸しつける金融業者でもない、非経済(経済外的)主体である。だから、そうした国家によって経済外から非再生産的用途をもって発行・投下される不換紙幣は、価値表章性に一元化される。

ところが、貨幣の支払手段機能から発生する信用貨幣(商業手形→兌換銀行券)の完全否定としての不換銀行券は、利子つき資本性(擬制的)と価値表章性とに二元化・二重化され、現代インフレーションの本質が不透明になる。そこから、現代インフレーションの本質を〝資本性〟のなかにみる異説さえもが堂々と登場することになった。

3　インフレーションの本質と現象

あらかじめ、誤解をふせぐために一言。

ここに二重性というのは、不換銀行券についてであって、現代インフレーションについてではない。不換銀行券の本質、そしてまたその運動が、それぞれ利子つき資本性と価値表章性との二重性をもつのは、不換銀行券によって否定された兌換銀行券の本質・運動が、もともと利子つき資本性（擬制的）と信用貨幣性との二重性をそれぞれもっていたことに起因する。不換銀行券は、兌換銀行券を否定しながらも、おなじく一般金融機関の総元締めである中央銀行の貸しつけ・割引による発行物である。その点では、不換銀行券は兌換銀行券となにもちがわない。不換銀行券による兌換銀行券の否定は、兌換銀行券の利子つき資本性にあるのではなく、〝貨幣性〟のなかでの〝信用貨幣性〟の否定―〝価値表章性〟への転化にある。国家によって直接に発行される価値表章性としてだけの不換紙幣と、中央発券銀行の手をとおして発行される二重性の不換銀行券とのあいだには、こうして見すごしてはならない決定的な相違点がある。それでもなお、現代インフレーションの本質は、あいかわらず〝貨幣性・価値表章性〟のなかにあり、古典インフレ本質の〝貨幣性・価値表章性〟をほんらいなにも変えはしない。インフレーションの本質は、〝資本性・利子つき資本性〟のなかにあるのではなく、貨幣性・価値表章性のなかだけにあるのだから。

したがって、そうした本質の、〝資本性〟（利子つき資本性）と〝貨幣性〟（〝価値表章性〟）との二重性は、不換銀行券じたいのなかにあるのであって、現代・不換銀行券インフレーションのなかにあるのではない。もし、現代・不換銀行券インフレーションについて、〝資本性〟が云々されるとすれば、それは、本質の問題ではなく、現象の問題である。そこで、まず不換銀行券の二重性について、つづいて不換銀行券インフレーションの貨幣的本質と資本的現象についてみることにしよう。

不換銀行券の本質が、不換国家紙幣の本質とはちがって、二重性をもつ根拠は、両代用貨幣のそれぞれの、①発行主体、②発行方法、③発行動機での差異にある[1]。

（1）飯田繁『商品と貨幣と資本』二五八―六三ページ参照。

①　不換銀行券の発行主体が、国家とは区別される中央発券銀行であるということは、最高・最大の権限をもつ国家といえども、不換銀行券を不換紙幣のように任意に増発・処理できないことをいみする。国家がかつての不換紙幣に代わる価値表章としての不換銀行券を手に入れようとするならば、租税徴収によるほかには、国債発行によるしかない。ところが、その国債発行も公募のばあいには、既発不換銀行券の調達・使用（使用後には、民間に復帰）におわるだけで、不換銀行券の新規発行はみられない。そこで、国家が不換銀行券の新規発行・増発による物質調達の拡大をねらうならば、国債の中央銀行引受発行の方式をとらざるをえなかった。こうして、第二次大戦前後にわたる不換銀行券インフレーションがおこった。

②　不換銀行券の発行方式・ルートは、不換紙幣の単純な発行方法・ルートとはちがう。国債の中央銀行引きうけ―国債買いつけ方法で発行される不換銀行券は、流通必要金量の増大にもとづくのではないから、民需にたいする利子つき資本の貸しつけ（銀行信用）とはいちおう区別される。しかし、日銀バランス・シートの資産項目・利子つき国債にたいする負債項目・無利子の政府預金から無利子の一般金融機関預金への転換をとおして、市中銀行の預金→貸付形態で、銀行信用・〝独特な流通過程〟をわたり歩く不換銀行券は、不換性ながらも、兌換性の銀行券とおなじく利子つき資本として本質規定されなければならない。ところが、その不換銀行券は、いよいよ商業資本家の手にうつり、〝げんじつの流通過程〟のなかをかけめぐる段階では、もはや利子つき資本としてではなく、商品との形態転換・交流に専念する〝たんなる貨幣〟機能の代役をはたす価値表章として本質規定されなければならない。

③　発行動機のうえでも、不換銀行券は不換紙幣とはちがう。不換紙幣は、まえにみたように、ほんらい非経済

主体である国家によって国需用に発行されるのであるいじょう、さいしょから民需用で出場するものではない。もちろん、発行後は、流通必要金量にとって要請されるかぎり——その金量額面をこえまいと、こえようと——、不換紙幣の総量は〝げんじつの流通過程〟のなかにとどまり、〝紙幣流通の独自の一法則〟によって支配され、民需用にたえず運動する。

ところが、信用貨幣としての民需用兌換銀行券の否定としてあらわれる価値表章としての不換銀行券は、たんなる価値表章として国需用に発行される不換紙幣とはちがう発行上の二面性をもっている。一面では、かつての兌換銀行券の代役として民需用に、他面では、おなじくかつての不換紙幣の代役として国需用に。

兌換銀行券の代役として民需用に発行される不換銀行券は、〝実現されるべき諸商品価格の総額〟→流通必要金量の増大にもとづいて増発されたあと、流通必要金量が逆転して減少するばあいには、信用貨幣としての兌換銀行券のような収縮性をもたない。流通必要金量の増大に対応する不換銀行券総量の伸長はあっても、流通必要金量の逆転減少に対応する不換銀行券総量の収縮がない。だから、民需用に発行され・流通している不換銀行券量のうえに、国需用の不換銀行券量が追加・累積されると、不換銀行券の発行総量は流通必要金量の額面をこえることにもなろう。こうして、不換銀行券インフレーションがおこる。

民需・国需両用の不換銀行券の発行・流通総量が流通必要金量の額面をこえるわけは、不換銀行券が価値表章性の代用であるからだけではなく、国需用の不換銀行券によって徴用される諸物資・諸商品、なかでも非再生産化される、すなわち再生産圏外にもち出される軍需品の生産が、再生産力→経済力を圧縮し、ひいては流通必要金量を減縮させるからである。一方では、流通必要金量の額面をこえる不換銀行量の増発、他方では、それによって吸いあげられる諸生産力基盤の廃棄→諸商品生産・流通量の減少→ほんらいの流通必要金量の減縮。不換銀行券の発行総量と、ほんらいの流通必要金量の減縮との開きは、事態が長期化すれば、いよいよ拡大する。

うえにみたように、民需・国需両用の不換銀行券がおなじ中央発券銀行によって発行されるということは、それぞれの発行方法・ルートに多少のちがい、発行動機にいくらかの差異がみられるものの、不換銀行券の利子つき資本性と価値表章性との二重性を根拠づけている。ここでまたもくりかえし強調したいのは、この二重性が、不換銀行券それじたいにひそむ本質規定、そしてそれにもとづく運動規定にみられる、という主要点についてである。このことは、不換銀行券インフレーション本質の〝資本性〟と〝貨幣性〟との二重性をうらづけるのではない。不換銀行券インフレーションの本質はあくまでも〝貨幣性〟につきる。

ところが、抽象的に〝貨幣性〟の本質をもつ不換紙幣インフレーションは、具体的にも〝貨幣性〟をもって現象するのに、抽象的にはおなじく〝貨幣性〟の本質をもつ不換銀行券インフレーションが、具体的には〝資本性〟をもって現象する。不換銀行券インフレーションが、抽象的・基本的には〝貨幣性〟の本質（骨ぐみ）をもちながら、具体的・表面的には〝資本性〟の現象（肉づけ）をもつということは、ひとつの不合理な矛盾した構想だろうか。いや、両者は、むしろ正しく統合されてこそ、ひとつの総合的体系（骨つき肉体論）を合理的に構成する。

では、なぜ、どのように、〝貨幣性〟の本質をもつ不換銀行券インフレーションが、〝資本性〟の現象形態であらわれるのだろうか。

発行され・流通する不換銀行券の総量が流通必要金量の額面をこえることによって生じる、金価格標準の事実上の切り下げ、金貨幣名・価格名の事実上の切り上げ（物価の一般的・名目的上昇）という、インフレーションいっぱんの抽象・本質は、資本主義社会では、平均利潤をふくむ価格、すなわち生産価格の形態で具体的に現象する。その平均利潤さえもが、金価格名の事実上の切り上げによって一律にひき上げられる。なぜならば、資本金（不変資本・可変資本）をはじめ、資産（不動産・動産）、貸付金、借入金、有価証券額面など、すべての資本主義社会の諸経済要因は、不換銀行券インフレーション本質を資本の具体的諸形態であらわすほかはないのだからである。しかも、それらの諸現象形態は、そのときどきの個別的・類別的な格差変動を内包する諸物価変動→諸生産力の不均等発展として多様化される。

しかし、こうした現象形態の複雑・多様化は、けっして本質の一元性（貨幣性）を否定するものではない。これらの複雑・多様化は、ただ神髄の一元性をおおうヴェールにすぎないのだから。ここで、本質と現象とのきんみつな関係をしっかりとつかまなければならない。水の本質はH_2Oによって構成されている。きれいな飲用水といわれるもののなかにも、H_2O以外の諸要素がふくまれていよう。だからとて、〝水は水だ！〟とかんたんに割りきって、水の本質要素と、本質以外の諸要素とを混同してはならない。

地震の本質・発生源は地下にあるが、地震の現象・影響は地上にみられる。地下の震源を科学的に探索することこそが、地上にみられる地震の現象・影響の、見えない基盤を知るさいの、もっとも重要な事項である。それなのに、通例にはただ地上の現象形態だけに眼をうばわれがちである。こうして、震源地と波及地域とは、地震の規模が大きいほど、遠くはなれる。しかも、同時発生の偶然的な他諸要因が介入することになると、地震による純粋な影響は多様・複雑化されよう。

このように、本質と現象とは、遠く離れればはなれるほど、いよいよ無関係なものにみえる。そしてさいごには、本質の究明は、現象・作用にとってまったく無縁・無駄の骨頂のようにさえみえよう。ところが、遠くはなれて無関係のようにみえる両者の真のつながりを精密に探究するのが、じつは科学の一使命というものだろう。「かりにも、ことがらの現象形態と本質とがじかに一致するものならば、すべての科学は不用となろう」、とマルクスは『資本論』第三巻第四八章のなかで警告している。

だから、不換銀行券インフレーションの本質を究明するだけでは、科学の使命ははたせない。その現象を追究するためには、現代インフレーションの核心・不換銀行券じたいの二重性にかかわる、上記の、①発行主体、②発行方法・ルート、③発行動機の具体的な三点を明らかにしなければならなかったわけだ。

現象（筋肉）論を欠く本質（骨格）論では、全体像・現代インフレーション論は未完成ながらもまずまず。ところが、本質論を欠く現象論では、全体像がまるで体をなさない。その本質論と現象論との関係で、先行しなければならないのは、本質論である。

「〝後方への旅〟（本質・抽象から現象・具体への旅）が重視されればされるほど、ますます、先行する〝前方への旅〟（混沌の現象・具体から本質・抽象への旅）が強調されなければならない。〝前方への旅〟がなくて、どうして〝後方への旅〟がありえようか。抽象化（帰納）がなくて、どうして具体化（演繹）がありえようか。インフレーションの本質（貨幣性）論がなくて、どうしてインフレーションの現象（資本性）論がありえようか。現代インフレーションも、〝インフレーションの貨幣性〟の本質を基盤とするからこそ、古典インフレーションとの同一性（抽象・本質）のうえにたつことができるのだ」（飯田繁『マルクス貨幣理論の研究』一六七ページ〔傍点—原文のまま〕）。

付記　上記本文の内容は、「経済理論学会」での報告内容よりもすこし拡大・補充されている。

質疑応答

問　深町郁彌教授（九州大学）

①　流通必要金量には鋳貨準備をふくみますか。ふくむとすれば、『資本論』第二部いごに出てくる蓄蔵貨幣の第一形態（これには鋳貨準備もはいると考えてよいと思いますが）と、流通必要金量とは、どういう関係にたつとお考えになりますか。

②　インフレーション論を具体化し、げんじつに近づけていく過程でげんじつの流通量の内容を具体化していかなければならないと思います。市中銀行の預金貨幣は、流通貨幣量に入れてお考えになっておりますか。

答　第一問（①）と第二問（②）とは緊密に関連していますので、一括してお答えします。いわゆる鋳貨準備（金）というのは、流通過程にある一時的な休息貨幣のことだ、と解釈されます。『経済学批判』では、蓄蔵貨幣を説く項目で鋳貨準備金の概念にふれ、流通手段機能を一時停止しながらも、流通内にある貨幣総量の一構成部分とみ、「鋳貨準備金を蓄蔵貨幣と混同してはならない」と、マルクスはいましめています。そのマルクスが、『資本論』では、おっしゃるように、鋳貨準備金を蓄蔵貨幣の第一形態としてあげています。その鋳貨準備金の具体的形態の一つが、第二問の預金貨幣でしょう。出動準備態勢にある市中銀行などの預金貨幣は、とりわけ卸売段階の商品流通を媒介する代用貨幣ですから、流通必要金量の重要な一端をになうでしょう。

問　小牧聖徳教授（立命館大学）

①　流通必要金量を現代において具体的・数量的にとらえることについて、どのようにお考えですか。

②　具体化するばあい、兌換銀行券発行量とその当時の物価を基準として、不換制下の現代に延長し・適用することについて、どのようにお考えですか。

答　①　流通必要金量の具体的な数量を正確にとらえることは、複雑な現代社会では、おそらく不可能でしょう。家族構成などの資料をちゃんと握っている市町村がおこなう、一定時点での人口調査でさえも、はたして完全無欠でしょうか。瀬戸内海に住む魚類の調達が不可能だからといって、瀬戸内海に魚類が住んでいないわけではないでしょう。魚類のたんなる数量調達ではなく、公害と魚類生存との因果関係を調べるのであれば、若干例の調査でそれがつかめましょう。一日のうちに〝実現されるべき諸商品価格の総額〟と、その日の〝流通必要金量〟との因果関係を追究するのが、ここでの経済学の一課題です。調査は全域におよぶ必要はない、と考えられます。

②　兌換銀行券流通の段階から、不換銀行券の段階への転換によって、じっさいに不換銀行券インフレーションが一足とびにおこるのではありません。しかし、インフレーション理論はまず抽象論・本質論の解明からスタートします。不換銀行券インフレーションの本質をつかむためには、兌換銀行券流通下の流通必要金量の額面を前提として、これをこえる不換銀行券総量の投下によってインフレーションがおこる、とごく抽象的に想定します。インフレーションの〝in the long run theory〟をまずさいしょに把握しようとするところに、インフレーション本質の〝貨幣性〟理論があります。

問　井波明夫教授（城西大学）

①　さきほどの「瀬戸内海の魚」の話は、公害か何かでもう海には魚がいなくなっていて、魚を獲った人もだれもいないのに、未だに「魚がいるのは海の本質である」といって頑張っているように想わせます。

さて、おききしたいのは簡単なことです。

商品の価格は現象です――価値が本質です――、商品に観念的に金で等置するばあいには、価格の尺度基準が誰の目にもあきらかなように現象していなければなりません。そうでなければ、商品は価格形態をもつことができません。「事実上の価格の尺度基準」というばあいも、それが誰の目にもあきらかなように現象しているのでなければ機能しえません。

わたくしの思いますには、「事実上の価格の尺度基準」といいうるばあいとは、紙幣の排他的流通ではありませんが、たとえば、金紙の混合流通において、金貨に打歩が生じたばあいです。このばあいは、「事実上の価格の尺度基準」は誰の目にもあきらかなものとして打歩という形で現象しているわけです。

あなたの理論に従ったばあいには、「事実上の価格の尺度基準」は、どのように現象して、商品は価格形態をえているのかをわかりやすく説明してください。

答　①　金紙混合流通のばあいには、金紙総量が流通必要金量のワクをこえないのですから、単位紙幣は同額の金貨をそのまま代表するのであって、金貨の打歩はみられないはずです。流通金貨の打歩が生じるとすれば、それは、紙幣の超過増量にもかかわらず、金貨が流通外に退出しないで、過剰紙幣と交流していることに起因しているのでしょう。流通必要金量の額面・ワクをこえる紙幣総量は流通必要金量をしか代表しないので、単位紙幣の代表金量は低下します。いいかえれば、流通外に追いだされた金貨の貨幣名・価格名は事実上あがる（つまり、打歩が生じる）ことになります。

問　②　話がかみ合わなかったようですので、いい直します。

金属流通のもとでは、商品が価格形態をとるばあい、ひとの頭のなかには、その価格として一定の金量が想定されているわけです。紙幣流通のばあい、人が価格として想定しているものは何ですか。もちろん、直接には紙幣を想定しているのですが、その本質には金があるといっても、げんじつに人は金を想定していませんし、することができません。げんざい、われわれが「商品価格」といっているものは、いったい何なのですか。

答　②　かんたんに申しますと、紙幣インフレ下でも商品価格は、紙幣量であらわす紙幣価格ではなく、金量でしめす金価格です。なるほど、紙幣価格の方が通俗的にはわかりよく、価格といえば、紙幣で支払う商品価格とおもわれがちです。

しかし、価値尺度・価格標準は、紙幣・不換銀行券インフレのもとでも、金（観念的な金）・貨幣だけがおこなう機能です。

単位紙幣の代表金量が低下すればするほど、金量の価格名・貨幣名は事実上ますます上昇し、すべての商品価格形態（観念的な金量）はいよいよ高騰します。これが諸商品の金価格（紙幣価格ではなく）上昇といわれるものです。

第二部　商業信用と銀行信用

――貨幣段階の信用と、資本段階の信用――

第一章　商業信用の貨幣性（非資本性）

I　二つのちがう信用

——貨幣段階の信用と資本段階の信用——

商業信用と銀行信用とは、おなじ名の信用でありながらも、「本質的に（wesentlich）まったくちがう[1]」二要因である。それなのに、べつべつに成立する両信用が、資本主義関係のなかでは、緊密に連関しあうところから、両信用の本質的な、そしてまた運動上のちがいが、厳密には認識されないまま、両信用はとかく安易に混同・同視されがちとなる。このことは、理論的にも・現実的にも放っておけない信用問題の重大な一焦点である。

（1）「……（商業信用とは（飯田註））本質的にまったくちがう要因を形成する銀行信用……」（Das Kapital, Bd. III. Tl. II., S. 523. Volksausgabe besorgt v. M.-E.-L. Institut, Moskau）。

商業信用は、『資本論』第一巻第三章三b「支払手段」の項目でさいしょに導入・解明されているように、貨幣の支払手段機能にもとづく〝商品売買と貸借との結合・重層関係〟じたいにほかならない。「債権者または債務者の性格は、ここ（商業信用（飯田註））では、単純な商品流通（資本主義的な商品流通以前の（飯田註））から生じる[2]」。商業信用が、このように、貨幣の支払手段機能にもとづく〝商品売買と貸借との結合・重層関係〟じたいであるという点では、あとでみるように、単純な商品流通が資本主義的な商品流通に転化・上向しても、基本的にはなんの変わりもない。なぜなら、資本の生産過程を前後にかこむ〝げんじつの流通過程〟（G—W……W′—G′）のなかでは、貨幣資本はたんなる貨幣として、商品資本はたんなる商品として、それぞれ機能するのだから。(3) したがって、そこでは、貨幣資本→貨幣が支払手段として（流通手段としてではなく）機能するかぎり、商品資本→商品は、単純商品流通のばあいとおなじように、〝将来の貨幣〟にたいして売られ、〝商品の売買と、商品の貸借とがさいしょからさいごまで絡みあう関係〟にある。

（2） a. a. O., Bd. I., S. 141.

（3） 「……貨幣状態にある資本価値もやはり貨幣諸機能をはたせるだけで、ほかの機能はなにも果たせない」（a. a. O., Bd. II., S. 26.）。Vgl a. a. O., Bd. II., S. 73. 「……流通行為では、商品資本は資本としてではなく、商品としてだけ機能する」（a. a. O., Bd. III. Tl. I., S. 374.）。「げんじつの流通過程では、資本はいつも商品または貨幣としてだけあらわれ、資本の運動は一連の買いと売りに帰着する」（a. a. O., Bd. III. Tl. I., S. 377.）。「資本はその流通過程ではけっして資本としてではなく、ただ商品または貨幣としてあらわれるのであって、この商品または貨幣はここでは他者にとっての資本の唯一の定在である」（a. a. O., Bd. III. Tl. I., SS. 375–6〔傍点—原著者〕）。

貨幣の支払手段機能にかかわるかぎりの商品流通・貸借関係は、単純な商品流通社会のもとであろうと、資本主義的な商品流通社会のもとであろうと、いちように商業信用のなかに包摂される。商業信用の〝貨幣性〟は、まさにこの事態のなかにある。だから、商業信用の〝貨幣性〟は、資本主義社会に先行する単純商品社会だけにみられる事態ではないということが、ここで正しく認識されなければならない。

商業信用が貨幣性の本質・運動のもとにあるのにたいして、銀行信用は資本性の本質・運動のもとにある。銀行信用が、〝資本性〟の本質・運動のもとにあるわけは、資本の〝独特な流通過程〟（資本の生産・流通を総括する機能過程〔……〕のワク外にある、G—〔……〕—G´）のなかの利子つき資本・銀行資本の本質・運動にもとづいておこる最高物神的な事象だからである。その意味で、合理的な銀行信用は資本主義以前の単純な商品流通社会には存在しない。したがってまた、そこでは商業信用と銀行信用との合理的な交流・まざり合い事態もみられない。

資本主義社会では、貨幣形態の資本は、〝げんじつの流通過程〟のなかにある流通資本も、〝独特な流通過程〟のなかにある利子つき資本も、いちように貨幣資本（Geldkapital, G・G'）とよばれ、ややもすれば無差別的にとりあつかわれる。しかし、流通資本としての貨幣資本は、その運動場面（価値形成・増殖がおこなわれない〝げんじつの流通過程〟）では、たんなる商品として機能する商品資本への形態転換――即時的あるいは要時間的――をめざすたんなる貨幣機能をはたすのに、利子つき資本としての貨幣資本は、価値増殖（とはいっても、たんなる利子取得）を目標とするたんなる位置転換（形態転換をともなわない位置転換）をおこなうだけの所有資本として存在する。

もっとも、資本の〝げんじつの流通過程〟で機能する流通資本としての貨幣資本・商品資本もまた資本であるいじょう、それらは、資本主義以前の単純商品社会のたんなる貨幣・たんなる商品とはちがい、それじたい資本総過程（価値形成・増殖過程をかこむ総過程）のなかの一環的役割をはたす。(4) だから、それらは、価値形成・増殖それじたいにとってはたとえ非生産的な機能資本ではあっても、再生産的に必要不可欠な要因である流通資本として、平均利潤率によって規定される商業利潤をとうぜん取得しなければならない。

（4） 商品資本・貨幣資本が〝げんじつの流通過程〟のなかでは、たんなる商品・たんなる貨幣として機能する（つまり、単純な販売・購買機能をおこなう）としても、なおそれらが資本の形態であるのは、この販売・購買行為が資本の総運動と関連する（Vgl. a. a. O., Bd. III. Tl. I., S. 375.）からである。つづく原文「……貨幣資本が貨幣としてはたすこの行為は資本主義的生産過程を導入する……」（a. a. O., Bd. III. Tl. I., S. 375.）。
「……貨幣資本は産業資本の循環内部では、貨幣機能以外の機能をおこなうのではなく、そしてまたこの貨幣機能はこの循環の他の段階との関連によってしか、同時に資本機能の意義をもたない、ということが……立証される」（a. a. O., Bd. II., S. 73. Vgl. a. a. O., Bd. II., S. 26.）。
おなじような叙述が他の箇所にもみられる。「このばあい、貨幣機能・商品機能が同時に貨幣資本機能・商品資本機能であるのは、ただ、産業資本がその循環過程のいろいろなちがう段階で果たさなければならない機能諸形態としての貨幣機能・商品機能との関連によってだけだ」(a. a. O., Bd. II., S. 77.)。

そこからまた、流通資本としての貨幣資本・商品資本（総括としての商業資本）も、それぞれ生産資本・産業資本とおなじ価値増殖（価値の形態転換だけではなく）をめざして運動するので、〃げんじつの流通過程〃での流通資本としての両資本がおこなう、それじたいのたんなる貨幣・たんなる商品機能、価値の形態転換という〃貨幣性・非資本性〃的な真相がとかく見おとされがちとなる。こうして、銀行信用の〃資本性〃とならぶ、商業信用の〃資本性〃さえもがむしろ強調されることにさえなる。この強調は、商業信用が、とりわけ商業資本にとっては、流通時間の短縮、貸借関係の相殺、貨幣・流通空費、したがって商業資本量それじたいの節減などをとおして、平均利潤(率)上昇に大きく寄与するメリットとして活用されうるので、ますますだ。

しかし、資本主義社会での商業信用が商業資本にとってこのように流通空費の節減、平均利潤率の高揚に役だてられうるのは、それじたい非生産的な〃げんじつの流通過程〃で機能する商業資本の運動が資本運動総過程の不可欠的で重要な一環を構成しているからなのであって、そのことは、〃げんじつの流通過程〃それじたいのなかではなんの価値も・剰余価値も生産されないという事実をけっして否定するものではない。そこでは、だから、まず商業信用の〃非資本性・先資本性・貨幣性〃が確認されなければならない。その点、商業信用の〃貨幣性〃は、それじたい生産・流通とは直接的・現実的になにもかかわらない〃独特な流通過程〃のなかで位置転換するだけの銀行信用の最高物神的な〃資本性〃とはげんみつに区別されなければならない。

〃げんじつの流通過程〃では、価値増殖・還流を基本とする資本の流通法則ではなく、価値増殖しない・還流しない貨幣の流通法則・〃貨幣流通の諸法則〃――それの否定としての〃紙幣流通の独自の一法則〃――が支配する。ついでながら、ひとことつけ加えると、〃げんじつの流通過程〃のなかでおこる事象は、商業信用→信用貨幣運動だけではなく、それの否定としての現代インフレーションもだ。現代インフレーションの骨格体系・本質規定が〃貨幣性〃のなかにあるわけは、まさに貨幣資本がたんなる貨幣として機能する〃げんじつの流通過程〃――資本の、生産過程でもなく、〃独特な流通過程〃でもない――のなかにあるのだからである。現代インフレーションの筋肉体系・現象規定は〃資本性〃のなかにあるとしても。(5)

(5) 飯田繁『インフレーションの理論』序文、『マルクス紙幣理論の体系』序文を参照。

ところが、商業信用と銀行信用とが交錯し・まざり合う段階で、商業信用を表示する商業手形に代わって登場する兌換（あるいは不換）銀行券は、一方では〃資本性〃の利子つき資本（擬制的）と、他方では〃貨幣性〃の信用貨幣（あるいは価値表章）との両面・二重本質性をもつことになり、それぞれの展開段階のなかでまったくちがう二様の運動法則にしたがうことになる。そこで、〃独特な流通過程〃での、兌換銀行券と不換銀行券との〃資本性〃（〃利子つき資本性〃）の同一に目をうばわれて、〃げんじつの流通過程〃での、兌換銀行券と不換銀行券との〃貨幣性〃の差異（信用貨幣性と価値表章性との差異）を無視した、兌換銀行券＝不換銀行券＝信用貨幣性（信用貨幣性＝利子つき資本性）の謬論が横行することになった。(6)そこに登場しなければならないのは、〃独特な流通過程〃（利子つき資本の運動過程）と〃げんじつの流通過程〃（貨幣・代用貨幣の運動過程）とのちがいだけではなく、〃げんじつの流通過程〃じたいのなかでの信用貨幣と価値表章との本質・運動のちがいにたいする正しい認識である。

(6) 飯田繁『現代銀行券の基礎理論』二二三―四六四ページ、同『兌換銀行券と不換銀行券』三〇一―五八ページ、同『不換銀行券・物価の論争問題』各章で指摘。

したがってまた、ここでさいしょに求められるのは、銀行信用とは「まったくちがう」とされる商業信用の貨幣性をしっかりとつかむことだ。そのさい注意しなければならないのは、商業信用の緻密な分析が、『資本論』第一巻第一編の貨幣論段階ではなく、むしろ第三巻第五編第二五・二七・三〇・三三章の資本論段階でなされているという点である。商業信用が日常さかんにおこなわれるのは、発達した資主義経済の〃げんじつの流通過程〃のなかでだからである。このことは、しかし、前述のように、商業信用の〝資本性〟をではなく、その〝貨幣性〟をしめしているものなのに、さも商業信用の〝資本性〟を立証するものであるかのように錯覚させる。

そこで、またもくりかえす。資本の流通様式のもとでも、商業信用の本質・機能は〝貨幣性〟のなかにある。資本の流通様式のもとでは、単純な商品流通様式のもとでとはちがい、商業信用のなかに登場する貨幣・商品がそれぞれ資本（増殖・利潤取得をめざして総過程的に還流・循環する貨幣資本・商品資本）の現象形態をもつだけのことだ。前述のように、商業信用それじたいは、貨幣資本・商品資本がたんなる貨幣・たんなる商品として機能する〝げんじつの流通過程〟のなかでの——〝独特な流通過程〟のなかではなく——価値の増殖なき形態転換じたいにかかわることがらにほかならない。

Ⅱ　貨幣の支払手段機能と商業信用

1　流通手段の否定（蓄蔵貨幣）の否定としての支払手段

〝商業信用と銀行信用〟という、信用の貨幣性・資本性両面にかんする問題は、マルクス経済学では避けてとおれないひとつの難関である。この問題の解明を研究課題とする論稿・著述は、マルクス経済学界には数多くみられる。ところが、それらのなかで、商業信用を貨幣論的視点から、また銀行信用を資本論的視角からとらえ、両信用を本質・運動のうえでげんみつに区別して論じつらぬいている論調がはたしてどれほどあろうか。

商業信用が貨幣論段階の問題である、ということは、なにも商業信用を単純な商品流通社会（W—G—W）に固有な事象として、かたくなにそのなかに封じこめようとするのではない。資本主義社会（G—W—G′）のなかに現存する商業信用も、〝独特な流通過程〟のなかで発生し・価値増殖＝資本機能に依存する銀行信用とは本質的にちが

い、商品↔貨幣の形態転換がおこなわれるだけの〝げんじつの流通過程〟のなかで発生し・機能するのだから。(1)

（1）飯田繁『利子つき資本の理論』一六五―二一〇ページ、同『利子つき資本』四二一―七一ページ、同『マルクス貨幣理論の研究』九七―一三六ページ、同『貨幣・物価の経済理論』一八四―二四二ページ、同『不換銀行券・物価の論争問題』各章参照。

そこで、まず、単純な商品流通社会であろうと、資本主義社会であろうと、商業信用が成立する基盤である〝げんじつの流通過程〟についてみなければならない。マルクスは、かれの原典のなかで、商業信用の〝貨幣性〟をどのように論証し・強調しているか。

貨幣の支払手段機能に先行する流通手段機能を説くくだりで、マルクスは、流通手段機能から成立する価値表章としての国家紙幣を、支払手段機能からうまれる信用貨幣と対照させて、つぎのようにひとことふれている。「ここでは、ただ強制通用力をもつ国家紙幣だけがとりあつかわれる。これは金属流通から直接に成立する。これとはちがい、信用貨幣は、単純な商品流通の見地からはまだわれわれには知られていない諸事情のもとにある（〝ほんらいの信用貨幣〟＝兌換銀行券ということになれば、ますます（飯田注））。ついでにひとこと。ほんらいの紙幣が流通手段としての貨幣機能からうまれるとすれば、信用貨幣は支払手段としての貨幣機能のなかにその自然発生的な根源をもっている」(2)。信用貨幣は、価値表章・国家紙幣が成立する流通手段機能（それを説く段階の単純な商品流通）とはちがう段階の支払手段機能のもとで発生するということを、マルクスはここで結論的に予告したものと察せられる。

（2）Das Kapital, Bd. I., S. 132.（傍点―原著者）。

つづいて、信用貨幣が支払手段機能からうまれるわけが、支払手段機能の段階で説かれる。「信用貨幣は支払手段としての貨幣機能から直接に生じる。売られた諸商品にたいする債務証書じたいがふたたび債務請求権の譲渡のために流通することによって。他方、信用制度が拡大するのにつれて、支払手段としての貨幣の機能も増進する。そういうものとして、信用貨幣は卸売取引の領域に住みつく。金貨・銀貨は小売取引の範域におしやられるのに(3)」。ここに、「信用制度が拡大するのにつれて」というさいの信用制度は、商業信用制度のことである。商業信用はもともと貨幣の支払手段機能にもとづいて成立したものなのだが、商業信用がこうして成立して拡大すると、それにつれて支払手段機能もまた増進する。では、「売られた諸商品にたいする債務証券がふたたび債務請求権の譲渡のために流通する」商業信用関係は、どのようにして成立するのか。

(3) a. a. O., Bd. I., S. 145.（傍点—原著者）。

この基本問題にはいるまえに、これにかかわるひとこと。商品の売買と貸借との結びつき、いいかえれば、商品販売者・債券者と商品購買者・債務者との結合関係が、商業信用という用語なしに、『資本論』・『経済学批判』のそれぞれの支払手段段階にあらわれる。なぜか。

流通手段の否定（Antithese、もっとも、価値尺度が These＝スタート・ポイントだとすれば、These の否定である流通手段の否定は Synthese〔総合〕＝〝貨幣としての貨幣〟の第一項・蓄蔵貨幣）の否定＝総合として登場する支払手段は、商品流通の発展度合いを反映する。すなわち、W_1—G—W_2（W_1の売りに直結するW_2の買い）＝流通手段が否定されて、W_1—G と G—W_2 とが中断され、売りの結果としての G が不動化・蓄蔵される。こうした買い（G—W_2）なしの売り（W_1—G）がさらに否定されて、売りなしの買いがあらわれる。もっとも、蓄蔵貨幣のばあいにも、現在の売りのあと将来のいつかは、過去の（W_1—G）の結果としての G が買い（G—W_2）のためにかりだされる。現在の売りなしに現在の買い（流通手段の否定）があらわれる。

ところが、これを否定する〝売り（W_1—G）なしの買い（G—W_2）〟が支払手段機能にあらわれる。ここで問題となる〝売り〟は過去にも・現在にもない。ただ将来にあるだけだ。だから、蓄蔵貨幣のばあいと決定的にちがうところは、支払手段のばあいには、売りの結果（W_1—G）としての G が現存しない点にある。売りは、W_1—G にせよ、

W_2—Gにせよ、将来の一定時点で貨幣形態に実現されるのだから、〝将来の貨幣〟の支払約束が出場することになる。こうして、支払手段のばあいには、売り（W_2—G）はいまおこなわれても、商品価格の実現は未来化される。商品（W_2）の売り手は債権者となり、それの買い手は債務者となる。そこから、買い手の観念化、貨幣支払いの将来化・信頼化、流通時間の短縮化、流通費用の節減化などのメリットが、そしてそれらにともなうデメリットも生じる。

さて、商業信用という用語をまだ登場させないまま、単純な商品流通段階での商業信用の核心にふれたマルクス原典の当該箇所をすこしたどってみよう。

「これまでみてきた商品流通の直接的な形態（W_1—G—W_2〔飯田注〕）では、同一価値量がいつも二重に存立していた、一方の極には商品が、反対の極には貨幣が。商品の所有者たち（W_1—G—W_2 の W_1, W_2 の所有者たち〔飯田注〕）は、だから、たがいに存立する等価の代表者として接しあうだけだった。商品流通の発達にともなって、商品の譲渡が商品の価格実現から時間的に分離されるという諸関係が発展してくる。ここでは、ただこれらの諸関係のもっとも単純なことがらを暗示するだけでよかろう。一方の商品種類（W_1〔飯田注〕）はそれらの生産にヨリ長い時間を、他方の商品種類（W_2〔飯田注〕）はヨリ短い時間を要する。ちがう種類の諸商品はいろいろな季節とむすびついている。ある商品はその商品の市場で生まれるのに、他の商品は遠方の市場へ旅立たなければならない。だから、一方の商品所有者 Warenbesitzer、W_2の所有者・売り手〔飯田注〕）は、他方の商品所有者（W_1の所有者・売り手＝W_2の買い手〔飯田注〕）が買い手としてあらわれるまえに、売り手としてあらわれうる。おなじ人たちのあいだでのおなじ取り引きがたえずくりかえされるさいには、諸商品の販売諸条件はそれらの商品の生産諸条件にしたがって規定される。他方、ある商品種類、たとえば、家屋の利用は、一定期間にわたって売られる。この期間の経過後にはじめて、買い手は商品の使用価値をじっさいに受けとったことになる。したがって、買い手は商品（その貨幣形態＝価格〔飯田注〕）を支払うまえに、その商品を買っている。一方の商品所有者（W_2の所有者・売り手〔飯田注〕）は現存する商品（W_2〔飯田注〕）を売り、他方の商品所有者（W_1の所有者・W_2の買い手〔飯田注〕）は、貨幣のたんなる代表者として、あるいは将来の貨幣の代表者としてそれ（W_2〔飯田注〕）を買う。売り手は債権者となり、買い手は債務者となる。商品の姿態変換（metamorphose）あるいは商品の価値形態の展開がここでは変化するのだから、貨幣もまた他の一機能をもつ。貨幣は支払手段となる」（Das Kapital., Bd. I., SS. 140-1〔傍点―原著者〕）。

「債権者あるいは債務者の性格は、ここでは、単純な商品流通から生じる。商品の形態変化が売り手と買い手にこの新しい刻印をおす。だから、まず、おなじ流通代理人たちによって交互に演じられる一時的な役割は、売り手・買い手のそれとおなじだ」（a. a. O., Bd. I., S. 141.）。

「商品流通の部面にひきかえそう。販売過程の両端で、商品と貨幣との等価が、同時にあらわれる、ということはもう消えた。貨幣は、いまや、第一に、売られた商品の価格を決定する価値尺度として機能する。契約上、確定された商品価格は、買い手の義務、すなわち、かれが一定期間にわたって債務を負っている貨幣額を計る。貨幣は、第二に、観念的な購買手段として機能する。貨幣は、買い手の貨幣約束のなかにあるだけだが、商品の持ち手変換（Händewechsel）をひきおこす。支払期日にたっしてはじめて、支払手段は、げんじつに流通のなかにはいる。すなわち、買い手の手から売り手の手にわたる。流通手段が蓄蔵貨幣に転化されたのは、流通過程が第一段階で中断されたから、あるいは商品の転化形態がひきあげられたからだ。支払手段は流通のなかにはいる、しかし、商品が流通から脱出したあとでだ。貨幣はもはや過程を媒介するのではない。貨幣は過程を独自的にとじる、交換価値の絶対的な存在として、あるいは一般商品（allgemeine Ware）として。売り手（流通手段機能での〔飯田注〕）は、欲望を貨幣によってみたすために、商品を貨幣に転化したのだったが、貨幣蓄蔵者は商品を貨幣形態で保蔵するために、債務を背負っている買い手は支払いうるために、商品を貨幣に転化する。かりにも、債務を背負っている買い手が支払えないならば、かれの財産の強制販売がおこる。商品の価値姿態である貨幣は、だから、いまや、流通過程じたいの諸関係から生じる社会的必然性によって売りの自己目的となる」（a. a. O., Bd. I., SS. 141-2.）。

「買い手は、商品（W_1〔飯田注〕）を貨幣に転化するまえに、貨幣を商品（W_2〔飯田注〕）に再転化する。いいかえれば、第一の商品変態（W_1－G〔飯田注〕）に先だって、第二の商品変態（G－W_2〔飯田注〕）をおこなう。売り手の商品は、流通するが、貨幣にたいする私法上の請求権で商品価格を実現するだけのことだ。商品（W_2〔飯田注〕）は、貨幣に転化するまえに、使用価値に転化する。商品（W_1〔飯田注〕）の第一変態の完遂は、あとになってやっとおこる」（a. a. O., Bd. I., S. 142.）。

以上の『資本論』第一巻の支払手段段階でしめされた主要内容は、『経済学批判』の支払手段段階でもおなじように展開されている。それらについてはいま省略しよう。

ところで、『資本論』からのうえの引用文のさいごにあらわれる「商品の第一変態の完遂は、あとになってやっとおこる」という文面は、『経済学批判』ではどうなっているか。というのは、これは、わが国の一論争点（W_2の売りはW_2の譲渡時点でおわったのか、おわらないのか）にかかわるし、また後述のように、『資本論』第三巻でマルクスが特別に気をつかって注意書きした一句にも関連する問題だからである。

『経済学批判』には、その点にかんするつぎのような説明がみられる。

「売りのこの形態では、商品（W_2〔飯田注〕）の第一変態（売り手の側からみての第一変態W_2—G〔飯田注〕）、商品の貨幣への転化を商品は延期するのに、商品の位置転換をおこなって流通する。これとはちがい、買い手の側では、第一の変態（W_1—G〔飯田注〕）がおこなわれるまえに、すなわち、商品が貨幣に転化されるまえに、第二の変態（G—W_2〔飯田注〕）がおこなわれる、つまり、貨幣が商品に再転換される。だから、第一の変態が、ここでは第二の変態後の時期にあらわれる。そしてそれによって、第一の変態での商品の姿態である貨幣は新しい形態規定性をうけることになる。貨幣、つまり、変換価値の独自的な展開は、もはや商品流通の媒介的な形態ではなく、それの終局的な結果である」（**Zur Kritik, Besorgt v. M.-E.-L.-Institut Moskau, 1934. S. 136**）。

買い手の側からみての〝第二変態が第一変態に先行する〟、という『資本論』第一巻・『経済学批判』の叙述にたいして、マルクスじしんが『資本論』第三巻・第二二章の末尾につけ加えた特筆の〝覚え書き〟はこうだ。

「（あとあとの仕上げのための覚え書き）。信用の一特定形態：よく知られているように、貨幣が購買手段としてではなく、支払手段として機能するばあいには、商品（W_2〔飯田注〕）は譲渡されるが、その価値はあとになってやっと実現される。その商品が再販売（資本主義社会の商品流通が想定されている〔飯田注〕）されたあとでやっと支払いがおこなわれるのならば、この売りは買いの結果としてあらわれるのではなく、買い（G—W_2〔飯田注〕）が実現されるのは売り（W_1—GあるいはW_2の再販売〔飯田注〕）によってである。いいかえると、売りが買いの一手段となる（売りが買いに先行する〔飯田注〕）」（**Das Kapital, Bd. III. Tl. I., SS. 403-4.**）。

そこで、わたくしはつぎのようにかんがえた。「第二段階（G—W_2〔追記〕）が第一段階（W—G〔追記〕）に先行するとはいっても、第二段階は未了のままのこされている。この未了のままにのこされている第二段階を最終的に決済し・完了させる要因となるものこそが第一段階の実践である。もし、ことがらが、第二段階からはじまり、第一段階でおわるものとするならば、未了の第二段階は永遠の未了に膠着することになろう（文章にすこし手入れ）。その意味では、後続の第一段階が先行の第二段階を終結するものとして、第一段階はつまるところやはり第二段階に先行するともいえよう。こうして、支払手段機能の登場によっても、〝単純な商品流通〟方式の序列（W_1—G—W_2）は究極的には動かない。この点で、〝買いが売りに先行する〟価値増殖型の〝資本主義的な商品流通〟方式（G—W—G'）との決定的なちがいが、〝単純な商品流通〟方式の一環として、支払手段機能のもとでも強調されなければならない」（飯田繁『マルクス貨幣理論の研究』一〇五ページ）。

商品の〝売買と貸借とがからみ合った取り引き〟（商品の転化形態・貨幣の登場が延期される取り引き、いわゆる商品の掛け売り・掛け買い）は、貨幣機能の総合的な発展段階・支払手段機能の段階でやっとあらわれるということが、前記のように、『資本論』第一巻・『経済学批判』の支払手段解明の時点でかんたんに叙述されているだけである。そこでは、したがって、商業信用という用語も、商業信用のたちいった内容も、商業信用から発生し、商業信用を媒介する商業手形＝ほんらいの商業貨幣（ひろい意味の信用貨幣）も、ましてや商業信用と銀行信用とのまざり合いによって成立する〝ほんらいの信用貨幣〟・兌換銀行券の本質・運動規定なども、まだいっさいとりあつかわれない。それらは、貨幣の支払手段機能が最高に作動する資本主義的諸関係のもとで、したがって、『資本論』第三巻ではじめて分析対象となり、解明されることになる。(4)

（4）「……商業信用や信用貨幣の諸問題が《資本論》第三巻に登場して、そこでかなり念入りに分析されている。なぜか」（『マルクス貨幣理論の研究』一〇六ページ）。「ひとつめには、貨幣の資本への転化過程をとおして、〝単純な商品流通〟方式が〝資本主義的な商品流通〟方式に転化・発展した時点での、〝げんじつの流通過程〟（G—W……W'—G'の生産過程をかこむ前後両過程）のなかで、貨幣としてもっとも活発に機能するのはほかならぬ支払手段だからである。ふたつめには、商業信用や信用貨幣の〝貨幣論段階的〟運動がその時点での銀行信用や利子つき資本（擬制的）の〝資本論段階的〟

運動と緊密に交錯・交流するのであって、資本問題の分析には必ずといってよいほど貨幣問題が関連的にとりあげられなければならないのだからである。だからといって、商業信用・信用貨幣が資本関係から直接に生まれ、資本に直接かかわる要因・属性だ、と誤解してはならない。〈信用貨幣は支払手段としての貨幣の機能から直接に生まれる〉とマルクスがまず説いているように、信用貨幣を生んだものは資本ではない」(同一〇六―七ページ)。

このことは、さきにもくりかえし指摘したように、商業信用の〝貨幣性〟を否定するものではなく、またその〝資本性〟を立証するものでもない。あとですこしくわしく見るように、商業信用の本質が〝貨幣性〟のなかにあるということは『資本論』第三巻でも強調されている。ただ、商業信用を生みだす貨幣の支払手段機能が、資本主義社会では資本のヴェールにおおわれた総運動過程の一環としてあらわれるだけのことだ。単純な商品流通のもとでの商業信用と、資本主義的な商品流通のもとでの商業信用とは、本質・生成・運動の抽象論的立地ではなんのちがいもない――それらの具体的な現象論的立場ではさまざまに変様されようとも――、ということをたしかめなければならない。

そこで、商業信用の実態を知るために、『資本論』第三巻の諸章へ出かけよう。

2 資本運動方式のもとでの商業信用――マルクスはどうみるか

『資本論』第三巻第五篇第二五章「信用と擬制資本」からはじまり、第二七章「資本主義的生産での信用の役割」、第三〇―二章「貨幣資本と現実資本Ⅰ―Ⅲ」、第三三章「信用制度下の流通手段」などに展開されている商業信用関連の内容をすこしひろい出してみよう。これらの諸章のなかには、商業信用を銀行信用とはまったくちがうものとして解明している文面が散見される。銀行信用じたいや、両信用のまざり合いは、関連する研究課題としてとりあげられなければならないが、これらについてはいまはただ暗示するだけにとどめよう。

マルクスは、『資本論』第三巻第五篇第二五章のはじめに、信用制度にかんする分析を商業信用と銀行信用に限定したうえで、まず商業信用についてつぎのように要点をしぼっている。この文面は、資本主義社会での商業信用の〃貨幣性〃(〃非資本性〃)を明示した一例として、注目されねばならない。

「わたしくが、まえに(第一巻第三章第三節bで)明らかにしたように、支払手段としての貨幣の機能、したがってまた、商品生産者と商品取扱業者とのあいだでの債権者と債務者との関係は、単純な商品流通から生まれる。商業が発達し、流通を考慮してしか生産しない資本主義的生産様式が発展するのにつれて、信用制度のこの自然発生的基礎(diese naturwüchsige Grundlage des Kreditsyetems)は拡大され、一般化され、仕上げられる。総括的には、貨幣は支払手段としてしか機能しない、すなわち、商品は、貨幣にたいしてではなく、一定期限つきの支払契約書にたいして売られる。この支払約束(Zahlungsversprechen)をわれわれは、かんたんに手形(Wechseln)という一般的範疇のもとに総括できよう。それらの手形そのものは、その満期日・支払期日まで支払手段として再流通して、ほんらいの商業貨幣(das eigentliche Handelsgeld)を形成する。それらの手形が最終的に債権・債務の相殺によって決済されるかぎりでは、手形は、もはや最終的に貨幣へ転化することがないので、絶対的に貨幣として機能する。生産者たちと商人たちのこうしたおたがいの前貸しが信用の本来的な基礎を形成するのとおなじように、それらの流通要具である手形は、ほんらいの信用貨幣である銀行券などの基礎を形成する。これらの銀行券などは、貨幣流通——金属貨幣の流通であれ、国家紙幣の流通であれ——にもとづく(beruhen)のではなく、手形流通にもとづく」(Das Kapitl, Bd. III. Tl. I., S. 436.)。

商業信用の本質・発生・運動にかんするマルクスのこのような要約にしめされているように、商業信用は、商品の売買過程=〃げんじつの流通過程〃での支払手段としての〃貨幣機能〃にもとづく貸借関係である。だから、商品の売買関係とからみあったこの貸借関係は、利子つき資本の運動過程・〃独特な流通過程〃のなかでみられる銀行信用のもとでの貸借関係とは次元がまったくちがうものである。マルクスはそのことをつぎの文章のなかでほのめかしている。

「われわれは、まず商業信用（der kommerzielle Kredit）、すなわち、再生産に従事している資本家たちがたがいにあたえ合う信用を分析しよう。商業信用は信用制度の基礎を形成する。その代表物は手形、一定の支払期限つきの債務証書（Schuldschein mit bestimmtem Zahlungstermin, document of deferred payment〔延べ払い証書〕）である。各人は一方の手で信用をあたえ、他方の手で信用をうける。われわれはとうめん銀行信用（Bankierkredit）についてはまったく見ないことにする。銀行信用はぜんぜん別個の本質的にちがう要因を形成する(5)」。

（5） a. a. O., Bd. III. Tl. II., S. 523.

そこで、つづいて、商品の売買にかかわる貸借関係である商業信用を代表する商業手形（ほんらいの商業貨幣）の運動についてみよう。商業手形は、資本主義社会でも、支払手段としての貨幣の機能から生じるものであるいじょう、まず、支払手段として機能する貨幣（商業手形はそれの代用物）の運動をみなければならない。マルクスは、支払手段の運動が流通手段の運動とはどうちがうかについて、かんたんにこうのべている。

「満期となった債務は、流通過程のどの一定期間でも、商品の売りがひきおこした商品価格総額を代表する。この価格総額の実現に必要な貨幣量は、まず、支払手段の回転速度（Umlaufsgeschwindigkeit）にかかっている。その回転速度は二つの事情によって条件付けられている。（一つめは〔飯田注〕）債権者と債務者との諸関係の連鎖、すなわち、Aがかれの債務者Bから貨幣をうけとって、これをかれの債権者Cにひきつづき支払う、などなど。さらに（二つめには〔飯田注〕）、いろいろな支払期日の間隔である。諸支払いの、いいかえれば、あとでおこなわれる第一変態（nachträgliche erste Metamorphose）の継続的な連鎖は、さきに（流通手段について〔飯田注〕）考察した変態系列のからみ合いとは本質的に区別される。流通手段の回転（流通と同義〔飯田注〕）のなかでは、売り手と買い手との関係が表現されているだけではない。関係じたいが、貨幣回転のなかに、貨幣回転と同時にさいしょから成立する。それとはちがい、支払手段の運動は、その運動以前にもう終わって存在している社会的関係を表現する」（Das Kapital, Bd. I., SS. 142-3.〔傍点—原著者〕）。

さいごにあらわれる「支払手段の運動は、その運動以前にもう終わって存在している社会的関係を表現する」という一句の内容は、あとでみる論争点にもかかわる問題をふくんでいるようだ。さきにちょっと関連的にふれた第三巻の〝覚え書き〟(a. a. O., Bd. III. Tl. I., SS. 403-4)を参照。

商品の売買関係とからみ合う貸借関係を代表する商業手形の運動は、うえにみた支払手段としての貨幣そのものの運動方式のうえにほんらい立つ。その商業手形の額面を決定するものは、諸商品の売買・取り引きが契約される時点での、〝実現されるべき諸商品価格総額〟(このさい、支払手段の流通速度を分母とする)=流通必要金量である。それらの商業手形が銀行資本によって割り引き(買いとり)されるまえの情況をみよう。

商業手形は、商品の転化形態として、商品取引によってみちびかれて、商品の買い手(債務者)から商品の売り手(債権者)へ、それをうけとった商品の売り手(この売り手が同時にまた、他の商品の買い手・債務者でもあるばあいには)からさらにそれの債権者へと、てんてん再流通する。一定期日の到来までのあいだ、商業手形は、裏書き・譲渡によって貨幣の運動を代行して、貨幣の出現を省略する。債権と債務とが相殺されるかぎりでは、最終的に貨幣の支払い・決済さえもが止揚される。このことは、以上の、債務者が債権者にむけて振り出す約束手形にだけではなく、債権者が債務者にたいして、じぶんの債権者である第三者あてに支払いを委託する為替手形にも、適応される。マルクスによる、商業手形運動にかんする一事例の説明をみよう。

(6)「手形の振りだしは商品から信用貨幣の一形態に転化すること、手形の割り引きはこの信用貨幣を他の信用貨幣、すなわち銀行券に転形することだ」(Das Kapital, Bd. III. Tl. I., S. 467.)。
『資本論』第三巻五二三ページで、「本質的にちがう要因を形成する」銀行信用をとうめん「まったく見ない」で、商業信用の運動だけを分析する、と記しているさきの文章につづいて、マルクスはつぎのように商業信用の運動を追究する。
「この手形が、商人たちじしんのあいだで、割引の介在なしに、一方から他方への裏書き(Endorsement)によって支払手段として再流通するかぎりでは、それは、AからBへの債務請求権(Schuldforderung)の移転にすぎず、関係にはなんの変化もぜったいにおこさない。それは、一方の人を他方の人の位置におきかるだけだ。そして、このばあいでも、決済は貨幣の介入なしにおこなわれうる。たとえば、紡績業者Aが棉花仲買人Bにたいして、棉花仲買人Bは輸入業者Cにたいして手形を支払わなければならない。ところで、よくあることだが、もしCがそのさい棉糸の輸出もおこなうならば、Cは手形（CがBから受けとったBじしんの約束手形〔飯田注〕）でAから棉糸を買い、紡績業者Aは棉花仲買人Bにたいして、Cからの支払いで受けとったBじしんの手形で支払いをすませる。そのさい、せいぜい残額だけを貨幣で支払う。このばあい、総取り引きは棉花と棉糸との交換を媒介するだけのこと。輸出業者は紡績業者を、棉花仲買人（Baumwollmakler）は棉花栽培業者（Baumwollpflanzer）を代表すだけだ」（a. a. O., Bd. III. Tl. II., S. 523.）。

このように、商業手形が、商業信用の複雑な商品売買と債権・債務とのからみ合いを代表して振りだされ・運動（流通・裏書き再流通）しながら、終局的には、商業信用が貨幣流通・支払いを合理化・省略化できるのは、商業信用にかかわる債権・債務関係の大部分が連鎖的につぎつぎと相殺されうるからである。

すなわち、うえの引用文でみたように、棉花輸入業者Cは、棉花仲買人Bにたいしては棉花の信用売りによってBの債権者となり、その、Cにたいする債務者・Bは、紡績業者Aにたいしては、この棉花を信用売りすることによって、Aの債権者となる。そのAが製品・棉糸を輸出業の棉花輸入業者Cにたいして信用売りするならば、BにたいするCの債権（債務請求権・手形）をCがAに譲渡する・支払うことによって、AはこれでBにたいするじぶんの債務を決済できる。商品の売買・貸借によって構築された三角関係（CからBへの、BからAへの、AからCへの）は、現金（貨幣）なしに、商業手形の再流通・逆流によって、つまり、貨幣支払手段機能の代行によって、かんたんに解きほぐされる。こうして、商品の流れにたいしてたえず逆流する流通手段としての貨幣はもとより、一定期日に債務決済のため登場しなければならないはずの、支払手段としての貨幣もまた、商業手形の代理再流通・貸借相殺の機能によって省略・節減されうる。

ところで、商業信用に内包される商品売買・貸借関係が、うえのように、連鎖反応的に相殺されうるのは、売買される諸商品の質的差異（使用価値姿態での異質性）をこえた商品価値・価格の量的差異（価値形態・貨幣形態での同

説いている。

流についてみるばあい、商品の売買・貸借関係が中断なしに続行・連鎖できるわけを、マルクスは二つの視点から

第一の視点。「諸信用は相互的なものだから、各人の支払能力は同時に他人の支払能力に依存する」ということ。

第二の視点。「この信用制度は、現金での貨幣支払いの必要をとり除くものではない」ということ。

つまり、ひとつには、諸商品の売買関係が相互依存の貸借関係・支払能力関係とかたくむすびつけられているということ。そしてまた、もうひとつには、まさかのばあいの緊急な貨幣予備金の保留によって、商業信用の中断はさけられ、健全な連鎖がたもたれることになろうということ。第一、第二の視点をもっとくわしくみよう。

「……この純粋な商業信用の回流（Kreislauf）のばあいには、二つのことが注意されるべきだ。

第一に、この相互的な債務請求権の決済は、資本の還流（Rückfluß）に、すなわち、延期されているだけのW—Gに、依存する。もし、紡績業者が織物業者から手形（約束手形〔飯田注〕）をうけとったとすれば、その織物業者は、市場にだしているその織物が間をおいて売れたときに、紡績業者に支払うことができる。穀物投機業者が、かれの仲買人（Faktor）に向けて手形（為替手形〔飯田注〕）を振りだしたとすれば、仲買人は、そのうちに穀物が期待どおりの価格で売れたら、貨幣を支払える。したがって、これらの支払いは、再生産の、すなわち生産・流通過程の流動性にかかっている。しかし、諸信用は相互的なものだから、各人の支払能力は同時に他人の支払能力に依存する。というのは、かれの手形を振りだすさいに、各人はじぶんじしんの事業での資本還流を期待するか、間をおいてかれに手形を支払ってくれる第三者の事業での還流を期待するか、であるからだ。還流の展望を度外視すると、還流がおくれたばあいに手形振出人はじぶんの債務をはたすために自由に処理できる予備資本（Reservekapital）によってのみ支払いが可能となろう」（a. a. O., Bd. III. Tl. II, SS. 523-4.〔傍点—原著者〕）。飯田繁『利子つき資本の理論』一七八—八五ページ参照。

「第二に、この信用制度は、現金での貨幣支払い（bare Geldzahlungen）の必要をとりのぞくものではない。まず、支出の大

部分はいつも現金で支払われなければならない、労賃、税金など。だが、さらにまた、たとえば、Cから手形を支払地でうけとるB（前例のC、Bとは無関係〔飯田注〕）は、この手形が満期となるまえに、みずからDにたいする満期手形の支払いをしなければならないが、そのためには、かれは現金（bares Geld）をもっていなければならない。さきに、棉花栽培業者から棉紡績業者までの、そしてまた、逆に前提されたような再生産の完全な回流はただひとつの例外であって、いつも多くの箇所で中断されざるをえない。われわれが再生産過程（『資本論』第二巻第三篇〔四二五—九ページ〕）でみたように、不変資本の生産者たちは、不変資本を部分的におたがい交換しあう。それで、手形は多かれすくなかれ相殺されうる。生産の上向線のなかで、棉花仲買人が紡績業者にたいして、紡績業者が織物業者にたいして、織物業者が輸出業者にたいして、輸出業者が輸入業者（たぶん再び棉花の）にたいして、それぞれ手形を振りださなければならないばあいも、同様だ。しかし、それと同時に、諸取り引きの回流が、したがってまた、諸債務請求権列の循環がおこらないこともある。たとえば、織物業者にたいする紡績業者の請求権は、機械製造業者にたいする石炭供給業者の請求権によっては決済されない。紡績業者は、かれの事業では、機械製造業者にたいしてなすべき反対債務をもっていない。紡績業者の生産物・糸は、機械製造業者の再生産過程に要因としていりこまないのだから。したがって、そのような諸請求権は貨幣によって決済されなければならない」(Das Kapital, Bd. III. Tl. II., S. 524.〔傍点—原著者〕)。飯田繁『利子つき資本の理論』一八二—五ページ参照。

商業信用は、このように、いろいろな要因をそれぞれにふくんでいるのだから、そこで成立する貸借関係が相殺されると、いちがいにいえるものではなく、したがってまた、支払手段としての貨幣（いわゆる現金）の期日または期日前登場がまったく不用となる、のではない。振りだされた商業手形が相殺しきれない支払い差額分は、とうぜん現金決済を必要とするからである、などなど。

では、支払い決済用の現金準備金はどれだけ必要なのか。さかのぼって、商業信用は商品売買・取り引きをどこまで処理できるのか、商業信用の量的限界を規定するものはなにか。商品（価格）と貨幣（数量）との因果関係が、究極的には、商品と手形との因果関係にも適用される、ということが、マルクスによってどのように展開されるか。

これらのことは、〝貨幣性〟として純粋な商業信用の本質・運動をつきとめるうえで、重要かつ興味にみちた研究課題の一つである。これらの諸点にかんするマルクスの解明をみよう。

まず、商業信用の限界（量的限界）、つまり、商業信用はげんじつにどこまで使えるか、について。

「それじたいとして考察されるこの商業信用にとっての諸限界（Grenzen）は、(1)産業資本家たちと商人たちの富、すなわち、諸還流がおくれたばあいに、かれらが自由にできる予備資本、(2)これらの諸還流じたい、である。これらの諸還流は、時間的におくれるかもしれず、諸商品価格がそのあいだに下落するかも知れないし、あるいはまた、諸市場の不振で商品が一時的に売れなくなるかも知れない。手形が長期的なものであればあるほど、まず、予備資本がますます多くなければならないし、諸市場の価格下落または供給過剰による還流の縮小または延滞の可能性がいよいよ大きくなる。そして、さらに、本源的取り引きが諸商品価格の騰落にたいするスペクラティンオンでなされればなされるほど、諸還流（die Retouren）はいよいよ不確定になる」（Das Kapital, Bd. III. Tl. II., SS. 524-5.）。『利子つき資本の理論』一八四—五ページ参照。

このように、資本の諸還流が不確定となれば、諸還流の中断を接続する中間項として、大いに役だつべき予備資本の活用によって、さもなければ圧縮されたかもしれない商業信用の限界が保全され、さらに伸長・拡大されることにさえなる。商業信用は、本来的にはなにによって拡大されてきたのか、労働生産力の生産基盤での上昇によって。生産過程の上向によって拡大された商業信用が、こんどは反作用的に（結果が原因にむけて）生産、したがってまた、流通の基礎的側面にたいして拡大作用する。(7)

(7)「……労働の生産力が発展し、したがって、大規模生産が上昇するのにつれて、(1)、諸市場は、拡大され、生産地から遠隔化される、(2)、だから、諸信用が長期化されなければならない、したがってまた、(3)、投機的要素がますます諸取り引きを支配せずにはいない、ということは、あきらかだ。大規模・しかも遠隔諸市場むけの生産は、総生産物を商業の手に（in die Hand des Handels）投じる。しかし、国民の資本が倍増したばあい、商業がそれじしんの資本だけでその国民総生産物を買ったり、また売ったり、などできるわけはない。だから、ここでは、信用は不可欠のものとなる。信用は、量的には生産の価値量増加とともに増大し、時間的には（der Zeitdauer nach）諸都市の遠隔伸長におうじて拡大する。こうして、交替作用（Wechselwirkung）がおこる。生産過程の発展は信用を拡大し、また信用は産業的そして商業的諸操作の拡張へさそう」（Das Kapital, Bd. III. Tl. II., SS. 52-5.）『利子つき資本の理論』一八四—五ページ参照。

商業信用はほんらい生産過程の発展によって規定されて拡大されながらも、こうして拡大された商業信用が反作用的に——結果事象が逆行的に原因要素にたいして——生産（産業）・流通（商業）的諸操作を拡大するわけはなにか。商業信用それじたいが、〃げんじつの流通過程〃での商品（資本形態では商品資本）取り引き・貸借事象にほかならないからである。

「この信用商業〔飯田注〕を銀行信用からひきはなして考察すると、商業信用が産業資本それじたいの広がりとともに増大することはあきらかだ。貸付資本と産業資本とは、このばあい、一致する（identisch）ものだ、すなわち、貸しつけられる諸資本は、究極的な個人消費にか、あるいは生産資本の不変的諸要因の補填にきめられている諸商品資本（傍点—飯田）である。だから、このばあい、貸付資本としてあらわれるものは、いつも、資本、とはいっても、再生産過程の一定段階にあり、買いと売りによって一方から他方へうつりながらも、それの等価はやっとあとの約定満期日に購買者（あきらかに販売者というべきだ〔編集者 D. Red.〕）にたいして支払われるところの、資本である」（a. a. O., Bd. III. Tl. II., S. 525.）。

つづいて、具体例をあげてこのことを説いたマルクスの文章はこうだ。

「たとえば、棉花は手形とひきかえに紡績業の手へわたり、棉糸は手形とひきかえに織物業者の手へ、棉布は、手形とひきかえに商人の手へ、商人の手から手形とひきかえに輸出業者の手へ、輸出業者の手から手形とひきかえにインド商人の手へ、インド商人はそれを売ってかわりにインディゴを買う、などなど。ひとりの手から他人の手へのこのような移行中に、棉花は棉布への転化をおこない、棉布は最終的にインドへ輸送されて、インディゴと交換され、インディゴは、ヨーロッパへ船づみされ、ヨーロッパでまたも再生産に入りこむ。再生産過程のいろいろな段階が、ここでは、信用（商業信用〔飯田注〕）によって媒介される。紡績業者は棉花の支払いをしないで、織物業者は棉糸の支払いをしないで、商人は棉布の支払いをしないで。経過のさいしょの諸行動では（in den ersten Akten des Vorgangs）、商品である棉花がさまざまな生産諸段階をとおりすぎるのであって、その移転は信用によって媒介される。だが、棉花が生産で商品としてのその最終形態をうけとると、たちまちその商品資本は、遠隔な市場への輸送を媒介するいろいろな商人たちの手を通貨するだけのものとなる。そして、さいごの商人は商品を最終的に消費者に売り、代わりに他の商品を買って、消費にいれるか、再生産過程に入れるかする。だから、このばあいには、二つの段落（zwei Abschnitte）が区別されるべきだ。第一段落では、信用がおなじ商品（Artikel）の生産での現実的な継続諸段階を媒介し、第二段落では、一商人の手から、輸送をふくむ他商人の手への商品の移動、したがって行動W－Gを信用が媒介するだけである。しかしながら、ここでも商品はすくなくとも、いつも流通行動のなかに、したがって、再生産過程のひとつの段階（Phase）にあるのだ」（a. a. O., Bd. III. Tl. II., SS. 525-6）。『利子つき資本の理論』一七九―八〇ページ参照。

以上の引用文でもみられるように、資本主義社会の商業信用で取りひきされる対象はそれじたいたんなる商品として機能する商品資本であり、そのなかで貸しつけられる資本も就業中の現実的な資本（貨幣形態ではなく、商品形態での資本、商品資本）である。この点で、商業信用での貸付資本が、銀行信用での貸付資本（貨幣形態での資本）とは本質的にちがうものであることが、マルクスじしんによってさらにはっきりとしめされる。商業信用での貸付資本が就業中（失業中ではなく）の資本、〃形態転化をせまられている・商品として機能する商品資本・実存資本〃であるという、マルクスによって〃商業信用の指標〃として高くかかげられた一文ほど、われわれにとってこのさい印象ぶかいものはなかろう。

資本主義社会の商業信用で取り引きされるのは商品資本であり、また貸しつけられるのも商品形態の資本（商品資本）である――貨幣形態の資本（貨幣資本）ではなく――と言明しているマルクスは、さらにつぎの一文をつけ加える。

「だから、ここで貸しつけられるものは、失業資本（unbeschäftiges Kapital）ではなく、その占有者・所持者（Besitzer、所有者とも訳せる〔飯田注〕）の手中でそれの形態を変えなければならない資本、その所持者にとってはたんなる商品資本という一形態で実存する資本、すなわち、再転形され、しかもすくなくともまず貨幣に転化されなければならない資本である。したがって、ここで信用によって媒介されるのは、商品の姿態変換（Metamorphose）である。**W—G**だけでなく、**G—W**でもあり、げんじつの生産過程でもある。再生産的な回流のなかで信用が多くでまわる——銀行信用のことは度外視される——ということは、貸しつけに出される、そしてまた、有利な投資をさがし求めている・就業していない（失業）資本が多いのではなく、再生産過程で就業している資本が多いのを意味する。だから、このばあい、信用が媒介するのは、⑴、産業資本が考察されるかぎりでは、一段階から他段階への産業資本の移行であり、たがいにかかわり合い、関与しあっている生産諸段階の関連である、⑵、商人が考察されるかぎりでは、一人の手から他人の手への商品の、貨幣にたいする終局的な販売か、他の一商品との交換にたっするまでの、商品の輸送・移動（den Transport und den Uebergang）である」。(8)

（8） Das Kapital, Bd. III. Tl. II., S. 526.『利子つき資本の理論』三二九—三〇ページ参照。

「このばあいの信用の最高限度（Maximum）は、産業資本の完全就業とおなじ（gleich der vollsten Beschäftigurg des industriellen Kapitals）、すなわち、消費の諸限界を考慮しない産業資本再生産力の極度の緊張にひとしい。消費の諸限界は、再生産過程それじたいの緊張によって拡大される、再生産過程の緊張は、一面では、労働者・資本家たちによる収入の消費を増大し、他面では、生産的消費の緊張とおなじことだ」（a. a. O., Bd. III. Tl. II., SS. 526-7.）。『利子つき資本の理論』三三一—二ページ参照。

「生産過程の発展は信用を拡大する」（S. 525）という、マルクスの解明文は、なおつづく。産業資本の就職が活発化する景気上昇期には、商業信用は、商品生産・流通量の増大につれて、ますます拡大されなければならない。ところが、景気上昇期が極限にたっし、一転、恐慌→不況期に逆転すると、資本の生産・流通は停滞し、資本の環流・循環は破綻へむかう。それにつれて、商業信用は縮小する。

「再生産過程が流動的であり、したがって、環流がたしかであるかぎり、この信用（商業信用〔飯田注〕）は持続し・拡大するのであって、信用の拡大は再生産過程じたいの拡大にもとづく。遅滞した環流、在貨過剰の諸市場、下落した物価によって、停滞がおこると、たちまた産業資本の過剰が現存する。しかし、産業資本がそれの諸機能をはたしえないような一形態での過剰である。商品資本はたっぷり、だが、売れない。固定資本がたくさん、しかし、再生産の停滞によって大部分は失業。信用は収縮する、(1)、なぜなら、この資本が失業しているので、すなわち、資本の姿態変換がおこなわれえず、資本の再生産諸段階の一つで停滞しているので、(2)、なぜなら、再生産過程の流動性への信頼がやぶれたので、(3)、なぜなら、この商業信用にたいする需要が減るので。じぶんの生産を制限するほどに、売れない大量の綿糸を倉庫にもてあましている紡績業者は、なにも綿花を信用で買う必要はない。商人は商品を信用で買う必要はない、商人はすでに商品を十分以上にもっているのだから[9]」。

(9) a. a. O., Bd. III. Tl. II., S. 527. つづく文章で、マルクスは、商業信用の縮小が、資本（産業資本＝生産資本）の欠乏によるのではなく、資本の過剰によるものであることを強調する。

「だから、再生産過程のこの拡大に、正常な緊張にさえも障害がおこるならば、それにつれて、信用欠乏が生じる、商品は信用ではますます手に入らなくなる。ところで、ことに現金払いの要求や信用売りの用心が、破局につづく産業循環の一段階にとっては特徴的である。恐慌じたいのなかでは、だれもが売らなければならないが、売ることができない、それでも支払うためには売らなければならない。そうした恐慌のなかでは、失業中の、投資すべき資本の量ではなく、その再生産過程で阻害されている資本の量が、最大である。ちょうどそのときには、信用欠乏もまた最大である（だから、銀行信用では、割引率が最高）。すでに投下されている資本は、このばあい事実上、再生産過程が停滞しているので、大量に失業している。工場は休止、原料は堆積、出来上がり製品は諸商品として市場に充満。したがって、こんな状態を生産資本の欠乏に帰するほどまちがったものはない。こんなばあいにこそ、生産資本の過剰が現存する。部分的には、再生産の正常的な、しかし一時的な契約規模（augenblicklich kontrahierten Maßstab）に関連しての過剰が、また部分的には、麻痺した消費に関連しての過剰が」（a. a. O., Bd. III. Tl. II., SS. 527-8.）。

商業信用の停滞をひきおこす生産資本・産業資本の過剰（欠乏ではなく）、つまり、げんじつの恐慌の原因について、マルクスはつぎのようにのべている。

「全社会が、産業資本家たちと賃金労働者たちとだけから成りたっているもの、とわれわれは考えよう。そしてまた、つぎのような価格変動をみないことにしよう。総資本の大きな諸部分がそれぞれの平均比率で補填されることをさまたげるような価格変動を、そしてまた、ことに信用が発展させるような全再生産過程の一般的関連のもとでは、いつも一時的・一般的な停滞をおこさずにはいないような価格変動を。同様に信用制度（Kreditwesen）が助長する諸虚業（Scheingeschäften）や投機的な諸取り引きも見ないことにしよう。だとすると、恐慌は、さもただ、いろいろな部面での生産の不均衡だけから、そしてまた、資本家たちじしんの消費と、かれらの蓄積とのあいだに存立する不均衡だけから説明されうるものであるかのようだ。だが、じつのところ、生産に投下されている諸資本の補填は、大部分が非生産的な諸階級の消費能力にかかっている。もっとも、労働者たちの消費能力は、部分的には、労賃の諸法則によって制限され、また部分的には、かれらが資本家階級にとって有利に用いられうるかぎりでしか使われないということによって制限される。あらゆる現実的恐慌の終局的な原因は、いつも、さながら、社会の絶対的消費能力だけが限界であるかのように、生産諸力を発展させようとする資本主義的生産の衝動とくらべた大衆の貧困と消費制限（die Armut und Konsumtionsbeschränkung der Massen）である[(10)]」。

(10) a. a. O., Bd. III. Tl. II., S. 528. つづく文章。「生産的資本の現実的欠乏についてうんぬんされるのは、すくなくとも資本主義的に発展した諸国民のもとでは、ただ一般的な凶作のばあいだけだ。主要食糧品の凶作であろうと、最重要な産業用原材料の凶作であろうと」（a. a. O., Bd. III. Tl. II., S. 528.）。

資本運動方式のもとでの商業信用を一時的ながらも崩壊においこむ恐慌が、諸部門間の資本不均衡ではなく、また資本の欠乏（一般的凶作）ではなく、あくまでも資本の過剰（消費にたいする一般的な）を意味するものだ、とするマルクスのつよい論調は、わたくしのつぎの一考察を誘因した。

これは、過剰生産恐慌論のうえにたって、諸異説を批判した「資本と人口の過剰――資本主義的恐慌の問題――」（東京大学新聞、昭和二三年一月一五日）と題する一文であるが、多少手入れしたものだ。ここで、長文ながら収録したい。

ご寛容を乞う。

1

戦後の世界経済に二つの形態の恐慌が訪れ、または接近しようとしている。一つは、はげしい戦禍にさらされたヨーロッパや東洋の諸国をおそっている過小生産恐慌であり、他の一つは、アメリカに発生しようとしていると伝えられる過剰生産恐慌である。

二つの類型の恐慌がいま世界の資本主義諸国に生じ、または生じようとしているのは、けっして偶然なことではないにしても、過小生産恐慌（その恐慌の外面的表現はインフレーションによって隠蔽されている）は、恐慌としての性格からいえば、むしろ前資本主義的なものであって、資本主義経済に固有な必然的なものではない。

なぜならば、「生産資本が現実的な欠乏するということは、すくなくとも資本主義制度の発達した諸国では、重要栄養食料なり、または産業上の最重要原料なりのうえに一般的な凶作が生じたばあいにかぎられる」（『資本論』第三巻第五篇第三〇章）が、そのような一般的な凶作は、資本主義的社会のつうれいの発展段階では偶然的な出来ごとだからである。

もっとも、戦争は偶然ではなく、その偶然でない戦争が資本主義の現段階での過小生産恐慌の原因となったわけだが、それにしても過小生産恐慌は資本主義経済の本質的矛盾から必然的に発生するものだ、とはいえない。

2

資本主義的恐慌が商品あるいは資本の過剰生産の結果としておこるということは、経済学者によって早くから説かれていた。しかし、この過剰生産論については見解が対立し、一方では、部分的過剰生産論がセイ、J・ミル、リカードらによって、他方では、一般的過剰生産論がマルサス、シスモンディらによって、それぞれ主張されたことは、学説史上著名な事実である。

部分的過剰生産を理論づけたセイの〝販路説〟の根本思想は、「生産物を購買するものは生産物である」という命題によって示されるが、このセイの〝販路説〟は、ミルの〝需給一致説〟とともに、リカードの〝一般的過剰生産否定論〟に深い影響をあたえた。

リカードはその主著『政治経済学と課税の原理』第二一章のなかで、「生産物は、つねに生産物か、または勤労によって購買されるものであって、貨幣はたんに交換をおこなう媒介物にすぎない。特定貨物が過剰に生産されて、それに費やされた資本を償わぬほどの供給過剰が市場に生じることはありうる。しかし、これはすべての貨物についておこりうることではない」、とのべている。

かれらによって主張されたことがらは、つまり、販売と購買との、供給と需要との、または生産と消費との形而上学的な一致にすぎない。したがって、使用価値と価値との対立物の統一である商品や賃金労働、資本にかんする事項が、単純な使用である生産物や勤労にかんする事項に転化され、げんじつの資本主義的商品の流通は、逆行的に単純商品の交換をとびこえて、原始的な直接的生産物交換（物々交換・バーター）におきかえられた。

しかし、販売がそのまま購買である物々交換の社会に、一般的過剰生産が存在しないということは、なにも歴史的に特殊な社会関係である資本の一般的過剰生産を否定する論拠となるものではない。

なお、一般的過剰生産を否定し、部分的過剰生産（部分的過小生産と対応するところの）の可能性を強調する学説は、恐慌発生の必然性を否定し、恐慌を商品生産部面間の偶然的な不均衡の結果おこるものとみなす思想とむすびついている。

一般的過剰生産を否定する学説が、資本という特殊な社会関係を無視しているからといって、逆に一般的過剰生産を主張する学説が、すべて資本の歴史的・社会的性格を理解し、それのもつ本質的矛盾のなかに一般的過剰生産の原因を追究している、とはいえない。その、もっともよい例がT・ロバート・マルサスだ。

マルサスは、一般的過剰生産の論拠をつぎのように立てている。一国の富が継続的に増進していくためには、富の分量的増大と平行して、その富の価値が増加しなければならない。ところが、富の分量は生産（供給）により、富の価値は分配（需要）により、それぞれあい異なる原理にもとづいて決定される。だから、増加した富の供給量にたいして需要量の増大がおよばないときには（そこには、必然性はなにも見られない）、富の一般的過剰生産が可能的に発生する、と。

かれによれば、富の分量を決定する生産力は、資本の蓄積、土地の肥沃度と労働節約の諸発明によって、富にたいする需要とは無関係に、増進されるのであって、ここでは、供給と需要、生産と消費とは形而上学的に切りはなされている。したがって、供給が必然的に需要を構成する、という部分的過剰生産論との鮮明な対立が、そこにみいだされる。

供給と需要との、生産と消費との形而上学的分離では、しかし、それらの形而上学的一致論でとおなじく、それらの分離・一致がけっして、資本主義的社会の特殊な社会関係からうまれるもの、とはされていない。だからこそ、マルサスは、生産力増進の諸原因によってひきおこされうる一般的過剰生産が、土地財産分割や、内外商業や、不生産的消費者維持などの外来的需要増大要因をそれに導入することによって、克服されうる、という牧歌的結論を定立したのだった。

3

一般的過剰生産は、商品の過剰生産をふくむ資本の過剰生産（過剰蓄積）であるが、資本主義社会では、それはすべての国民が必要な欲望をみたした後にはじめておこるような、そんな過剰生産ではない。そんな意味でなら、部分的過剰生産も、一般的過剰生産も、資本主義的社会には発生しはしない。

直接の生産者たちは、かれらがたがいに生産する諸商品にたいする欲望をもっているが、かれらはそれをたがいに売ることができず・買うことができない（売らなければ、買えない）。かれらがそれらを販売・購買できないのは、かれらがそれらを生産不足からではなく（セイやリカードに聞かせてやりたい）、かれらが資本に駆使されて、あまりにも多く生産しすぎたからである。これが一般的過剰生産恐慌のもとでのかれらの状態であり、一方では、資本（商品）の過剰生産、他方では、相対的過剰人口（労働生産性の上昇→就業率の相対的低下→失業者の増加→消費率の相対的減少）が、資本主義的恐慌の両極的性格である。

マルクスは、資本主義的恐慌の解明を理論的には主として《資本論》第三巻第三篇と第五篇でおこなっており、学説史的には《剰余価値学説史》第二巻第二部第三章〈資本の蓄積と恐慌〉のなかであたえている。

恐慌の問題をローザ・ルクセンブルクにならい、再生産方式によって説明することが、ひところ日本で流行した。けれども、恐慌、とくにその必然性は、たんに社会的総資本の流通諸条件だけからは理解されえない。そこからみちびかれるものは、けっきょくただ生産部門間の不均衡にもとづく部分的過剰生産の可能性（ヒルファディング）だけである。

資本主義的恐慌は資本運動の総過程（生産過程と流通過程との統一）から把握されるべきである。したがってまた、それは剰余価値の生産と実現との矛盾、生産と消費との資本主義的矛盾の爆発であると同時に、その矛盾の強力的な一時的統一でもあるところの、資本主義的社会の必然的産物として理解されなければならない。

恐慌を抽象的形態としてたんに可能性で観察するだけならば、単純商品社会でも恐慌は存在しうる（恐慌の可能性・第一形態は、貨幣の流通手段機能から生じる販売と購買との分離、第二形態は貨幣の支払手段機能から生じる）。しかし、恐慌のたんなる可能性からは恐慌の必然性または現実性は説明されえない。このことは、恐慌の可能性での二つの形態が、資本の再生産過程でいっそう具体化され、内容的に基礎づけられて、資本主義的恐慌の可能性となってもおなじだ。

資本主義的恐慌の可能性を必然性に転化させるものはなにか。それは、「さながら、社会の絶対的消費能力だけが限界であるかのように、生産諸力を発展させようとする資本主義的生産の衝動とくらべた大衆の貧困と消費制限」であり、これが「いつもあらゆる現実的恐慌の終局的な原因」（『資本論』第三巻第五篇第三〇章）となっている。

だから、資本主義的恐慌の研究は、恐慌の可能性での貨幣と信用の役割（「貨幣流通は恐慌なしに生じるが、恐慌は貨幣流通なしには生じえない」〔『経済学批判』〕）と、恐慌の必然性での資本関係の再生産、資本主義的矛盾の再生産が全面的に理解されなければ、達成されえないだろう。このことは、資本主義的恐慌がいわゆる景気循環の一コマとして把握されるばあいには、とくに強調されなければならない。

うえにみてきたように、商業信用の増減はもともと商品生産・流通の要請によって規定されるのだから、商業信用は景気循環の推移につれて量的にうごく。だからといって、商業信用は、たんに〝商品生産・流通→景気循環〟の主導性によってパッシブに左右されるだけのものではなく、さらに反作用的にではあるが、〝商品生産・流通→景気循環〟にたいしてむしろアクティブにも機能する。そこで、こうしておこる商業信用の役割が重視されることになる。

Ⅲ　商業信用の役割

『資本論』第三巻第五篇第二七章「資本主義生産での信用の役割」（Die Rolle des Kredits in der kapitalistischen Produktion）という表題で、商業信用と銀行信用との二つの信用の役割が一括されている。

わたくしは、かつてこの原著第二七章の位置づけにかんするわたくしなりの考え方から、同章の「信用の役割」論を原著第三六章（第五篇の最終章「先資本主義的〔利子つき資本〕」（Vorkapitalistisches））の直前までずらせて、その解明をこころみた。(1) 信用の〝役割〟は、信用の本質規定論にではなく、信用の作用・結果・現象論にぞくするので、信用論研究のはじめにではなく、おわりにしめくくられる、と考えられるからである。

（1）　飯田繁『利子つき資本の理論』二四七―五〇ページ、四四〇―七一ページ参照。

原著第二七章でなされているまとめは、商業信用の役割にせよ、銀行信用の役割にせよ、きわめてかんたんだ。それはせいぜい見出しの箇条書き・覚え書き程度にしかなされていない（銀行信用に関連する「株式会社の形成」・「株式制度」での信用の役割をのぞいていえば）。このように、信用の役割が原著第二七章でごく簡単にしるされているわけは、前後にならぶ原著諸章でかなりくわしく解明されているからなのだろう。だから、商業信用の役割さえ、原著第二七章の段階では十分に理解されえない。そこで、われわれは、これらの諸章、とくに後続の諸章から解明の糸口をたぐりよせることによって、さしあたりの究明課題である商業信用の役割をいちおう理解しておかなければならない。

そのまえに、まず、原著第二七章では、資本主義的信用（そこでは、商業信用と銀行信用との両面）の役割がどのように説かれているのかをみよう。

「信用制度（das Kreditwesen）にかんする、いままでのわれわれの一般的な叙述はつぎのようなものだった。

Ⅰ　諸利潤率の均等化を媒介するために、または、全資本主義生産の基礎となるこの均等化の運動を媒介するために、信用制度が必然的に成立する。

Ⅱ　流通諸費用の節減（Verringerung der Zirkulationskosten）。

1　ひとつの主要流通費用は貨幣じたいである、それが自己価値（Selbstwert）であるかぎり。貨幣は三とおりの仕方で信用によって節約される。

A　諸取り引きの一大部分にとって、貨幣がすっかり省略されることによって。

B　流通媒介物の流通（die Zirkulation des umlaufenden Mediums）が促進されることによって。これは、2でのべることと部分的に合致する。つまり、一方では、促進は技術的なものだ。すなわち、消費を媒介するげんじつの諸商品売買の大きさ・数量がおなじだとすれば、ヨリ少量の貨幣または貨幣表章がおなじはたらきをする。これは、銀行制度（Bankwesen）の技術と関連する。他方では、信用は商品姿態変換（Warenmetamorphose）の速度を、そしてそれによって、貨幣流通の速度を促進する。
C 紙券による金貨幣の代用（Ersetzung von Goldgeld durch Papier）。
2 信用による、流通の、または商品姿態変換の、さらには資本の姿態変換の、それぞれ個々段階（で）の促進、したがって再生産過程いっぱんの促進（他面、信用は、買いと売りの行為を長期的にひきはなし、だからまた、投機の土台として使われる）。準備金（Reservefonds）の縮減、これは二重に観察されうる。一方では、流通媒介物の縮小（Verminderung des zirkulierenden Mediums）として、他方では、いつも貨幣形態で現存しなければならない資本部分の節減として。
Ⅲ、Ⅳ（ここでは省略〔飯田注〕）」。(2)

（2） **Das Kapital, Bd. III. Tl. I., SS. 476-7.**

以上の原著第二七章にしめされている諸項目のなかで、商業信用の役割に直接かかわる題目は、Ⅱ（1、A、B、C、2）だけだ。だが、これらの題目でも、商業信用の役割だけが主題なのではなく、商業信用の役割と銀行信用の役割との〝まざり合い〟が考察されなければならないだろう。

ところで、商業信用の役割が、銀行信用の役割からきりはなされて考察されるばあいと、銀行信用の役割との〝まざり合い〟のもとで観察されるばあいとでは、その具体性・総合性のうえで大きな開きがみられる。だが、銀行信用の分析（信用創造・その役割については後章を予定）がまだおこなわれていない本章のこの段階では、やむなく銀行信用の役割はただ暗示・前提されるのにとどまり、したがって商業信用の役割だけが抽象的な狭い分析範域にとじこめられることになろう。

商業信用は、これまでくりかえし見てきたように、〝げんじつの流通過程〟、すなわち、商品・貨幣流通の段階で成立する。その意味で、商業信用は、〝独特な流通過程〟（〔〝げんじつの流通過程〟……生産過程……〝げんじつの流通過程〟〕の外ワク、G—〔……〕—G）、すなわち利子つき資本の運動段階で発生する銀行信用とはまさに好対照をなす。だから、商業信用の役割もまた、銀行信用の役割とはまったくちがう〝げんじつの流通過程〟のなかで探究されなければならない。たとえ、資本主義的生産様式のもとであろうと。もっとも、資本主義的生産様式のもとでは、単純商品生産様式のばあいとはちがい、〃げんじつの流通過程〃のなかでの商業信用の役割は、問題の焦点・〃流通費用の節減〃による資本の生産性向上・剰余価値生産の上昇を大きく浮き彫りにしてあらわれることになる。そこで、このさいは、上記引用文の序列にしたがい、資本主義的生産様式のもとでの商業信用の役割を、焦点・〃流通費用の節減〃について、つぎのような二視覚（一、ひとつの主要流通費用としての貨幣の節減、二、流通期間の短縮）から追求しよう。もっとも、両視角は、たがいに関連しあい、〃流通費用の節減〃として総括されるので、けっしてべつべつの二要因なのではない。

わたくしは、かつてこの第二七章の解明をこころみたさい、そのなかのⅡ　流通諸費用・準備金を節約する信用の役割（1、A、B、C、2）について、つぎのように要約した（文面を変更）。

1　ひとつの主要な流通費用である流通手段としての（さらにすすんでは、支払手段としてさえも）それじたい価値（**Selbstwert**）であるもの・一般的等価形態・貨幣（金・銀）は、商業信用によって、いっそう正確にいえば、商業信用から生まれる商業手形（さらに銀行信用とのまざり合いからうまれる銀行手形・銀行券）の流通・相殺によって、大量的に代位・節減される。

個人的にも・生産的にも有用に消費されないで、ただ〃げんじつの流通過程〃のなかで貨幣として機能するだけの商品（金・銀）は、もともと莫大な労働量の凝結物なのに、「……商品生産、とくに資本主義的生産の発展につれて増大する、商品生産いっぱんの空費（faux frais）である」（a. a. O., Bd. II, S. 130.）。そんな金・銀をつくる労働は、けっきょく、「たんなる流通機械（**bloße Zirkulationsmaschine**）として役だつ一形態に固定された社会的労働」（S. 130.）でしかない。また、その空費は「非生産的ではあるが、必要な諸費用（**unproduktive, aber notwendige Kosten**）」（S. 130.）である。「それは流通過程のために犠牲とならねばならない社会的富の一部分である」（S. 130.）ところから、生産性の向上・利得の増大をめざす資本主義社会にとっては、ますます拡大する可能性をもつこの空費としての貨幣流通は、いよいよ抑制・節減されなければならない対象となる。
その節減の方法はつぎの三とおりだ。

A　貨幣流通量じたいの削減。商品取りひきが広大な商業信用によっておこなわれるようになると、貨幣としての金・銀はそれまでのようにはもう流通しなくなる。支払手段としての貨幣機能にもとづく商業信用からうまれる商業手形はまず流通手段としての貨幣を排除する。

機能資本家が相互にあたえ合い・うけ合う債権・債務の大部分は、支払手段としての貨幣（金・銀）による決済をまたずに相殺され、流通手段としての貨幣（金・銀）を、そしてまた支払手段としての貨幣（金・銀）をも必要としない。「諸支払いが相殺されるかぎり、貨幣はただ観念的に計算貨幣、または価値尺度として機能する」（a. a. O., Bd. II., S. 143.〔傍点―原著者〕）のだから。相殺されない少量の残額（貨幣量）だけが、そのさい支払手段としてもとめられる。

このように、商業手形は、銀行によって割り引かれなくても、それを振り出した機能資本家たちそうご間の商品売買・貸借関係を代表して、大量的に裏書き・再流通・相殺される。ところが、商業信用と銀行信用とのまざり合いによって、割り引かれた商業手形は、さらに銀行の手をとおして、手形交換所へ、中央銀行へと集中・操作される。そのかぎりでは、商業手形に表示された、中央銀行の帳簿上での諸銀行そうご間に存立する債権・債務関係のほとんどが相殺・相互移転されることによって、支払手段としての貨幣（金・銀）は、少量の差額・残高についても、げんじつに登場しない。

B　貨幣の流通速度の促進。信用による〝流通速度の促進〟は、後述の2、流通期間の短縮と関連する。一般的にいえば、流通速度の促進によって貨幣の流通必要量は減少しうる（「貨幣の流通速度は貨幣の数量をおぎなう」〔a. a. O., Bd. I., S. 124. **Fußnote ‹Le Trosne›**〕）。流通に必要な貨幣量は、大まかにいえば、流通手段のばあいでも、支払手段のばあいでも、正比例的には〝実現されるべき諸商品価格の総額〟によって、反比例的には個貨の流通回数（流通速度）によって規定される。

貨幣が、支払手段の機能にもとづく商業信用→商業手形によって代位されると、商品の掛け売り・掛け買い（売買と貸借とのゆ着）は〝商品転形の速度〟→〝貨幣の流通速度〟を促進する。

さらに、商業手形が銀行信用によって帳簿上の預金貨幣・預金通貨（当座預金）→小切手化されるようになると、いっそうの〝商品の転形速度の促進〟→〝貨幣の流通速度の促進〟が目だち・定着する。こうしたあい関連する両促進は、さいしょから一括して〝流通期間の短縮―流通時間のない流通〟として表現される（〝流通時間のない流通〟〔die Zirkulation ohne Zirkulationszeit, Zirkulationszeit=O, ihre Aufhebung〕については、Grundrisse der Kritik der politischen Ökonomie, SS. 523, 551-2 を参照)。

かつては必要であったはずの非生産的な空費としての貨幣流通量が、いまや〝流通期間の短縮〟によって〝げんじつの流通過程〟のなかから排除される。こうして、〝商品と商品との直接的交換〟（W－W_2）から〝商品流通〟（W_1－G－W_2）への道をいさましく切りひらいたかつての〝育ての親〟がいまや引退をせまられる、という貨幣の宿命がまざまざ思いしらされる！

このように、〝空費〟としての流通貨幣量を削減する〝流通期間の短縮〟が商業信用（さらに銀行信用）によってげんじつのものとなると、それだけ資本の生産性、したがってまた剰余価値の再生産性はいちだんと高められる。このことは、さらに2で。

C　紙券（Papier）による金（銀）貨幣の代位。この紙券は、紙製の貨幣代用物をさしているのだが、流通手段としての貨幣の機能から生じる価値表章（紙幣）ではなく、支払手段としての貨幣の機能からうまれる商業手形（→銀行券〔ここでは、兌換銀行券だけをとりあつかう〕・小切手など）である。ここでは、信用（商業信用→銀行信用）にもとづく貨幣の流通費用・流通量・準備金の節減が問題となるのだから。もっとも、紙券による金貨幣の代位が、金貨幣の生産・鋳造上の諸費用、流通上の物質的摩滅・散逸などの補填空費を排除するという結果的事象は、価値表章（紙幣）のばあいにも、いちおうみられる。だが、これらの諸費用・空費を排除する方法・仕組みが価値表章のばあいとはまったくちがう信用のばあいには、経済構造の規模とともにその排除の程度ははるかに大きくひろがる。上述のように、商業手形は、銀行業者によって割りびかれて銀行手形（銀行券）に、あるいは預金通貨→小切手に転換され、銀行の帳簿上の操作・処置としてあらわれると、貨幣の紙券化→観念化はいちだんとすすむ。

こうして、かつては国内流通用・支払用に大きくつくした金貨幣は、もはや鋳造されず、地金姿態のままで存在し、それを代表する中央銀行券の兌換準備金に、そしてまたやがて国際収支決済の準備金に転化・専用される。信用の発展はこれらの準備金量を準備率のうえでしだいに圧縮する。しかし、資本主義社会が商品―貨幣経済関係を基盤として存立するものであるいじょう、金がたとえどのように観念化・抽象化されようとも、貨幣・金は金本位制度のもとではあいかわらず〝信用制度の軸点（Angelpunkt）〟として現存する。このことは、信用関係が、不安定化し、不信・忌避される逼迫期、すなわち債務決済用の現実の貨幣・金がつよくもとめられる恐慌期になまなましく実証される。

信用は、流通上の貨幣・金量を必要最低限におさえ、これをできるだけ多く生産部面の諸要因に転化・誘導して、経済規模を拡大する。ところが、このような信用の作用が、はからずもやがて恐慌誘発への一反作用を、すなわち、結果要素が原因要素への一反作用を造出することにもなる。つまり、もともと商品生産・流通関係からうまれる信用という結果的事象の作用は、すすむほどにやがて、原因的事象としての生産・流通関係のひっぱく・恐慌にたいして一つの反作用をおよぼす。

「……一方では、あらゆる貨幣資本を生産に奉仕させ……、他方では、循環のある一定段階で、金属準備を、それがなすべき諸機能をもはやつくせないような最低限度に縮減するものは、まさに信用制度と銀行制度（Kredit- und Banksystem）の発展であり、全有機体のそのような過敏性（Ueberempfindlichkeit）をつくりだしているもの、これこそは、この完成した信用制度と銀行制度である」（a. a. O., Bd. III. Tl. I., S. 619.）。

信用の表・裏に住みつく功・罪は、つづく2で総括される。

2　商業信用は商品の転形・流通過程じたいを短縮する。このことによって、商業信用は流通諸費用と準備金・予備金を節約する。

商品（W_2）の買い手は、じぶんの商品（W_1）を売るまえに信用買い（掛け買い）し、商品（W_2）の売り手は、その商品の価値・等価＝貨幣をうけとるまえに商業手形とひきかえに、商品の使用価値（商品体）を買い手に譲渡する。商品（W_2）は貨幣に先立って運動を開始する（W_2の買い手は、W_1を売るまえに、W_1をW_2に転化して、いわばW_1〔変身W_2のすがたで〕をいちはやく再生産過程に投入するともいえよう。もちろん、あとにW_1じたいの売りがのこる〔飯田繁『利子つき資本の理論』二六二ページ参照〕）。

このことは、その商品（W_2）の買い手にとっても、おなじその商品（W_2）の売り手にとっても、まさに快適にみちた事態である。売り手（このばあい、貸し手）は、買い手（このばあい、支払い義務をもつ借り手）にたいして恩恵をあたえる犠牲者であるかのように誤解してはならない。商品をはやく売りたい一念の売り手はその商品を一刻も早く手ばなしたいのだから。たとえ、支払いがあとあとに延期されようとも、その支払いが確証されるかぎりでは。また、商品の買い手は、その商品の価値・等価形態＝貨幣を現在手もとにもたないのであれば、たとえ債務者になろうとも、〝将来の貨幣〟の支払い約束でその商品体（使用価値）をすぐにも使いたく、手にいれたいのだから。支払手段機能では「商品は、貨幣に転化するまえに使用価値に転化する」（Das Kapital, Bd. I., S. 142.）。また、売り手がその商品を一刻も早く手ばなしたいのは、商品の販売・再生産継続を順調にすすめたいからである。

流通手段としての貨幣機能のもとでの売りは「商品の生命がけの飛躍（Salto mortale〔Todessprung〕（Das Kapital, Bd. I., S. 111. **Zur Kritik, S. 78.**）だ、といわれた。そういわれたのは、その売りが〝商品の貨幣（金）への直接転換〟をいみしたからだったのだが、支払手段としての貨幣機能では、売りは、〝商品の貨幣支払契約書（商業手形）への転換、商品の貨幣への間接転換をものがたるので、売り手にとってどれほどたやすくなったことか。買い手は、さらに、じぶんの商品を売るまえに商業手形でじぶんの欲する商品を買い、その使用価値を支払い前に早々と使える。

商業信用は、こうして、売り手・買い手の両面からみても、商品の転形・流通を促進し、流通期間を短縮して、商品をそれぞれの消費・生産過程のなかにいちはやく投入できるわけだ。貨幣（あるいは上記の紙幣）との直接的交換なしには、商品が売買されない流通手段としての貨幣機能のもとでは、とうてい見られない光景である。

商業信用が多面化して、商品の信用売買が商品所有者のあいだで日常化すると、一方、商品の買い手は同時に他の商品の売り手ともなり、他方、商品の売り手は同時に他の商品の買い手ともなる。

「信用（商業信用〔飯田注〕）は、貨幣形態での還流を、産業資本家にとってであろうと、商人にとってであろうと、現実的還流の時点から独立化させる。両者のどちらも、信用で売る。かれの商品は、だから、それがかれにとって貨幣に再転化されるまえに、したがって、貨幣形態でかれじしんのもとに還流するまえに、譲渡される。他方、かれは信用で買うのであり、かれの商品の価値は、この価値がげんじつに貨幣に転化されるまえに、商品価格が期限満了となって支払われるまえに、すでに、かれにとっては、生産資本なり商品資本なりに再転化されてしまっている」（a. a. O., Bd. III. Tl. I., S. 489.）。

このばあい、商品の買い手は一面的な債務者であるのではなく、自分じしん商品の売り手・債権者でもあり、また、商品の売り手は一面的な債権者なのではなく、自分じしん商品の買い手・債務者でもある。それらの商品の売買と、それらから生じる債権債務の諸連鎖関係は、多面的に拡大・交差して、各自の手もとでさえ、ある程度の相殺・決済が可能となろう。すでにみたように、商品流通の促進、流通貨幣量の節約、流通期間の短縮はいちだんとすすむ。こうして、発展した商業信用は、それまで商品流通の遅滞でよくおこった再生産の中断をふせぐために必要であった多額の準備金（予備金〔Reservefonds〕）を縮小することに大きく役だつ。いいかえれば、商業信用→商業手形の諸運動が、こうして形成された機能資本家たちの相互債権・債務関係を相殺するかぎりでは、手形は、けっきょく貨幣に転化されないで、絶対的に貨幣として機能し、貨幣の代わりをするのだから、まさに商業信用じたいが機能資本家たちの予備金を代行しているわけだ。とはいっても、商業信用によって予備金がまったく不用となるのではない。

商業信用が、産業資本家（商業資本家をふくめて機能資本家）たちの予備金を縮小することに大きく役だつとしても、これを完全には排除しつくせるものでない理由は、商業信用→商業手形による商品売買・債権債務関係の大量的な相殺が、あらゆるとき・ところでは必ずしも達せられない、ということにある。そこで、債権・債務関係の平穏な相殺によってげんじつの貨幣・予備金を圧縮する商業信用じたいは、むしろ機能資本家たちの保有する予備金が多いほど、他の諸事情が一定なら、ますます安易に授受されうる（飯田繁『利子つき資本の理論』一八四ページ参照）。もっとも、その予備金の増大は保有者・機能資本家たちにとっては空費の増加として一つの重荷となろう。

商業信用は、こうして好況期には、商品転形・流通の促進、債権・債務関係の連鎖・相殺、流通期間の短縮という一方通行を邁進する。このように、商業信用は、邁進するほどに、ますます機能資本家たちの保有予備金を、相対的に「それがなすべき諸機能をもはやつくせないような最低限度に縮減する」（上記）。商業信用が、好景気を〝これ幸い！〟といちずに駆けめぐり、ついには「投機の基礎」にさえなりかねない。好況をいちだんと盛りあげる商業信用の投機性は恐慌の規模を拡大する。商業信用の好況期に築きあげられた高い峰は、恐慌の襲来、貨幣支払いの強要、債務者の破綻とともに、ひとたまりもなくくずれおちる。まさに〝山高ければ、谷深し〟のたとえのとおり。商業信用は、メリットとデメリットの両面を宿命的に内包する一総体である。

商業信用と予備金との関係をめぐる問題は、けっきょく商業信用にたずさわる機能資本家たちの商品売買・貸借関係かかわる問題である。商業信用によっておこなわれる商品の売買、それにつづく貸借の諸関係で問題となるのは、売買がなぜ貸借とつながるのか、どうつながるのか、である。この問題が正しく解かれなければ、商業信用と予備金とのあいだにひそむいっそうすすんだ関係は不明のものとなろう。

商業信用のもとでは、売り手が買い手に商品を手わたしながらも、その時点では貨幣をうけとらないで、その受けとりを一定時点にまで延期する。ところで、一例として、その貸しつけ対象を売り手の予備金にもとめる著名な異説は、しょせん商業信用の非資本性（貨幣性）・商品貸付性にたいする無理解のほどをしめしている。これらにかんする論争問題については、項を改めて追求しなければならない。

本項のさいごにひとこと。〝商業信用の役割〟かんするうえの叙述は、『資本論』第三巻第五篇第二七章の「資本主義生産での信用の役割」にそってなされたものである。それだけに、銀行信用とのかかわり合いをさけることはできない。資本主義生産のもとでは、〝商業信用の役割〟と〝銀行信用の役割〟とは、べつべつのまったく無関係なものとして切りはなせるものではないのだから。このように、両信用はたがいに〝まざり合い〟、二つの役割が一体的に結合される。しかし、両信用はもともと本質的にまったくちがうものであり、したがって、両信用がそれぞれはたすまったくちがう過程（商業信用は〝げんじつの流通過程〟、銀行信用は〝独特な流通過程〟）での役割もほんらいまったくちがうはずのものだろう。資本主義生産にあたえる両信用の役割の功罪は、多分に一致あるいは類似するとしても。だから、それぞれの差異性と同一性を追究するために、さらに銀行信用の本質・役割を後章の課題に設定しなければならない。

Ⅳ　二つの論争問題

――〃将来の貨幣〃による〃商品売買と、貸借との連係〃をめぐって――

貨幣の支払手段機能から生じる商業信用は、〃将来の貨幣〃による〃商業売買と貸借との連係〃として規定される。貨幣の流通手段機能の段階ではみられない〃商品売買と、貸借との連係〃という特異な事態が、商業信用のなかにあらわれる。そこで、この複合した事態の把握をめぐって、二つの大きな問題点の論争がわが国にまきおこった。

1　商品の売買関係のうえに貸借関係が重なって生じる。その貸借関係は、売買された商品についておこるのか、それとも支払われるべき代金・貨幣についておこるのか。つまり、おこるのは、商品の貸しつけか、貨幣の貸しつけか、という第一の問題点。

2　商品の売買は貨幣の即時的な授受・交換のもとにおこなわれるのではなく、商品の譲渡・手ばなしと、貨幣の授受とは時間的にひき離され、決済が一定期日にまで延期される。そこで、売り手は、なにを所有し、買い手にたいして何を請求する権限（債務請求権・債権）を持つのか、つまり、そのさいの所有と債権とはどう関係するのか、という第二の問題点が提起される。

二つの問題点について、論争の要領をすこし引用しながらかんたんに再検討しよう。もっとも、両問題点はたがいに入り組んでいるので、反復はさけられない。焦点はべつべつにあててみるほかはない。

1　第一の問題点。商品の貸しつけか、貨幣の貸しつけか

商業信用で商品が等価（貨幣）との引きかえなしに売買されるばあい、貸しつけられるのは、商品か貨幣かの問題にたいして、貨幣だ！　と締めくくる一例として、三宅義夫教授があげられよう。三宅説にたちいるまえに、まず、売り手の商品（W_2）がどう動くか、をみておこう。

売り手は、等価との引きかえなしに、買い手から後払いの契約書（手形）をうけとって、その商品を買い手にわたす。だから、売り手は商品を譲渡して債権者となり、支払い・決済がおこなわれる日まで商品の売買・貸借関係は終了しない。いいかえれば、貨幣支払い・決済によって、はじめて商品の売買と貸借との一体関係は解消する。それまでは、貨幣は実在しない〝将来の貨幣〟でしかない。それを貸しつけるということは、つうれいの、じっさいの〝貨幣の貸し付け〟とはちがうはずだ。

ところが、三宅教授は結論的には（結論までの途中では、〝商品形態での貸しつけ〟に気をくばりながらも）こうはっきりいわれる。商品が譲渡されるときに、売買はおわって、そのときから貸借がはじまり、支払期日までじぶんの再生産上必要な貨幣が売り手によって買い手に貸しつけられる、と。

「商品は貨幣とひきかえにではなく、一定の期日に支払うという契約書とひきかえに販売される。ここで商品の所有者変換が生じる。そして販売者はいまや債権者となり、購買者は債務者となる。過程は売買から貸借に変わる。そして最後にこの一定の期日に貨幣は支払手段として支払われる。これによって商品の価格が実現される……」（三宅義夫『マルクス信用論体系』九六ページ）。

「……商業信用においては売り手が商品の販売代金を一定期間買い手に貸付けるのであり、この販売代金は売り手のつぎの資本循環に貨幣資本として入るものである。したがって売り手は自己の再生産過程で必要とする貨幣を買い手に貸付けていることになる。再生産にたずさわる資本家たちがお互いにかかる貨幣を前貸している……」（同書一〇五ページ）。

この三宅説とはすこしちがう宇野説がある。商業信用で貸しつけられるものは、おなじく貨幣ではあるが、「販売代金」とはちがう「遊休資金」(予備金と解釈されるもの)だ、とされる。

「要するに商業信用は個々の産業資本が、その利潤の根源をなす剰余価値の生産に直接役立たない種々なる遊休資金を相互に融通することによって、そうでない場合には無用に遊休せしめることになる資金を、生産過程に資本として投ぜしめる、いわば個別資本間の相互扶助関係に外ならない。それは資金の流用から資本力を増大し、一定量の資本による剰余価値の生産を増進することになるのであって、かかる融通に対してその代価として利子を支払い得ることになるのであるが、しかしなおここではかかる信用の対象となる資金も貸付資本として産業資本から独立したものとはならない」(『宇野弘蔵著作集』第一巻四六五—六ページ)。

商業信用で売り手が買い手に貸しつける貨幣は、商品(W₂)の「販売代金」だという三宅説も、「遊休資金」だとみる宇野説も、おそらく、「じっさいに、商品の基礎のうえでは、一方が他方に、自分の再生産過程で必要とする貨幣を貸しつける」というマルクスの文章によったものだろう。マルクスのこの一句は、前後の文面でもあきらかなように、じつは、商業信用での貸しつけを本題としてとりあげているのではなく、商業信用とは別ものの銀行信用でおこなわれる貸付資本(貨幣の、資本としての貸しつけ)の一前提として、ただひとことふれただけのものである。借入貨幣を貸付資本に転換することを本業とする銀行業者が、前提となる・形成された・蓄蔵貨幣(予備金もそのひとつ)とどう関係するか、のごくかんたんな一面の描写である。

「……貸しつけられうる貨幣資本の蓄積は、部分的にはつぎのような事実のほかにはなにも表現しない。すなわち、産業資本がその循環過程のなかで転化していくすべての貨幣は、再生産者たちが前貸しする形態でなく、借り入れる形態をとり、したがって、再生産過程でおこなわれねばならない貨幣の前貸しは借り入れ貨幣の前貸しとしてじっさいにあらわれる、という事実である。……(さきの引用文)……。しかし、いまや、このことは、つぎのような形態をとる。すなわち、再生産者たちの一方が貨幣を貸しつけるところの銀行業者が、その貨幣を再生産たちの他方に貸し付ける、そうすると、銀行業者は福の神（Segenspender）として現れ、同時にこの資本の処理権（Verfügung）は仲介人（Mittelspersonen）としての銀行業者の手に帰着する、という形態をとる」（Das Kapital, Bd. III. Tl. II, S. 550.）。

商業信用のなかで、機能資本家たちがたがいに「自分の再生産過程で必要とする貨幣を貸しつける」というマルクスの一句は、ちょっと理解しがたい感じをあたえるのではなかろうか。なぜなら、「貨幣を貸しつける」ということは、〝げんじつの流通過程〟にかかわる機能資本の運動・商業信用とはほんらい無縁なことがらだからである。「貨幣を貸しつける」とはいっても、じつは「貨幣を貨幣として貸しつける」（まったく無内容・無意味）のではなく、「貨幣を資本として貸しつける」のであるいじょう、「貨幣の貸しつけ」は銀行資本・利子つき資本・貸付資本（機能資本ではなく）の専業内実である。マルクスは、商業信用では商品が、銀行信用では貨幣が、それぞれ貸しつけられる、とくりかえし主張している。そのマルクスが、ここでにわかに商業信用で機能資本家たちが「貨幣を貸しつける」という。なぜだろうか。

マルクスがそういっているのは、商業信用での貸付対象が商品ではなく、貨幣だ、といまさら衣替えを表明しているものではない。

銀行業者の貸しつけ本業は、機能資本家たちからの借り入れ（機能資本家たちの預金）を源泉として成立するのだが、その借り入れは、機能資本家たちの銀行業者への貸しつけ・預金（予備金などからの）の社会的集中によっておこなわれる、ということがここでチラリと暗示されているまでのことだ。そのさいの、預金形成過程での一方の機能資本家たちの銀行業者への貸しつけ（預金）と、銀行業者の他方の機能資本家たちへの貸しつけとは、げんみつに区別されなければならない――後者こそ、前者とはちがう、銀行資本・貸付資本・利子つき資本の運動・銀行信用の本性――のだが、どちらも〝貨幣の貸しつけ〟として単純に叙述されている。銀行業者が貸付資本家としてあらわれるまえの段階では、その基盤としての予備金の運用・商業信用によって機能資本家たちが個別的に自己にとっての再生産上必要な貨幣を貸しあった、と見なされる、と潜在的に想定されたのだろう。だが、こうした見做し・見なされ論は、銀行信用と並立する現段階商業信用での正規な〝貨幣貸しつけ〟論としては通用しないだろう。

だから、販売代金・〝将来の貨幣〟の貸しつけ論（三宅説）にせよ、予備金・〝遊休資金〟の〝融通〟・〝相互扶助〟論（宇野説）にせよ、それらが非資本性の商業信用での〝貨幣の貸しつけ〟（〝貨幣の資本〟としての貸しつけ）論として正々堂々とまかりとおれるはずはない。

2 第二の問題点。所有と債権との関係

売り手は、なにを所有し、買い手にたいして何を請求する権限をもつのか。そのさいの所有と債権とはどう関係するのか。

商品から貨幣への、貨幣から商品への形態転換がおこなわれる〝げんじつの流通過程〟には、二つの区別されねばならない運動様式がみられる。一つは、貨幣が流通手段として機能する運動様式、もう一つは、貨幣が支払手段として機能する運動様式。

商品と貨幣とが、流通過程の左右両極にいつも現存していて、同時に交換されあう貨幣の流通手段機能のもとでは、商品の所有者は販売とともに貨幣の所有者となり、貨幣の所有者は購買とともに商品の所有者となる。両者はともにそれぞれの等価をうけとるのだから、さいしょの商品所有者は商品を手ばなして、もはや商品所有者ではなくなり、またさいしょの貨幣所有者は貨幣を手ばなして、もはや貨幣所有者ではなくなる。そこでは、商品の販売によって売り手から商品の所有が手ばなされ、代わりに貨幣の所有が手にはいる、ということで〝すべては終わり〟。ここに、流通手段としての貨幣機能が、後続の支払手段としての貨幣機能とは根本的にちがう、とされるひとつの

焦点がある。

うえにみたような、流通手段としての貨幣機能とはまったくちがう支払手段としての貨幣機能のうえにたつ商業信用では、商品と貨幣とが流通過程の両極に対峙するのでなく、商品の売り手は等価としての貨幣を商品の手わたしと同時にはうけとらない（というよりは、うけとれない）。

だとすると、商品の等価をすぐにはうけとれない売り手の商品譲渡は、売り手を、たちところに商品の所有者でなくするものでもなければ、またすぐさま貨幣の所有者にするものでもない。いいかえれば、その売り手は、等価が手にはいる日（支払期日）までは、いぜんとして商品の所有者でありつづける。売り手が商品の所有者でなくなるのは、さきに流通手段としての貨幣機能でみたように、売り手が買い手から等価・貨幣をすぐさま受けとるからであって、たんに商品を譲渡するからではない。商品の譲渡とひきかえに貨幣をうけとるばあいには、商品の価値は手ばなされずに（商品の使用価値と価値を一体として手ばなすが、その価値部分は貨幣の形態ですぐにとりもどす）、けっきょく商品の使用価値だけが手ばなされる、そして代わりに貨幣の二重の使用価値が手にはいる。

ところが支払手段の貨幣機能では、したがってそれを基礎とする商業信用では、商品の使用価値とともに商品の価値が手ばなされる。すなわち、商品の使用価値と価値の統一体である商品じたいが、手ばなされる、なんの等価をも受けとらずに。これこそ、まさに、商品の所有は、等価が売り手のもとに実現・支払われるまで、売り手からぜったいに手ばなされないことを立証する。商品が売られたいじょう、商品の所有は売り手から買い手に移行するのだ、とかんたんにいえるものではない。等価の即時受領なしには、または等価の現実受領までは。商品の販売によって、商品の使用価値（商品体）は売り手のてもとからすっかり消えさっても、商品の価値が貨幣形態でとりもどせないあいだは、商品の所有は売り手によって堅くにぎられている。

商品の売買過程で商品の所有が売り手から買い手へすぐにも移転するのは、くりかえしみたように、商品の等価が即座に授受されるばあい（貨幣の流通手段機能）である。ところが、貨幣の支払手段機能のばあいには、商品の等価がすぐには授受されないのだから、商品の売買とともに商品は譲渡されても、商品の所有は移転しない。それなのに、商品の譲渡に眼をうばわれてか、等価の即時授受にはかかわりなく、商品の所有の即時転換が起こる、というひとつの考想がうまれている。

三宅教授は、さきの引用文のなかで、主張された。「商品は貨幣とひきかえにではなく、一定の期日に支払うという契約書とひきかえに販売される。ここで商品の所有者変換が生じる。そして販売者はいまや債権者となり、購買者は、債務者となる。過程は売買から貸借に変わる」（三宅義夫『マルクス信用論体系』九六ページ）、と。

ここにでてくる「所有者変換」という言葉は、マルクスの**"Händewechsel"**（Vgl. Das Kapital, Bd. I., S. 142.）のことだ。ところが、教授はその訳語の誤りをさとってか、通常訳語の「持ち手変換」に改め（同書九八ページ）られながらも、「所有者変換」の自己主張を撤回されるつもりはまったくないようだ。

もっとも、**"Händewechsel"**を「所有者変換」とばかり解釈してはならないが、さりとて、ぜったいに「所有者変換」ではない、と固執することもゆるされない。**"Händewechsel"**といいう用語は、「持ち手変換」をごく広く、すなわち、一面では、〃所有者（**Eigentümer**）である持ち手（**Besitzer**、占有者）変換〃を、そしてまた他面では、〃所有者ではない持ち手変換〃をも意味するのだから（飯田繁『利子つき資本』三五六―九ページ参照）。したがって、**"Händewechsel"**が所有者ではないたんなる「持ち手変換」を意味するものであるか、どうか、はその内容をかえりみなければ判定できない。その内容こそ、〃等価の即時授受〃である。商品の売買過程で等価が即時に授受されない支払手段の貨幣機能→商業信用のばあいには、いわゆる**"Händewechsel"**は、だから、〃所有者変換ではない〃たんなる「持ち手変換」のことだ。

等価が同時に相互授受されない支払手段の貨幣機能には、商品の売買とともにおこる商品所有と貨幣所有との入れかわり事態はみられない。このばあい、商品の売り手は商品の販売・譲渡によって商品の所有者でなくなる、のではなく、また商品の買い手は商品の購買・取得によって商品の所有者となる、のではない。商品のたんなる売買

・授受は、商品所有の授受を決定する契機ではない。商品所有の移転は、商品売買時点での等価・貨幣の授受によって決定されるのだから。等価・貨幣の支払い・受領がおわるまでは、売り手は商品の所有者でありつづける。かりにも、商業信用で売り手が、自分の商品と引きかえに、買い手から貨幣をうけとらずに――たとえ、将来の一定時点で支払うという契約書をうけとろうとも――その商品を売りと同時に手ばなすことによって、その商品の所有権をうしなうものならば、そして逆に、買い手の方は貨幣を商品とひきかえにわたさないですぐさまその商品の所有者となるものならば、貨幣の支払手段機能と流通手段機能との根本的なちがいがまったく無視され、流通手段機能がそのまま支払手段機能に適用される不合理性によってつらぬかれることになろう。

商業信用では、売り手は、販売商品の等価が実現され・支払われるまで、商品の所有権だけでなく、買い手にたいする支払請求権・債権をも持ちつづける。売り手の等価受領によって、はじめて商品販売はおわり、売り手の手中から商品所有と債務請求権・債権とが同時に消される。それでは、商品売買のおわりとともに消えさる商品所有と債権とは、ともに消えさるまでのあいだどう関係しあうのか。

所有と債権との並立にはある種の抵抗をかんじる人がおられるかもしれない。商品が売られ、しかもその商品が買い手の手中にわたったのに、その商品の所有権は売り手に握られている、とはなんとしたことか、と。等価の即時取得をともなわない商品販売が売り手をいぜんとして商品所有者たらせる、という論理は現実に不明な人は、さらにもう一つ、商品の売り手・所有者が手ばなしたその商品の価格・等価・貨幣の到来が実現する日までその商品を貸しつける、とは？　と。

このばあい、売り手は、商品の所有者であるばかりではなく、同時にその商品の貸しつけ人でもあり、他方、買い手は、その商品の非所有者（しかし、持ち手・所持者）であるだけではなく、商品（貨幣ではなく）の借り手でもある。商品の所有と債権との並立は、この論理と事実にたつかぎり、けっして不可解とされるようなものではない。

利子つき資本・貸付資本のばあいもそうだ。ところが、両者の並立を不可解視する立場は、譲渡された商品の使用・消費（商品の使用価値の実現）はその商品の所有者でなければできない・ゆるされない、という構想にもとづいてか、商品の所有は売り手から買い手にうつり、売り手にはその債権だけがのこる、と考えられるのだろう（三宅説もその一つ）。

商品が手わたしされたということ（〃持ち手変換〃〔Händewechsel〕）だけでは、商品の所有者が変換したことを意味しない。くりかえしのべるように、商品とひきかえに等価・貨幣が売り手によって受けとられないかぎり、商品の所有は売り手から買い手に変換しない。それでもなお、商品は売り手から買い手にわたされる。その商品の所有者にはならない買い手は、その商品の持ち手としてこれを自由に処理することがゆるされる、生産的消費にだろうと、個人的消費にだろうと。こうして、商品を所有しない人が、その商品を自由に使用する、いいかえれば、他人のものを勝手に使う。一見、まことに不合格・非常識なことのようだ。そこから、商品・貨幣（にかぎらず、物品いっぱん）を自由に使用できるためには、それらを使用時点で所有していなければならない、という構想が生じるのでもあろう。

しかし、じつは、所有しない商品（貨幣・資本、または上記のたんなる物品いっぱんでも）を自由に処理するためには、ひとは、それらの所有者となる必要はなく、ただそれらのものの所有者の了解・承認をうるだけでよい。その承認こそ、商品のばあいには、商業信用での売買だ。買い手が一定期日に等価・貨幣を支払うという契約書（約束手形）を売り手にわたすだけで、その承認が成立する。だから、買い手が、その商品の所有者にはならずに、所持者（しかし、その商品の使用者）となって、一定期日の貨幣支払い義務負担者であるのにたいして、売り手は、いぜん商品の所有者でありつづけながら、いまやその商品の所持者（持ち手）ではなくなり、その商品の貸し手として買い手から等価・貨幣をうけとるまでは商品の債権者でありつづける。商品の所有者ではない所持者・買い手は商品の債務者であり、商品の所持者ではない所有者・売り手は商品の債権者である。

一方、商品の所有者ではなく、債務者である買い手が、やがて商品の所有者となり、債務者でなくなるのは、そしてまた、他方、商品の所有者であり、債権者でもある売り手が、商品の所有者ではなくなり、債権者でもなくなるのは、ともに背後の基盤——商品の延期された価格・等価の実現・貨幣の登場・支払決済——によってだ。このような、所有と債権との微妙な関係は、貨幣の支払手段機能→商業信用での商品売買についてしか見られない固有な事態である。所有権をわたさない（占有・所持権はわたすとしても）貸しつけでも、商業信用による売買・貸借関係とはぜんぜんちがう例がある。たとえば、商品のリース（lease）・レンター（renter）などでは、持ち手・利用者となる借り手は貸し手にたいして、抵当・担保の提供や賃貸料・使用料の支払いなどを義務づけられようが、商業信用にみられるような、商品売買・支払い延期・決済などの事態はほんらいおこらないはずだ。この債務は、貸し手によって所有されている商品じたいの返却によっておわり、商品の所有権とはまったく無縁である。商品の掛け買い手・債務者が、債務支払いによってその商品の所有者となる商業信用のばあいとはことなり、この債務者は、債務決済（このばあいには、現存している利用商品の返却、またもし、もはや消費され・現存しない日用品なら、同じ銘柄の商品の返却）によって、その商品の所有者になれるわけはない。

商品所有と商品貸付とが両立する二つのケースでみられる根本的ちがいは、商品所有者によっておこなわれる商品貸付が、商品売買にもとづかないか、もとづくか、にもっぱらかかっている。

リースなどのばあいは、商品の売買にもとづかない商品の貸しつけが、一定期日にはその商品の単純な返却（商品の代価ではなく、賃貸料などの支払い分をふくむ）によっておわるのにたいして、商業信用のばあいには、貸しつけられた商品が一定期日に貸し手へ単純に返却されるのではなく、売られた商品の代価・価格が実現され、貨幣形態でげんじつに支払われることによって、はじめて商品の貸借関係が決済され・解消する。だから、おなじ表現の

〝商品の貸しつけ〟が、リースのばあいと、商業信用のばあいとでは、内容的にまったくちがう。それなのに、そういう配慮にはまったく無頓着に、〝商品の貸しつけ〟といえば、リースなどのばあいだけが念頭にうかびあがるせいか、商業信用にはありえないことだ、といったしごく単純な構想が出場するようだ。

たとえば、三宅教授は言明される。「……マルクスは〈貸付けられる資本は商品資本である〉といっているが、これはけっして商品が貸付けられるということを意味しているのではない。商品が前貸される、商品を貸付けるのであれば、関係は掛売りという商品販売の一形態ではなくなってしまうのである。（三宅義夫『マルクス信用論体系』九八ページ）。

商業信用では、「商品の所有は移転される」、「商品は貸しつけられない」という自説を教授は固執される。商品所有の移転についていわれる。「……等価がまだ現実に支払われていなく、その支払が延期されているという形でそれが貸付られている、という意味では、価値は手離されているにちがいないのであるが、しかしその価値の所有は移転されていないのである。他方、売買の対象物たる商品の所有はまさに移転されているのである」（同書九七ページ〔傍点―原著者〕）。

商業信用のもとでは、商品の売り手が買い手に〝商品を貸しつけるのではない〟という主張は、どうやら、商品の売り手がその商品の掛け売りによってもはやその商品の〝所有者ではなくなる〟からだ、という論理のうえにたっているようだ。

売り手が、販売商品の等価をひきかえに受けとろうと、受け取るまいと、商品を手わたすだけで「商品の所有はまさに移転されている」というのが、三宅構想である。前述のように、教授は、商品の〝Händewechsel〟という用語を商品の「所有者変換」から商品の「持ち手変換」へ改訳すると宣言されながら、なお〝Händewechsel〟という用語をあいかわらず「所有者変換」の意味でとりあつかわれる。「……商品の持ち手変換〔所有者変換の意〕……」（同書九七ページ、その他九八ページ参照）。

商品売買過程のなかでは、商品が手わたしされることによって、〝持ち手変換〟はどんなばあいにもみられる。

その、どこにもみられる〝持ち手変換〟は、必ずしも〝所有者変換〟を意味するとは限らず、〝所有者ではない持ち手〟変換と、〝所有者でもある持ち手〟変換との両面をふくむ。〝持ち手変換〟が〝所有者変換〟ともなるのは、商品売買が貨幣の即時的受けわたしでおこなわれることによってである。だから、流通手段の貨幣機能では、商品売買による〝持ち手変換〟が同時に〝所有者変換〟ともなる。これとはちがい、支払手段の貨幣機能→商業信用では、〝持ち手変換〟と〝所有者変換〟とは長期的に分離する。商品の〝持ち手〟は売買のさいしょに売り手から買い手に変換するが、商品の所有者は、商品価格の実現・貨幣支払いによる貸借決済・商品売買のさいごに、はじめて売り手から買い手へ変換する。

こうした、流通手段の貨幣機能で〝持ち手変換〟と〝所有者変換〟との同時成立的な事態を、三宅教授は、支払手段の貨幣機能→商業信用でもそのまま適用しようとこころみられる。

「貨幣とひきかえに販売するさい商品の所有は譲渡されるが商品の価値は手離されない（貨幣のうけとりによってだ。いったん手ばなされた価値は引きかえに貨幣形態ですぐに返ってくるのだから。しかし、三宅教授はこのばあい「価値は手離されている」とも、いないとも主張される（飯田注））とするならば、貨幣とひきかえでなく販売されるさいにも、それが商品の販売であるかぎりその点は同様なのであって、商品の所有は譲渡されるのであり、また商品の価値（価値の所有（飯田注））は手離されないのである。……掛売りであってもその商品の所有は相手方に譲渡されるのであって、売り手は後からその商品を取戻したりその返還を求めたりすること、つまりその商品にたいする所有権を主張することはできない」（同書九七ページ）。つづいて、さきに引用したこのさいの結論らしい文面があらわれる。「……価値は手離されていないにちがいないのであるが、しかしその価値の所有は移転されていないのである。他方、売買の対象物たる商品の所有はまさに移転されているのである」（同書九七ページ（傍点—原文のまま））。

教授は、上記両文のなかで、「商品の価値は手離されない」といわれるかとおもうと、商品の価値は「手離されているにちがいない」ともいわれる。ここで、商品の価値が「手離されない」というのは、〝価値の所有〟のことであり、「手離されている」というのは、〃価値の所持・占有（所有なき占有）〃のことである。「価値の手ばなし」が「価値所有の手ばなし」のことが、どうか、は商品売買で等価が即時にうけとられるか、どうか、にもっぱらかかっているはずだ。ところが、教授はそんな〃等価の即時授受〃などには目もくれず、上記のようにいわれる。「貨幣とひきかえに販売するさい商品の所有は譲渡されるが商品の価値は手離されないとするならば、貨幣とひきかえでなく販売されるさいにも、それが商品の販売であるかぎりこの点は同様なのであつて、商品の所有は譲渡されるのであり、また商品の価値は手離されないのである」、と。そしてまた、念のための叙述。「……貨幣とひきかえに販売される場合との差異は、一方の場合には価値の商品形態から貨幣形態への転形が商品の譲渡と同時に生じるのにたいし、他方の場合にはその転形の完了が商品の譲渡と時間的に分離して生じる、という差異があるにすぎない」（同書九七ページ）と。

商品の現金売買か、掛け売買・信用売買かにはまったくかかわりなく、商品の売買でさえあれば、商品の所有は売り手から買い手へ譲渡されるが、商品の価値は手ばなされない、と教授は考えておられるようだ。だが、じっさいに、現金払いの商品販売（流通手段の貨幣機能）で、商品の所有が移転するのは、商品と貨幣との等価交換がおこなわれるからである。そのさい、商品の価値が手ばなされないのは、売買過程のなかで、売り手から買い手へ手ばなされる商品価値は、すぐさま貨幣形態で売り手によってとりもどされるのだから、けっきょく、商品の価値は手ばなされないことになる、という事実をさしている。流通手段としての貨幣機能での〃商品所有の移転〃と、〃商品の価値が手ばなされない〃こととの両面を、そのまま支払手段の貨幣機能（→商業信用）にあてはめようと教授はこころみられる。貨幣の両機能の根本的なちがいは無視され、流通手段機能でいえることは、支払手段機能でもいえるはず、ただ時間的なおくれが後者にはみられる、といった程度の配慮をかんたんなこととしていちおうふまえながら。だが、最大の問題は、まさにその時間的な距離のなかにある。

このように、教授は、流通手段の貨幣機能のばあいとおなじように、支払手段の貨幣機能→商業信用のばあいにも、商品の所有が売り手から買い手へ移転する――等価の同時受領なしに――、と想定されるのだから、商品の貸しつけを同時点でみとめることはできなかろう。商品の所有者でないものが、その商品の貸し手となるなどは、まさに異常いがいのなにものでもないのだから。

商品が売買されるさいに、商品の〝持ち変換〟と〝所有者変換〟とが同時に成立するのは、商品と貨幣とが直接交換される流通手段の貨幣機能のばあいだけだ。支払手段の貨幣機能でも、商品の〝持ち手変換〟が商品の〝所有者変換〟に転向するのは、おなじく商品の等価・貨幣がげんじつに授受される時点であるが、その時点は、商品の売買がはじまった時点から遠く分離されている。この時間的分離の有無にあらわれている両機能の重大な差異が無視され、商品の〝所有〟はいずれ最終的には売り手から買い手へ移転するのだから、貨幣の流通手段機能のばあいであろうと、貨幣の支払手段機能のばあいであろうと、貨幣の受領によって流通手段〝所有〟は移転する、という点だけが重視されることになる。そして、この時間的分離がまったく無視される、のではないまでも、さきの引用文でみられるように、「……貨幣とひきかえに販売される場合との差異は、一方の場合には価値の商品形態から貨幣形態への転形が商品の譲渡と同時に生じるのにたいし、他方の場合にはその転形の完了が商品の譲渡と時間的に分離して生じる、という差異があるにすぎない」（同書九七ページ（傍点―飯田））と軽視される。

流通手段の貨幣機能のばあいには、商品の売買過程のさいしょの段階で商品の所有者と貨幣の所有者とがいれかわる。ところが、支払手段の貨幣機能のばあいには、延期された貨幣の支払いによってはじめて売買過程はおわり、商品所有者と貨幣所有者とが入れかわる。それまでの長い期間にわたって商品の生産・消費上の変換を担い代表する商業手形（これこそ正規の手形、商品の売買を背後にもたない虚偽の手形・融通手形とは区別される）の移動・転移が表面化する。両機能のちがいは、商品の所有者変換が、商品の持ち手変換の時点（出発点）で生じるか、貨幣受領の時点（終着点）で生じるか、の重大な時間的分離の有無にある。

貨幣の両機能間の決定的な・重大な違いをしめす時間的分離の有無がまったく無視されないまでも、軽視されることによって、商業信用に固有な商品所有と商品貸しつけとの両立事態がすっかり究明対象から排除されることにもなるわけだ。

流通手段の貨幣機能では考えられもしない商品の売り手による商品所有と商品貸しつけが、支払手段の貨幣機能ではじっさいにおこる。商品の売り手は、延期された販売の目的である等価・貨幣受領の時点までは、その商品の売り手であり、その商品の所有者なのだから。では、商品の所有者でもある商品の売り手が、なぜ売りつつある商品を貸しつけるのか、所有する商品を売るということと、その商品を貸しつけるということとは、どう関係するのか。

商品の所有者が商品を貸しつける、といえば、すぐさま前述のように、リース・レンターなどが想起されよう。だが、商業信用で商品の所有者が商品を貸しつけるのは、リース・レンターなどとは根本的にちがい、その商品の販売・等価受領を目的としている。その等価受領が延期され・未来化されているところから、まだ商品所有者でありつづける売り手による商品貸しつけがおこる。商品の価値と使用価値の統一体・商品体はその〝持ち手変換〟によって売り手から買い手にわたされる。そのなかの価値は将来の一定期日に貨幣形態で買い手から売り手に返され、それとともに商品の貸しつけは決済され、商品の所有は売り手から買い手に移される。

このばあい、貸しつけの対象となるのが、商品であって、貨幣でないのは、商品はまだ貨幣形態に転化されていないし、貨幣の貸しつけ（資本としてではなく、貨幣としての）は、このさい、上述のように、無意味なものとなるのだからである。貸しつけの対象となる商品そのものは、使用価値としては新しく入れかわった〝持ち手〟によって処理され、もはや存在しないだろう。そのさい、貸しつけられた商品がそのまま存在するか、存在しないかは、商品の販売に立脚する商品貸しつけにとっては問題ではない。その商品がそのまま存在していようとも、売られた商品の貸しつけは、さいごには、商品価格の実現・貨幣の支払いで決済されなければならないのだから。したがって、リースやレンターのばあいのような、商品の売買とはかかわらないたんなる貸しつけではなく、このばあいには、商品の売買と結合された貸しつけであるいじょう、売買行為を無にするような、商品のたんなる返還によってその債務が片づけられるようなものではない。

このように、商品の所有と、商品の貸しつけとが、ここでは両立する。このさいの、商品の所有は、買い手によってではなく、売り手によって握られており、貸しつけも、買い手によってではなく、売り手によってなされている。商品の所有者によって、販売の時点で等価・貨幣がうけとられないばあいには、その商品の〝持ち手〟にはなったが、まだ〝所有者〟にはなっていない買い手に、その〝商品〟が貨幣支払いの時点まで〝貸しつけられる〟。

ところが、三宅教授はそれをみとめられない。三宅説によると、商品は販売によって、その商品の所有は移転する、等価・貨幣の即時受領にはかかわりなく、つまり、商品の手ばなし・譲渡・〝持ち手返還〟の時点で商品の〝所有者変換〟が生じるもの、とみなされる。もっとも、商品の所有は売り手から買い手に移転されるが、その商品の価値の所有は、貨幣支払い・受領の時点まで売り手によって握られる、と。ここでまたも教授の一句を引用しよう。「……その価値の所有は移転されていないのである。他方、売買の対象物たる商品の所有はまさに移転されているのである」（同書上掲九七ページ（傍点―原文のまま））商品の所有は移転され・行く方しらずとなる（〝汽車は出ていく〟）、商品価値の所有は移転されない・売り手の手もとにとどまる（〝煙はのこる〟）。まさに、商品と貨幣との同時等価交換・流通手段機能の風景のようである。とはいっても、流通手段の貨幣機能のばあいに、商品の価値が商品所有者・売り手のもとにとどまるのは、手ばなされた商品のなかにあった価値が、貨幣の形態での受理によって貨幣所有者となる売り手によって握られるのだからである。(1) ところが、三宅教授が強調される「その価値の所有は移転されていない」ということの内容は、流通手段の貨幣機能のばあいとはちがう。

（1）　飯田繁『商品と貨幣と資本』四〇・五八・一九三ページ参照。

支払手段の貨幣機能→商業信用では、上述のように、商品が貸しつけられるのではなく、商品の所有は売り手から買い手に移転されるが、貨幣の受領が延期されるから、商品の価値が貸しつけられる（商品の価値の所有は移転されないで）、というのが、このばあいの〝所有と貸しつけとの関係〟をめぐる三宅説の骨子である、商品の所有と、商品の貸しつけとの両立をみとめない三宅説は、商品の譲渡・〝持ち手変換〟によって商品の〝所有者移転〟が生じ、その商品の〝価値の所有〟だけが売り手・譲渡者の手もとにのこる、という構想にもとづいている。流通手段のばあいとはちがい、支払手段のばあいには、商品の「価値の所有は移転されていない」、と教授がいわれるのは、「それ（価値〔飯田注〕）が貸付けられている」（三宅著同書九七ページ）ということをさしている。価値の貸しつけは、商品の譲渡（持ち手変換）・価値の手ばなしと同時に貨幣形態でその商品価値をうけとらないからのようだ。

教授は、商業信用で売買される商品の貸しつけを否定しながら（「商品の所有はまさに移転されている」という構想にもとづいて）、その商品の価値貸しつけだけを主張される。そして、商品の売り手は、その価値を「商品で」（貨幣で、ではなく）貸しつけるのであって、「商品を」貸しつけるのではない、ということが強調される。

まず、「商品の所有が移転する」という教授の理論には、上述のように、貨幣の流通手段機能と支払手段機能との単純な無差別・同一視がひそんでいる。「貨幣とひきかえに販売するさい商品の所有は譲渡されるが商品の価値は手離されない（手離されても、貨幣形態ですぐ返る〔飯田注〕）とするならば、貨幣とひきかえでなく販売されるさいにも、それが商品の販売であるかぎりこの点は同様なのであって、商品の所有は譲渡されるのであり、また商品の価値は手離されないのである」（同書九七ページ〔傍点―原文のまま〕）。

こうした単純な同一視論から、貸しつけられる商品の価値は「貨幣で」ではなく、「商品で」貸しつけられるのだ！　という三宅説の特異性が姿をあらわすことになる。

「……商業信用は、銀行信用が銀行業者によってなされる貨幣貸付であるのにたいして、再生産にたずさわっている資本家たちのあいだで再生産過程の循環内で商品をもってなされる前貸である、とし、一方が〈貨幣〉貸付であるのにたいして他方が商品をもって――……商品で――する貸付であることを把握するのがまず第一に肝腎だ……。販売者が前貸するのは商品の等価、販売代金であって、この販売代金は貨幣の形態で貸付けられるのではなく商品の形態で貸付けられる。売った商品の代金の支払を一定期間猶予するという形で貸付がおこなわれるのである」(同書九九ページ)。

「商品は、または商品が前貸される、というのと、商品で前貸される、というのとでは、文字面は〈が〉と〈で〉のちがいにすぎないが、その差異は商業信用を把握するうえに決定的であって、この場合商品で前貸されるのであり、けっして商品が前貸されるのではないことが銘記されねばならない」(同書九八ページ〔傍点―原文のまま〕)。

「商品が前貸される、商品を貸付けるのであれば、関係は掛売りという商品販売の一形態ではなくなってしまうのである」(同書九八ページ)。

このように、商品の価値が「商品で」貸しつけられることを「把握するのがまず第一に肝腎だ」といわれるほど重視される。では、ことがらの内容は、教授が否定・廃棄される「商品の貸しつけ」(商品が貸しつけられる・前貸しされる)と、どうちがうのだろうか。すこしもちがわない。

商品の価値が「商品で」貸しつけられる、ということは、商品の使用価値をふくむ商品体で貸しつけられることだ。商品の価値が「商品で」貸しつけられることを主張される教授は、貸付しつけ対象・商品価値の具体性を重視されることをものがたる。ところが、この具体性こそは、まさに「商品の貸しつけ」を教授じしんが容認し、同調しておられることをしめしている。それでもなお、このことに気づかすに、あくまでもそれを否認されるならば、すなわち、「価値は商品で貸つけられるのであって、商品が貸しつけられるのではない」と固執されるならば、教授は商業信用で「商品の貸しつけ(と、なるもの〔前句〕)は商品の貸しつけではない」」、とうそぶかれることになろう。

このように、みずから商品の貸しつけをみとめることになりながら、あくまでもそれを否定する三宅説にたいするわれわれの不信感は、支払手段の貨幣機能で「売買の対象物たる商品の所有はまさに移転されている」という教授の特異な思考に根ざしているようだ。

三宅教授は、前述のように支払手段の貨幣機能で生じる Händewechsel という学術用語の翻訳をいさぎよく「所有者変換」から通例訳語の「持ち手変換」に改める、と称しながら、なお、あいかわらずそれを「所有者変換」の意味に用いられているようだ。その Händewechsel が「所有者変換」を同時にともなう「持ち手変換」であるのは、周知のように、商品の現金取り引き・流通手段の貨幣機能のばあいであって、商業信用取り引きのばあいには、貨幣の支払いがげんじつにおこなわれる未来の一定時点の到来までは、「所有者変換」と同時成立しない「持ち手変換」だけがみられる。ところが、教授は、商品と貨幣とが同時対応しない商業信用のさいしょにおこなわれる商品の「持ち手変換」で商品の「所有者変換」がおこる、と想定される。そこから、教授の売り手から買い手への〝商品貸しつけ否定論〟が出されることにもなるのだろう。そして、代わって、〝「商品での」価値の貸しつけ論〟――さきには（教授の叙述ではあとだが）、〝貨幣の貸しつけ論〟――が大きく提唱される。

商品と貨幣とが同時対応しない商業信用のはじめに、売られる商品は、とうぜん将来の貨幣支払いを約束する手形（商業手形）とひきかえに売り手から買い手へ手ばなされ、商品の〝持ち手変換〟がおこる。だが、商品の所有は売り手の手にとどまる。商品の持ち手は変わるが、所有者は変わらない、というのが、商品の信用売買・取りひきの道理なのである。だからこそ、等価をうけとらないでその商品の持ち手をかえる売り手は、とうぜんその商品を所有しつづけながら、それを貸し付けることになる。貸しつけ対象は、将来化されている貨幣・観念的な貨幣ではなく、売られたが所有されている商品そのものであるが、貸しつけの返済・回収対象は、〝持ち手変換〟によって自由に処理されておそらくいまは無い商品そのものではない。将来の一定時期にやっと登場する〝売られた商品の価値形態・価格・等価・貨幣〟支払いによって買い手の債務は決済され、売り手の債権は解消する。それまでは、売られて商品の所有は売り手の手中にあり、買い手の貨幣支払い・債務決済によって、はじめてその商品の所有は売り手から買い手に移転される、ということがくりかえし強調されなければならないわけだ。

このように、売られる商品が、将来の貨幣支払いを約束する手形で売り手から買い手へ手ばなされても・〝持ち手変換〟されても、〝所有者変換〟はおこらないので、その商品は売り手・所有者からその商品の買い手・持ち手に商品として（資本としてではなく）貸しつけられることになる。つまり、商品の売り手は、代価をうけとるまではその商品の所有者であるからこそ、持ち手ではあっても所有者ではない（所有者にはなっていない）買い手にその商品を貸しつけることができ、その代価（価格形態・貨幣）をうけとって、はじめてそれまで永く一体化されていた売買と貸借はともに消える。だから、もし、流通手段の貨幣機能と支払手段の貨幣機能との差異を無視して、どちらのばあいにも、商品の〝持ち手変換〟と同時に〝所有者変換・移転〟が生じる、とみるならば、商品売買はあとかたもなく一瞬に片づく。〝はじめ〟が〝おわり〟だ。支払手段の貨幣機能では、おわった商品売買のあとに、ただ貨幣の貸借（あるいは、価値の〝商品〟での貸借）だけがのこる、というならば、その貸借関係は、商品売買関係とはもはや密着しない機能資本家たち相互の利子取得めあての貸付資本関係——商業信用じたいとはまったく無縁な——に転化されてしまうことになろう。こうして、貨幣の支払手段機能が流通手段機能と完全にではなくとも同一視されることによって、支払手段の貨幣機能に特有な商品売買と商品貸借との同伴・連動関係の長い大事な旅路の考察が、残念ながら黙殺・廃棄され、商業信用の内実はみごとに空白化される。

ところで、支払手段の貨幣機能によって基礎づけられている商業信用で売買され、貸しつけられる商品が、そのままの姿態ではなく、商品価格・貨幣の形態で返済されなければならないのは、なぜか。その商品が売られたのだから、だけでは説得的ではなかろう。

使用価値と価値との統一物である商品は、売買市場にはいるまえに、早くも人目につくように価格表示されなければならない。買い手は、商品の使用価値（商品体）を見・聞くだけでなく、商品の価格表示をたしかめる。その価格表示は、流通手段の貨幣機能のばあいでも、支払手段の貨幣機能のばあいでも、貨幣の価値尺度機能（観念的）によって第一にあたえられる。しかし、支払手段のばあいには、流通手段のばあいとちがい、購買手段は現実の貨幣ではなく、買い手の支払い約束として認められている〝観念的〟なものである。この商品価格の成立によって、やっと商品売買にともなう商品の〝持ち手変換〟がおこる。(2)

（2）「販売過程の両極での、商品と貨幣との同時的な等価出現は消えた。貨幣は、今や第一に、売られた商品の価格規定で価値尺度として機能している。その契約のうえで確定された価格は、買い手の義務を、すなわち、かれが一定の期間債務を負う、その貨幣額をはかる。貨幣は第二に、観念的な購買手段として機能する。貨幣は、買い手の貨幣約束に存在するだけだが、商品の持ち手変換をひきおこす。満期となった支払期日にはじめて支払手段は、げんじつに流通のなかにはいる、すなわち、買い手の手から売り手の手にわたる」（Das Kapital, Bd. I., SS. 141-2. 傍点―原著者）。

そこで、支払約束を確証した商業手形の額面には、取引対象の商品体などではなく、質的差別の量的差異への一元化、商品価格・観念的な貨幣量が表示される。各種の商品は、価格としてはすべて観念的な貨幣量に換算され、合計・差し引き・相殺などされて、商品売買関係にほんらい内在するいろいろな難関が突破される。商品から貨幣への転化（質から量への転換）は、商業信用→商業手形の出現・操作によって、どれほどすすめられ、経済発展に貢献したことか。

商業手形の額面には商品の価値形態・貨幣量だけが表示されている、とはいっても、その背後にはげんじつの具体的な個々の商品売買事情がこめられている。紡績業者は綿花輸入業者・仲買人から綿花X量を買い・借り入れ、それを綿糸Y量に生産して、その綿糸Y量を織物業者に売り・貸しつけ、織物業者はそれを綿布Z量に変え、その綿布Z量を輸出業者兼綿花輸入業者・仲買人に売り・貸しつける。

これらの異種商品の売買・貸借を表示する商業手形の金額は、それぞれ異質・異量の使用価値面から同質・異量の価値面への転化をしめしている。だから、同質異量の額面表示は、じつはほんらい異質・異量の各個商品の内実をあらわす以外のなにものでもない。商業手形には売買商品そのものについてなにも記録されていないとしても、手形が真正の商業手形として取りあつかわれるのは、背後に商品売買がおこなわれているからである。背後に商品売買の事実をもたない融通手形は商業手形から排除・追放される。また、商品売買を背後にもつ真正の商業手形であっても、それは、個々のそれじしんの具体的な商品売買じたいとは関連しない貸借関係の決済には使えないだろう。(3)

(3)「たとえば、織物業者にたいする紡績業者の請求権は、機械製造業者にたいする石炭供給業者の請求権によっては決済されない。紡績業者は、かれの事業では、機械製造業者にたいしてなすべき反対請求権を持っていない。紡績業者の生産物・糸は、機械製造業者の再生産過程に要因としていりこまないのだから。したがって、そのような請求権は貨幣によって(手形によって、ではなく〔飯田注〕)、決済されなければならない」(Das Kapital, Bd. III. Tl. II., S. 524.)。

商業信用→商業手形が、このように一面では、商品売買のうえにたつことによって、経済発展に大きく貢献しながらも、他面では、商品売買じたいの個別性に限定されることによって、その再流通範囲が制限される。〃ほんらいの商品貨幣〃として規定される商業手形に代わって出現する銀行券(兌換銀行券)が一般的に流通する〃ほんらいの信用貨幣〃といわれるのは、銀行券が商業手形とはちがい、個別的な商品売買・貸借関係をになうのではなく、総合的・社会的な商品売買・商品流通という一般的基礎のうえに位置づけられるのだからである(後述)。

貨幣の支払手段機能―商業信用のばあいには、くりかえしみたように、貨幣の流通手段機能のばあいとはちがい、商品売買のはじまりと、貨幣支払いによる商品売買のおわりとのあいだにかなりの経過期間が介入する。商品販売・債権の終結・決済を目的として、一刻も早いその達成を待ちのぞんでいる売り手・機能資本家(利潤取得者)たちにとつて、この経過時間に生じる損失のせめてもの、いや、とうぜんの補填は、その期間の価格・支払金額にたいする利子加算・取得である。

その経過期間の処理としての利子（率）と商品価格との関係については、ひとつの問題が生じる。商品売買が即決される貨幣の流通手段機能のばあいには、貸借関係は生じないのだから、資本主義社会のもとでも利子問題はそこにはあらわれない。ところが、商品売買のはじめに貨幣の同時授受がおこなわれない支払手段機能のばあいには、売買商品の価格と利子との因果関係が問われる。利子量が、信用売りでの商品価格と、現金売りでの商品価格との差額を決定するのか、それとも逆に、両価格差が利子量を決定するのか。つまり、このさい、利子量が両価格差の原因・前提なのか、それとも逆に、両価格差が利子量の原因・前提なのか。かんたんにいいかえれば、両価格差が利子量の結果なのか、それとも逆に、利子量が両価格差の結果なのか。

商品と貨幣とが、たがいに形態転換するだけの、すなわち、価値形成・増殖しない〝げんじつの流通過程〟のなかでは、資本主義のもとでも、剰余価値→利潤・平均利潤がつくられないのだから、利子は生まれてこない。ほんらい商品の貨幣への形態転化しかおこなわれない〝げんじつの流通過程〟での資本主義的商業信用のもとでは、売買商品価格のなかに利子がふくまれる、としても、その利子がこの〝げんじつの流通過程〟のなかから生まれたものではないことは明らかだ。利子が商業信用のなかから〝生まれる！〟などと説く人の異様なあやまりは、ことごとしく取りあげられるほどのものではなかろう。

それはともかくとして、商業信用のなかからは生まれない利子が、商業信用の商品価格のなかにふくまれるとすれば、それは、すでに成立している一般的利子（率・量）のことであり、それが商業信用の商品価格のなかにはいりこみ・適用されて、両価格差をもたらし・計る原因・前提・標準なのだ。(4) この問題は、利子の成立・適用にかかわるので、重視されなければならない。利子の成立（〝発祥の地〟は利子つき資本の運動＝〝独特な流通過程〟＝銀行信用）と、利子の適用（いまは、〝げんじつの流通過程〟での商業信用）とは理論的に・げんみつに区別されなければならないのだから。

（4） ノーマンの学説に反対して、マルクスは主張する。「逆だ。……現行の利子率が、現金払いの価格と、支払い日までの信用買い価格との差額の標準（Maßstab）である。まず、現金払いでは、その価格どおりに売られるはずで……」（Das Kapital, Bd. III. Tl. I., S. 457.）。

「商業信用のばあいには、信用価格と現金価格との差としての利子が商品価格のなかに入りこむ……。だが、このばあい、この形態での割引料が入りこむかぎりでは、その割引料は商業信用によってではなく、貨幣市場によって規制される」（a. a. O., Bd. III. Tl. II., S. 563.）『利子つき資本』四六二ページ参照。

商業信用の本質・運動をめぐる二つの論争問題は、不十分ながらも、いちおうおわりとしよう。なお、拙著のご参照をこう（『利子つき資本』三五二―七九ページ、四四七―七一ページ。『マルクス貨幣理論の研究』一一二―二一ページ）。

まとめ

――商業信用の本質・運動は、なぜ〝資本性〟でなく、〝貨幣性〟なのか――

商業信用の〝貨幣性（非資本性）〟がつよく叫ばれるわけは、商業信用の本質・運動がつぎの論理・事実にもとづくからである。

商業信用は、貨幣の支払手段機能から生じ、商品から貨幣への、貨幣から商品への転換がおこなわれる流通過程（いわゆる〝げんじつの流通過程〟）――生産過程をかこむ前後の流通過程――で、即決されない商品売買と商品貸借とが長期的にからみ合う事態である。だから、貨幣の資本への転化によって画期的に形成された資本主義社会に先だって、商業信用は早くも〝げんじつの流通手段過程〟にあらわれ、単純な商品社会、たんなる商品・貨幣の流通社会でそれなりの発展促進の役割をはたしたのだった。

ところが、商業信用が大活躍（商業信用を促進する利潤競争にみちびかれて）を開始するのは、資本主義社会が成立してからだ。そこで、資本主義社会のもとで展開される商業信用が本格的な分析の対象となる。商業信用の担当者は、もはやたんなる商品所有者（あるいは持ち手）・生産者・流通業者ではなく、産業資本家・商業資本家をふくむ機能資本家である。そうなると、先資本主義社会での商業信用の〝貨幣性〟には反対しないまでも、資本主義社会での商業信用の〝貨幣性〟にはつよく反抗をしめして、むしろその〝資本性〟を主張するひとがあらわれるかも、あるいは我慢しきれず、憤然と立ちあがるかも、しれない。だが、商業信用は、資本主義社会でも、そのひとにとっては残念ながら！　その〝貨幣性〟（〝非資本性〟）の本質と運動を平然とまもりつづける。

価値の形態転換だけがおこなわれる——価値の形成・増殖はおこなわれない——〝げんじつの流通過程〟では、商品資本・貨幣資本はたんなる商品・貨幣として機能する。それでもなお、その流通過程は資本運動の総過程での不可欠過程として位置つけられるのだから、ほんらい価値形成・価値増殖には直接参与しないからといって、流通資本（商品資本・貨幣資本）が生産資本と同様な剰余価値→利潤（平均利潤）の配分を拒まれることはありえない。かりにもそれが拒まれようものならば、〝げんじつの流通過程〟で機能する流通資本は引きあげられて、姿を消すだろうし、流通資本が不在となれば、生産資本も存続不可能となろう。つまり、商品資本・貨幣資本は、たんなる商品・たんなる貨幣それしだいとはちがい、それぞれ資本の形態にあり、資本の総過程の一環として平均利潤を取得する資本であるのに、〝げんじつの流通過程〟・価値形態転換の場では、たんなる商品・貨幣として機能する。だから、資本主義社会の〝げんじつの流通過程〟のなかにあって、それじたいそのなかからはでられない商品資本・貨幣資本の運動——商業信用は、〝資本性〟（生産過程での価値増殖性、そしてまた〝独特な流通過程〟での利子つき資本の利殖性）とは別世界のなかにあるわけだ。

商業信用が貨幣の支払手段機能から発生した、ということを根拠とする商業信用の〝貨幣性〟は、したがって、資本主義社会の〝げんじつの流通過程〟のなかでも立証される。〝けんじつの流通過程〟は、貨幣の諸機能が発動する現場である。商業信用は、そこでの支払手段としての貨幣機能だけにみられる価値の形態転換の事象であって、その特有な事象が資本主義社会でもそのまま適合する。この〝貨幣性〟・〝非資本性〟は〝貨幣段階性〟・〝非資本段階性〟の意味であって、たとえば、商業信用での貸付対象が〝商品〟か〝貨幣〟かの論争に顔を出す〝貨幣〟・〝貨幣性〟などでは毛頭ない。商業信用が〝貨幣性〟のものであるならば、商業信用で貸しつけられるものも〝貨幣〟だろう、というのでは、商業信用の〝貨幣性〟にたいする無理解のほどは絶頂にたっしよう。商業信用の〝貨幣性〟・〝非資本性〟は〝げんじつの流通過程〟のなかでの貨幣機能のもとづく。上述のように、資本主義社会のもとでも、商業信用の〝貨幣性〟・〝非資本性〟が失われないのは、資本主義社会の〝げんじつの流通過程〟では、商品資本・貨幣資本はたんなる商品・たんなる貨幣としてしか機能しないのだからである。

ところで、〝げんじつの流通過程〟は支払手段の貨幣機能─商業信用によって独占されるのではない。流通手段としての貨幣機能もそこでおこなわれる。貨幣の支払手段機能は、流通手段機能を否定する一面をもっているだけに、流通手段機能の狭隘性・拘束性から解放される。

商業信用で発行される商業手形は、流通手段機能の貨幣に代わるものだが、けっきょくその貨幣（金・銀）を最高の〝空費〟として排除することになる。支払手段としての貨幣は商業信用での商品売買・貸借を最終的に決済する主要因とされているものの、商業手形の再流通・相殺によって大部分の貨幣量がじっさいには無用の長物となる。ほんらい貨幣そのものではない商業手形がげんじつに「絶対的に貨幣とし機能する」(1)。貨幣に代わる商業手形は、貨幣を不用とするだけではなく、商品の売買・流通・取りひき速度を促進し、流通時間を短縮する（いわゆる〝流通時間のない流通〟）。けっきょく、商業信用は、〝必要・不可欠な、しかし非生産的な〟流通過程・流通費用をできるだけ圧縮して、その分だけ生産過程・生産費用を拡充しようとする意欲をもつ売り手・買い手によっておこなわれる。〝必要〞ではあろうとも、〝非生産的〞な流通費用をできるだけ削減して生産化しようとの強い意欲と実践は、価値増殖めあての機能資本がおこなう資本主義社会の商業信用（価値の形態転換しかおこらない）のなかでみられる。こうして、商業信用の本態――作用・功罪をふくめて――は資本主義社会でもっとも大きく・あざやかである。(2)

（1） Das Kapital, Bd. III. Tl. I., S. 436.「この手形（商業手形〔飯田注〕）が商人たち自身のあいだで、他方にたいする一方の裏書きによって支払手段としてて再流通するかぎりでは、……決済は貨幣の介入なしにおこなわれる」（a. a. O., Bd. III. Tl. II., S. 523.）。

（2）「……支払手段としての貨幣の機能、したがってまた、商品生産者と商品取扱業者とのあいだでの債権者と債務者との関係は単純な商品流通から生まれる。商業が発達し、流通を考慮してしか生産しない資本主義的生産様式が発展するのにつれて、信用制度のこの自然発生的基礎は拡大され、一般化され、仕上げられる」（a. a. O., Bd. III. Tl. I., S. 436.）。

商業信用によって削減された流通費用が流通過程から引きあげられる事態は、個別的な生産化ではなく、まず蓄蔵貨幣（準備金・予備金などをふくむ）化のなかにあらわれる。それらの個別的な蓄蔵貨幣が、社会的に集積・集中されて銀行業者の手にわたり、その他の諸資源とあわせて利子つき資本として貸しつけられる（銀行信用）となれば、問題は進展して商業信用問題をはなれる。

第二章　銀行信用の資本性

Ⅰ　利子つき資本と銀行信用

1　銀行信用は商業信用とどうちがうのか

銀行信用（der Bankierkredit）が、「信用制度の基礎をなす[(1)]」といわれる商業信用（der Kommerzielle Kredit）とは「本質的にまったくちがう要因（ein ganz andres, wesentlich verschiednes Moment）を形成する[(2)]」わけは、なぜだろうか、どこにあるのだろうか。

（1）（2）　Vgl. Das Kapital, Bd. III. Tl. II., S. 523.

結論的にひとことでいえば、両者のちがいは、商業信用が〝貨幣性〟（〝非資本性〟）の本質をもち・運動するのにたいして、銀行信用は〝資本性〟（〝非貨幣性〟）のうえにたち・運動するところにある。商業信用の〝貨幣性〟は、これまでみてきたように、商業信用が、貨幣の支払手段から生まれ、〝げんじつの流通過程〟での商品の売買関係（価値の形態転換）と、それに起因する商品の貸借関係との持続的連繋に専従するものであることをしめしている。これにたいして、銀行信用の〝資本性〟（〝非貨幣性〟）は、銀行信用が、貨幣段階から理論的にも・現実的にも遠くはなれた最高物神段階の資本の本質・運動にかかわり、したがって、そこでの貸しつけはそれじたい価値の〝形態転換〟とはまったく無関係な位置転換〟と直結する〝独特な流通過程〟でのことがらをあらわしている。ところが、両信用は、どちらも一定価値額の貸しつけという事象をふくむので、その貸しつけ内容のちがいを無視することから生じる両信用の同一視論が横行しがちである。そこで、両貸しつけ内容のちがいの検討が大きくうかびあがる。
商業信用と銀行信用とのちがいをあきらかにするためには、資本主義社会の商業信用を俎上にのせ、両信用をおなじ現代的水準で考察しなければならない。

資本主義社会の商業信用でたがいに商品売買・貸借関係にたずさわる資本は、商品資本・貨幣資本、総括すると、流通資本としての機能資本であるが、銀行信用で主役をえんじるのは、資本の最終段階にあらわれる所有資本（機能資本と対峙する）・利子つき資本である。

銀行信用の〝資本性〟・〝非貨幣性〟は、だから、まさに、資本の〝げんじつの流通過程〟でたんなる商品・貨幣として機能する流通資本としての機能資本がそれじたい絶対にふみこめない領域・〝独特な流通過程〟でしかみられない最高物神資本の独特な事象である。そこで、銀行信用の〝資本性〟を究明するためには、機能資本から分離した所有資本としての利子つき資本じたいの本質とその運動をまず把握しなければならない。だが、利子つき資本じたいの本質とその運動についての少しばかりの追究は第三部（または飯田繁『利子つき資本の理論』・『利子つき資本』の諸章）にゆずり、いまはそれを前提としたかんたんな叙述にすすもう。

2　機能資本と利子つき資本との関係

商業信用にかかわる流通資本である機能資本が運動する場合は、〝げんじつの流通過程〟（G—W・W′—G′、生産過程〔$W<\begin{smallmatrix}A\\Pm\end{smallmatrix}$……P……W′〕をかこむ前後の二過程、購買過程〔G—W〕と販売過程〔W′—G′〕）のなかである。〝げんじつの流通過程〟のなかでは、価値の形態転換（姿態変換〔Metamorphose〕）がおこなわれるだけで、なんの価値形成・増殖もみられない。たとえ、上述のように、価値増殖をめざす機能資本家たちによって商業信用が運営されようとも。

商業信用は、ほんらい商品売買（その商品価格が商品価値どおりであろうと、または価値以上・以下の市場価格であろうと、おおまかにはそれらのなかに平均利潤が全体の商品価格にふくまれているはず）がおこなわれるところであって、そこに随伴する貸借関係は、利子つき資本の利子かせぎを目的とする、貨幣の資本としての貸しつけと借り入れとの関係とはまったくちがう。

平均利潤を取得する流通資本としての機能資本は、〃げんじつの流通過程〃のなかでは価値の形成・増殖のない〃価値の形態転換〃だけをおこなうということが、その〃げんじつの流通過程〃のなかにあり・その外に出られない商業信用の〃非資本性＝非価値増殖性〃・〃貨幣性〃の本質・運動を立証する。

ところが、銀行信用では、商業信用のばあいとは対照的に、機能資本とは段階的にちがう利子つき資本が、〃げんじつの流通過程〃のなかではなく、それの枠外・〃独特な流通過程〃（G—〔G—W, W′—G′〕—G′），（G—……—G′；G—G′）のなかで運動する。そして、そこでは、価値の形態転換のない〃価値の位置転換〃（Stellenwechsel des Wertes）＝貸しつけが借り手・主として機能資本にたいしておこなわれるだけなのに、その貸しつけが貸し手に価値の増殖分としての利子をもたらす。そこで、〃独特な流通過程〃での〃価値の位置転換〃（次項）が問題となる。しかし、それに先だって、銀行信用で運動する利子つき資本の本質と運動（前述のように、後部で究明を予定）がまずしごく簡単にでも説かれなければならないだろう。

機能資本と対峙し、〃独特な流通過程〃で運動する利子つき資本は、資本の最終展開段階に最高物神として登場する。利子つき資本の本質は、一面では、〃所有としての資本〃・〃資本所有としての資本所有〃（Kapitaleigentum als solches）であり、他面ではひとつの「独特な商品」である、と規定されている。そして利子つき資本の運動は、その本質にともない、一面では所有資本の譲渡・貸しつけ、それの還流として、他面ではひとつの「独特な商品」の「独特な譲渡」として、その「独特な商品の使用価値と価値（価格）との動く関係」として分析される。マルクスは、利子つき資本の本質をそれぞれ両面から分析・解明しているが、機能資本と対峙する利子つき資本をこのような両面的視角からとらえることによって、商業信用から区別される銀行信用の〝資本性〟がいよいよはっきりとなる。ところで、機能資本と対峙する利子つき資本としての所有資本が、どのようにして生成したか、といった論理的・歴史的過程（ほんらいの〝資本所有と資本機能との合体〟からの分離過程など）については、いまふれない。また、利子つき資本を主体として運用する銀行資本などの形成についても（第四章で）。

〝げんじつの流通過程〟のなかで、機能資本家どうしがおこなう商品の売買・貸借関係の事象として、商業信用が要約されうるとすれば、銀行信用は、そんな商品の売買とはぜんぜんかかわりのない、利子つき資本・所有資本・銀行資本家が機能資本家にたいしておこなう資本の（資本としての貨幣の）貸しつけ―利子収得の事態として概略されよう。そこで、商業信用にはみられない、銀行信用の特有な事態は、〝独特な流通過程〟での〝価値形態転換のない位置転換〟が価値の増殖・利子取得の根源となる最高資本物神性のなかにある。

Ⅱ 〝独特な流通過程〟での〝価値の位置転換〟

1 貨幣の資本としての貸しつけ、価値の〝形態転換〟のない〝位置転換〟

再生産過程のなかにある〝げんじつの流通過程〟では、価値の〝形態転換〟と〝位置転換〟とは、同時的にか、異時的にか、あいともなうことがらである。等価が直接的に相互交換される流通手段としての貨幣機能のもとでは、価値の〝形態転換〟と〝位置転換〟とは同時即決的に始発・終結する。ところが、等価受領なしの商品譲渡・手わたしがおこなわれる支払手段の貨幣機能―商業信用のばあいには、価値の〝形態転換〟が達成目標とされながらも、延期され、価値の〝位置転換〟に先だたれるしまつとなっている。いずれにせよ、商品が売買される〝げんじつの流通過程〟のなかでは、価値の〝形態転換〟なしには価値の〝位置転換〟はない。

〝げんじつの流通過程〟での商品売買を基底とする商業信用は、商品売買されない〝独特な流通過程〟（後述のように、そこでは、普通商品ではなく、ひとつの「独特な商品」が「売買・取り引き」される）での銀行信用によって完全に否定され、価値の〝形態転換〟なしの〝位置転換〟がおこなわれる。では、なぜ、銀行信用では、〝形態転換〟なしの〝位置転換〟によって目標の価値増殖・利子取得が達成できるのだろうか。価値増殖をめざさない地道な〝げんじつの流通過程〟のなかにとじこめられた商業信用では考えられもしない、価値のたんなる〝位置転換〟による価値増殖の構造はどうなっているのだろうか。そこで、主役を演じる〝所有としての資本〟・利子つき資本の自己増殖性・最高物神性が検討されなければならない。

　利子は、もともと自然発生的な社会分業と生産手段の私的所有とのうえに構築された歴史的に特殊な資本主義的社会関係のもとで、人間労働によってつくり出された余剰価値→個別的利潤→平均利潤（企業者利得と利子）、すなわち平均利潤の一分割部分である。この特殊な社会関係のもとでは、人と人との社会的関係は物と物との社会的関係としてあらわれ、商品の物神性→貨幣の物神性→資本の物神性へとすすむのにつれて、利子は、人間労働によって生産された余剰価値→平均利潤の一部分という真実はおおいかくされ、そういうものとしてはあらわれない。そして、それはさも所有資本から自然に生まれる属性（〝梨の木に梨が実る〟[1]ように）——なぜか、ときかれても、答えようのない自然現象——としかみえない。こうして、利潤を代表して利子は、物神論・三位一体的方式[2]（die trinita-rische Formel）の主要ポイントをになう一要因としてとりあつかわれる。このように、銀行信用の段階で登場する利子は、利子つき資本を一時的に譲渡（所有をわたさない〝持ち手変換〟）する・貸しつけるだけで、利子取得を目的とする貸し手・利子つき資本の所有者に取得される。

（1）Vgl. Das Kapital, Bd. III. Tl. I., S. 427.
（2）Vgl. a. a. O., Bd. III. Tl. II., SS. 867-86.

資本主義社会が、伝来の私有制度のうえに構成されているのであるいじょう、資本主義的な社会分業の発展も、私有欲からおきるはげしい自由競争の恩恵に浴している。所有は、資本主義社会の発展におうじて、また資本段階の高度化に照応して、ますますその威力を発揮する。資本は、それを所有する人に、増殖・利子の取得を可能にする、その資本を貸しつけるだけで。商品売買（価値の形態転換）なしの、譲渡・貸しつけ（貸しつけだけが利子つき資本の「全機能」[3]）・手ばなす・支出する（価値の位置転換）だけの、したがって〝純粋な信用〟[4]がおこなわれるだけの、価値増殖は、まさに〝独特な流通過程〟の主体が〝資本の所有〟なればこそできることだ。すべては、ここでは、資本主義社会関係の真相をおおいかくす単純・不可解・神秘的な物象・物神としてあらわれる。

（3）「……資本家（利子つき資本家〔飯田注〕）としての全機能（ganze Funktion）は資本としての一〇〇ポンド・スターリングのこの支出（**Verausgabung**〔貸しつけ―飯田注〕）にかぎられる……」（Das Kapital, Bd. III. Tl. I., S. 372.）。〝げんじつの流通過程〟で運動する機能資本とは次元をまったく異にする、〝独特な流通過程〟で運動する利子つき資本は〝所有としての資本〟であるいじょう、〝機能もない〟・〝機能とは絶縁〟の資本であるはずだ。ところが、そういうものとして利子つき資本―貸付資本を一般的に規定したマルクスじしんの文面に、意外にも、ときおり、利子つき資本の「機能」とか、利子つき資本が「機能する」とか、いうことばが散見される。それにつられて、われわれもつい。しかし、上述のように、利子つき資本の「全機能」は、それの譲渡・貸しつけだけのことだと、限定確立されているのだから、その限定内での利子つき資本の「機能」ということばの使用なら、さほど気にすることはなかろう。

（4）〝純粋な信用〟ということばは、〝価値の形態転換〟をふくまない〝価値の位置転換〟をいみするのであって、商品売買とからみあった商業信用とはまったくちがう銀行信用のことだ。

「〈純粋な信用〉、〈純粋なすがたの信用〉、あるいは〈純粋なすがたであらわれる信用〉という表現は、その核心である利子つき資本をめぐる社会関係が、価値の形態転換によって混交されている……商業信用の社会関係とは峻別されるということをしめす……。わたくしがこのように利子つき資本をめぐる社会関係のなかで〈純粋なすがたの信用〉の核心をとらえようとこころみたことは、わたくしがまさに近代的利子つき資本をめぐる社会関係のなかにこそ――商業信用の社会関係（商業信用関係）のなかに、ではなく――近代的信用関係の本質をみとめた、ということをものがたるだろう」（『利子つき資本』四四二―三ページ、なお、九八―九ページ、四一二―三ページ参照)。

資本の所有こそが自己増殖の根源だ、とはいえ、その所有資本が手ばなされ・貸しつけられないままでは、さすがの資本の所有も残念ながらその自己増殖の威力を発揮できない。そうなると、所有資本の貸しつけ・譲渡が、資本の所有とならんで出現しなければならない、価値増殖の必要条件となる。〝手ばなすのは危険だ〟とばかり所有資本をかたく抱えこんでいる資本の所有者には威力をもっているはずの所有資本は不発の無用物に転化しよう。〝可愛い子には旅させよ(5)〟である。そこで、この〝可愛い子〟が旅立っていく道のりは? ということになる。

(5) 飯田繁『商品と貨幣と資本』五九、二八三ページ参照。もっとも、そこでの一句と、ここでの一句とは、資本の大きな段階差を内包している。

〝可愛い子〟は、旅だってはなれても、親にとってはわが子だ。手ばなされ・譲渡され・貸しつけられた利子つき資本は、その所有者の手からは消えても、いいかえれば、〝持ち手変換〟が生じても、その所有(所有権)は移転されない。貸しつけられた利子つき資本はやがて利子をもってその所有者の手に帰る。

利子つき資本の貸しつけが、利子つき資本の〝所有者変換〟をひきおこすものでないということは、〝等価なしの譲渡〟にもとづくのだが、それはちょうど、商業信用での貸しつけがやはり〝等価なしの譲渡〟(とはいっても、そのばあいには、売られる商品についてのこと、いまのこのばあいとはまったくちがう)にもとづくのと、ある共通の一面をもっている、といえよう。貸しつけは、いずれにせよ〝所有者変換〟ではない〝持ち手変換〟をひきおこすのだから、貸しつけによって借り手に手わたしされたのが、普通商品(商業信用のばあい)であろうと、貨幣、資本としての貨幣(銀行信用のばあい)であろうと、〝持ち手〟がそれぞれの〝使用者〟となるという点でも、両信用の一共通面がみられる。しかし、商業信用では、商品売買のうえに貸借がつけ加わるのだから、売られた商品はそのままの姿では帰らない。銀行信用のばあいには、貸しつけられた利子つき資本は、旅立った〝可愛い子〟が旅でえたプラス・アルファーをもってもとの〝可愛い子〟として親元へ帰るように、利子をもって所有者の手にもどる。だからこそ、利子つき資本は、その所有者によって一時的ながらも手ばなされ、多難の道をたどらなければならないのだろう。

多難の道というのは、利子つき資本が利子つき資本としてたどる道のことではなく、貸し手から手ばなされた利子つき資本が借り手によって機能資本に転化されたばあい、そののちに、その機能資本がたどらなければならない資本の再生産過程（$G—W\langle{}^{A}_{Pm}$……P……W′—G′）での道のことだ。その再生産過程をかこむ前後の、それじたい非再生産的な〝独特な流通過程〟（G—〔……〕—G′、簡略化すれば、G—G′）じたいの中身は、機能資本に転化されるまえの利子つき資本じしんの運動、所有保持のもとでの価値（G）の〝位置転換〟だけによる物神的な価値増殖（G′）である。中間の媒介体として大活躍する機能資本による生産・流通上の価値形成・増殖・それらの実現は、〝独特な流通過程〟（G—G′）のなかでは消えて見えなくなっている。そこでは、ただ、第一の〝位置転換〟（利子つき資本の貸しつけ）と第二の〝位置転換〟（利子つき資本の還流・返済）がおこなわれ、みられるだけだ。(6)

（6）「資本がその出発点に復帰するのは、いっぱんに資本の総循環での資本の特徴的な運動である。このことは、けっして利子つき資本だけを特徴づけているのだはない。利子つき資本を特徴づけているのは、媒介的な循環から遊離されている外面的な復帰形態である。貸付資本家は、等価をうけとらないでかれの資本を手ばなして、これを産業資本家たちに譲渡する。資本の手ばなしは、一般的に資本の現実的な循環過程の行動（Akt）ではなく、産業資本家たちによって実践されるべきこの循環を誘引する（einleiten）だけのことだ。貨幣のこの第一の位置転換は、姿態変換のなんの行動も、買いも売りも、あらわさない。所有が譲渡されない、わけは、なんの交換もなされず、なんの等価もうけとられないからだ。産業資本家の手から貸付資本家の手への、貨幣の復帰は、資本の手ばなしである第一行為（Akt）を補充するだけのものだ。貨幣形態で前貸しされた資本は、循環過程をへて、産業資本家のもとにふたたび貨幣形態で復帰する。しかし、この資本は、支出のさいかれには属さなかったのだから、復帰のさいにもかれには属しえない。再生産過程を通過したからといって、この資本がかれの所有に転化するなんてありえないことだ。だから、かれ（借り手〔飯田注〕）はこの資本を貸し手に返済すべきである」（Das Kapital, Bd. III. Tl. I., S. 380.）。

機能資本がげんじつに実行・実現する価値増殖の経済的背景を奥ふかく内包しながらも、それらから遠くはなれ、現象的にはその実態をおおいかくされている利子つき資本の運動、貸しつけと回収（返済の受け入れ）とは、それじたい〝経済的な取り引き〟としてでなく、〝法律的な取り引き〟として出現する。こうして、利子つき資本の〝独特な流通過程〟の内容は、しょせん利子つき資本の貸し手から借り手への貸しつけ（第一）と、借り手から貸し手への返済（第二）の二つの法律的取り引きにつきる。(7)

（7）資本を貸し手の手から借り手の手へ移す第一の支出（**Verausgabung**）は、ひとつの法律的な取り引き（**eine juristische Transaktion**）であり、この法律的な取り引きは、資本の現実的な再生産過程とはなんのかかわりもなく、これを誘引するだけだ。還流した資本をふたたび借り手の手から貸し手の手に移す返済は、第二の法律的な取り引きであり、第一の法律的な取り引きの補充である。第一の法律的な取り引きは現実的過程を導入し、第二の法律的な取り引きは現実的過程後の補充行為である。貸付資本の出発点と復帰点、手ばなしと返還は、したがって、資本の現実的運動の前後におこなわれ、この運動それじたいとはなんの関係もない、法律的な取り引きによって媒介される任意の諸運動としてあらわれる」（**a. a. O., Bd. III. Tl. I., SS. 380-1.**）。

利子つき資本は、じっさいに貸しつけられるまえには、〝不動〟の蓄蔵貨幣→集積・集中されて銀行預金の形態にあり、貸しつけられうる貨幣（可能的な〝資本としての貨幣〟・可能的貸付資本）として潜在していた。じっさいの貸しつけ行為によって、可能性・潜在性の資本としての貨幣は、〝動〟の息を吹きこまれて〝利子つき資本〟として立ちあがり、〝独特な流通過程〟のなかにはいりこむやいなや、そこを出る。

〝第一の法律的な取り引き〟といわれているものがそれである。そして〝第二の法律的な取り引き〟といわれるものは、利子つき資本の借り手（〝持ち手〟、しかし非所有者）から貸し手（法律的所有者・現実的所有者）への返還をしめしている。このように、法律的な取り引きは、〝独特な流通過程〟内部で利子つき資本がおこなう、所有資本としての非生産的・非流通的・そうじて非経済的な運動・たんなる〝位置転換〟を解明したものである。利子つき資本が一定期間にわたって貸しつけられたのちに、利子という価値増殖部分をつけて返還される、経済的な実体背景をまったくぬきにした〝独特な流通過程〟の内部だけの往復路線がごくかんたんに〝法律的な取り引き〟の第一・第二として描かれているのにすぎない。

貸しつけられた利子つき資本がやがて還流しなければならないのは、利子つき資本の所有が、貸し手から借り手に譲渡されず、貸し手によって堅くにぎられているからである。だが、この還流理由をこえる重大な問題は、利子つき資本の所有者への還流が、価値増殖分（利子）をともなうということにある。そうなると、所有不動にかんする法律的な第一・第二の取り引きだけでは処理できないことになる。

利子つき資本が利子をともなって所有者・貸し手のもとに還流するためには、〝独特な流通過程〟のなかへ利子つき資本としてはいりこむやいなや、そこを出なければならない。なぜならば、〝独特な流通過程〟では、利子つき資本の貸しつけとその返済・復帰・還流があるだけで、貸しつけは、還流の原因となっても、価値増殖の理由にはなりえないのだからである。そこで、利子つき資本の価値増殖根源があきらかにされるためには、利子つき資本は、〝独特な流通過程〟のなかから外に出て、機能資本に変身して〝げんじつの流通過程〟→生産過程のなかにはいりこまなければならない。

そうなると、資本としての貨幣の支出も、還流もそれぞれ二重化されることになる。〝独特な流通過程〟での利子つき資本の貸しつけ・第一の支出（G—）、つづいて機能資本の第二の支出（G—）、一定期日ののちに機能資本の第一の還流（—G′、G′は平均利潤ふくみ）、つづく利子つき資本への復帰・第二の還流（—G′、G′は利子ふくみ）。第一の支出と第二の支出とはまったくちがうし、また第一の還流と第二の還流とはぜんぜん異なる。それでも、資本としての貨幣の二重支出と二重還流とは、ひとつの連立方式でしめされる。G—G—，—G'—G'。第二の支出と第一還流とのあいだには、〝げんじつの流通過程〟から生産過程への、そしてまた、生産過程から〝げんじつの流通過程〟への多難な旅路が介在している。こうした多難な中間項によって資本のげんじつの全運動が達成されればこそ、〝独特な流通過程〟に住みつく利子つき資本・所有として資本が成長（価値増殖）できるわけだ。それなのに、その成長は自力によるものとしてあらわれ、多難な中間項の媒介は利子つき資本の成長源からすっかり消えうせる。

利子つき資本が借り手によって機能資本に転化されることによって、利子つき資本の増殖基盤がじっさいにつくりだされる。そのさい、借り手の機能資本家は利子を支払うために利子つき資本を借りるのではない。機能資本家（生産資本家のばあい）はほんらい所有している自己資本に加えあわせて借入資本・他人資本を充実・活用して、資本の生産性を高め、資本の競争にうち勝ちたいからである。他人資本は自己資本とまったくおなじく価値増殖に役だつ。こうして、他人資本が稼ぎだす平均利潤のうち平均利子（一般的な利子）だけが、貸し手・利子つき資本の所有者に支払われ、のこりの企業者利得は借り手・機能資本家の所有となる。

利子つき資本の貸しつけが、貸し手・所有者にとってひとつの利益となるのは、利子をもたらすからであり、利子つき資本の借り入れが、借り手・機能資本家にとってひとつの利得となるのは、その借入資本の転化形態としての機能資本がかれに企業者利得をえさせるからである。借り手にとっての利益はそれだけのものではない。借り入れによる資本の量的増大だ。自己資本に追加される他人資本が、自己資本と合体されて、資本の生産性を高めるからだが、その資本生産性の高まり・資本競争力の増大は、つうれいの自己資本の逐次的・漸進的な積み上げをまつまでもなく、一朝一夕にも達成されうる。ともかくも、貸し手ばかりが借り手に恩恵をほどこすのではなく、借り手も貸し手に利益をあたえる、ということでは、その内容はまったくちがいながらも、商業信用のばあいと銀行信用のばあいとは、ある一種の類似点をもっているのではなかろうか。

2　最高物神性と最高擬制性

最高物神としての利子つき資本の本質・運動は、前述のように、二つの観点からとらえられる。① 所有をめぐる本質規定、すなわち〝資本の所有〟・〝所有としての資本〟・〝所有資本〟・〝資本所有としての資本所有〟でしめされる本質規定に照応する運動規定、〝所有資本の譲渡・貸しつけ、返済・還流〟、② ひとつの「独特な商品」をめぐる本質規定、すなわち普通商品・一般商品（貨幣商品）とは物神性のうえでも、擬制性のうえでも度合いのまったくちがうひとつの「独特な商品」、それに照応する運動規定、それの「独特な譲渡」である。

利子つき資本の本質規定としての所有資本と、それの運動規定としての貸しつけ・還流については、うえにみたように、〝独特な流通過程〟での、商品売買のない・価値〝形態転換〟をともなわない、貸し手・資本の所有者から借り手その資本の持ち手・非所有者への価値〝位置転換〟、借り手から貸し手への返済・価値の〝位置転換〟、つまり、経済的な取り引きではない〝法律的な取り引き〟の第一・第二がみられるだけだ。このように、所有をめぐる利子つき資本の本質・運動規定は、深奥にひそむ現実的経済関係の本質・運動規定をすっかりおおいかくした最高物神性の外皮をありのままに表現している。

ところで、利子つき資本の本質・運動をときほぐすもうひとつの観点、ひとつの「独特な商品」とそれの「独特な譲渡」は、いささか経済学的な色合いをのぞかせている。ひとつの「独特な商品」は、後述のように、利子つき資本の最高物神性とそれに照応する最高擬制性との統合として、先行段階の商品形態に還元される。そのひとつの「独特な商品」とその「独特な譲渡」は、『資本論』第三巻第五篇の筆頭に登場して、利子つき資本の解明に活躍する。ところが、〝資本の所有〟は、全篇をとおして論究される〝基盤〟である。その〝資本の所有〟が資本の機能から分離して、これと対峙するようになった関係については、すでに第五篇以前に明示されている。また、先資本主義的形態の利子つき資本、いわゆる高利貸付資本（WucherKapital）については、第五篇の最終第三六章で歴史的に叙述されている。われわれは、いま、銀行信用の主役を演じる現代銀行資本の成立を前提として、近代的利子つき資本を俎上にのせる。〝資本の所有〟は、このように、第五篇を貫徹する〝基盤〟なので、わたくしは利子つき資本の解明には、まずこの資本の〝所有〟の本質・運動規定から出発したのだった。

ところが、上記のように、『資本論』第三巻第五篇の第二一章「利子つき資本」のさいしょからひとつの「独特な商品」論がはじまっている。そしてこのひとつの「独特な商品」論は、利子つき資本の本質とその運動にかんする基礎理論が展開されている、第二四章「利子つき資本の形態での資本関係の外化」までの諸章で見えかくれしながらつづけられている。その発端をすこしみよう。

「貨幣……は、資本主義生産の基礎上では、資本に転化されうるのであり、この転化によって、あるあたえられた価値から増殖し・増加する価値となる。それは利潤を生産する、すなわち、それは、資本家に、ある一定量の不払労働、剰余生産物と剰余価値を労働者から引きだして取得させる。こうして、貨幣は、それが貨幣としてもつ使用価値のほかに一つの追加的使用価値、つまり、資本として機能するという使用価値をもつ（besitzen）。貨幣の使用価値は、このばあいには、まさに、貨幣が資本に転化して生産する利潤に存立する。可能的資本（mögliches Kapital）としての・利潤を生産するための手段としての・この属性で、貨幣は商品、しかし、ひとつの独特な商品（eine Ware sui generis〔eigener Art〕）となる。または同じことになるが、資本は資本として商品となる」（Das Kapital, Bd. III. Tl. I., SS. 370-1.）。

ここで提起されている〝ひとつの「独特な商品」〟は、利子つき資本の最高物神性に照応する最高擬制性で表現されている新規概念であるだけに、在来の商品・貨幣概念をはるかにこえる特殊性をもっている。とりわけ、ここで早くも顔を出したその一面、〝貨幣の「追加的使用価値」〟である。この〝貨幣の「追加的使用価値」〟は、『剰余価値学説史』第三巻では、貨幣の「第二の能力」（zweite Potenz）(1)と記されている。

（1）「貨幣または商品は、このように貨幣または商品として販売されるのではなく、その第二の能力で、すなわち資本として、いいかえれば、みずからを増殖する貨幣または商品価値として、販売される」（Theorien, Bd. III., S. 525.〔傍点—原著者〕）。

この〃貨幣の「追加的使用価値」〃というのは、貨幣がほんらいもつ使用価値のうえに〃資本としての貨幣〃が追加してもつ「使用価値」のことであって、貨幣のほんらいの使用価値とはまってくちがう物神性・擬制性の大きな段階差をしのばせる。『資本論』第一巻第二章「交換過程」に初登場する貨幣（貨幣商品）の使用価値はつぎのように説かれている。

「貨幣商品の使用価値は二重になる。商品としてのその特定の（besondre）使用価値、たとえば、金は、むし歯の充填、奢侈品の材料などに役だつほか、その特殊な（spezifisch）社会的諸機能から生じる一つの形式的な（formale）使用価値をえる」（Das Kapital, Bd. I., S. 95.〔傍点—原著者〕）。

ひとつの「独特な商品」の「使用価値」（資本としての貨幣の「追加的使用価値」）にかんしては、マルクスの解明は、以上のように、積極的ではやばやとかがげられたが、その「使用価値」と対応する「価値・価格」については、消極的・否定的である。(2) なぜか。ひとつの「独特な商品」が「独特な譲渡」（貸しつけ〔後述〕）によって、げんじつの利子つき資本となる可能的資本・貨幣資本としての貨幣は、それじたい真正の価値・価格を内包しているのに、それとはちがうひとつの「独特な商品」の「価値・価格」について語ることは、価値・価格の概念規定を混乱させるからだろう。ひとつの「独特な商品」の「価値・価格」を、それの「使用価値」（平均利潤）の一部分（利子）のことだ、とかんたんにいいきってしまうのでは、あまりにも不合理だからであろう。その不合理性の本源は、ひとつの「独特な商品」じたいからはじまる。だが、一連のひとつの「独特な商品」、それの「使用価値」、それの「価値・価格」はけっしてかんたんに〃不合理だ〃の一言で片づけられうるものではない。問題の焦点は、しょせんその最高物神と最高擬制の統合にある。

(2)「けっして忘れてはならないことは、ここで、資本としての資本が商品だということ、あるいは、ここで問題となる商品が資本だということである。だから、ここにあらわれる総関係は、単純な商品の立場からだと、または商品資本としてその再生産過程で機能するかぎりでの資本の立場からだとしても、不合理だろう。売買ではなく貸借がおこなわれるということは、このばあいには、商品の——資本の——特殊な性質から生じる区別である。ここで支払われるものが商品の価格ではなく、利子だ、ということも同様だ。だれかが利子を貨幣資本の価格と呼称するならば、それは価格の不合理な形態であって、商品価格の概念とは徹底的に矛盾している。価格は、このばあいには、なにか使用価値としてあらわれる(figurieren) ものに支払われる一定の貨幣額だ、という、その純粋に抽象的・無内容な形態に還元されている。ところが、価格の概念にしたがえば、価格とは、貨幣で表現された、この使用価値の(なかにふくまれている〔飯田注〕)価値にほかならないのだ」(Das Kapital, Bd. III. Tl. I., S. 387.)。

「資本の価格としての利子はほんらい徹底的に不合理な表現である。このばあいには、一商品が二重の価値をもつ、ひとつにはある価値をもち、ふたつにはこの価値とはちがう価格をもつ。価格とは価値の貨幣表現なのに。貨幣資本は、さしあたり、ある貨幣額、または貨幣額として固定されたある一定商品量の価値、以外のなにものでもない。……価格とは、まさに商品の価値のことであって、……商品の使用価値とはちがう。価値とは質的にちがう価格なんてバカバカしい矛盾である」(a. a. O., Bd. III. Tl. I., S. 388.)。

そう言明しているマルクスが、第二四章のなかで、利子が、利子つき資本の形態にとっては、利潤とともに源泉不明・物神化されることを説くさいには、つぎのようにも記している。「貨幣資本でやっと資本が商品になる、それじしん増殖する性質がそのときどき利子歩合に記入されている(notiert ist) 一定価格をもつ商品に」(3)。ここで、「利子歩合に記入されている」商品(ひとつの「独特な商品」)の「一定価格」というのは、真正の価格ではなく、それとはまったく別もの・擬制価格(真正の価値を表現する価格ではない仮空価格)である。マルクスは、けっきょく、一方では、利子の最高物神性をひとつの「独特な商品」の「使用価値」(平均利潤)の一部分として、他方では、利子最高擬制性をこの「独特な商品」の「使用価格」として、それぞれ把握しているわけだ。

（3） a. a. O., Bd. III. Tl. I., S. 428.

こうした最高物神・最高擬制にかかわる、ひとつの「独特な商品」の本質規定に対応するこの「独特な商品」の運動規定・「独特な譲渡」にひとことふれておかなければならない。貨幣が資本として「追加的使用価値」を実現するためには、譲渡されなければならない。「……第一には、利子つき資本の独特な流通を考察しよう。第二には、この資本が商品として販売される独特な方法は、すっかり譲渡されっ放しになるのではなく、貸しつけられるということ……」(4)。この「独特な商品」は、等価をうけとらない一定期間の貸しつけ（〃価値の形態転換〃のない〃価値の位置転換〃）によって所有者から手ばなされる。つまり、所有を移転しない〃持ち手変換〃がおこなわれる。これについて、第二四章では、貸しつけがこの「独特な商品」の「販売の形態」だとも説かれている。「労働力のばあいとおなじく、貨幣の使用価値は、ここでは、価値を創造する、貨幣そのものにふくまれているよりも多くの価値をつくりだすものとなる。このようなものとしての貨幣は、すでに潜在的（potentiell）に自ら増殖する価値であり、そのようなものとして貸しつけられる。この貸しつけは、この独特な商品にとっての販売の形態である」(5)。

（4） a. a. O., Bd. III. Tl. I., S. 372. （5） Bd. III. Tl. I., S. 427.

このようにたどってくると、ひとつの「独特な商品」の「独特な譲渡」は、利子つき資本の所有視点にふさわしい貸しつけなのか、それとも、利子つき資本の「独特な商品」に適応した「販売」なのか、とまよわされる。だが、最高物神・最高擬制の統合としての、ひとつの「独特な商品」の視角にたつかぎりでは、真正の販売とはまったくちがうにせよ、擬制の「販売」と規定されえよう。こうして、利子つき資本は、分析の対象である最高物神・最高擬制の統合として、いちおう把握されうることになる。それについて、旧拙著から、いくらか引用してみよう。

「利子つき資本に特徴的なことは、たんに資本主義的関係が利子つき資本で最高度に物神化されているというだけでなく、さらにまた、利子つき資本に関連する諸形態が最高度に擬制化されているという点である。利子つき資本での資本としての〈商品〉、それの〈使用価格〉と〈価値・価格〉がそれぞれ最高度の擬制である……。……擬制そのものは、けっして利子つき資本に固有なものではなく、最高度の擬制（Fiktion）が最高度の物神（Fetisch）に対応しているということが、利子つき資本に特有な事態なのである。

擬制は物神によって本来的に規定されながら、しかも物神を反作用的に再規定する、という意味で、両者は、相互依存・相互反発しあう両極であり、それぞれの段階での諸形態のなかに統一されている。物神は、歴史的に特殊な社会関係の物化、内容の形態化、価値の使用価値化、資本の物化＝非資本化、社会的物の自然的物化、などを意味するのにたいして、擬制は、逆行的なプロセスである、物の社会関係化、形態の内容化、使用価値の価値化、非商品の商品化、非資本＝物の資本化、自然的物の社会的物化（相対的意味での）、などをものがたる。物神は、自然発生的な社会的分業と生産手段の私有が確立されている歴史的に特殊な社会構造にだけみられる固有な歴史的現象である。そしてそれは、その社会構造のなかでの人と人との社会関係が、直接的にだはなく、物的外皮におおわれた社会関係として、物と物との、物量と物量との関係として、表現されるということ、形態化されるということ、すなわち、抽象的人間労働が価値という姿態で、さらに価値が価値形態―貨幣―資本という形態などで、表現されるということである。ところが、擬制は、このような物神を前提として成立するところの、物神化と逆行するプロセスであり、歴史的社会関係をぜんぜん表現しないたんなる物、またはある一定の歴史的社会関係を表現しない物がそれらの社会関係を表現するものとしてあらわれるということである。それは、もともと商品でないものが〈商品〉として、また価値でないものが〈価値・価格〉として、さらに資本でないものが〈資本〉としてあらわれる、といったような客観的事実にほかならない。……擬制は、もともと物神に依存し、物神を前提とする、物神のたんなる反対表現にすぎないものでありながら、しかも、物神にたいして反作用的に影響していく……。

擬制が物神に依存するそれの反対表現であるということは、たとえば、利子つき資本の〈使用価値〉でもっとも明瞭にあらわれている。利子つき資本の〈使用価値〉は、……価値―価格超過分―平均利潤を意味するものであるから、ひとつの擬制（しかも、高度に展開された擬制）であるが、この擬制は、じつはたんに、平均利潤が利子つき資本の〈使用価値〉としてあらわれるという物神（高度の物神）を前提として、成立しているのにすぎない。いいかえれば、〈平均利潤〉（価値）→利子つき資本の〈使用価値〉という物神化を前提とし、この物神化に依存して、それの反対表現である〈利子つき資本の《使用価値》→平均利潤（価値）〉という擬制化がなりたつ。利子つき資本では、平均利潤は利子つき資本の〈使用価値〉としてあらわれるという物神化が存在するから、平均利潤を表現するところの、利子つき資本の〈使用価値〉――しんじつの意味ではなにも使用価値ではないのに、つまり、およそ使用価値の概念とは対立的な価値を意味するものなのに――という、ひとつの擬制的形態がげんじつに出現することになる。……

……さらにまた、この〈利子は《商品》としての利子つき資本の《価格》である〉といういいあらわし・擬制は、利子が利子つき資本の無媒介的・自然的産物であるという高度物神性の他の一面を前提とし、これを表現している」（『利子つき資本の理論』一五七―九ページ〔傍点―原文のまま〕）。

「貨幣が資本として〈商品〉となるということは、……資本として他人に譲渡される貨幣（すなわち、利子つき資本）の〈商品への擬制〉にほかならないが、しかし、それはたんなる一つの擬制ではなく、いっそう高度に発展したひとつの擬制を意味するものである。このような高度に発展した擬制は、じつは高度に展開された物神化のひとつの産物である。擬制化の発展程度は社会関係の物神化の発展度合いに相応しており、たとえば、単純商品生産が支配的であった社会形態では、たんなる使用価値は〈単純商品〉に擬制され、資本主義生産が支配的となった社会関係では、たんなる使用価値や単純商品は〈資本主義的商品〉に擬制されることになろう。資本として他人に譲渡される貨幣は、人と人との社会関係が最高度に物神化された形態に相応した擬制をうける。資本として他人に譲渡される貨幣が〈独特な商品〉の形態に擬制されるのは、前例の諸〈商品擬制〉のばあいとはまったくちがい、最高の物神性を前提とし、しかもそれじたい高度の物神性を内包している。貨幣は資本として〈商品〉となる（他人に譲渡されるだけで自己増殖する）。利子つき資本は、このように最高物神化と最高擬制化との二者対立的統一関係のなかに存在するので、それの最高物神化の理解と最高擬制化の把握とは、利子つき資本（と利子）の理論的研究にとって不可欠の要件となるだろう」。

つづく注記。「物神化と擬制化とは、たがいに対立しながら、しかも統一されているひとつのことがらである。なぜならば、物神化は、人と人との社会関係の物化・対象化、内容の現象形態化、価値の使用価値化、社会物の自然物化を意味するのに、擬制化は、反対に物の関係化、形態の内容化……、使用価値の価値化、非商品の商品化、自然物の社会物化……を含意するからである。このように、あい対立する物神化と擬制化とが最高の度合いで利子つき資本の形態のなかに統一されている、と考えられよう」（『利子つき資本の理論』五二―三ページ（傍点―原文のまま））。

「……商品生産社会では、……歴史的に特殊な社会的関係の産物に擬制される。人と人との社会的関係が物神化され、物と物との社会的関係、物と物との数量関係、物の世界としてだけあらわれるに特殊な社会的形態では、社会的関係の物的表現でない〈たんなる物〉が、人と人との社会的関係をいみするもの、人と人との社会的関係を表現する形態に擬制されうる。または、一定の歴史的社会関係を表示する物が、それよりも一段とたかい歴史的社会関係を表現する物に擬制されうる。これらのことは、すべて客観的事実として生じる。

擬制は、一般的には、人と人との社会的関係が物神化される歴史的に特殊な社会で客観的におこるところの、一定の物神的形態への、ある物または低位物神的形態の形式的包摂として規定されえよう。商品生産が支配的におこなわれる社会では、あらゆるものが商品生産関係のなかに包摂される。商品生産関係のなかに実質的に包摂されえないもの、したがって、しんじつに商品となりえないものは、形式的に包摂されることになる。こうして、社会的関係（抽象的人間労働をめぐる）が、〈物〉的関係に対照化され、〈物〉としての姿態で価値となり――だから、価値は社会的物である――、商品形態の一要因となる社会的構造では、たんなる自然的物としての物もまた、物としてのおなじ姿態のゆえに、〝社会的物をになう自然的物〟＝〈商品〉としてとりあつかわれうる。それは、意思より独立しておこなわれるひとつの擬制化であり、おなじく客観的事実として物神化・現象化、すなわち、関係の物化、内容の形態化、価値の使用価値化、社会的物の自然的物化、いいかえれば、関係・内容・価値・社会的物の、それぞれの現象形態化に部分的に逆行するところの、物の関係化、形態の内容化、使用価値の価値化、非商品の商品化、自然的物の社会的物化……――それらのもののそれぞれへの形式的転化、形式的包摂――である。このことは、なによりもまず、擬制化が物神化を前提とし・反映する、ということをものがたる」。

つづく注記のなか。「ここで、擬制化は物神化に逆行する、といっても、それは、完全なそして絶対的ないみではなく、ただ、あい関連する、物神化と擬制化とがそれぞれすすむ方向でたがいにあい反する一面をもつ、ということをいみするのにすぎない」（『利子つき資本』二七六―七ページ（傍点―原文のまま））。

「利子つき資本としての貨幣は、利子つき資本の形態での資本関係のたんなる〈物的関係〉への最高物神化に照応して、〈商品〉として、しかも、つうれいの商品とはちがう〈資本としての商品〉というひとつの〈独特な商品〉としてとりあつかわれる（擬制化される）。そして、利子つき資本にとっての利潤は、この〈独特な商品〉の〈使用価値〉としてあらわれる（物神化される）から、そのようなものとしてとりあつかわれ（擬制化され）、利子はこの〈独特な商品〉の〈価値または価格〉としてあらわれるから、そのようなものとしてとりあつかわれる。そこで、利子つき資本と利子の形態は、このような最高物神化と最高擬制化との相互関係で把握されなければならない」（『利子つき資本』二七九ページ〔傍点―原文のまま〕）。

利子つき資本と利子との関係をめぐる最高物神と最高擬制との統合について、旧著のなかからすこしばかりの引用をこころみた。そこでの、おもなポイントは、ひとつの「独特な商品」と、その「使用価値」・「価値・価格」とのあいだに外皮でおおわれた諸関係とその解明である。その「使用価値」とは、平均利潤の最高物神・最高擬制であり、その「価値・価格」とは、利子の最高物神・最高擬制である。利子つき資本の借り手（ひとつの「独特な商品」の等価なしでの「買い手」）は、貸し手からその「独特な商品」を形態転換なしにうけとり、持ち手・利用者・使用者としてそれの「使用価値」（平均利潤）をえて、そのなかからその一部分としてのそれの「価値・価格」（利子）を貸し手・所有者に元本とともに返済する。つまり、ひとつの「独特な商品」がもつ「使用価値」のなかからその一部分としての「価値・価格」が、それの使用者によって所有者にその「独特な商品」とともに返還される、という不可解な外観が成立する。

ところが、これとは大きな段階差のもとでのことだが、ひとつの「独特な商品」と、それの「使用価値」・それの「価値・価格」との物神・擬制がみられる。それらは、貨幣の資本化の現実的・理論的基底として成立し、資本主義社会の日常事象として存続している。その「独特な商品」（eigentümliche Ware,「特殊な商品」eine solche spezifische Ware）とは労働力のこと、それの「使用価値」とは労働力の使用・消費から生じる労働である価値源泉（必要労働と剰余労働〔v+m〕）のこと、それの「価値・価格」とは賃金（可変資本〔v〕部分、労働力の再生産のために家族とも必要な生活・文化費用）のことだ。労働力「商品」の所有者・売り手は二つの自由をもつ賃金労働者であり、労働力「商品」の買い手・使用者・資本家は労働の所有者である。いま、これらのことを深く追究するばあいではないので、利子つき資本の最高物神・最高擬制のほどを確認するためにだけ、旧著のなかからこれらのことについてすこし抜き書きしてみよう。

「資本主義的生産関係では、まず、労働の〈商品〉への擬制化が生じる。労働力は人体の外部に存在する普通商品や貨幣商品とはちがい、人間労働によって直接的に再生産されるのではなく、人間労働の生産物をとおして間接的に再生産され、また労働過程によってつくりだされるのではなく――むしろ消費される――、かえって反対に、休息過程によってもたらされるのであるから、それはただ擬制的にだけ〈商品〉として、しかも、ひとつの〈独特な商品〉として出現する。そのような〈独特な商品〉としての労働力の〈使用価値〉は、つうれいの商品の使用価値とはちがい、それの消費＝労働が価値をつくりだすというひとつの独特な属性をもつ。

注記。「労働力が〈商品〉に擬制化されるということは、労働力が商品として売買される、というじじつを否定するものではなく、かえって労働力がつうれいの商品としてでなく、ひとつの種類の〈独特な商品〉として売買される、ということの理由をあきらかにするものである」（『利子つき資本』二七八―九ページ、なお二五三―六一ページ参照）。

貨幣が資本に転化するためには、まず貨幣は商品の形態に転化しなければならない。「商品形態をとることなしには、貨幣は資本にはならない[6]」。ここでいわれている商品とは、$G-W<\genfrac{}{}{0pt}{}{A}{Pm}$ にしめされているAとPmである。「商品」としてのA（労働力）と、商品としてのPm（生産手段＝不変資本）とが生産過程で組みあわされて、新しい生産物・商品体がつくりだされる。新しい生産物・商品体のなかに宿るc＋v＋mは、労働力が「商品形態」をとることなしには、資本の産物としては生じなかっただろう。労働力「商品」の「使用価値」・使用・消費によって労働力のなかからでてくる労働は、その労働力「商品」の「価値・価格」（v）以上の価値（v＋m）をつくりだす。労働力「商品」の所有者・売り手は「価値」どおり・正当にそのうちのv部分しか得られない。のこりは、買い手・

資本家の所有に帰属する（いわゆる搾取する）のが、資本主義構造の基礎となる。

（6） Das Kapital, Bd. I., S. 162.（傍点―原著者）。

利子つき資本（所有資本としての貨幣）がひとつの「独特な商品」となるのは、労働力がひとつの「独特な商品」となるのとは、類似しているようでぜんぜんちがう契機と内容をもっている。それなのに、利子つき資本の運動の始発点・貨幣形態の価値が、「商品形態をとることなしには、貨幣は資本にはならない」という経済的鉄則を忠実にまもっているかのようにさえみえよう。[7]

（7）「……貸しつけられる貨幣は、……産業資本家（ここでは、借り手でもある〔飯田注〕）にたいする労働力と、その位置で一つのある類似点をもつ。産業資本家は貸付資本の価値を単純に返済するだけなのに、産業資本はただ労働力の価値を支払う。産業資本家にとっての労働力の使用価値は、労働力じたいがもつ以上の、また労働力に要する以上の価値（利潤）を労働力の消費でつくりだす、ということだ。この価値超過分が、産業資本家のとっての労働力の使用価値である。このようにして、貸付資本の使用価値も、同様に価値をうみ、さらに増殖する能力として現象する」（Das Kapital, Bd. III. Tl. I., S. 385.）。ここでは、労働力の「使用価値」（労働、v＋m の源泉）が買い手・産業資本家の立場から v＋m のうち v をさし引いたのこり（m）だけが提示されている。貸付貨幣資本の「使用価値」（平均利潤）との類似性を指摘するためにか。また、貸付貨幣資本の「価値・価格」（利子）は労働力の「価値・価格」（賃金）とのちがいを露呈するので、わざとふれないのかも。ともかくも、ここでは、両者間の類似点だけが呈示されているようだ。

それはともかくとして、利子つき資本の運動（〝独特な流通過程〟での貸しつけ・返済還流）を実演している銀行信用では、〝げんじつの流通過程〟の商業信用とはまったくちがい、原則的には貨幣の形態そのままでの貸しつけ・返還がおこなわれる。銀行信用では、貸し手・所有者によって譲渡され・手ばなされた（所有は移転されない〝持ち手変換〟）一定価格額の貨幣は、一定期間後には同質・増量のすがたで所有者・貸し手に返還する。ここには、売買対象となる異質の諸普通商品はいっさい登場しない。とはいっても、商品形態での貸しつけ・返済がぜんぜんおこなわれないのではない。

「資本として貸しつけられる商品は、その素質におうじて、固定資本または流動資本として貸しつけられる。……ある種類の商品は、その使用価値の素質上、いつも固定資本としてしか貸しつけられえないのであって、たとえば、家屋、船舶、機械、など。しかし、すべての貸しつけられる資本は、その形態がどうであろうと、またその返済がその使用価値の本性によってどう変わろうと、いつも貨幣資本の一特定形態でしかない。というのは、ここで貸しつけられるのは、いつもある一定の貨幣額であって、この貨幣額についてこそ（denn auch）、利子は計算されるのだからである。貸しだされるのが、貨幣でも、流動資本でもないならば、それは固定資本が還流する方式で返済される。貸し手は、周期的に、利子と、固定資本じたいの消耗価値の一部分、すなわち、周期的摩損分の等価とをうけとる。そして期間のおわりには、貸しつけられた固定資本の未消費部分が現物で（in natura）復帰する。貸付資本が流動資本であるならば、それはやはり流動資本の還流様式で貸し手のもとに復帰する。

還流様式は、だから、いつも、みずから再生産する資本の、そしてその諸特定種類の、げんじつの循環運動によって規定される。だが、貸付資本にとっては、還流は返済の形態をとる。というのは、資本の前貸（Vorschuß）、すなわち、資本の譲渡（Entäußerung）が貸しつけ（Verleihen）の形態をとるからである。

本章では、われわれは、いま貸付資本の本来的な貨幣資本をとりあつかう。貸付資本の他の諸形態はこれによって導かれる」（Das Kapital, Bd. III. Tl. I, SS. 376-7.〔傍点―原著者〕）。

売買対象とはならない商品の貸借関係として、商品売買を基本とする商業信用の問題視点からは排除されるリース、レンターは、こうして、利子つき資本の運動・銀行信用での商品貸借関係にはくみ入れられよう。だが、そのさいの貸借料は、銀行信用では、利子として貸し手・所有者によって取得される。だから、うえの引用文にもみられるように、貸しつけ対象の商品とその利子部分は、貨幣額に換算されなければならない。利殖を追求してやまない利子つき資本にとっては、商品形態での質的差異性の拘束は、貨幣形態での質的同一性の自由へ解放されなければならない。こうして、利子つき資本の増殖運動を実演する銀行信用は、多種多様な商品形態から脱出して、貨幣形態一色の等質増量の路線をたどることになる。

まとめ
——後方から前方へ——

商業信用と銀行信用とのちがいは、簡略にこうまとめられよう。

商業信用は、価値形成・増殖の場ではない〝げんじつの流通過程〟でおこなわれる普通商品の売買と貸借関係にかかわる貨幣理論段階の信用である。資本主義社会の流通資本（貨幣資本・商品資本）も〝げんじつの流通過程〟ではたんなる貨幣・たんなる商品として機能するのだから。

これにたいして、銀行信用は、再生産過程のそとにある〝独特な流通過程〟でおこなわれる価値増殖（利子取得）をねらいとする所有資本・利子つき資本の運動、すなわち、価値の〝形態転換〟のない〝位置転換〟による価値増殖をめざす資本の貸借関係にかかわる資本理論段階の信用である。

商業信用での貸付対象は、未払いの販売商品だが、支払期日には販売商品そのものではなく、販売代金・等価・貨幣で決済されなければならない。商品を貸しつける、とはいっても、販売中の商品であり、等価・貨幣（支払手段）による決済日までは支払延期・販売未完了の商品である。支払期日に等価・貨幣を受領すること、すなわち、〝価値の形態転換〟こそが、売り手・貸し手の目的である。

ところが、銀行信用での貸付対象は、つうれい貨幣形態の資本・〝資本としての貨幣〟であり、その〝貨幣の資本としての貸しつけ〟は、異質使用価値・普通商品の売買とはまったくかかわりのない〝独特な流通過程〟のなかでは、等質価値・貨幣形態のたんなる〝位置転換〟だけがおこなわれる。譲渡と引きかえに等価をうけとらない、いいかえれば、商業信用のばあいとはちがい、げんじつの〝価値の形態転換〟なしの〝価値の位置転換〟によって媒介される一定価格額〝資本としての貨幣〟は、貸し手・所有者から借り手・持ち手へ譲渡されても、依然として貸し手によって法律的に所有される。だから、譲渡された（このばあい、貸しつけられた）貨幣資本は、予定の一定期日には貸し手・所有者のもとに返済・還流しなければならない。しかも、それの時間的経過による増殖分（利子）をつけて。手ばなされた価値が利子つき資本とよばれるわけだ。[1]

（1）「貨幣市場（貨幣資本市場〔飯田注〕）では、貸し手と借り手だけが対立する。商品は、貨幣という同一形態をもつ。資本が、特定の生産部面または流通部面で投下されるすべての特定姿態は、ここでは消滅する」（Das Kapital, Bd. III. Tl. I., S. 402.）。

「……媒介者としての銀行業者によって産業家や商人にたいしてなされる貨幣貸付……」（a. a. O., Bd. III. Tl. II., S. 523.）。Vgl. a. a. O., Bd. III. Tl. II., S. 528. S. 544. S. 552.

その利子は、〝独特な流通過程〟のなかで、〝資本としての貨幣〟・利子つき資本がどんなに駆けずりまわっても、そのなかからひろいだされるようなしろものではない。利子が平均利潤の一部分であり、借り手・機能資本家が貸し手・利子つき資本の所有者にその利子を支払わねばならないいじょう、借り手は借り入れたその利子つき資本を、平均利潤の生産・成立に直接関与する機能資本に転化して、再生産過程のなかに投入しなければならない。こうして、利子つき資本の運動は、再生産過程での機能資本の運動にひきつがれることになる。利子つき資本の転化形態としての機能資本が多難な旅路をへてつくりだす剰余価値→個別的利潤→平均利潤によってはじめて明示されることになる利子は、〝価値の位置転換〟の場・〝独特な流通過程〟のなかに住みつき、そのなかを往復するだけの利子つき資本にとっては、中間・再生産過程のすべての事項はすっかり消えさって、ただ〝所有の所産〟・最高物神としてあらわれる。

利子つき資本の借り手・機能資本家から貸し手・資本所有者に支払われる追加分が、自己資本と借入・他人資本との合体によってつくりだされる平均利潤のうち、自分用の企業者利得をさし引いたのこり・利子（借入資本につける）にすぎないわけは、借り手の機能的役割にもとづく。そのさい、自己資本につく利子部分は、それの所有者・機能資本家に帰属する。こうした借り手・機能資本家とはまったくちがい・利子つき資本の貸し手・所有者は、〝独特な流通過程〟のなかで、価値のたんなる〝位置転換〟をおこなういがいにはなにもしないで、夜となく昼となくただ時間の経過をまつだけで、利子を収得する。

銀行信用の運動主体である利子つき資本は、資本としての貨幣の〝位置転換〟、すなわち、貸しつけ・返還の単純な往復路線をたどるだけで、その利殖（利子取得）を達成する。しかし、この〝独特な流通過程〟の門前で待ちかまえている利子つき資本は、ほんらい再生産過程から借入要請にもとづいて発進するのであって、借入要請なしに能動的・積極的に発動するのではない。熱烈な借り手がわからの要望があればこそ、請われて利子つき資本が発進する動機をえるのだからである。借り意欲のないものに、ムリヤリ貸しつけることはできない。利子を下げて借り手をふやすのが、恐慌後の不況時にみられる貸し手のひとつの方法である。

それにしても、利子つき資本は、その借り手・機能資本家によって機能資本として再生産過程で大いに活用され、私有資本の量的制限をこえる資本の生産性・競争力の増進に大きく貢献する。そうした資本主義社会が存続するかぎり、「利子つき資本は、実際上、信用の基礎（die Basis）を形成する」[(2)]といわれる。これは、商業信用が「信用制度の本来的基礎をなす」といわれているのとはちがい、利子つき資本―銀行信用が資本主義的再生産構造の実際上の基礎として重視されねばならないことを強調したものだろう。

（2）「……資本主義生産様式が存続するかぎり、その諸形態の一つとしての利子つき資本も存続し、そして実際に、その信用制度の基礎を形成する」(Das Kapital, Bd. III. Tl. II., S. 656.)。

「……ここに、利子つき資本が〈信用制度の基礎(Basis)〉を形成する、とのべられていることと、原著第二五章や第三〇章で、生産者や商人たちが商品の形態で相互にあたえあう前貸し(商業信用)が〈信用の本来的基礎(eigentliche Grundlage)〉をなす、または、商業信用が〈信用制度の基礎(Basis)〉を形成する、とのべられていることとは、なにも矛盾するものではなかろう。利子つき資本と商業信用が、信用制度でもつ重要性をものがたるのに、たまたま〈信用制度の基礎〉というおなじ用語がもちいられているだけであって、これによって、商業信用や利子つき資本の意義はなんの変化をもうけない。しかも、商業信用では、〈本来的〉という限定があたえられており、利子つき資本では、〈実際に〉(in der Tat)という副詞句がつけられている」(飯田繁『利子つき資本の理論』四六九ページ)。

銀行信用が商業信用とは格段にちがう役割をはたし、とくに〝信用創造〟のうえで新局面をきりひらいていることについては、さらに後章で。

さいごにひとこと。

利子つき資本の借り手は、わたくしのこれまでの叙述では、マルクスの仕方どおりに、機能資本家であった。利子の源泉・平均利潤の成立過程をしるために、もっといえば、利子つき資本(ひとつの「独特な商品」)の「使用価値」(平均利潤)にたいする「価値・価格」(利子)という最高物神・最高擬制の起源・資本主義的社会関係をさぐるために。だが、じっさいには、利子つき資本の借り手は必ずしも機能資本家ではない。

貸し手は、利子取得を目的として、貨幣形態の価値をかならず資本として譲渡するのだが、借り手は人さまざまで借り入れた利子つき資本を、あるいは追加資本(無担保)として、あるいは所得として、またあるいは恐慌期の支払手段・貨幣などとして、いろいろな使途にむけるだろう。その使途によって平均利潤がえられようと、えられまいと、借り手は貸し手に利子つきで元本を返却しなければならない。

ところが、利子つき資本の使途により、それの転化資本・貨幣の再生産過程は複雑多様な成果をもたらす。そこで、利子つき資本とそれにつづく再生産過程との関連が大きな問題として浮かびあがるわけだ。『資本論』第三巻第五篇のなかでも、とくに困難だといわれる諸章（第二五章をはじめに、とりわけ第三〇―三五章）で説かれている〃貨幣の貸しつけ〃か、〃資本の貸しつけ〃か、をめぐる難題である。この問題は、〃貸しつけ〃とはいいながら、じつは〃借り入れ〃というべきだろう。(3) 〃貸しつけ〃は必ず資本としておこなわれるのだから。

(3)「……借り入れの対象をめぐる問題、〈貨幣の借り入れ〉と〈資本の借り入れ〉の問題の考えかたについて一言。貸しつけられるものが貨幣であるか、または資本であるかという、この問題は、ほんらい貸し手にとってではなく、借り手にとって生じる。貸しつけられる貨幣は貸し手にとってははじめから資本としての〈商品〉なのだから。そこで、この問題を、〈借り手にとっての〉という限定をつけた〃〈貨幣の貸しつけ〉と〈資本の貸しつけ〉の問題〃とよぶよりも、いっそう簡単に、しかも明瞭に問題の本質をいいあらわすために、わたくしは、あえて〃〈貨幣の借り入れ〉と〈資本の借り入れ〉の問題〃とよぼうとおもう」（『利子つき資本の理論』二三二―三ページ〔傍点―原文のまま〕）。

「……銀行業者がじぶんの取引客の手に現金を用立てるものは、資本なのか、それともたんなる貨幣、流通手段、通貨なのか、という難解な論争問題……を解決するためには、われわれは銀行の顧客（**Bankkunden**, 借り手〔飯田注〕）の立場からみなければならない。銀行の顧客は何をもとめ、入手するか、が問題である」（**Das Kapital, Bd. III. Tl. I., S. 468.**）。

もっとも、貸し手・銀行業者にとっての資本と、借り手・顧客にとっての資本とは、おなじく資本といいながら、じつはそれぞれの内容・目標などでまったくちがうだろう。貸し手にとっての資本というのは、利子（価値増殖）の取得をめざす利子つき資本・最高資本物神であり、借り手にとっての資本というのは、再生産過程で平均利潤の収得をねらう機能資本のことだ。

いまは、〃独特な流通過程〃のなかでしか存立しない・運動しない利子つき資本が借り手によってどのように変身して再生産過程にはいり、運営されるか、という、利子つき資本じたいの概念・運動範域をこえる総合的な問題にたちいることはできない。次章では、いくらか関連的にその問題などにもふれることができようが。

第三章　商業信用と銀行信用とのまざり合い

はじめに——問題点

商業信用と銀行信用とは、くりかえしみてきたように、まったくちがう。商業信用が〝げんじつの流通過程〟（価値増殖しない〝形態転換〟の場）で運動する貨幣論段階的規定であるのにたいして、銀行信用は〝独特な流通過程〟（価値〝形態転換〟なしの価値〝位置転換〟の場）で価値増殖する資本論段階的規定である。資本主義社会での商業信用は、商品資本（商品として機能する）売買にかかわる機能資本家どうしの貸借関係であるが、銀行信用は、利子つき資本の所有者と使用者とのあいだの貸借関係である。そこからおこる問題は、このように本質のうえでも、運動の場・方法のうえでも、まったくちがう商業信用と銀行信用とが、いったい、〝なぜ〟、〝どのように〟まざり合う(1)のだろうか、ということである。

（1）「……この商業信用に、本来的な貨幣信用（der eigentliche Geldkredit）がつけ加わる。産業家たちや商人たちそうご間の前貸しは、かれらにたいする銀行業者たちや貨幣貸付業者たちのがわからの貨幣の前貸しと汞和《コウワ》する（verquickt sich）」（**Das Kapital, Bd. III. Tl. II., S. 528.**）。

ここに「本来的な貨幣信用」といわれているものは、銀行信用のことである。商業信用が〝商品信用〟だ、というのなら、銀行信用は〝貨幣信用〟だ、ということになろう。また、ここに汞和といわれている難解な用語をさけて、わたくし流に〝まざり合い〟と判読した。両信用の〝まざり合い〟というのは、両信用の単純な接触ではない。商業手形から銀行券への転化にみられるように、銀行券（兌換）の利子つき資本性と信用貨幣性との二面性、いわば融合と分離との〝まざり合い〃の理解を必要とするからである（後述）。

商業信用と銀行信用との〃まざり合い〃（注記のとおり、単純な接触ではなく、いわば融合と分離との〃まざり合い〃）が〃なぜ〃おこるのか、は商業信用も銀行信用も、それじたいでは独立存続できる素質のものではないのだからである。だからこそ、商業信用も銀行信用も、たがいに〃まざり合い〃―融合・分離することによって、結果的には、それぞれの本質・運動範域が成長・拡大され、それぞれの役割が大きく促進されることになろう。(2)

（2）「……手形割引依頼人は流通領域のせまく限られている商業手形を手ばなして、流通性の広く高い銀行手形（銀行券）――商業手形は個別的資本の信用にかかわるのにたいして銀行手形は社会的資本の信用につらなるのだから――を手に入れる。したがって、商業信用と銀行信用とのまざり合いは、一方では、再流通・連結できない商業手形を流通過程から引き揚げ・流通性の高い他の貨幣代用物と取り代える、他方では、商業手形を割引く銀行に利殖の道をきりひらく。いいかえれば、商業信用と銀行信用とのまざり合いによって、資本主義社会の資本運動と貨幣運動との新たな関係局面が成立する一石二鳥ともなる。そしてそこから生まれてくるものが、商業手形に代わって、銀行から貸しつけ発行される銀行券の資本（げんみつには、価値そのものではないから擬制的資本）としての運動と、貨幣（代用物）としての二重性である（飯田繁『マルクス貨幣理論の研究』一二八―九ページ〔傍点―原文のまま〕）。『利子つき資本の理論』一九七―二〇六ページ参照。

次の問題は、商業信用と銀行信用との〃まざり合い〃が、このような〃なぜか〃を根拠に〃どのように〃おこなわれるのか、だ。いまは、〃なぜか〃の問題分析は与えられた前提として、おりおりふれながらも、さっそく〃どのように〃の問題から叙述をはじめよう。

I　商業手形の割引

――商業手形から銀行券へ――

商業信用で商品を売買するさいに売り手がうけとる商業手形は、一定期日に商品の販売代金を支払手段・貨幣で支払う、という買い手の支払い契約書（約束手形）である。それは、期日到来まで、その売り手によって商業信用での商品購買代金の支払い契約書（差額は別払い）として裏書き再流通に使える。そのかぎりでは、商業手形は手形割引業者や銀行業者による割引を必要としない。しかし、商業手形の再流通領域は、商品生産者・流通業者（総括して機能資本家たち）そうご間の取引関係によってせまく限定されているし、また商業手形を個人的消費や賃金支払いなどにはそのまま使えないなどのケースも続出するだろう。そこで、ひろい意味の信用貨幣・商業手形は、その限定された流通範域・その他の制限性から脱出するために、いち早く一般的流通性をもつほんらいの（げんみつな意味の）信用貨幣（銀行券）、さらには当座預金・預金通貨（預金貨幣）に転化されなければならない。「手形の振り出し（Wechselziehen）は、商品を信用貨幣の一形態に変えること（Verwandlung）であり、手形の割引（Wechseldiskontieren）は、この信用貨幣を他の信用貨幣、すなわち銀行券に変えることだ。[1]」

（1）　Das Kapital, Bd. III. Tl. I, S.467.

いまは、商業手形から銀行券への転換についてすこし。

銀行業者が商業手形（約束手形）の割引に応じるのは、手形の所持人・商品販売者・債権者による要請にもとづいてのことだ。手形の割引[2]（あるいは、買いとりともいう）は、その手形が商業信用での商品売買関係によって確実にうらづけられているかぎり、銀行業者にとっては、利子つき資本貸しつけの一方式である。商業信用での商品の買い手・債務者の支払期日までの利子算入の手形額面から通常の利子率分をさしひいた残高を割引依頼人・債権者にわたせば、肩がわりの銀行業者は、支払期日に債務者から手形額面どおりの金額をうけとることによって、銀行信用の目標・利子収得を達成できる。そのさいの利子率は、既述のように、商業信用の領域内で決定されるのではなく、そのときどきの貨幣資本・利子つき資本にたいする需給関係によってきまり、ここではただ適用されるだけのことである。

（2）「……銀行資本の一部分はこのいわゆる利子つき証券に投下されている。この部分それじたいは、げんじつの銀行業務のなかではなにも機能しない予備資本の一部分である。その最大部分が手形、すなわち、産業資本家たちまたは商人たちの支払契約書から成りたっている。貨幣の貸し手（資本としての〔飯田注〕）にとっては、これらの手形は利子つき証券（**zinstragende Papiere**）である。つまり、貨幣の貸し手は、手形を買うばあい、それがまだこれから経過しなければならない期間分の利子をさし引く。これは割引とよばれる。こうして、手形の表示額面のうちどれだけさし引かれるかは、そのときどきの利子歩合によってきまる」（a. a. O., Bd. III. Tl. II., S. 513.）。なお、利子率が商業信用によってではなく、貨幣市場（貨幣資本市場）によって規定される、ということについては、Vgl. a. a. O., Bd. III. Tl. II., S. 563.

手形割引によって銀行業者は利子つき資本を貸しつける。銀行業者が貸しつける（あるいは買う）対象は、一定期日の支払契約書・商業手形であって、銀行業者は、商業信用での買い手・債務者に代わって支払期日前に販売代金・支払金額を前払い・前貸しする。そのさい、商業手形の所持人・手形割引依頼人は、銀行業者から手形額面（取引商品の現金価格＋利子＝信用価格）のなかの利子分をさしひいた残額をうけとるとしても、それによっては、金額のうえで何の損得も生じるものではない。

手形の割引（手形の振り出し後二～三日）が将来の支払を現在化することによって、信用価格から利子分をさし引いた現金価格で商品が売られたことになる、ともみなされよう。それは、商業信用での商品取り引き促進というメリットを活用しながら、商業信用での支払い延期というデメリットをおさえることをも意味しよう。ここでは、いわば、貨幣の支払手段機能のプラス面と、流通手段機能のプラス面とが、銀行信用の媒介で合体してあらわれる。ところで、利子つき資本の貸付業者・銀行業者の手形割引によって、手形割引依頼人（商業信用での売り手・貸し手）も、手形振出人（商業信用での買い手・借り手）も、銀行業者から資本を借り入れるのではない。つうれいの商業手形は商品売買によって確実に裏づけられており、その手形の割引は商品の売り手に商品の転化形態・貨幣の予定されている入手をすぐにも可能にするだけのことだ。銀行業者は資本の貸しつけに終始するとしても、このさいの相手方（顧客）にとってはぜんぜんそうではない。マルクスは、通貨学派（ノーマンやオーヴァストーンら）の〝手形割引＝資本貸しつけ（じつは資本借り入れ）〟論などを、『資本論』第三巻第五篇のなかでの難関と称せられる諸章できびしく批判している。

「このうぬぼれ論者（Dieser selbstgefällige Logiker、オーヴァストーン〔飯田注〕）は、事業を拡張するためにだけ手形は割り引かれる、事業は利潤をかせげるから拡張される、と推測している。第一の推測はあやまりだ。つうれいの事業家が手形割引を依頼するのは、かれの資本の貨幣形態を先どりしてそれによって再生産過程を流動状態に保つためであって、事業を拡張したり、追加資本を調達したりするためではなく、かれがあたえる信用を、うける信用によって相殺するためである。また、もし、事業家がかれの事業を信用で拡張しようと望むならば、手形の割引はかれにはあまり役だたないだろう。手形の割引はかれの手にある貨幣資本を一つの形態から他の形態にかえるだけのことだから。だから、かれは、むしろヨリ長期貸付によろこんで取りつくだろう」（a. a. O., Bd. III. Tl. I., S. 465.）。

「前貸しが手形の割引にたいしあたえられるとすれば、前貸しの形態さえ消える。純粋な売買だけがおこなわれる。手形は裏書きによって銀行の所有に移り、これにたいして、貨幣は顧客の所有となるのであって、顧客の側からの返済は問題とならない。……このばあい、資本の前貸し（顧客にとって〔飯田注〕）はぜんぜん問題になりえない。商人と商人とのあいだの売買はいずれも資本の移転である。しかし、資本の移転が相互的でなく、一方的で後払いであるばあいにかぎり、前貸しが生じる。手形割引による資本前貸しは、だから、その手形が空手形（Reitwechsel、騎乗手形、やりくり手形、書き合い手形、融通手形）であるばあいにだけおこる。その空手形とは、販売された商品をぜんぜん代表しない、その正体がわかれば、どの銀行業者も受けとらない手形のことだ。したがって、正規の割引業務では、銀行の顧客は、資本でにせよ、貨幣でにせよ、前貸しをうけとるのではなく、販売された商品にたいして貨幣をうけとるのだ」（a. a. O., Bd. III. Tl. I., S. 469.〔傍点—原著者〕）。「たしかに、信用やりくり師（Kreditritter）は、じぶんの事業を拡張するために、ある一つの疑惑的な事業を他の疑惑的な事業によっておおいかくすために、利潤をえるためにではなく他人の資本を占有するために、自分の空手形を割り引かせるだろう」（a. a. O. Bd. III. Tl. I., S. 465.）。

商業手形の割引は、割引業務を担当する銀行業者にとっては、一つの利子つき資本の重要な運動方式であって、文字どおり資本の貸しつけなのだが、上述のように、銀行の顧客・割引依頼人にとってはほんらい資本の借り入れではない。手形の割引は、「この信用貨幣〔商業手形〔飯田注〕〕を他の信用貨幣、すなわち銀行券に変えることだ」から、商業手形に代わって登場する、おなじく信用貨幣といわれる銀行券がここで新しく問題となる。

まず、信用貨幣について『資本論』第一巻で、マルクスがかんたんにふれている箇所をたしかめてみよう。

「……信用貨幣は、われわれにとって、単純な商品流通の立場からは、まだまったくわかっていない諸関係を前提とする。だが、ついでにふれておくと、ほんらいの紙幣（eigentliches Papiergeld）が流通手段としての貨幣機能から生じるように、信用貨幣は支払手段としての貨幣機能にその自然発生的な根源をもっている」（Das Kapital, Bd. I., S. 132.〔傍点—原著者〕）。

「……信用貨幣は、直接に支払手段としての貨幣機能から生じる。というのは、売られた商品にたいする債務証書じたいが債務請求権・債権の譲渡のために再流通するのだからである。他方、信用制度が拡充されると、それにつれて貨幣の支払手段機能も増大する。そのようなものとして、支払手段機能の貨幣は独自の存在形態をとる。それはこの形態で大きな商業取り引きの部面に定住する。金貨や銀貨は、主として小売りとり引きの部面へおしかえされるのだが」（a. a. O., Bd. I., S. 145.〔傍点—原著者〕）。

ほんらいの紙幣（価値表章）が流通手段としての貨幣機能からうまれるのと対比して、信用貨幣は支払手段としての貨幣機能から発生する、と説いたマルクスは、「他の信用貨幣、すなわち銀行券」の貨幣性[3]を明らかにしている。

（3）「……信用貨幣それじたいは、それがその名目価値の額面で絶対的にげんじつの貨幣を代表するばあいにだけ貨幣である」（Das Kapital, Bd. III. Tl. II., S. 561.）。

「……信用貨幣の本質を貨幣的視点から規定したものとして重視される」（飯田繁『マルクス貨幣理論の研究』一三二ページ〔傍点―原文のまま〕）。

信用貨幣は支払手段としての貨幣機能から発生する、とはいっても、銀行券は信用貨幣であるだけではない。銀行券は、〝独特な流通過程〟のなかで利子つき資本の貸しつけを本業とする銀行業者によって手形割引などの方法で発行される。銀行券（兌換）が信用貨幣であるのは、発行された銀行券が〝げんじつの流通過程〟のなかに投下されてからのことであって、それまでは、銀行券は前身の利子つき資本性（擬制的）の本質・運動のもとにある。貸しつけられた銀行券は、貸しつけ期間の経過とともに信用貨幣性から利子つき資本性に再転化して、貸し手のもとへ還流しなければならない。銀行券の二重性については、なお後述。そのまえに、銀行券がどのようにして、またどの程度に発行されるかをみよう。

「銀行券は、いつでも持参人（Inhaber）に支払える、そして銀行業者によって個人手形（Privatwechsel）に代用される、銀行業者あての一手形（銀行手形〔飯田注〕）いがいのなんでもない。信用の最終形態は……きわだって重要にみえる。まず、この種の信用貨幣は、たんなる商業流通から脱出して、一般的流通にはいり、ここで貨幣として機能するのだから、……」（Das Kapital, Bd. III. Tl. I., S. 440.）。

「……このような手形（商業手形〔飯田注〕）そのものは、その満期・支払期日まで支払手段として再流通し、これはほんらいの商業貨幣（das eigentliche Handelsgeeld）をなす。手形が最終的に債権・債務の相殺によって決済されるかぎり、それは絶対的に貨幣として機能する、というのは、そのばあいには、貨幣への最終的な転形が生じないからだ。生産者たちや商人たちのこうした相互的な前貸しが信用のほんらい的な基礎（Grundlage）を形成するのとおなじように、その流通用具である手形はほんらいの信用貨幣（der eigentliche Kreditgeld）である銀行券などの基礎（Basis）を形成する。これらは、金属貨幣の流通であれ、国家紙幣の流通であれ、貨幣流通にもとづくのではなく、手形流通にもとづく」（a. a. O., Bd. III. Tl. I., S. 436.）。

「……大多数の国では、銀行券を発行する主要銀行は、国立銀行と私立銀行との異様な混合物として、じっさいには国民信用を背後にもち、その銀行券は多かれ少なかれ法定の支払手段である……」（a. a. O., Bd. III. Tl. I., S. 440.）。

以上の引用文だけからもわかるように、信用貨幣としての銀行券の本質・運動は商業手形の本質・運動を基礎とする。商業手形の割引にもとづいて生まれる銀行券が、商業手形に代わってその運動を一般化し、拡大するのだからである。したがって、このばあい、信用貨幣としての銀行券の発行量・流通量は、〝げんじつの流通過程〟の商業手形量を本来的に規定する商品生産・流通（取引）量、再生産過程の実状にもとづくのであって、銀行券発行者の自由意志や、兌換準備金量の増減などによって自動的・機械的に動くものではない。

「……流通する貨幣——銀行券と金——の数量に影響をあたえるものは、事業じたいの諸要求だけだ」（Das Kapital, Bd. III. Tl. II., S. 571.）。

「……流通する手形の数量は、銀行券の数量と同様に、まったく取り引き（Verkehr）の必要だけで規定される」（a. a. O., Bd. III. Tl. II., S. 587.）。

「……流通銀行券がいつでも貨幣と交換されうるかぎり、この流通銀行券の数量を増加することは、発券銀行の手に握られているのではけっしてない」（a. a. O., Bd. III. Tl. II., S. 569.）。

「銀行券の流通は、イングランド銀行の意志から独立しているとおなじく、この銀行券の兌換性を保証する同銀行地下室にある金準備の状況からも独立している」（a. a. O., Bd. III. Tl. II., S. 571）。『利子つき資本の理論』三八三—四ページ参照。

このように、銀行券の発行→流通量が、その発行者・発券銀行の自由裁量によってきめられるものではなく、商品生産・流通上の基礎的な再生産構造関係の必要な事情によってあたえられるものであることは、商業手形のばあいとおなじだ。このことは、銀行券が信用貨幣として〝げんじつの流通過程〟のなかで運動しなければならない事実にもづいている。そのさい、銀行券が信用貨幣であるのは、金兌換によって、銀行券と金との同一性が確保されているかぎりでのことである。金属準備量の増減につれて、いっぱんに銀行券の発行→流通量が自動的に増減するものではないが、万が一にも金属準備金の枯渇で再生産過程から求められる銀行券増量が達せられなくなると、銀行券の信用貨幣性が危なくなる。(4)

(4)「……信用貨幣それじたいは、それがその名目価値の額面で絶対的にげんじつの貨幣を代表するばあいにだけ貨幣である。金の流出とともに、信用貨幣の貨幣への兌換可能性、すなわち、信用貨幣の現実的金との同一性が疑わしくなる」(a. a. O., Bd. III. Tl. II., S. 561.)。

銀行券は、発券銀行による貸しつけ・発行を出発点として、〝げんじつの流通過程〟のなかで信用貨幣として機能しながら、転々と流浪したあげく、貸付期日の到来とともに貸し手・発券銀行に還流しなければならない。つまり、銀行券は、さいしょの貸しつけによる発行段階と、さいごの還流段階とを除く、中間の〝げんじつの流通過程〟でだけ、信用貨幣（兌換可能なばあい）として機能する。銀行券は、このように、利子つき資本性（擬制的）の一面と、信用貨幣性の他面とをあわせもっている。だから、銀行券と信用貨幣とがかんたんに同一視されてはならない。二面性・二重性は、銀行券にかんしてであって、信用貨幣についてではない。信用貨幣は、〝げんじつの流通過程〟でしかみられないのだから。いいかえれば、銀行券は、発行される時点・〝独特な流通過程〟のなかで信用貨幣として機能するのではないのだから。そこで、銀行券の二重性が次に問題となる。

Ⅱ　銀行券の二重性

1　兌換銀行券の二重性――利子つき資本（擬制的）性と信用貨幣性

銀行業者が貨幣（金または銀）じたいで手形割引などの貸しつけをおこなうばあいには、貸しつけられる貨幣は〝独特な流通過程〟のなかでは利子つき資本じたいであり、貸しつけられたその貨幣が〝げんじつの流通過程〟のなかにはいれば、げんじつの貨幣として機能する。そのばあいには、銀行券が貸しつけられるばあいとはちがい、利子つき資本の擬制性はあらわれない。

ところが、銀行券が貸しつけ・発行されるばあいには、銀行券の貸しつけ・発行量が、兌換準備金（金・銀）量によって裏づけられていようと、いまいと、貸しつけられる銀行券は背後に兌換準備金そのものではなく擬制的利子つき資本である。このことは、銀行券の擬制的利子つき資本の本質をしるうえでとりわけ重要なことがらだ。

「イングランド銀行がその地下室にある金属準備によって保証されていない銀行券を発行するかぎりでは、同銀行は価値表章（Wertzeichen）を創造するのであり、この価値表章は、たんに流通手段を形成するだけではなく、この無保証銀行券の額面まで、同銀行にとっての追加――擬制的（fiktiv）だとはいえ――資本を形成する。そしてこの追加資本は同銀行にひとつの追加的利潤をもたらす(1)」。

（1）　Das Kapital, Bd. III. Tl. II., S. 588.

兌換銀行券は、周知のように、発行総量が金属（金・銀）準備量によって裏づけられている――もし、そうなら、銀行券発行のメリットはなくなる――のではない。ところで、金属準備量によって裏付けられている兌換銀行券部分も擬制的利子つき資本だ、金属準備量で裏づけられていない兌換銀行券部分は、追加的な擬制的利子つき資本だ、ということになる。兌換銀行券の擬制的利子つき資本性がこのように二分されるのにたいして、不換銀行券は全面的に追加的な擬制的利子つき資本だ。

兌換銀行券の追加的な擬制的利子つき資本性を解説した初期の拙著『利子つき資本の理論』の当該個所の一文（すこし手入れ）をかえりみよう。

「中央発券銀行は、金属準備（金準備を中心とする）で保証されていない銀行券を発行し、利子つき資本に転化させることによって、おなじく社会的に、追加的な擬制資本を創造する（流通手段を形成するだけでなく）。これらの、貸しつけられ・利子つき資本に転化された銀行券は、なぜ追加的な擬制資本を形成することになるのだろうか。

ほんらい、この銀行券は、金属準備によって完全に保証されているばあいにも、ひとつの擬制資本である。銀行券はこのばあいでも、金そのものではなく、金とは別個に存在する〈金にたいする債務請求権〉にすぎないのだから。金属準備をこえる銀行券・金属無準備銀行券の発行は、社会的には、たんなる擬制資本ではなく、現存する価値量（金属準備）をこえる追加的な擬制資本の形成を意味することになろう。金属準備によって保証されていない銀行券部分（確実な諸有価証券によって保証されてはいるが、これらの有価証券じたいが、じつはたんなる〈請求権〉または〈名義〉にすぎない）は、貨幣としての性格上でも、金属準備によって保証されている銀行券とちがい、げんみつにいえば、じつは信用貨幣ではない。もちろん、じっさいには、〝発行される銀行券全部が金属準備によって保証されている〟のではないばあいでも、個々の銀行券の金兌換が可能であるいじょう、銀行券はすべて信用貨幣であるとみなされているのだが。しかし、それはたんなる価値表章（Wertzeichen）とおなじだろう、国家によって強制通用力があたられるならば。そこで、両者がともに擬制資本とよばれるとしても、そうよばれる理由はそれぞれちがう。金属準備保証部分の銀行券が擬制資本とよばれるのは、それが金属にたいする債務請求券であるということにもとづいている。これにたいして、金属無準備部分の銀行券が追加的な擬制資本とよばれるのは、それが、それじたい価値、資本ではなく、しかも価値（金属）によって裏づけられていないのに、それだけ多くの・追加的な〈資本〉として役だてるという事実だけにもとづいている。

そのことはともかくとして、金属準備によって保証されていない銀行券の発行は、社会的には、中央発券銀行による〈追加的〉擬制資本の創造であるが、同銀行じしんにとっては、げんじつに追加的利潤をもたらす〈追加的〉資本の創造であるかのようにみえる」（『利子つき資本の理論』四〇〇―一ページ）。

「現実的価値として存在する貨幣片をこえる貸付資本の量はすべて擬制的な〈資本〉であり、追加的資本とみえるものは、じつは追加的な擬制資本にほかならない。とはいえ、これらの貸付資本は銀行業者にとっては追加的利潤の源泉となる。このように、擬制的な〈資本〉もまた真実の資本とおなじように銀行業者に利潤をもたらすかぎりでは、銀行業者にとっては、真実の資本と擬制的な〈資本〉とのあいだに社会的・現実的に存在する区別などはどうでもよいものとなる」（同書三九九―四〇〇ページ）。

発行される兌換銀行券量は、金属準備量によって保証されている部分と、保証されていない部分とに分けられる。保証されている部分が（さえも、といえよう）擬制的利子つき資本であるわけは、背後の金属準備こそが価値の実在であって、それを代表する兌換銀行券じたいは価値そのものではないのだからである。兌換銀行券の発行によって、金属準備とは別途にしんじつの価値がつくりだされるのではなく、またその発行によってしんじつの価値が倍増するのではない。有価証券の発行によってしんじつの価値・資本が造出されるのではないから、現実資本を背後にもつ有価証券が擬制資本であるのと、それはおなじだ。

ところで、マルクスのうえの文面にみられる、「……金属準備によって保証されていない銀行券（兌換銀行券の一部分（飯田注））を発行するかぎりでは、同銀行は価値表章を創造する……」のなかの「価値表章」とはなにか、金属準備量をこえる兌換銀行券部分が価値表章だとは!?

ここで、マルクスは、兌換銀行券の内面的な分析によって、金属準備量をこえる兌換銀行券部分は、価値表章であって、〝げんじつの流通過程〟では価値表章の運動をおこない、金属準備量によって保証されている兌換銀行券部分は信用貨幣として機能する、といっているのではない。兌換銀行券量が金属準備量をこえない部分と、こえる部分との区別は、個々の銀行券にはなにも表示されていない。発行された兌換銀行券は、各個の背後関係がどうであろうと、いちように兌換がおこなわれ・おこなわれうるかぎり、〝げんじつの流通過程〟なかでは、すべて信用貨幣として――価値表章として、ではなく――機能する。

確定された金本位制度のもとで貸しつけ・発行される銀行券総量のうち、たとえば、比例準備率三分の一しか金属準備量が確保されていないとしても、いいかえれば、のこりの三分の二の発券量は金属準備量によって裏づけられていない（有価証券などで保証準備されている）としても、景気の正常期には国内用の兌換をもとめる危機などは生じないだろう。そのことを見とおしての比例準備制度である。したがって、金属準備量じたいによって裏づけられていない兌換銀行量――後述の不換銀行券量とはちがい――部分は、それによって裏づけられている兌換銀行券量部分とまったくおなじく、〝げんじつの流通過程〟のなかでは、信用貨幣の本質をもって運動する。

〝独特な流通過程〟のなかでは、発行兌換銀行券は、その金属準備量の裏づけ関係の差異によって、一面では擬制的利子つき資本であり、他面では追加的な擬制的利子つき資本である。こうした兌換銀行券の擬制的利子つき資本でのげんみつな二重性は、これまでみてきた、兌換銀行券の擬制的利子つき資本と信用貨幣制との二重性をなにも傷つけるものではない。兌換銀行券の背後関係・兌換準備金量の大きさじたいによって利子つき資本の擬制性が精密化されようと、兌換銀行券の本質・運動の二重性が基本的に変えられはしないのだから。

ところで、擬制的利子つき資本性と信用貨幣性との二重性のもとに兌換銀行券が考察されるばあい、さきにもすこしみたように、兌換銀行券の発行は発券銀行の自由意志ではきめられない。だとすれば、なぜ、何によって、どれほど擬制的利子つき資本が貸しつけられ、兌換銀行券が発行されるのか、がつづいて問題とする。このばあい、リード役を認識することが重要である。

商業手形の割引によって、貨幣（金または銀）じたいが貸しつけられようと、銀行券（兌換性）が貸しつけ・発行されようと、そのさいの貸し手である銀行業者の行動は、借り手（前述のように、〝借り手〟というよりも手形の〝売り手〟、その主体は機能資本家）の要請にもとづく。商業手形が、大規模の商品取り引きを媒介して裏書き再流通・相殺されるかぎりでは、〝ほんらいの商業貨幣〟としての限定された流通範域のもとにあろうとも、商業手形の銀行業者による割引→中央銀行による再割引の要請はおこらないだろう。銀行業者が商業手形を割り引くのは、手形の債権者・手形割引依頼人が、手形の振出人・債務者による一定期日の貨幣支払いを待ちきれずに、一般的流通性をもつ貨幣・銀行券への転換を要請するからである。

この場合、商品の売り手・債権者・手形割引依頼人は、既述のように、銀行業者から手形額面マイナス利子分＝元本をうけとることによって商品価格を現金売り価格に転化したことになるのであって、銀行業者からその元本を借り入れるのではない。このばあい、商業信用での買い手・手形振出人・支払人が一定期日に利子こみ支払い金額を、商業信用での売り手・手形割引依頼人にたいしてではなく、手形割引業者・銀行業者にたいして支払うのだから、銀行業者にとっては、手形割引は貸付業務のひとつにちがいない。手形の割引が手形の購買としてとりあつかわれるとしてもだ。

ところで、銀行業者の手形割引（いいかえれば、本章の主題・〝商業信用と銀行信用とのまざり合い〟の重要項目）は、手形割引依頼人の個人的な要請にもとづいてなされるのではあるが、その要請がなぜおこるのか、どの程度に生じるのか、は商業信用のそのときどきの経済的基盤に依存する。好景気の段階では、商業手形が平穏に再流通・相殺され、手形割引の要請は、所得・賃金・納税関係などにかぎられるが、恐慌勃発前期には支払手段の確保のためなどで異常に拡大される。こうして、手形所有者・手形割引依頼人による手形の割引要請は、つうれいそのときどきの経済情勢を反映するものであるいじょう、たんなる個人的恣意によるものではない。だから、手形割引のリードの役を演じるものは、基本的には、経済情勢の基盤を形成する生産・流通状況である。したがって、〝げんじつの流通過程〟のなかにある商業信用の状態が先行して、〝げんじつの流通過程〟のそとにある〝独特な流通過程〟の銀行信用の状況を事実上リードする。

資本主義経済社会の基礎構造を形成する商品生産→商業流通→貨幣流通の様式・要因・数量の因果関係は、いわゆる〝貨幣流通の諸法則〟によって端的にしめされている。流通必要金量、すなわち、貨幣が商品流通社会のなかで、げんじつに流通しなければならない数量は、基本的には流通・取り引き商品の総価格（同種商品の価値（価値価格）→市場価格×同種商品の取り引き量、異種商品についても同様、それらの総計）――貨幣の流通速度は分母要因――によって決定される。この規定は、流通手段としての貨幣量にだけではなく、支払手段としての貨幣量（修正要素をふくみながらも）にも適用される。(2) つまり、商業信用過程で形成される商業手形の額面総量も、そのときどきに売買・取り引きされる諸商品の価格総額によって基本的に規定される。こうして、かんたんにいえば、いま問題の、〝独特な流通過程〟での銀行信用の運動・手形割引→貸しつけは、しょせん〝げんじつの流通過程〟での商業信用からの手形割引要請によってひきおこされる、という帰結に到達するだろう。

（2） 流通に必要な貨幣（金）量、いいかえれば、諸商品価格を実現するのに必要な貨幣量は、要約すると、諸商品の価格によって決定される――その逆ではない――というのが、このさいの鉄則である。そこで、貨幣・銀行券（兌換）の発行・貸しつけをめぐる経済の因果関係にたちいるためには、なによりも流通必要金量→〝貨幣流通の諸法則〟の内容を見なければならないだろう。

まず、流通手段として機能する貨幣の流通必要金量にかんする規定すから。

「……実現されるべき価格総額は八ポンド・スターリング、同一個貨の一日間の流通度数は、四回だ。そして流通貨幣の数量は二ポンド・スターリング、あるいは流通過程の一定期間にたいして$\frac{\text{商品の総価格}}{\text{同一名目個貨の流通度数}}$=流通手段として機能する貨幣の数量である。この法則はいっぱんに通用する」(Das Kapital, Bd. I, SS. 124-5.〔傍点―原著者〕)。

「……各期間に流通手段として機能する貨幣の総量は、一方では、流通する商品世界の価格総額（die Preissumme）によって規定され、他方ではその対立する流通過程の、ヨリ緩慢な、ヨリ急速な流れによって規定されている、価格総額のいくらかの部分が同一個貨によって実現されうるかは、この流れにかかっている。しかし、諸商品の価格総額は、各商品種の価格にかかるのとおなじく数量にもかかる。三つの要因、価格運動、流通商品量、そしてさいごに貨幣の流通速度は、しかしながら、いろいろな方向に、さまざまな割合で変化しうる。実現されるべき価格総額、したがってそれによって決定される流通手段の数量は、ごくたくさんな組み合わせをうける（durchmachen）」（a. a. O., Bd. I., S. 127.〔傍点―原著者〕）。

「流通手段の数量が、流通する諸商品の価格総額と貨幣流通の平均速度によって規定されるという法則は、つぎのようにも表現されうる。すなわち、諸商品の価値総額があたえられたものであり、またその変態の平均速度があたえられたものであるとすれば、流通する貨幣の数量、あるいは貨幣材料の数量は、それじしんの価値に依存する、というように。諸商品価格が逆に、流通手段の数量によって、また後者は一国の存在する貨幣材料の数量によって規定される、という幻想は、そのほんらいの代表者のばあいには、つぎのような愚かな仮設に根ざしている。すなわち、諸商品は価格なしに、貨幣は価値なしに流通過程のなかにはいり、そうして、そこで商品ぞうすいの可除部分が、金属山の可除部分と交換される、と」（a. a. O., Bd. I., SS. 128-9.〔傍点―原著者〕）。

以上の、流通手段としての流通必要金量に、支払い手段としての流通必要金量を加えたばあい。

「今、あたえられた期間に流通している貨幣の総額を考察すると、流通手段と支払手段の流通速度があたえられているばあいには、それは、実現されるべき諸商品価格の総額プラス期限のきた支払いの総額マイナス相殺される支払い、さいごにマイナス同一個貨が交互にあるときには流通手段として、またあるときには支払手段として機能する流通量、に等しい」（a. a. O., Bd. I., SS. 144-5.〔傍点―原著者〕）。

「単純な貨幣流通（流通手段の流通〔飯田注〕）の考察から生じた流通する貨幣の数量にかんする法則は、支払手段の流通によって本質的に修正される（wird wesentlich modifiziert）。流通手段としてにせよ、支払手段としてにせよ、あたえられた貨幣流通速度のもとでは、ある一定の期日に流通する貨幣の総量は、実現されるべき諸商品価格の総額（実現に必要な流通手段量〔飯田注〕）、〔プラス〕その同じ期日に満期となる諸支払の総額、マイナス相殺によって相互に省略しあう諸支払の総額できまる。流通する貨幣の数量は諸商品価格によってきまるという一般的法則は、これ（本質的に修正されること〔飯田注〕）によってみじんも動かされない。なぜならば、諸支払いの総額じたいが、契約で確定された諸価格によって決定されるのだから。しかし、流通の速度と諸支払いの省略とが不変のままだと前提しても、一定期間、たとえば一日のうちに流通する諸商品量の価格総額と、おなじ日に流通する貨幣量とがけっして一致しないことは火を見るよりも明らかだ。というのは、その価格は将来はじめて貨幣に実現される諸商品がたくさん流通しているし、またとっくに流通から消え去った諸商品に対応する貨幣がたくさん流通しているのだから。このあとの方の貨幣量じたいは、それぞれまったくちがう時期に契約されても、おなじ日に満期となる諸支払いの価値総量の大きさで決まるだろう」(Zur Kritik, SS. 142-3.)。

なお、飯田繁『マルクス貨幣理論の研究』一八一―二二八ページ、『商品と貨幣の資本』一八二―二一七ページ参照。また、流通必要金量じたいの伸縮をげんじつに可能にする蓄蔵貨幣プールの役割については、『マルクス貨幣理論の研究』九三―七ページ参照。

兌換銀行券は、銀行業者の手形割引によって貸しつけ・発行されるばあい、くりかえしみてきたように、一面では、〃独特な流通過程〃のなかでの擬制的利子つき資本性として、他面では、〃げんじつの流通過程〃のなかでの信用貨幣性として存在する。兌換銀行券が貸しつけ・発行されるのは、いまや周知のとおり、発券銀行の恣意によるのでもなければ、金属準備量の増大によるのでもない。兌換銀行券の貸しつけ・発行は、もっぱら〃げんじつの流通過程〃から〃独特な流通過程〃への要請にもとづく。なぜならば、貸しつけられ・発行された兌換銀行券は、〃げんじつの流通過程〃のなかでは、〃貨幣流通の諸法則〃によって支配される信用貨幣として貨幣の代理機能をはたすのだからである。そこで、〃げんじつの流通過程〃のなかでの、兌換銀行券の信用貨幣としての運動機能をみなければならない。

「……銀行券の流通は基本的には商品流通→商業信用(→銀行信用)によって規定されるのであり、金準備は、ただ流通しつつある銀行券の、金との同一性を保証する要因であるのにすぎない……」(『利子つき資本の理論』三八四ページ)。さきの引用文・「……手形(商業手形〔飯田注〕)はほんらいの信用貨幣である銀行券(兌換銀行券〔飯田注〕)などの基礎を形成する。これらは、……貨幣流通にもとづくのではなく、手形流通にもとづく」（Das Kapital, Bd. III. Tl. I., S. 436.）という文面のなかに、信用貨幣としての銀行券の由来がしめされている。信用貨幣としての銀行券が、貨幣流通ではなく、手形流通にもとづいてうまれたものだ、ということは、しかしながら、信用貨幣としての銀行券が〝貨幣流通の諸法則〟によって支配されないことをいみするものではけっしてない。〝ほんらいの商業貨幣〟である商業手形の流通も商品流通によって規定されるのであるいじょう、手形流通にもとづく銀行券流通が〝貨幣流通の諸法則〟によって支配されるのはとうぜんなことだ。

「げんじつに流通する貨幣の数量が、流通の速度と諸支払いの節約とがあたえられているものと前提すれば、諸商品の価格と諸取り引きの数量とによって規定される、ということは、すでに単純な貨幣流通を考察したさい（第一巻第三章二）で指摘されている。おなじ法則は銀行券流通（Notenzirkulation 兌換銀行券流通〔飯田注〕）のばあいにも支配する」（a. a. O., Bd. III. Tl. II., S. 567.）。

「銀行券が手形流通にもとづいて流通するということは、他面、銀行券が貨幣流通（いいかえれば、流通手段・購買手段としての貨幣機能）にもとづいて流通するのではない、ということをものがたる。〈銀行券は、貨幣流通……にもとづくのではなく、手形流通にもとづく〉ということは、銀行券の流通が貨幣（金）流通の法則によって規制されることを否定するのではない。銀行券は究極的には商品流通に起因して流通するのだから、銀行券の流通はまさに貨幣流通の諸法則によって支配される。〈げんじつに流通する貨幣の量は……諸商品の価格と諸取り引きの量とによって決定される……。おなじ法則が銀行券流通にさいして支配する〉。このことは、信用貨幣としての銀行券は、金がげんじつに流通しなければならない量だけ――つまり、金がじっさいに流通しないならば、金に代わって――流通する、ということを意味するだけのことだ。銀行券の運動をひきおこすものは、商品流通（→商業手形）じたいであって、金の現在量ではない。だから、われわれは、げんじつには比較的少量しか存在しない一国内の金（金属貨幣―金属準備）をもっぱら下部構造とし、膨大に存在する商業手形さらに銀行券（信用）を上部構造として成立する、とされるいわゆる単純な〈逆立ちしたピラミット的一大貨幣・信用体系〉を妄想してはならない。中央銀行の十分な金属準備は、ただ、銀行券の金との同一性・兌換性を確保する（こうして、銀行券ははじめて信用貨幣となりうる）という役割をはたすだけであって、けっして銀行券を流通させる原因となるものではない。一国内での金の流通必要量と、金の現実的存在量とはまったくくちがう概念であり、それぞれあい異なる意味をもつ。もともと、金の流通必要量によって規定される銀行券の流通量を、金属準備金＝現実的金存在量の増減と人為的に結びつけようとした一八四四年銀行条例は、銀行券流通の法則にたいするまったくの無理解からうまれたものであった」（『利子つき資本の理論』二〇一―二ページ〔傍点―原文のまま〕）。同書三七八―八八ページ、四〇六―一六ページ参照。

「銀行券は、……ほんらい商業手形の流通にもとづいて流通するのだが、商業信用が確保される景気段階には、商業手形の裏書き―再流通により、割引商業手形の交換・相殺によって銀行券の流通は節約され、銀行券はこのばあいもはやただ支払差額の決済用としてしか要求されなくなる。さらに、恐慌勃発前の銀行券逼迫（それは割引率の上昇にあらわれる）の時期には、手形の数量は増大し――このときだけ、銀行券の流通量が手形の流通量にたいして原因的に反作用する――、しかも、手形の質は劣悪化する。いよいよ恐慌が勃発すれば、前日まで受けとられた手形はもはやだれからも拒否され、手形の流通はとまる。いまや、だれしも現金払い（Barzahlung）しかうけつけようとしないので、金かまたは中央兌換銀行券だけが、一般的な流通能力をもつ。

こうみてくると、われわれは、手形の流通量そのものと、銀行券の流通量そのものとのあいだに、一般的な因果関係をみいだすことはできなくなる。流通での因果関係と、流通の数量での因果関係とは区別されなければならない。前者を容認することは、ただちに後者を容認することを意味しない。手形の流通量と銀行券の流通量とには、技術的諸操作によるそのときどきの影響があたえられるから、両者のあいだには、……適確な一般的因果関係はみいだせないだろう。だが、両者は、景気局面の変化に照応して、おおよそ対立的に増減する、というたんなる相関関係をみとめることはできよう」（同書三八七―八ページ〔傍点―原文のまま〕）。

銀行券の貸しつけ・発行量が商業手形の流通―割引だけでおこなわれるのでないことは、銀行信用がさらにひろく、諸商品の生産・流通事情にもとづきながら、金融的技術方法による信用創造にかかわるものであることからもあきらかだ。

2　不換銀行券の二重性――利子つき資本（擬制的）性と価値表章性

おなじ銀行券という名称でありながら、兌換銀行券と不換銀行券とは、ちがう本質をもち、異なる運動法則によって支配される。兌換銀行券は、上述のように、一方では、〃独特な流通過程〃での擬制的利子つき資本性（兌換準備金をこえる発行兌換銀行券部分は追加的な擬制的利子つき資本性）と、他方では、〃げんじつの流通過程〃での信用貨幣性との二重性をもっている。

これにたいして、不換銀行券は、一面では、〃独特な流通過程〃での総追加的な擬制的利子つき資本性と、他面では、〃げんじつの流通過程〃での価値表章性との二重性をもつ。兌換銀行券と不換銀行券とのちがいは、外面的にあらわれる〃げんじつの流通過程〃のなかでの、信用貨幣と価値表章との本質・運動の差異に存立する。そこで、不換銀行券が兌換銀行券から区別されなければならない特性は、もっぱら不換銀行券の価値表章のなかにある。(1)

（1）　兌換銀行券の信用貨幣性と、不換銀行券の価値表章性とにたいする無理解から生じたわが国の不換銀行券論争は、兌換銀行券と不換銀行券とに共通する擬制的利子つき資本性にとられた誤解に起因したものであった。拙著序文のなかに、わたくしはこうしるした。

「不換銀行券は、たしかに兌換銀行券と共通する次元の一面をもってはいる。それは、しかし貨幣論の段階ではなく、資本論・信用論（擬制的利子つき資本論・銀行信用論）の段階である。兌換銀行券も不換銀行券も、ともに主体としての中央銀行から割引・貸付発行される銀行券（商業手形とは区別される銀行手形）なのだから。その共通性は、だから、あくまでも資本論・銀行信用論段階的な本質・運動にかんするのであって、貨幣論段階的な本質・運動にかかわるものではない。貨幣論段階的な本質・運動のうえでは、兌換銀行券と不換銀行券とは、信用貨幣性と価値表章性としてあい対立する。本質・運動のうえでそれぞれにみられる兌換銀行券の二重性と、不換銀行券の二重性――擬制的利子つき資本性の同一性と、代用貨幣（信用貨幣性と価値表章性）の差異性――が、理論的・現実的に解明されなければ、両者の同一性と差異性との複雑・多岐な諸関係はとらえられないことになろう。不換銀行券の本質・運動を兌換銀行券のそれらとおなじ信用貨幣性のなかにみようとする単純・素朴な構想は、しょせん資本論段階と貨幣論段階との混同・無差別論に起因するのだろう」（『不換銀行券・物価の論争問題』序文一―二ページ〔傍点―原文のまま〕）。なお、『現代銀行券の基礎理論』二二三―六八ページ参照。

この引用文にしるされているように、不換銀行券も兌換銀行券とおなじく、発券銀行の貸しつけ・発行による銀行信用をとおして、〝独特な流通過程〟のなかから〝げんじつの流通過程〟のなかへ入りこむ。だが、〝げんじつの流通過程〟のなかへ入りこむと、とたんに、兌換銀行券は信用貨幣として、不換銀行券は価値表章として、おのおのちがう本質・運動をあらわす。なぜか。両者とも、おなじ〝独特な流通過程〟で貸し付けられ・発行されながも、いいかえれば、おなじ発生の地をもちんがらも、貸しつけ・発行の物的条件・基盤で両者の根本的なちがいがみられる。兌換銀行券は金兌換準備によって保証されている（全面的にではないが）のにたいして、不換銀行券はそれによってぜんぜん保証されていない、というちがいが。この背後関係のちがいは、利子つき資本の擬制性の程度差をしめすものではあるが、しかし、利子つき資本の本質・運動じたい、つまり、〝独特な流通過程〟のなかでの、両者の共通性を変えるものではない。両者のちがいは〝げんじつの流通過程〟のなかでみられる。

くりかえしていう。〝げんじつの流通過程〟のなかでは、兌換銀行券は金との同一性を確証されている金の代用・代用貨幣・信用貨幣の本質をもち、不換銀行券は金とはまったく無縁な象徴・価値表章の本質をもって、それぞれちがう運動法則にしたがう。このことは、資本論段階的規定・利子つき資本運動の規定・銀行信用の規定・〝独特な流通過程〟の規定のもとでは、兌換銀行券と不換銀行券とが共通する側面をもつことを否定するのではない。兌換準備金は中央発券銀行の地下室に保蔵されており、金兌換・不換事情は、基本的には国内・国際経済の情勢にもかかわることであるいじょう、〝独特な流通過程〟での銀行券発行の物的条件・基盤として考慮されるとはいえ、その物的条件・基盤としての金属準備金はほんらい貨幣論段階的規定に所属するものである。

不換銀行券の、価値表章性としての運動規定をみよう。

マルクスは、『資本論』第一巻第一篇第三章第二節C「鋳貨・価値表章」のなかで、「紙幣は……価値表章である」(2)と説いている。また、そのなかで、紙幣流通の特殊な一法則（ein spezifisches Gesetz der Papierzirkulation）についてつぎのようにのべている[3]ことは、だから、そのまま価値表章の運動にも適用されよう[4]。

（2）「紙幣（Papiergeld）は金表章（Goldzeichen）または貨幣表章である。諸商品価値にたいする紙幣の関係は、ただつぎのなかにある。すなわち、諸商品価値は、紙幣によって象徴的・感覚的に（sinnlich）表示されている金量で、観念的に（ideell）表現されている。ただ、紙幣は、他のすべての商品量とおなじく、また価値量でもある金量を代表するかぎりでは、価値表章（Wertzeichen）である」（Das Kapital, Bd. I., SS. 133-4.〔傍点—原著者〕）。

紙幣が、価値表章である、というのは、「他のすべての商品量とおなじく、また価値量でもある金量を代表するかぎりで」だ、と記されているのは、信用貨幣とはちがい、終始一貫して確定金量を代表するのではなく、後述のように確定・不確定金量を代表するかぎりでのことだ。

（3）「一ポンド・スターリングとか、五ポンド・スターリングとか、などと、その貨幣名がおされている紙幣（Papierzettel）は、国家によって外部から流通過程のなかに投入される。その紙券がじっさいに同一名称の金総額（Goldsumme）のかわりに流通するかぎり、その運動には、たんに貨幣流通の諸法則じたいが反映される（sich widerspiegeln）だけだ。紙幣流通の特殊な一法則は、ただその金にたいする代表関係だけからでてくる。そしてこの法則は、かんたんにいうと、こうだ、すなわち、紙幣の発行は、紙幣によって象徴的に表示されている金（あるいは銀）が、げんじつに流通しなければならない数量に制限されるべきだ（zu beschränken ist いわゆる〝制限規定〟・〝制限法則〟〔飯田注〕）、と。さて、流通部面が吸収しうる金量は、いつも一定の平均水準以上または以下に動揺する。それでもなお、あたえられたある一国での流通する媒介物の数量は、経験的に確定される一定の最低量（Minimum）を下回ることはけっしてない。この最低量がたえずその構成部分を変えるということは、すなわち、いつもちがう金個貨からなりたっているということは、とうぜん、流通部面でのその範囲とその不断の循環に変化をおこすものではない。したがって、この最低量は紙象徴（Papiersymbole）で代理されうる。これとは反対に、きょうはすべての流通水路（Zirkulationskanäle）が、貨幣吸収能力のいっぱいの限度まで紙幣でみたされるとすれば、この水路は、商品流通の動揺のせいで、あしたはあふれうる。すべての標準（Maß）が失われる。しかしながら、紙幣がその標準を、すなわち、流通しえたと考えられる同一名称の金鋳貨量（die Quantität von Goldmünze gleicher Denomination）をこえても、紙幣は、一般的な信用崩壊（Diskreditierung）の危機を度外視すれば、商品世界の内部で、なおその内在的諸法則（ihre immanenten Gesetze）によって規定された金量を、したがってまた、ひたすら代表しうる金量を表示するだけだ。紙券量が、たとえば、おのおの一オンスではなく、二オンス（おのおの二オンスではなく、一オンス〔飯田注〕）をあらわすとすれば、じっさい一ポンド・スターリングは、たとえば、四分の一オンスでなく、八分の一オンスの貨幣名となる。その結果は、金が価格の尺度（Maß der Preise〔価格標準〕）としてのその機能で変化したのとおなじだ。以前には一ポンド・スターリングの価格で表示されていたおなじ価値が、いまは二ポンド・スターリングの価格で表示される」（a. a. O., Bd. I., S. 133.〔傍点—原著者〕）。

おなじ内容の〝紙幣流通の特殊な（あるいは、独自の）一法則〟が『経済学批判』でも説かれている。その一部分をみよう。

「価値表章の総額が増加するのとおなじ程度で、それぞれの価値表章が代表する金量は減少するだろう。諸価格の上昇は、価値表章が代表して流通すべき金量に価値表章を強力に等置しようとする流通過程の反作用でしかない」（Zur Kritik, S. 112.）。「……紙券の数量——このばあい、紙券が専一的な流通手段となっているとして——の増減につれての諸商品価格騰落は、ただ、外部から機械的に破壊された法則の、すなわち、流通する金の数量は諸商品の価格によって、そしてまた、流通する諸価値表章の数量はそれらが流通のなかで代表する諸金鋳貨の数量によって、規定されるという法則の、流通過程をとおして強力におこなわれる貫徹にすぎない」（a. a. O., SS. 133-4.）。

（4）不換銀行券が、〝げんじつの流通過程〟でえんじる価値表章としての運動は、〝紙幣流通の特殊な（独自の）一法則〟によって支配される、ということを、『資本論』第三巻第五篇第三三章「信用制度下の流通手段」のなかでエンゲルスが記している。

「……不換銀行券は、たとえば、げんざいロシアでのように、それがじっさいに国家信用によって支えられているところだけで一般的流通手段になりうる。だから、不換銀行券は、すでに展開されている不換国家紙幣の諸法則（die Gesetze des inkonvertiblen Staatspapiergelds）によって支配される（『資本論』第一巻第三章C：鋳貨、価値表章——フリードリヒ・エンゲルス）」（Das Kapital, Bd. III. Tl. II., S. 569.）。

〝げんじつの流通過程〟のなかでの不換銀行券の流通法則について、わたくしは、原著第三巻第五章篇第三三—五章の解説でつぎのように注記した（『利子つき資本の理論』三八九ページ）。

「銀行券は、金との兌換がまったく停止されると、不換銀行券（inkonvertible Banknoten）に転化し、もはや信用貨幣、したがってまた〈貨幣〉ではなくなる（Entgeldung）が、この不換銀行券は、ただ国家によって強制通用力を付与されるばあいにかぎって、一般的な流通手段となりうる。そうなると、それの流通は、もはや金流通の諸法則にはしたがわないで、国家紙幣（不兌換の）の流通法則によって支配されるようになる（Vgl. Das Kapital, Bd. I. Kap. 3. 2. c). SS. 132-4. Bd. III. Tl. II, S. 569.）。

こうして、流通手段としての不換銀行券・不換紙幣の数量は、不換銀行券の数量のように、商品流通の必要にしたがって増大したり、減少（発券銀行に還流）したりするもの、ではなくなる。ところで、兌換銀行券の流通法則と不換銀行券の流通法則との区別は、『資本論』第一巻第一篇第三章二での、金流通の法則（貨幣流通の諸法則）と紙幣流通の法則（紙幣流通の独自の一法則）との区別に照応するのであって、両者の混同こそ通貨主義と銀行主義との無用な論争の根源でもあった（本章第五・六項参照）」。

金貨・信用貨幣の流通法則でも、紙幣・価値表章の流通法則でも、〃流通必要金量〃の規定がそれぞれの基盤によこたわっている。しかし、〃流通必要金量〃が、前者のばあいには、商品価格がわの変動——その他の諸要因を一定とすれば——にもとづいてたえず伸縮するのに相応して、金貨・信用貨幣のげんじつの流通総量は、多少のタイム・ラグ（おくれ）をともないながらも、必然的に増減する。ところが、後者のばあいには、〃流通必要金量〃が同様に伸縮しても、それにともなって、紙幣・価値表象の流通総量は増減しない。流通総量が〃流通必要金量〃をこえたら、その結果はどうなるか。単位あたり紙幣・価値表章の代表する金量（金の価格標準）は事実上低下する・切り下げられることになる。〃流通必要金量〃を流通総量がぜったいにこえない信用貨幣にはみられない事態である。

そこで、紙幣・価値表章の〃流通法則〃は紙幣・価値表章が、確定した金量を代表して、安定した運動をおこないうるためには、紙幣・価値表章の流通総量は〃流通必要金量〃のなかの最低量をこえてはならない（最低量をこえる部分は伸縮する金量（金・紙混合流通））、というふうに〃制限規定〃されている。この〃制限規定〃が〃外部から機械的に破壊された〃ばあいでも、そうしてまた、紙幣・価値表章の総量が〃流通必要金量〃じたいをげんじつにこえたばあいでも、紙幣・価値表章の総量が代表できる金量は〃流通必要金量〃でしかない。したがって、上述のように、紙幣・価値表章の流通総量が〝流通必要金量〟をげんじつにこえる程度が大きければ大きいほど、単位紙幣・価値表章の代表金量はますます減少して、金の価格標準は事実上きり下げられる。いいかえれば、金貨幣名・価格名の事実上の切り上げ、名目的な物価騰貴、いわゆる紙幣インフレーション現象がおこる。インフレ現象は、つうれい紙幣インフレーション・古典インフレーション（国家の内外戦争を契機とする費用調達のための国家の直接的な紙幣増発）と不換銀行券インフレーション・現代インフレーション（国債増発の中央銀行による引受・不換銀行券増発）とに区別される。いまは、これらの問題についてはふれない。(5)

(5)『マルクス紙幣理論の体系』・『現代銀行券の基礎理論』・『兌換銀行券と不換銀行券』・『インフレーションの理論』・『商品と貨幣と資本』・『マルクス貨幣理論の研究』・『不換銀行券・物価の論争問題』・『貨幣・物価の経済理論』・『価値・価格・物価の研究課題』・『昭和動乱期の日本経済分析』の諸章を参照。

第四章　銀行信用の役割
——信用創造の明暗——

は じ め に

原著『資本論』第三巻第五篇第二七章「資本主義生産での信用の役割」の内容は、さきに本書第二部第一章Ⅲ「商業信用の役割」でみたように、商業信用の役割だけでなく、銀行信用の役割についても説かれている。

商業信用の役割については、けっきょく、〝げんじつの流通過程〟での流通費用としての貨幣の節減、流通速度・商品転形の促進、流通期間の短縮（流通時間のない流通）、紙券（商業手形、割引による銀行券）による金貨幣の代位、などにかぎられる。これらについて、わたくしは、前後の原著諸章をたどりながら、すこしばかりの補充をこころみた。

原著第二七章では、それらにつづいて、銀行信用の役割にかかわるものとして、「株式会社の形成、……」、「株式制度」、さいごに、見出しなしの「信用制度に内在する二面性」が説かれている。だが、銀行信用の役割にかかわるものとしては、原著同章のさいしょにかかげられた「諸利潤率の均等化」・平均利潤率の成立が注目される。銀行信用は、ほんらい利子（率）の成立・変動に関与する利子つき資本の運動なので、資本の再生産過程での資本の自由競争によってみちびかれる平均利潤（率）化——利子（率）成立の前提——にたいしては受動的・反作用的に影響する。それでも、両信用のまざり合いは、平均利潤化にたいする両役割のまざり合い効果をいちだんとつよめることになろう。

このように、商業信用の役割と銀行信用の役割とは、もともとそれぞれちがうものとされながらも、それぞれの役割はたがいにまざり合うことによって、単独には達しられなかっただろう効果がみられる。だから、銀行信用の役割については、とくに両信用のまざり合いによる成果が考慮されなければならない。

商業信用とは「本質的にまったくちがう」銀行信用は、くりかえしみてきたように、最高物神の資本段階・形態＝利子つき資本の運動として要約されうる。いいかえれば、商業信用が、〝げんじつの流通過程〟のなかでの、商品・貨幣段階の運動・〝価値増殖〟しない、価値の〝形態転換・位置転換〟である、のにたいして、銀行信用は、価値の〝形態転換なしのたんなる位置転換〟によって、〝価値増殖〟(利子取得) する資本の〝独特な流通過程〟(生産過程からも流通過程からも遠くはなれた) のなかでの運動事象である。

銀行信用の成立するためには、したがって、資本の最高物神化、資本の機能から分離した所有としての資本、資本所有としての資本所有の形成が先行しなければならない。それは、どのようにして形成されるのか。さしあたり、銀行信用の〝資本性〟だけが解明の課題として設定されていた先行第二章では、所有資本・利子つき資本がどのようにして形成されたか、について、わたくしは、論理的にも・歴史的にもぜんぜんふれないで、ただあたえられたものとして受けとっていた。

資本の機能と資本の所有とがどのようなプロセスをへて分離し、そしてまた、どのようにして再結合されるのか、といったような利子つき資本・貸付資本の形成・運動をめぐる理論的・現実的諸問題は、ほんらい資本主義的再生産過程での、蓄蔵、流通諸費用の節約など、すすんでは、競争・集中などの諸機能によって規定されながら、それらをうけて大小さまざまに反射する銀行信用の役割に明示されている。

銀行信用は、機能から分離した所有資本が、集合・形成された利子つき資本の蓄蔵 (プール) のなかから、求めにおいじて排水・貸しつけられることによって、個人資本の所有制限をこえる他人資本の使用を可能にし、資本主義経済の発展に大きく寄与する。このような、資本の機能と資本の所有との〝分離と再結合〟様式にかんする諸問題は、利子つき資本・銀行資本の形成に、したがって、銀行関係の役割にかかわる諸問題であるだけでなく、発達した資本主義社会では株式会社・株式制度の成立・運営にもふれる新問題である。

ところで、銀行信用の役割で特筆されるべきものは信用創造である。銀行資本は、信用媒介の役割から信用創造の役割へと進展する。信用創造はどの範囲でとらえられるべきなのか。銀行券の貸しつけ・発行も、擬制的利子つき資本の形成であり、信用創造のひとこまともいえよう。だが、信用創造の焦点は、銀行帳簿上の自行・他行をつうじての預金貨幣・預金通貨の造出、貸付資本の擬制化・増進化のなかにみられよう。

さいごに見なければならないのは、信用のメリット・デメリットの一面性である。

そこで、本章はつぎのような序列で構成される。Ⅰ　利子つき資本・銀行資本の形成、Ⅱ　信用と株式制度、Ⅲ　信用創造、Ⅳ　信用役割の二面性。

Ⅰ　利子つき資本・銀行資本の形成

1　機能と所有との関係

銀行信用の役割をしるためには、われわれは、まず、銀行信用の〝資本性〟・〝利子つき資本性〟（そして、それと大きくかかわる〝銀行資本性〟）の形成過程を追究しなければならない。利子つき資本は、機能資本と対立する所有資本として規定される。

資本主義社会では、もともと結合されていた資本の機能と資本の所有とが、アンティテーゼ・分離されることになったのは、なぜか、どのような過程をへてだろうか、さらにまた、両者がジンテーゼ・再結合・統合されることになるのは、なぜか、どのような経路をたどってだろうか。そこで、まず、資本の機能と資本の所有とが一体的に結合されていたテーゼの段階から出発しよう。

原始的な共存・共同社会には、労働生産物はあっても、商品はなかった。労働生産物が商品の形態をとったのは、周知のように、自然発生的な社会的分業と、生産手段の私有制度とが両立・確定された社会関係のもとであった。つまり、生産手段が私有される分業社会関係のもとでは、個別的にちがう生産手段の所有者たちは、社会的分業のなかでそれぞれちがう自らの労働・機能による生産物を私有し、その労働生産物を他の使用価値ととりかえのために相互交換して商品化する。

このように、機能と所有とが結合・並立する社会関係のもとで、はじめて労働生産物は商品の形態をとり、商品は貨幣へ、さらに貨幣は資本への転化を実現できる。ところが、貨幣の資本への転化、とくに利子つき資本・銀行資本の形成過程で機能と所有との分離→再結合のげんじつが顕著にあらわれる。そこでまず、貨幣の資本への転化過程についてみよう。

「近代的資本主義の母国・イギリスで一五～一六世紀ごろはじまった第一期、一八～一九世紀の第二期にわたるエンクロージュア（囲い込み）運動によって、土地をはじめとする生産手段を収奪された小作農民たちは、それまでじぶんの生産手段と結合してみずから使用していたじぶんの労働力をいまや生命維持のために〝商品〟として売るほかはない苦境においこまれることになった。これに対する労働力商品の買い手は、一括買いを可能にする一定大量貨幣の集積者・所有者であった。労働力所有者・売り手は労働力（そしてせいぜい身の回り品）以外にはなにひとつもっていないのだから、労働力の買い手はそれを使用・結合させる生産手段だけではなく、さいしょには労働力所有者・売り手の必要とする生活資料などまでも用意しなければならなかった。一方の労働力所有者・売り手は賃労者に、他方の大量貨幣所有者は資本家（近代的な）に転身。量の増大は質の転換への契機となる。大量貨幣はもはや貨幣ではなく、質的にちがう資本に転換する。弁証法のいわゆる〝量の質への転換〃」(『商品と貨幣と資本』二九二ページ〔傍点—原文のまま〕)。

「生産のために前貸しされる最低額が中世の最高額をはるかにこえるばあいに、はじめて貨幣・商品所有者はげんじつに資本家に変質する。たんなる量的な変化がある一定点にまでたっすると、質的な差異に転化する、というヘーゲルによってかれの論理学で発見された法則の正当性が、自然科学でとおなじく、ここでも論証される」(Das Kapital, Bd. I., S. 323.〔傍点—原著者〕)。

このように、エンクロージュア運動による小農民たちの機能と所有との分離(そして、そこからおこる労働力の「商品」化)が、近代的資本主義体制の一重要ポイントを形成したのだった。ところで、こうして資本の所有者となった大量貨幣の所有者は、いまや買った労働力の使用・消費=労働から生じる剰余労働→剰余価値→利潤・価値増殖の取得をめざす機能資本家(生産・産業資本家、流通・商業資本家)でもあるのだから、そこには資本の機能と資本の所有との合体が基本的には確立される。

ところが、資本の機能と資本の所有とがこのように密着している機能資本の行動分野をこえる外ワクのなかに、利子つき資本・銀行資本が出現すると、全体としての資本主義経済が資本の機能と資本の所有とに二分・対峙することになる。こうして、資本の機能と資本の所有とが結合・密着している機能資本は、〃資本の所有〃から切りはなされたたんなる〃資本の機能〃としてあらわれ、また利子つき資本・銀行資本は〃資本の機能〃とは直接になにもかかわらないたんなる〃資本の所有〃としてあらわれる。とはいっても、じっさいには、一方、機能資本はたんなる機能だけの資本なのではなく、自己資本にかんするかぎりでは、同時にまた所有資本でもあるし、他方、利子つき資本を運営する銀行資本は、専業の一部分として貨幣取扱業務をおこなうかぎりでは、同時にまた機能資本でもある。

〃貨幣の資本への転化〃にみちびかれて成立した近代的資本主義経済の基盤は、価値を形成・増殖する生産過程、そしてそれにつづく実現・流通過程をふくむ機能資本の総過程によって構築されている。この、機能資本の総過程（したがって、平均利潤の成立）のうえにたってはじめて、資本の機能から分離した資本の所有は、古代的な形態（高利貸付資本の形態、前時代的・先行的な利子つき資本の形態）を脱却して、近代的な形態をとる。そして、それは、やがて、資本の所有から分離した資本の機能にたいして、したがってまた、資本の機能から分離した資本の所有（じぶんじしん）にたいして、もとめられれば、それぞれの保有・潜在する再生活力を実現することさえできる。こうした、分離の止揚・再結合・ジンテーゼのなかに、近代的利子つき資本の運動＝銀行信用の本命、さらに、それの役割の本命がみられる。われわれは、これに先だって、資本の機能と資本の所有との分離過程をまず追究しなければならない。資本の機能から分離した資本の所有、すなわち、利子つき資本・貸付資本・銀行資本が近代的資本主義体制のもとで、なぜ、どのようにして形成されるのか、がいよいよ問題となる。

さきにみたように、商品・貨幣の社会関係での〃機能と所有との結合〃をうけて、資本主義社会での資本の機能と資本の所有とは、基本的には結合・合体していた。自己資本だけで経営する多くの機能資本家は同時に所有資本家でもあった。ところが、資本主義経済の発展とともに、資本の機能と資本の所有との分離が大きくみられるようになる。資本の機能（生産・流通）過程のなかから、もはや機能しなくなり、機能過程から排除されて、所有されるだけの資本が生じる。

第一には、遊休貨幣・資本の蓄積・集積→貸しつけ利用による利子つき資本・銀行資本の形成。もっとも、〃商業信用の役割〃で大きくとりあげられた、節減される流通諸費用の集積が貸しつけ利用によって転化・形成される利子つき資本については、ここでは問わない。いまは、先資本主義時代から伝わった貨幣取扱資本[1]が、技術的な貨幣取扱業務のうえに加えて貸しつけ業務を兼ねるようになって、銀行資本に成長することが問題。第二には、機能資本家どうしの生産力競争にもとづく、一方での、勝者の機能資本集中、他方での、敗者の機能資本喪失から生じるたんなる残存小額所有資本家への転落。その残存資本の集中化による銀行資本の一要因形成。

（1） 貨幣取扱資本と、これらの貨幣取扱業務、さらに貸しつけの業務による銀行資本への進展・形成にかんするマルクスの構想を、原著『資本論』第三巻第四篇第一九章「貨幣取扱資本」の解説・『利子つき資本の理論』第一章「貨幣取扱資本」のなかからすこしとりだしてみよう。

「産業資本の一部分や商品取扱資本の一部分は、たえず貨幣の形態をとり、貨幣資本いっぱんとして存在する。その、貨幣形態にある資本は、新投資あるいは、蓄積のばあいには、資本運動の起点・終点としてあらわれるが、それが再生産過程のなかに入りこんでいるばあいには、資本運動の起点も終点もたんなる通過点にすぎない。たんにそんなもとしてだけではなく、それは、貨幣出納などにかんするいろいろな純技術的機能をつくす貨幣資本としても存在する。このことは、産業資本家や商品取扱資本家が日常個別的にとりあつかう貨幣の純技術的業務を、かれらに代わって専業的にとりあつかうために、資本を前貸し（投下）する独立の特殊な資本家の登場をゆるす」（『利子つき資本の理論』一七ページ）。

「流通過程にある、産業資本の一部分・商品資本が、特殊な独立専業的資本家の機能によって商品取扱資本に転化したように、流通過程にある、産業資本の他の一部分・貨幣資本は、貨幣出納などにかんする純技術的機能を専業とする独立した特殊資本家の機能によって、貨幣取扱資本に転化する。……こうして、流通過程の内部だけで機能する商業資本（**Handelskapital**）＝商人資本（**das kaufmännische Kapital**）は、商品取扱資本と貨幣取扱資本との二つの形態（または亜種）にわかれることになる」（同書一七―八ページ）。

「貨幣は、商品価値の一般的表現形態としての本質的な規定性（性格）にもとづいて、価値尺度、流通手段、蓄蔵貨幣、支払手段そして世界貨幣の諸機能をおこなう。そこで、貨幣の純技術的諸操作は、貨幣がこれらの諸機能のうち、どれを遂行するかにしたがって、異なってくる」（同書一九―二〇ページ）。

「……貨幣取扱業が純技術的諸操作をおこなうだけでなく、貸しつけや借り入れ（**Leihen und Borgen**）や信用取引（**Handel in Kredit**）をもあわせておこなう場合には、貨幣取扱業は完全に発達したものとなる。このばあいには、貨幣取扱業の最初から、それは、すでに形態としては、完全に発達したものとなっている。近代的銀行業は、純粋の貨幣取扱業と信用制度との結合形態の発展したものとして存在している。この結合形態について注意しなければならない点は、初期の貨幣取扱業（両替商や地金・銀取扱業者らの本来的業務）がほんらいの純技術的諸操作をおこなうかたわら貸借業務をおこなったのに反して、近代的銀行業務は貸借業務をおこなうかたわら貨幣の純技術的諸操作をおこなう、ということである」（同書二五—六ページ〔傍点—原文のまま〕）。

「……貨幣の純技術的諸操作が必要とする労働じたいは、価値と剰余価値を生産しないけれども、貨幣取扱業のために前貸しされた資本は、資本の一般的運動G—G′をおこない、貨幣取扱資本家はG＋ΔGを獲得する。しかし、貨幣取扱資本家は商品取扱資本家とおなじように、生産され・実現された剰余価値と関係するだけであり、したがってかれらの手に入れる利潤（かれらもまた、機能資本家として、前貸〔投下〕資本総量に比例する平均利潤をえる）は、社会的に生産された剰余価値からの一控除分（ein Abzug）にほかならない」（同書二六—七ページ）。

「……産業資本家や商品取扱資本家たちの流通内にある貨幣資本をとりあつかう貨幣取扱資本家は、けっして流通に必要な貨幣量そのものを貨幣資本として投下するのではなく、貨幣流通の技術的媒介に必要な貨幣資本量だけを投下し、これを純粋流通費用（貨幣の純技術的諸操作のために必要な事務所、事務所の敷地、事務上の諸要具や労働力などの諸費用）として支出する」（同書三一ページ）。

「……商業資本（貨幣取扱資本はその一部分）と利子つき資本とは、ともに近代的資本（近代的基本形態としての資本、すなわち、生産資本＝産業資本）の派生的形態である。また、ともに掠奪や詐欺によって存立した寄生的な商業資本と高利貸付資本とは、資本の近代的基本形態に先だって、「資本」のもっとも古い形態で、双生児として出現、共通の地盤のうえにたち、しばしば堅く癒着していたのであった。いまや、ともに資本主義的形態をとる貨幣取扱資本と利子つき資本とは、近代的銀行業のなかで、ふたたび緊密に結合されている」（同書三三ページ）。

「われわれの研究がすすむのにつれて、われわれは、商業資本とおなじく利子つき資本を派生的形態（abgeleitete Formen）として見出し、そしてまた同時に、それらがなぜ歴史的に資本の近代的基本形態にさきだってあらわれるのか、ということを見るだろう」（Das Kapital, Bd. I., S. 172.〔傍点—原著者〕）。

「……資本関係のうち、他のあらゆる諸形態（産業資本という基本形態以外の〔飯田注〕）は派生的または第二次的（sekundär）形態としてあらわれるのにすぎない。派生的というのは、利子つき資本のことであり、第二次的というのは特定の一機能（資本の流通過程にぞくする）の資本である産業資本のことだ……」（Theorien über den Mehrwert, Bd. III., S. 541. herausg. v. K. Kautsky, 4. Unverä. Aufl.）。

2　銀行資本と擬制資本

マルクスが『資本論』第三巻第五篇第二九章「銀行資本の諸成分」のなかで展開した内容について、わたしくはかつて『利子つき資本の理論』第八章で「銀行資本と擬制資本」と題名をかえて、つぎのようにその要約をはじめた。

「銀行資本の内容は二つの観点から区分されうる。まず第一に、銀行資本の諸物的成分（sachliche Bestandteile）の観点。銀行資本は、(1) 現金（金または銀行券〔bares Geld, Gold oder Noten〕）、(2) 諸有価証券、の二つの物的成分からなりたっている。後者は、さらに二つの部分、(i) 諸商業証券（Handelspapiere）、すなわち諸手形（これらは浮動的〔schwebend〕なものであって、それぞれつぎつぎと満期になる。そして、それらの手形の割引こそがほんらいの銀行業務となっている）と、(ii) 公的諸有価証券（öffentliche Wertpapiere）、たとえば、国家債務（Staatspapiere）、大蔵省証券（Schatzscheine）、あらゆる種類の株式（Aktien）のような、かんたんにいえば、諸手形とは本質的にちがう利子つき証券、諸抵当証券（Hypotheken）などとに区別される。

　第二に、銀行資本成立の観点。銀行資本は、(1) 自己資本（eigenes Kapital）＝銀行業者じしんの投下資本（Anlagekapital）、(2) 預金（〔Depositen〕、借入資本〔geborgtes Kapital〕）、(3) 発券銀行の銀行券からなる。

　銀行資本の現実的な諸物的成分（貨幣、諸手形、諸寄託証券〔Depotpapiere〕）は、それらが銀行業者の自己資本を代表するか、借入資本である預金を代表するか、ということによっては、なんの影響をもうけず、また諸物的成分の上述のような区分はなんの変化をもうけない。原著の本章では、これらの現実的な諸物的成分が、じつは大部分、現実的価値をいいあらわすものではなく、むしろ反対に、〈擬制的価値〉・〈擬制的資本〉にほかならない、ということが論証される」（同書二八四―五ページ〔傍点―原文のまま〕）。

ここにでてくる銀行資本の諸物的成分・擬制資本のうち、有価証券・株式と預金（信用創造）については後述が予定されているので、いまは、諸有価証券のうち、株式とは対照的な公信用のひとつ国債にかんする叙述からすこしとりだしてみよう。周知のように、公信用の問題は、マルクスのプランでは、『資本論』の研究課題からはずされているが、ここではわずかながらも叙述されている。銀行資本成分の擬制資本性の一面をしるうえに大きく役だつだろう。

「……国家は、一定量の資本を借り入れ、しかもこれを資本としては支出しないで、他のいろいろなことに費消する。そこで、国家にたいして貸しつけられた金額はげんじつにもはや存在しない。存在するものは、国家の債務と、この債務にたいする請求権（この請求権にたいする所有名義）、すなわち、費消されて、いまはもはやなくなっている資本の紙幣複本とだけである」（『利子つき資本の理論』二八八ページ）。

「……錯倒した形態・物神的→擬制的形態のうえにたって、国債（**Staatsschuld**）でも、マイナス（債務）が〈資本〉としてあらわれる。はじめに貸しつけられ、とうに費消されてもはやなくなっている資本の代わりに発行された、国家にたいする債務証券（**Schuldschein auf den Staat**）、費消資本の紙製複本が、販売されうる〈商品〉であり、したがって、げんじつの資本に再転化されうるものであるかぎり、これらの債務証券の所有者個人にとっては、それらは〈資本〉として役だつ。国家に貸しつけられた一定金額は、もはや資本（しんじつの）としては存在しないのに、それの債権者にとっては一つの〈資本〉（カッコつきの）となる。しかし、この〈資本〉はまったく幻想的・擬制的なものである」（同書二八九ページ）。

「債務者である国家にたいして、債権者は解約を告知する（**aufkündigen**）ことができないので、かれの資本を回収しようとおもうときには、かれは、この債務証書を〈商品〉として任意に他人に売却しなければならないし、また売却できる。というのは、国家債務にたいする利子支払いが国家によって保証されているかぎり、国家債務券（国家が支払うという国家の債務証書＝購買者からみれば国家が支払いを約束した債権）の購買者にとっては、国家債務券の購買は、同一金額を同一利子率で銀行業者に、または直接に機能資本家にたいして貸しつけるのと（つまり、擬制資本の所有者になることは、利子つき資本・貸付資本の所有者になるのと）おなじなのだから。国家債務券の販売可能性は、販売者にとってはかれの元本の還流可能をいいあらわし、購買者個人にとってはかれの資本の利子つき資本としての投下可能を意味する。このばあい、はじめの債権者に代わってつぎの債権者があらわれるだけのことであって、この取り引きによって国家の債務はなんの変化もうけない。また、この取り引きはなん度もくりかえされるのだが、それでも〈国債資本〉(Kapital der Staatschuld) はやはり一つの純粋な擬制資本である。もっとも、もし国家債務が売れなくなれば、その瞬間から〈資本の外観〉は消えるだろう。こうなれば、もともと資本でないのに、〈資本の外観〉をもっている国家債務券は、もはやその外観をさえうしなうことになろう」(同書二九〇―一ページ〔傍点―原文のまま〕)。

銀行資本成分の最大部分は、けっきょくつぎのように結論されえよう。

「そこで、銀行資本の最大部分は、手形、国家債務券（過去の資本を代表するのにすぎず、現在なんの現実的資本をも代表しないもの）、そして株式（それが代表する現実的資本から生じる将来の剰余価値にたいする支払指図書〔Anweisung〕）から成り立つのであって、純粋に擬制的なものである。銀行業者のこのような擬制資本の大部分は、銀行業者じしんの資本（自己資本）を表示するものでなく、利子つきなり・無利子なりでかれに預けられた公衆の資本（借入資本）を表示する」(同書二九四ページ)。

なお、擬制資本である諸公的有価証券（国債、株式など）価値（じつは「価格」）の自立的運動 (selbständige Bewegung) ――現実的資本の価値運動からはなれた――について、要点をすこし引用しよう。それらの「価値」・「価格」は、現実的・実質的なものではなく、利子・収益の「資本化」としてあらわれる、ということがしめされている。

「有価証券の〈市場価格〉は、平均利子率が一定であれば、年々の収益の大小・確実性に依存・正比例し、反対に年々の収益が確定されているならば（つまり、株式のように現実的資本を代表する有価証券では、現実的資本によって生産される年々の余剰価値が変わらないならば、また国家債務券のように純粋に幻想的な〈資本〉を代表するのにすぎない有価証券では、年々の収益が法律によって確定され、その他の点でも十分保証されるならば)、平均利子率の高さに依存・逆比例する」(同書二九五ページ)。

「金融逼迫期、とくに恐慌期には、諸公的有価証券の〈価格〉は二重に低落する。第一には、平均利子率が上昇するのでこれらの有価証券の〈価格〉は下落し、第二には、これらの有価証券が貨幣とひきかえられる目的で大量的に売りだされる（供給超過〉から、これらの〈市場価格〉は低落する。このような二重の〈価格〉低落は、有価証券によってもたらされる収益が金融逼迫期になにも影響をうけることなく、その収益が減少しないでも（国家債務券のように）、おこる。まして、その収益が再生産過程の撹乱によって影響されて減少する（株式のように）ことになれば、有価証券の〈価格〉下落はそれだけさらにいっそう大きくなるだろう。……恐慌が去れば、平均利子率はだんだんと低下し、これらの有価証券は、しだいに以前の高い〈価格水準〉に復帰するだろう……。したがって、少数の取引所狼は、恐慌時に〈価格〉の暴落した有価証券を大量に多数の小羊（それらの〈価格〉暴落した有価証券を恐慌期間中もちつづけられない）から買いあつめて、これらを恐慌後の〈価格〉復帰時に手ばなすことによって、巨利をつかむことができる……」（同書二九六ページ）。

「国家債務券の〈価格〉が上昇しようと・低落しようと、国民経済の富は全体としてはなにも変化しない。現実的資本を代表しない国家債務券の〈価格〉の運動は、現実的資本の価値運動とはまったく関係しないのだから。株式の〈価格〉運動もまた、その株式によって代表される現実的資本の価値運動から独立しているかぎり、全体としての国民の富を変化させない。株式の〈価格〉低落が、生産や流通の現実的停止、企業の中止、不健全企業の資本放棄などをいいあらわすものでないいじょう、株式暴落（名目的貨幣資本のそのような泡末の破裂）によって、全体としての国民はすこしも貧乏になるわけではない」（同書二九七ページ〔傍点—原文のまま〕）。

〝銀行資本と擬制資本〟の問題は、これでおわったのではなく、まだまだつづく。以上ではあまりふれなかった、銀行資本の重要な擬制資本的成分のなかの、〝株式〟と〝銀行預金・準備金〟については、後述のⅡ　信用と株式制度、Ⅲ　信用創造が予定されている。

3　利子つき資本にたいする信用の役割（要約）

原著第三巻第五篇第二七章「資本主義生産での信用の役割」では、商業信用とはまったくちがうものとされている銀行信用（利子つき資本の運動・利子つき資本にたいする信用）じたいの役割について、マルクスはなにも説いていない。関連するものとしては、ただ題名「I　……諸利潤率の均等化を媒介する……」がかかげられているだけだ。同章で信用（商業信用と銀行信用）の役割がくわしく説かれていないわけは、原著の前後諸章で関連的に説かれているからだろう。

そこで、わたくしは、それらの関連的な叙述をふまえながら、利子つき資本にたいする信用の役割を、拙著『利子つき資本の理論』第一一章「信用の役割」のなかで、つぎのように要約した。

「利子つき資本にたいする信用の役割は、信用の諸役割のうちのどの範囲のものを意味するか、ということがひとつの問題となる。われわれは、つぎの四点にわけて、〈利子つき資本にたいする信用の役割〉を論究することができよう。(1)利子つき資本の運動をげんじつに開始し・完遂させる銀行信用の役割〔同書第五章第三項〕、(2)〈諸信用の〝美しい〟からみあい〉、すなわち、銀行信用による利子つき資本の供給と需要との場所的・時間的調整〔第九章第六項、第一〇章第三項〕、(3)商業信用によって節約された流通手段（広義）の、銀行準備金―利子つき資本形成〔第一〇章第三項〕、(4)銀行信用による擬制資本の創造（または追加的擬制資本の創造）〔第五章第三項、第八章第四項、第九章第七項、とくに第一〇章第四項〕」。

これらの諸点は、どれもこれも、利子つき資本の、したがってまた、信用のもっとも重要な諸問題に関連しているが、それぞれ別個の羅列的な諸問題ではなく、けっきょく、〈利子つき資本の具体的運動を媒介する銀行信用の役割〉という一つのことがらと体系的に関連する」（同書四五二ページ）。

この引用文中の「諸信用の〝美しい〟からみあい」（die "schöne" Verschlingung der Kredite）は原著第三巻第五篇第三一章「貨幣資本と現実的資本II」の五四三ページにみられる。それは、原著前章の五二八ページにみられる「商業信用と銀行信用とのまざりあい」（verquickt sich）とはちがい、銀行信用そうご間のからみあいだ。わかりにくい原文の解釈をわたくしは、いちおうこのようにこころみた。

「貸付資本にたいする需要（使用）が供給（蓄積）よりもすくない農村地方からかきあつめられた貨幣は、貸しつけられうる形態でロンドン（そこでは、貸付資本にたいする需要が供給よりも多い）へ集中されて、より高い利子（預金利子よりも）で工鉱業資本家や輸入業者たちに貸しつけられるのだから、〈諸信用の〝美しい〟からみあい〉が生じる。ひとは、じぶんの取引銀行だけに預金するものとかんがえ、またその取引銀行はその知りあいの人びとに貸しつけるものと想像している地方の預金者たちにとっては、その銀行がかれらの預金をロンドンのビル・ブローカー（預金者や銀行が統御できない）に自由処分させているなどは、思いもよらぬことだろう。(1)」

（1）『利子つき資本の理論』三四三―四ページ。

ところで、利子つき資本にたいする信用の役割について、もうすこし補足しよう。

「利子つき資本にたいする信用の役割は、けっして、たんに利子つき資本にたいしてだけなされるのではなく、利子つき資本をとおして、間接的には、さらに産業資本・商業資本にたいして、したがって、生産・流通―再生産過程にたいしてもはたされていく。銀行信用は、遊休している貨幣や貨幣資本から利子つき資本を形成して、これを商品生産または商品流通のなかにそそぎこむことによって、不妊の貨幣・価値を資本（剰余価値を生産する価値）に転化させ、機能資本家・借り手には剰余価値の一部分・企業者利得を、貨幣所有者・貸し手には剰余価値の他の一部分・利子の取得を可能にする。しかし、このことがじっさいに可能となるのは、利子つき資本をげんじつにうけとり（あるいは、ヨリ低廉にうけとり）、これを生産的・流通的に利用できる部面だけだ。しかも、銀行信用はあらゆる部面にたいして同時的に、この恩恵をほどこすことはできない。信用によってこの恩恵をあたえられる諸部面と、あたえられない諸部面とが発生しうるし、その結果、生産的・流通的に価値再生産・実現のうえで、大きな差異が諸部面間に生じる。

利子つき資本にたいする信用（銀行信用）の役割は、こうして、一面では、いろいろな形態での蓄蔵貨幣の集中によって形成された利子つき資本（平均利潤を生産しうる〈使用価値〉をもつ利子つき資本）使用の再分配――銀行信用は、本源的に分配された価値を集中して、これをさらに分配替えする――をとおしておこなわれる諸部面そうごのあいだでの価値再生産の反作用・受動的規定のなかにみられる。ことに、いわゆる信用政策・金融政策の〈一つの目的〉とされている点が存在する。しかし、じつのところ、利子つき資本にたいする信用の役割は、他面では、ある生産・流通部面での事業の拡大とならんでおこなわれる投機、ひいて過度の緊張、恐慌の促進のなかにもみられる」（同書四五二―三ページ〔傍点―原文のまま〕）。

II 信用と株式制度

1 株式の擬制資本性

上述のように、『資本論』第三巻第五篇第二九章「銀行資本の諸成分」では、諸有価証券の一つとして株式があげられ、その擬制資本性が説かれている。その要点はつぎのようだ。

「……結合資本（assoziiertes Kapital）は信用制度を一主要基礎として成立するのだが、株式はこのような結合資本を代表する所有名義である。結合資本として存在する鉄道会社、鉱山会社、船舶会社などの株式は、株主たちによってこれらの諸企業に資本として投下された貨幣額、したがって、これらの諸企業で機能している現実的資本（泡沫会社のばあいを除けば）を代表する。そのいみで、株式は、純粋に幻想的な〈資本〉を代表するところの、いいかえれば、なにも現実的資本を代表しないところの国債とはちがう。会社の現実的資本を代表するという一点では、社債もまた株式とおなじだ。しかし、社債は、会社にむけられた貸付資本額にたいする確定利子の請求権であって、出資額にたいする不確定配当金の請求権である株式とは本質的に区別される。社債は、貸付資本額にたいする確定利子の請求権であるという点では、むしろ国債とおなじだ。

株式は、国債のようなたんなる幻想的資本を、ではなく、現実的資本を代表するとはいえ、この証券の〈資本価値〉は純粋に幻想的・擬制的である。そこで、株式もまた一つの擬制資本である。株式会社の資本は、二重に存在するのではなく、じつは、一つには、所有名義である株式の〈資本価値〉として、またもう一つには、その株式会社企業にげんじつに投下された・または投下されるはずの資本として存在する。その資本（しんじつの）は後者の形態にだけ存在する。株式は、株式会社の資本によって実現される剰余価値に対する持分比例的な所有名義である。この所有名義は〈商品〉として売買されるが、この取り引きによって所有名義としての株式の性格はなにも変化しない。この所有名義の販売者は、かれの所有名義を資本に再転化し（株式会社企業に投下されたかれのはじめの資本を、または所有名義に転化されたかれの資本を、まえのそれとはちがう大きさであるにせよ、回収し）、また所有名義の購買者は、かれの資本を、株式資本（〔Aktienkapital〕株式会社企業に投下され・機能する現実的資本）から期待される剰余価値にたいするたんなる所有名義に転化することになる。このばあい、所有名義のはじめの所有者に代わってつぎの所有者があらわれるのであって、株式会社の現実的資本はそれによってなんの変化をも受けない」（『利子つき資本の理論』二九二―三ページ〔傍点―原文のまま〕）。

なお、原著第三〇章「貨幣資本と現実的資本Ⅰ」のなかから、現実的資本に転化される株式の擬制資本性をすこしとり出してみよう。

「……株式――国債とおなじ公的有価証券の範疇にぞくする――蓄積もまた、労働にたいする所有の請求権の蓄積である。しかし、株式の背後には現実的資本が存在するので、株式は、現実的資本が実在している、鉄道や船舶や鉱山などの会社事業にたいする所有名義である。このことは、現実的資本そのものの自由処理権ではなく、ただ、現実的資本によって獲得されるはずの剰余価値の一部分にたいする請求権を株式所有者＝株主にあたえることを意味する。株式は、不確定利子つき証券＝配当証券であるという点で確定利子つき証券である国債と区別される。それだけではなく、株式は、このように、現実的資本によって裏づけられており、現実的資本にたいする所有名義であり、現実的資本からもたらされる剰余価値の一部分にたいする請求権（Rechtsansprüche）として存在する、という点でも国債とはちがっている。債務請求権であるという点では国債とおなじ社債もまた、現実的資本を背後にもち、その所有者＝社債権者に現実的資本から生まれる剰余価値の一部分を利子として取得させうるという点では国債と区別される。とはいえ、株式や社債は現実的資本そのものではなく、現実的資本と併存する、現実的資本の紙製複本（papierne Duplikate）、擬制的〈価値〉にすぎない。ちょうど、積荷証券（Ladungsschein）が積み荷とは別個の、しかもその積み荷を代表する一つの擬制的〈価値〉である、のとおなじように。だから、現実的資本の紙製複本である株式や社債が手から手へ譲渡されても、それによって現実的資本がげんじつに譲渡されることにはならない」（『利子つき資本の理論』三二六—七ページ（傍点—原文まま））。

株式会社・株式制度についていちおうの考察がなされているのは、原著第二七章「資本主義生産での信用の役割」でだ。ここでは、株式の成立・擬制資本性が解明されているだけでなく、株式制度での〝資本止揚〟構想が描かれている。小項目を1につづいて、さらに二つにわけて、2〝資本機能〟から分離した新しい〝資本所有〟姿態、3〝資本制度〟のもとでの〝私的所有としての資本の止揚〟、とし、順次に追究しよう。

2 〝資本機能〟から分離した新しい〝資本所有〟姿態

株式会社・株式制度のもとでみられる資本の機能と資本の所有との関係の特異性をつかむために、それとは対照的なつうれいの事例をあらかじめすこしたしかめておこう。

資本の機能者が同時に資本の所有者でもある個人によって経営されている中小企業が、しだいに資本の再生産過程での蓄積をかさねて、大企業へ成長する事態は、資本主義経済の発展途上でつうれい見られる。また、資本の生産性が向上するのにともない、資本の競争が激化し、たんに自己資本の拡大再生産だけでは間にあわず、蓄蔵貨幣・遊休資本を集中している銀行業者などからの借入資本・他人資本を自己資本に加えて、資本の生産力・競争力を高める方向へと、個人経営者はおいこまれる。

こうなると、資本は、その経営者にとって、機能と所有とが結着している部分と、機能と所有とが分離している部分との、二部分に分割される。それでもなお、自己資本のうえに他人資本が追加されたその総資本量は、まえとおなじ自己資本だけの所有者である個人経営者によって運営される。この事例は、株式制度のもとでの、資本機能から分離した資本所有の特異性と対照的なものとして提示された。

もう一つの対照的な事例。資本の機能者であり、同時に資本の所有者でもあった個人企業の資本家が、資本そうご問のきびしい競争にやぶれて恐慌期などを契機として、機能しない資本の所有者・利子つき資本家に転化する、というのがそれだ。

まえの事例で登場する資本家は、他人資本にかんしては所有しない機能者であり、あとの事例であらわれる資本家は、みずからは機能しない所有者である。どちらの事例でもみられることは、分離した〝資本の機能と資本の所有〟が、いずれは再結合されるという事態である。〝再結合〟とはいっても、たんなる資本機能とたんなる資本所有とが別人どうしのあいだで、つまり、貸借関係によって非資本所有者の手で資本機能がおこなわれる。株式制度のもとでの分離と再結合の方式は、上述の二事例とはちがう。では、〝資本機能〟すら分離した〝資本所有〟の新しい姿態とは？　つぎの一文がそれをあきらかにしている。

「……まず、株式会社の成立にたいする信用の役割にかんして記されているマルクスの重要な命題についてみよう。〈信用制度は、資本主義的な個人諸企業が資本主義的な諸株式会社にだんだんと転化するための主要基礎（Hauptbasis）である〉（**Das Kapital, Bd. III. Tl. I., S. 482.**）。この命題は、どのように理解されなければならないか。みずからは機能資本家として企業を経営しない貨幣資本家（貨幣のたんなる所有者）は、じぶんの貨幣資本（可能的資本としての貨幣）を、発行される株式（企業体による株式の発行は、銀行業者または証券業者によって媒介される）に投下して、株主になる。他方、株式の発行によってあつめられた社会の貨幣資本は、大規模な企業経営にあてられ、株式資本を形成し、株式会社を成立させる。このばあい、貨幣のたんなる所有者は、じぶんの貨幣を貸しつける（貸しつけのばあいには、利子をともなって返済されることが予定される）――たとえば、銀行に預金するように――のではなく、その貨幣を〈配当にたいする請求権〉、〈所有名義〉に投下する。

株式は、……利子つき資本そのものではなく、利子つき資本となるべく予定された資本が投下されていく対象（投下部面）である。貨幣資本家は、企業にたいして貨幣資本・可能的資本を貸しつけるのではなく、投資するのであり、企業資本の債券者となるのではなく、企業資本の所有者となる。もし、かれが、企業の債務証書＝社債券を、たとえば国家債券を買い入れるように買うとすれば、かれは、企業にたいして資本・可能的資本を貸しつけるのであって、企業にたいする債権者―社債権者となることだろう。後述のように、配当が利子化される株式（擬制資本）は、利子つき資本と利子の形態が確立される段階で、はじめて成立しうるのであり近代的信用（銀行信用）制度が存在しなければ、このような株式制度もまた存立しえなかっただろうという意味で、信用制度は株式会社成立（〈個人的諸企業から諸株式会社への漸次的な転化〉）の〈主要基礎〉である、といえよう。

このように、信用・信用制度は株式会社の形成に重要な役割を演じるが、しかし、だからといって、株式会社成立上での信用の役割をあまりに過大視してはならない。株式会社の成立は、やはり生産的基礎によって根本的に決定される。なぜなら、生産力のいちじるしい発達は、資本の蓄積、生産と資本の巨大な集積・集中をもたらすのだが、生産・資本の膨大な、そして迅速な集積・集中は、しだいに個人的資本―資本主義的個人企業によってはおこなわれえなくなり、社会的資本の集結、結合された資本、資本主義的株式会社の形成を要請するようになるからである。しかも、その株式会社の形成によって、生産と資本の集中は、反作用的にいっそう促進されるので、生産力の競争は、必然的に株式会社の形成・発達を規定する」（『利子つき資本の理論』四五五―六ページ）。

関連する一文が『資本論』第一巻第七篇第二三章「資本主義蓄蔵の一般的法則」のなかにみられる。「……円形から螺旋形へ移っていく再生産による資本の蓄積、漸進的な増大が、社会的資本の主要部分の量的配置を変えるだけでよい集中とくらべて、まったくゆるやかな行動である、ということはあきらかだ。蓄積が、いくつかの個別的資本に鉄道を敷設させるところまで、世界がまたねばならなかったとすれば、世界にはいまだに鉄道はなかったろう。それなのに、集中は、諸株式会社によって、これをただちに完成した。そして、集中は、こうして、蓄積の作用をたかめ、はやめると同時に、資本の技術的構成での諸変革――資本の可変部分を犠牲として資本の不変部分を増加させ、そうして労働にたいする相対的需用を減少させるところの――を拡大し・促進する」(1)。

(1) Das Kapital, Bd. I., S. 661.

近代的な信用制度は、このような、株式会社成立の生産的基礎のうえにたって、その成立に力をかして、それを促進したのだった。

ところで、株式会社が成立したことによって、三つの結果が生じた。

「(1)　個別的諸資本（Eingelkapitale）では経営不可能であった生産や諸企業が、株式会社の成立によって可能となり、しかも、それらの規模がおそろしく拡大されるようになる。また、従来は個人的諸企業では、規模が大きすぎて経営不可能または経営困難なので政府諸企業（Regierungsunternehmungen）であったものが、いまや会社諸企業（gesellschaftliche Unternehmungen）となる。

(2)　株式会社は、資本主義的生産様式そのものの範囲内でおこなわれる、〈私的所有（Privateigentum）としての資本の止揚〉をものがたる。つまり、株式会社では、資本が社会的に結合され、結合された一つの大きな資本は、もはや個人的・私的に所有されるものではなくなる。すなわち、社会的に結合されたこの一大資本は、なにびとによっても、じぶんのものとしてその所有を主張されえないものとなる。〈資本のもとでの私的所有〉の止揚は、生産諸手段の私的所有を基盤とする資本主義的生産様式の範囲内でおこなわれるのだから、資本の〈私的所有じたい〉がなくなるのではない。資本は、結合された資本にたいする分割された所有名義（株式）の形態で、社会全体からみれば少数の人びとによって、それぞれ私的に所有されている。資本主義的生産様式は〈生産の社会的性質〉と〈所有の私的性質〉との本質的矛盾を内包するのだが、株式会社では、資本の〈生産の社会的性質〉が直接的にあらわれ、それに照応して、資本の〈所有の私的性質〉、資本の個人的所有—個人企業的資本が、資本主義制度の内部で止揚される。社会的に集積された生産諸手段や諸労働力をもって即自的・社会的に生産される資本が、株式制度では、社会的に結合された資本（したがって、結合された資本所有）として、すなわち、〈私的資本（Privatkapital）と対立する社会資本・会社資本（[Gesellschaftkapital]直接的に結合された諸個人の資本〔Kapital direkt assoziierter Individuen〕）〉として出現し、またその資本の諸企業は、〈私的諸企業（Privatunternehmungen）と対立する社会諸企業・会社諸企業（Gesellschafts-unternehmungen）〉としてあらわれる。

(3)　……利子範疇を成立させるもの、平均利潤の一部分を利子に転化させるものは、貨幣（貸付）資本家と機能資本家との二つの資本家範疇への資本家の分裂、資本の所有と資本の機能との分離という事実だけである。このような〈資本の所有〉と

〈資本の機能〉との分離は、資本主義社会の発展過程での、一方の、資本家として機能しない、資本（可能的資本としての貨幣）のたんなる所有者・貸し手の出現に対応する、他方の、その資本を所有しない・借り手（自己資本をこえる資本部分の）、資本のたんなる機能者の登場によって成立する。資本の貸しつけ・借り入れ→機能によって、資本のたんなる所有者はいわゆる貨幣資本家になり、資本のたんなる機能者は機能資本家になって、可能的資本は現実的資本に転化され、げんじつに増殖する価値となる。株式社会では、〈資本所有〉と〈資本の機能〉との〈分離〉がいちおう確立・成就されるが、そこにみられる〈分離〉は、個別的資本の貸しつけ・借り入れでみられる〈分離〉とはちがう。

株式社会での貨幣（可能的資本）所有者は、貨幣貸し手としての貨幣資本家ではなく、出資者—株主としての貨幣資本家であり、資本機能者は、借り手としての企業家—機能資本家ではなく、企業の管理者としてのたんなる機能者である。資本の所有者は、資本機能の過程外にたつたんなる資本所有の人格者（貨幣資本家—株主）としてだけ存在し、げんじつに機能する〈資本家〉は、他人の資本の、直接的に結合された諸個人の資本の、社会資本・会社資本の、たんなる管理者（Dirigent, Venwalter）に転化する。すなわち、資本所有者が株式所有者（株主）となることによって、機能資本家は消滅し、株主の供出資本（出貸金）を管理する取締役がかわってあらわれる。かれの俸給（Gehalt）は特定種類の熟練労働力——その価格は、他のあらゆる労働力の価格と同じように、労働力市場で調整される——の価格、労賃（監督賃金）[2]であり、またあるはずだ。しかし、いうまでもなく、取締役は、同時の事実上の株主として、資本の所有者・貨幣資本家でもある」（『利子つき資本の理論』四五七—九ページ〔傍点—原文のまま〕）。

（2）　資本の生産過程—再生産過程の産物である剰余価値→平均利潤が、利子と企業者利得とに分割される段階にたっすると、事態は物神化する。利子が資本所有の所産としてあらわれるのに対照して、企業者利得は「資本と無関係な機能者」の熟練労働・監督労働にたいする監督賃金として現象する。こうして、剰余労働→剰余価値概念は消える。Vgl. Das Kapital, Bd. III. Tl. I, SS. 416-26.『利子つき資本の理論』一三二—四五、参照。

「個人的諸企業では、借り手である機能資本家に帰属するはずの企業者利得は、株式会社では、利子とともに配当（Dividenden）として、株主によって取得されることになる。資本所有は、株式社会でも、資本所有としての資本所有であるいじょう、現実的再生産過程での資本機能からまったくひきはなされているのだから、株主のうける配当は、利子と企業者利得との合計である総利潤を包括するばあいでも、〈利子〉の形態でしか、〈資本所有のたんなる報酬（Vergütung）〉としてしか、あらわれない。そこで、利子だけだなく、利潤もまた（株式社会では、利潤は〈利子の形態〉だけであらわれる）、資本所有によっておこなわれる、他人の剰余労働の〈たんなる取得〉（blosse Aneignung）として表現される」（『利子つき資本の理論』四五九ページ）。

「株式会社では、……資本の機能が、たんなる機能としておこなわれるのだから、一般的に資本の所有から分離されている。したがってまた、〈労働も、生産手段と剰余労働の所有からまったく分離され〉、つまり、労働者と資本家との対立関係―剰余価値生産・所有関係も疎外されている。このことは、機能（経営―労働）が資本のもとで直接に私的所有と結合されていた、そして所有が機能の結果であった資本主義的個人企業形態にたいする一つのアンティテーゼ（否定）である。資本主義生産の発達は、資本主義的社会形態に固有な特質であるところの、〈生産の社会的性質〉と〈所有の私的性質〉との矛盾（機能と所有との分離）をたえず拡大的に再生産する」（同書四六〇ページ）。

3 〝資本制度〟のもとでの〝私的所有としての資本の止揚〟

株式会社・株式制度じたいの成立・活動こそが、資本主義発展途上の個人企業の発展限界をのりこえてきたのだった。個人企業がずっとおこなってきたような、自己資本のうえに社会的集積資本の借り入れによって他人資本を追加して資本の生産力・競争力を高める方式ではなく、すでにみたようなまったくちがう方式で、資本の生産性をあげるその株式会社・株式制度じたいが形成された。

その株式制度によるこうした資本主義発展・テーゼ（正）にたいするアンティテーゼ（反）が、さらにそれの進展・アンティテーゼ（否定の否定）によるジンテーゼ（合）の登場がいよいよ叙述される。株式制度は将来社会への〝必然的な通過点〟をなす、というのが、その構想内容である。

「社会的生産が発達すれば、生産諸手段は個々人の手から収奪されて、〈生産諸手段は、私的生産（Privatproduktion）の手段でも・生産物でもなくなり、結合生産者たち（assoziierte Produzenten）の社会的生産物であり、かれらの手にある生産手段、したがってかれらじしんの社会的所有でありうるのにすぎない〉ものとなる。しかしながら、資本主義的社会制度の内部では、社会的所有者は少数者によって取得され、生産と所有とは対立的姿勢をとる。すなわち、社会的に生産され、そして資本として機能する社会的生産手段は、それらを直接的に生産した結合生産者たちによって社会的に所有されるものではなく、むしろ反対に、直接的生産にはなにも関係しない少数者によって個人的に〈〈直接的に社会的〉にではなく〉所有される。

株式会社は、一面では、このような資本主義社会にあらわれる機能と所有との〈分離〉(両者の〈結合〉にたいするアンティテーゼ)をもっとも一般的な、そしてもっとも発達した形態で表面化させている。同時に株式会社は、他面では、このような資本主義形態にたいするアンティテーゼへの、つまり、アンティテーゼのアンティテーゼ、したがってジンテーゼ——新しい社会的視点での〈機能と所有との再結合〉、社会的機能と社会的所有との新たな結合〈〈生産の社会的性質〉と〈所有の社会的性質〉〉——への通過点(Dürchgangspunkt)としてあらわれる。

しかし、株式会社は資本主義的生産諸関係の枠内に存在しているのであり、したがって、〈それは、社会的富としての富の性格と、私的富としての富の性格との対立を克服するものではなく、ただ、この対立を新しい姿で仕上げるだけである〉。資本主義生産の最高の発達をあらわすこのような株式会社の出現によって、すぐさま、社会的生産手段がもはやまったく個人的に所有されなくなり、結合生産者たちによって社会的に所有されるようになる、というのではない。それでもなお、株式会社は、〈資本が、生産者たちの所有に、しかし、もはや個々の生産者たちの私的所有(Privateigentum)としての所有にではなく、結合生産者であるかれらの所有としての、直接的な社会的所有(Gesellschaftseigentum)としての所有に、再転化されていくひとつの必然的な通過点〉、過渡期としてあらわれる。さらにまた、株式会社のもとでは、上述のように、機能が資本所有から分離するのだから、株式会社は、〈それまではまだ、資本所有とむすびついていた、再生産過程でのあらゆる機能が、結合生産者たちの単純な諸機能、社会的諸機能に転化されていく通過点〉でもある。

……株式会社は、まさに資本主義的生産様式じたいの内部でおこなわれる資本主義的生産様式の止揚〈〈資本主義制度そのものの基礎のうえでおこなわれる資本主義的な私的産業〔Privatindustrie〕の止揚であり、株式会社の拡大、株式会社の新生産部面への進出につれて私的産業はなくなる〉〉であり、したがって、〈ひとつの自己止揚的矛盾(ein sich selbst aufhebender Widerspruch)〉である。それが〈ひとつの自己止揚的矛盾〉であるのは、それが〈ひとつの新しい生産形態へのたんなる過渡点（Übergangspunkt）〉をしめすものであるからだ。……これは、〈社会的所有によって直接的に統制される社会的生産〉への過渡点である」（同書四六〇—一ページ〔傍点—原文のまま〕）。

Ⅲ　信用創造

銀行資本の諸成分を分析している原著第二九章のなかで、マルクスは、銀行資本成立の観点（第二の観点[1]）から、(1)　自己資本（銀行業者じしんの投下資本）、(2)　預金・借入資本、(3)　発券銀行の銀行券の三点をとりあげ、その大部分が擬制資本であることを論証した。そのなかの(2)　預金・借入資本は、これまでの叙述対象としては登場しなかったが、いよいよその出番となった。この問題が叙述されている原著諸章諸項の内容をすこしずつたどってみよう、順序を任意に入りかえながら。また、銀行資本の成分を構成している(3)　発券銀行の銀行券についても、いわゆる〝資本の創造〟問題の視点からすこし見なおそう。

（1）「銀行資本の内容は二つの観点から区分される。まず第一に、銀行資本の諸物的成分（sachliche Bestundteile）の観点。銀行資本は、(1)現金（金または銀行券（bares Geld, Gold oder Noten）、(2)諸有価証券、の二つの物的成分からなりたっている。……

第二に、銀行資本成立の観点。……」（『利子つき資本の理論』二八四ページ）。

まず、銀行預金による擬制的資本の増殖について。

「銀行業者は、産業資本家・商業資本家、いろいろな貨幣所得者である公衆から預金をうけいれ、これを、さまざまな形で利子つき資本として貸しつけ、または投資する。そこで、預金は預金者のものだが、しかし同時に、それは銀行業者の支配下にある。まず、預金は、契約で長期・中期的にしばられているもの（定期預金）でなければ、預金者によっていつでも引きだされる。だから、預金はたえず増減するけれども、一方で銀行から預金がひきだされるとき、他方では銀行に預金がもちこまれるといったあんばいだから、正常な営業がおこなわれる時期には、銀行にある預金の一般的平均額はあまりうごかない。

つぎに、預金は、いつも貨幣(金・または金代用物としての銀行券)で、または貨幣支払いを約束した指図書でおこなわれるが、準備金(現実的流通の必要にしたがって増減する)を除けば、預金は銀行業者によって処理されるのであって、それがさいしょ銀行にうけいれられた形ではもはや存在しない。預金は、現実的には、一面では、貸しつけ、手形割引に利用され、これらの貸しつけや手形割引をうける産業資本家や商業資本家の手にあり、また他面では、有価証券投資にもちいられて、有価証券取扱業者〔(Händler in Wertpapieren)取引所ブローカー(Börsenmakler)〕や、自己の有価証券を売った個人や、大蔵省証券・新国債を発行・発売した政府の手に存在する。

そこで、預金は二重の役割を演じることになる。一方では、預金は利子つき資本として貸しつけられ、現実的にはそれは、もはや銀行の金庫のなかには存在せず、ただ預金者の貸し金(Guthaben)としての銀行の帳簿のなかだけにある。他方では、預金は、銀行でのそのようなたんなる帳簿勘定として、預金者そうごの貸し金をかれらの銀行預金にたいする小切手(Scheck)で相殺し、相互にひさしく(同一取引銀行の内部では直接に、または他銀行そうご間の手形交換をとおして間接に)ことに役だつ。つまり、預金は、一面では、貸しつけられて利子つき資本として役だつとともに、他面では、銀行帳簿のうえで(すでに貸し出されてもはや現実には存在しない預金にたいして振り出される小切手によって)預金者そうごの支払いに役だつ。前者では、銀行は信用業務——借り入れ・貸しつけ——をおこない、後者では、銀行は貨幣取扱業務をおこなう。

ところで、預金は銀行業者にたいする預金者の貸し金・貸付資本であるが、この預金が銀行業者によって貸しつけられると、それは銀行業者じしんにとって資本・利子つき資本となる。こうして、同一の資本、あるいは同一のたんなる債務請求権さえもが、ちがった人びとの手であい異なる諸形態であらわれるところから、信用制度と利子つき資本が発達するのにつれて、すべての資本が二倍、ときには三倍となるかのようにみえる。そこで、貨幣の資本としての貸しつけによって、同一の貨幣が何倍かの大きさのしんじつの資本を代表するものであるかのように、アダム・スミスは誤りかんがえた」(『利子つき資本の理論』二九八—三〇〇ページ〔傍点—原文のまま〕)。

アダム・スミスはいう。「金融業（moneyed interest〔Geldgeschäft〕）でさえ、貨幣は、所有者には用いられない諸資本を一方の人から他方の人へ移転させる、いわば指図書（the deed of assignment〔Anweisung〕）にすぎない。これらの資本は、それらを移転する道具として役だつ貨幣額よりも、ほとんど思うぞんぶん大きなものでありうる。同一の貨幣片はつぎからつぎに、多くのちがった購買に用いられるのとおなじように、多くのちがった貸しつけにも用いられる。……同一の金貨または紙幣がわずかな日数のあいだに三つのちがった貸しつけと、三つのちがった購買との媒介に役だちうる。……三人の貨幣貸し手（Geldleute）によって貸しつけられた資本は、それによって購買されうる諸商品の価値にひとしく、諸購買に用いられる貨幣の価値よりも三倍だけ大きい。……そして同一の貨幣片は、それがその価値の三倍、あるいは三〇倍にさえおよぶ相異なる諸貸しつけの媒介として役だちうるのとおなじように、返済の手段としてもつぎからつぎへと役だちうる」(2)。

（2） Smith, A., Wealth of Nations, Buch II. Kap. IV.（Ausg. Wakefield, London 1835/1839. Bd. 2. S. 400f.）Vgl. Das Kapital, Bd. III. Tl. II, SS. 515-6.

アダム・スミスのこの命題はどのように批判されるべきか。

「購買は貨幣を一方の人から他方の人へ移転させる。商品の購買は、購買者の手にある貨幣を等価として、商品とひきかえに販売者の手にうつす。ところが、貸しつけは購買によって媒介されずに、貨幣を一方の人から他方の人へ移転させる。貸しつけは、貸し手の貨幣を商品との交換にでなく、等価とのひきかえにではなく、借り手に移動させる。だから、同一の貨幣片は、その流通速度にしたがって、いろいろな諸購買をおこないうるのと同様に、さまざまな諸貸しつけをなしうる、というのは正しい。しかしながら、だからといって、同一の貨幣片がつぎつぎに三度貸しつけられることによって、三つの資本、すなわち、貸しつけられた貨幣片の価値の三倍に等しい資本価値を代表する、とかんがえるのはまちがっている。

なぜならば、貨幣は貸し手の手にあるばあい、それは、かれの資本の価値存在（Wertdasein）、貨幣形態であって、この形態でかれはそれを第三者に貸しつけるのであり、その〝一つの資本価値〟がかれの手から第三者の手に移転していくのにすぎない。いくど移転がくりかえされても、移転されていく資本価値は〝一つ〟にすぎないのだからである。これとはちがい、同一の貨幣片がげんじつに幾個の資本を代表するかということは、この同一の貨幣片が、購買によって、流通手段として一方の人から他方の人へ移転されて、いくどあい異なる商品資本（それらの商品資本は個々別々にすべてげんじつに存在する）の価値形態として機能するか、ということで決まる。スミスのあやまりは、〝二つのまったくちがうことがら〟の同視・混同にある」（『利子つき資本の理論』三〇〇―一ページ〔傍点―原文のまま〕）。

同一貨幣片の預金反復による銀行預金の擬制的増大について、つぎの事例があげられている。

「こんにち、ある人がAに預ける一〇〇〇ポンドが、明日にはふたたび引き出されてBに預金される、ということは、あらそわれない事実である。つぎの日に、またそれがBから引き出されてCに預金されうる、といったぐあいに、無限にくりかえされる。同一の一〇〇〇ポンドという貨幣が、だから、つぎからつぎに移転されて、ひとつの絶対的に限定されえない預金額に増大しうる。したがって、イギリス連合王国での総預金の一〇分の九が、差し引き勘定されるべき、銀行業者の帳簿に記入されている金額以外には存在しない、ということはありうるわけである。……たとえば、スコットランドでは、貨幣流通は三〇〇万ポンドをこえなかったのに、預金は二七〇〇万ポンドにたっした。銀行にたいする一般的な預金の取りつけがおこらないと仮定するならば、同一の一〇〇〇ポンドが還流して同様に規定されえない金額（負債額）をおなじく容易に再び決済できよう。……、だから、おなじ一〇〇〇ポンドが手から手へ、銀行から銀行へと、わたり歩き、あらゆる預金額を相殺・決済できる」（"The Currency Theory Reviewed", S. 62. 63.）。Vgl. Das Kapital, Bd. III. Tl. II., SS. 516-7.

このように、同一貨幣片が、なんどもくりかえし貸しつけられることによって、その貨幣片をはるかにこえるしんじつの資本を代表するかのようにみえるのとおなじように、同一貨幣片が、くりかえし預金されることによって、数倍のしんじつ貨幣資本をつくりだすかのようにみえる。しかし、じつは、このばあい、信用によってつくりだされるものは、擬制的な「貨幣資本」・擬制資本・〝価値・貨幣にたいする債務請求権〟である。それらの増加「資本」はたんなる観念的産物・幻想（Hirngespinst）でしかない。

このように、同一貨幣片の預金へのくりかえしは、同一貨幣片の貸しつけ反復とおなじく、しんじつの貨幣資本・貸付資本の増殖をいみするものではなく、信用によるたんなる擬制資本の創造にすぎない。預金や貸しつけがおこなわれているところは、価値・資本の生産過程ではないのだから。

ところで、そのさいしょの預金が、貨幣所有者・機能資本家の銀行業者への貸しつけ（銀行業者の借り入れ）によるものだ、とだけに限定されるならば、預金の形成はしごく単純である。

ところが、いっそうすすんだ経済段階では、つうれい機能資本家の預金は、そとから銀行に直接もちこまれるのではなく、その機能資本家への銀行業者の貸付資本によって形成される。機能資本家は、銀行業者に貸付資本をもとめるさいに、その貸付資本をすぐさま銀行外にもちださずに、その銀行の当座預金（いわゆる預金貨幣・預金通貨）に振りこみ、〝げんじつの流通過程〟での商品・貨幣流通から生じる諸流通費用の処理、債権・債務関係の相殺・決済などを銀行業者の貨幣取扱業務に委嘱する。銀行業者の貨幣取扱業務に委嘱することによって、機能資本家は、〝げんじつの流通過程〟で生じる諸流通費用の処理をみずからおこなうばあいにくらべて、はるかに合理化・軽減できるメリットがえられるからである。

こうして、銀行業者の貸しつけ・機能資本家の借り入れが、機能資本家の貸しつけ（預金）・銀行業者の借り入れに変わる。いいかえれば、銀行業者の貸しつけが、銀行業者の借り入れとなり、機能資本家の借り入れが、機能資本家の貸しつけとなる。こうなると、銀行業者にとっては、預金をうけ入れ（借り入れ）たのちに貸しつけるといった在来の方式が逆転されて、銀行業者の貸しつけが預金の設置に先行することになる。もっとも、この逆転は、銀行業者が借り入れ（預金）によって、貸しつけうる銀行券（既発中央銀行券）をあつめている状態となってはじめておこりうる現象である。そこで、預金の後続は預金の先行と並行しなければならない。いずれにしても、「銀行で主要なものとして重きをなすものは、つねに預金（das Depositum〔die Einlage〕）である(3)」、といわれるわけは、預金の貸付資本への転化からもたらされる利子の源泉が、まさにこの先行預金のなかに集積される銀行券の山にあるからである。

（3） **Das Kapital, Bd. III. Tl. II., S. 440.**

逆転のさい、さいしょの借り手としての機能資本家は、さいしょの貸し手・銀行業者にたいして高い借り入れ利子を支払いながらも、つづく貸し手（預金者）としての機能資本家は、つづく借り手としての銀行業者にたいしてなんの貸しつけ利子（じつは預金利子）をも受けとらない。預金（とはいっても、このさい、当座預金にかぎられる）の利子がゼロ化されるわけは、預金者・機能資本家にとっては、機能資本家の〃げんじつの流通過程〃で生じる諸流通費用が銀行業者のすぐれた技術的諸操作・貨幣取扱業務によって処理されるので、その手数料支払いと預金利子とが相殺される、とみなされるからである。この機能資本家の諸流通費用が、銀行業者によって当座預金の設定、帳簿処理で操作代行される、という機能資本家にとっての当座預金の設定・信用創造のメリットはつぎの一例でもあきらかだ。

機能資本家が、手持ちの商業手形を銀行業者に割りびいてもらい、商業手形を銀行券に転化するばあい、機能資本家は、その銀行券を直接にうけとらずに、その銀行（普通銀行）にあるじぶんの当座預金口座に振りこむことをつうれい望むだろう。そのことを望むのは、機能資本家だけでなく、銀行業者も、いやもっとだろう。

もともと、商業手形の割引（普通銀行の割引→中央発券銀行の再割引）によって銀行券（兌換・不換）が貸しつけ・発行され、そして〃げんじつの流通過程〃で流通したのは、信用貨幣としての兌換銀行券と、価値表章としての不換銀行券とが、商業貨幣としての商業手形の限定された個別的流通性を大きくのりこえた一般的流通性をもつからであった。ところが、じっさいに商業手形に代わる銀行券の流通性はたしかに高く広いとはいえ、そうした〃げんじつの流通過程〃での銀行券の一般的な流通能力よりも、取引銀行の当座預金口座での銀行券の収支決済能力がはるかにすぐれている。だから、所得の〝げんじつの流通過程〟に入る銀行券部分を除いては、銀行によって貸しつけられた銀行券のほとんどが当座預金化される。

普通銀行の当座預金口座にふりこまれ・銀行帳簿で処理される貸付銀行券の本質・運動をみよう。それに先だつつぎの事項にまず留意しておこう。

前章で追究したように、発券銀行によってさいしょに貸しつけ・発行される銀行券（兌換銀行券のばあい）は、〝独特な流通過程〟での擬制的利子つき資本（金属準備によって保証されていない部分は追加的な擬制的利子つき資本）としての本質をもって銀行信用の運動をおこない、借り手にわたった銀行券は、〝げんじつの流通過程〟で信用貨幣の本質をもって信用貨幣の運動をはたす（不換銀行券は、〝独特な流通過程〟では追加的な擬制的利子つき資本の本質をもって銀行信用の運動をおこないながらも、〝げんじつの流通過程〟では価値表章の本質をもって価値表章として運動する）。そして、貸付期間の満了とともに、貸しつけられた銀行券は、貸し手・発券銀行に返済・還流する。

この、ほんらい発券銀行による銀行信用の所産・擬制資本である銀行券が、普通銀行によって集積・貸しつけられ、借り手・機能資本家の当座預金を形成することになると、〝銀行券の本質・運動〟はどうなるのか。

すでに発行されている銀行券が普通銀行によってあつめられ・〝貸しつけられる〟（商業手形の割引によるばあいをふくめて）いじょう、そのさいの銀行券の本質は擬制的利子つき資本（かんたんにいって、利子つき資本）である。貸し手・銀行業者にとっては、貸しつけた銀行券が行外にもちだされようと、行内の当座預金にふりこまれようと、それが利子つき資本であることにはなんのちがいもない。銀行業者としては、銀行券の貸しつけは、利子を取得する重要な一源泉である。そのさい、利子の源泉が、しんじつの価値（貨幣・資本）の形態にあろうと、たんなる〝価値にたいする債務請求権〟・擬制資本の形態にあろうと、いっさいかまわない。だから、銀行業者が、銀行券（〝信用そのもの〟といわれるもの）の貸しつけによって、支払準備金量をはるかにこえる当座預金口座を設置するばあいには、この支払い準備金量をこえる（たとえば、九倍もの）擬制資本（信用の産物）量を再造出して、その金額にたいする貸付利子を取得する。こうして、銀行業者は、自己資本（ほんらいの投下資本）だけではなく、他人資本（借入資本など）をあわせた資本の貸しつけ利子・運用収入などによって、自己資本にたいする平均利潤(4)を獲得できることになる。利子はもともと平均利潤の一部分、いいかえれば、利子は平均利潤の成立を前提とするものなのに、銀行業者には逆転して、平均利潤の成立が利子を前提としてあらわれる。

（4）「銀行業者の利潤は、一般的には、借りるばあいの利子よりも高い利子で貸しつけることから生じる。……利潤総額が銀行の自己資本に対比されるばあいの比率は、つうれい平均利潤率に合致しなければならない。

　ではなぜ、貸し手（たんなる媒介者としての、またはみずからの）である銀行業者は平均利潤をえなければならないのだろうか、また、銀行業者は利子を取得することによってどうして平均利潤を確保できるのだろうか。

　銀行業者は、貸しつけられうる貨幣資本や、蓄積貨幣や、所得の未消費部分を社会のあらゆる部面からかきあつめて、これを自己資本にとっての平均利潤（それ以上、それ以下は偶然）を取得するための手段として、じぶんの手で自由に処理する。かれは可能的資本としての貨幣のたんなる所有者ではない。銀行業者は、一面では、貨幣取扱業者として機能資本家であり、他面では、貸し手と借り手とのあいだの媒介者・超媒介者として、また自己資本や〈信用そのもの〉の貸し手としては貸付資本家である。貸付資本家としては、その資本にたいする利子取得者・資本所有者であるのにすぎないが、機能資本家としては平均利潤取得者でなければならない。銀行業者が、一面では機能資本家であるのは、かれが貨幣取扱業者でもあるからだけではない。かれは、自己資本をば、あらゆる貸しつけられうる貨幣資本を集中してこれに利子を吸着させ、自己資本にとっての平均利潤を入手するための機能資本たらせようとしている機能資本家＝企業家である。利子を利子として取得するだけの、本来的な貸付資本家は可能的資本としての貨幣のたんなる所有者であるのにすぎないのだが、銀行業者は、すくなくとも自己資本のかなりな部分（あるいはそれ以上）をば、貨幣取扱業者や賃借の媒介や信用業務（さらに投資）などを経営するためのあらゆる費用にあてるのであり、かれは、そのような資本費用支出者（資本前貸者〔企業家にとってのじぶんじしんにたいする前貸し〕）であるかぎり、機能資本家である。もちろん、かれが業務上対立する機能資本家＝産業・商業資本家とはちがう。このような機能資本家として銀行業者は自己資本のために平均利潤を要請する。それでは、銀行業者は利子からどのようにしてげんじつに自己資本の平均利潤をうちだすのか。

利子が平均利潤の一分割部分であるということは、利子の取得から銀行業者の平均利潤がなりたつことをさまたげない。銀行によって貸しつけられうる貨幣資本が公衆からの預金である（だから、〈銀行で主要なものとして重きをなすものは、つねに預金である〉ことは、すでにわれわれのよく知るところだ。これらの預金の転化形態としての貸付資本から生じる利子——預金の転化形態としての貸付資本は、銀行業者じしんの貸付資本として他人に譲渡されるのだから、それから生じる利子・貸付利子は、銀行業者に帰属する（もちろん、そのなかから費用としての預金利子はさしひかれる）——は、貸付資本総額とくらべてはるかに僅少な銀行の自己資本にとっては平均利潤の源泉となる。利子は平均利潤を前提として成立するのに、銀行業者にあたえられる平均利潤は、反対に、利子を前提として成立する。そこで、このように、利子がほんらい平均利潤を前提とするということと、銀行業者の平均利潤が利子を前提とすることとは、一見、解かれえない矛盾であるようだ。しかし、それらが矛盾であるようにみえるのは、じつは、〈銀行業者の平均利潤〉が〈利子を本来的に成立させる平均利潤〉と同列におかれることから生じる。

銀行業者にあたえられる平均利潤は、産業資本家や商業資本家の相互間に本源的に形成された平均利潤（率）——利子（率）の成立はこれを前提としたのであった——にしたがって成立するのにすぎない。農業資本家にあたえられる平均利潤の成立がそうであるのとおなじように。つまり、銀行業者によって支配されるあらゆる貸しつけられうる貨幣資本（さらに追加的な擬制的貸付資本）にとって利子（げんみつにはその一部分、なぜなら、貸付利子から諸費用＝預金コストなどがさしひかれねばならないのだから）であるもの、そしてその他の純益との合計が、本源的に成立した平均利潤率にしたがって、銀行業者の自己資本にとっての平均利潤を成立させる」（『利子つき資本の理論』二〇八—二一〇ページ〔傍点—原文のまま〕）。

「われわれは、さきに、銀行業者がいろいろな仕方でじぶんじしんにとっての追加的な擬制的貸付資本を創造するのをみた。銀行業者がほんらい寄生的方法で手に入れる、余剰価値（あらかじめ生産されている）からの一部分＝銀行利潤は、このような追加的な擬制資本の創造によって追加されるが、こうして成立する追加的利潤もまた、銀行業者の自己資本にとっての平均利潤の一成分である。この追加的利潤が、銀行業者の自己資本にとって平均利潤以上の超過利潤の一成分となるのは、膨大な追加的擬制資本を創造する巨大な特権が、国家によってあたえられている中央発券銀行でだ」（同書二一〇ページ）。

「……擬制的な〈資本〉もまた、真実の資本とおなじように、銀行業者に利潤をもたらすかぎりでは、銀行業者にとっては、真実の資本と擬制的な〈資本〉とのあいだに社会的・現実的に存在する区別などはどうでもよいものとなる」（同書四〇〇ページ）。

機能資本家にたいする普通銀行の貸付資本が機能資本家の当座預金口座にふりこまれるばあいの、〃銀行券の本質・運動〃について、のこされたもう一つの点を指摘しておこう。

その当座預金は、上述のように、銀行業者にとっての大きな（支払い準備金をはるかにこえる）「貸付資本・利子つき資本」である、という点で重視されなければならないだけではない。普通銀行は、機能資本家の当座預金をその依嘱におうじて簿記上で、貸しつけとは対照的な貨幣取扱業務（〃げんじつの流通過程〃のなかで生じる機能資本家の商品・貨幣取引上の諸流通費用の処理）のために活用しなければならない。こうして、普通銀行がうけとるべきこの貨幣取扱業務の手数料と、普通銀行が支払うべき機能資本家の当座預金利子とが、相殺され・ゼロ化する、というメリットが両者に生じる。このように、銀行は、ちがう二役をみずからえんじることによって、「資本」（カッコつき・擬制的）の貸しつけと「貨幣」の流通とをひと手に結合している。

Ⅳ　信用役割の二面性
――ま　と　め――

商業信用の役割と銀行信用の役割とは、ともにメリット・デメリットの二面性をもっている、という点では、あい共通している。しかし、二面性の内容はおなじではない。

〃げんじつの流通過程〃のなかでおこなわれる商業信用の役割は、すでにみたように、一方では、流通時間のない流通、商業手形による流通空費・金属貨幣の節減、総じて諸流通費用の削減、遊休・失業資本の生産資本化、予備金・準備金の銀行預金などのメリット。これと対立する他方のデメリットは、商業信用の安易な過剰利用気配にもとづき、恐慌期の到来をはやめ、みずから商業手形の支払不能→倒産におちこむ憂き目。

〝独特な流通過程〟でおこなわれる銀行信用の役割は、一方、資本あるいは擬制資本の貸しつけによる、機能資本家の自己資本限定の打破、さらに株式制度・社会的資本の集積→生産・流通規模の増大、資本の生産性・競争力の強化、それらをいっそう拡大する信用創造による擬制資本の貸しつけ→資本主義発展の促進のメリット。〝独特な流通過程〟での利子つき資本の運動は、もともと〝げんじつの流通過程〟での機能資本の運動によって先導されながらも、反作用的にはねかえり、機能資本を刺激・拡充する。そこで、他方、とうぜんの戒めとして、過大貸しつけにたいする恐慌期（みずから早めた）の債務返済・支払不能に転落・破綻というデメリット。

このようなメリット（山）とデメリット（谷）との関係でみられる、商業作用の役割と銀行信用の役割とのそれぞれの二面性は、ともに〝山高ければ、谷深し〟のたとえのとおりだ。

ところが、株式制度を念頭におくかぎりでは、信用（といっても、銀行信用）役割の二面性は、資本主義経済の推進（メリット）と、恐慌促進（デメリット）とに単純には限定されえない。資本主義経済じたいでの信用役割の二面性（メリット・デメリット）はそうご対立するものとしてはあらわれず、デメリットが、しだいに旧体制を解体し、新体制への転化の契機として作用するかぎり、もはやたんなるデメリットとしては規定されえない。こうして、銀行信用→株式制度がおこなう、一体化されるこの役割のうえに、さらに、資本主義制度のもとでの、〝資本の止揚〟・新社会関係への〝通過点〟としての、もう一つの役割（デメリットの転化形態）が浮き彫りされる。

まず、株式会社・制度に関連する叙述に先行する、銀行信用のメリット・デメリットの叙述からはじめよう。

「銀行信用は、資本を所有しない（まったくではなく、十分には）機能者に、他人の資本をある一定の範囲内で自由にさせるもの、だから、分離された資本の所有と資本の機能〈資本の所有〉と〈資本の機能〉との分離は、ほんらい近代的信用制度のもとで発生した〉とを、本質的にはそのままの状態で、資本の一時的借り入れ・占有→機能の形式、他人の所有物を一時的に支配する形式で、関係づけ、所有と機能とが分離されていない資本とおなじ果実（総利潤）をうみだせるものである。いいかえれば、銀行信用は、個々の資本家または資本家の資格をもつひとに、他人の資本、他人の所有物を一定の範囲内で絶対的に自由処理させ、他人の剰余労働を取得させるものである。そこで、個々の資本家は、自己の資本だけをもってではなく、さらにそれをこえて、他人の資本、社会的資本をば、信用を媒介として、自由にすることによって、ヨリ多くの社会的労働を獲得できる。こうして、信用をえた資本家は、かれじしんの資本による以上の生産の増大を可能にする」（『利子つき資本の理論』四六三ページ）。

「信用制度は、……生産の拡大、流通の増大をうながすが、同時にそれらに投機的諸要因の増進を織りまぜ、過剰生産と流通上の過大投機とを助長する主要槓杆としてあらわれる」（同書四六五ページ）。

「銀行信用は、その役割で、……二面の性質をもっている。銀行信用は、一面の性質をもつことによって、同時にまた、他の一面の性質をもつことになる。すなわち、銀行信用は、社会的資本の大部分を非所有者の自由にゆだねること、資本主義的生産様式のなかで、資本の〈私的所有〉を止揚することによって、一面では、生産諸力の物質的発展と世界市場の成立をうながし、生産拡大、また資本の集中を強力にすすめる。が、銀行信用は、こうすることによって、同時にまた他面では、資本主義的生産様式の矛盾の暴力的爆発である過剰生産恐慌を促進し・つよめ、そして古い生産様式を解体する諸要素をば準備し、新たな生産様式への過渡的形態の形成に力をかす」（同書四六六ページ）。

「信用制度（ここでは、銀行信用の制度）は、一方では、〈生産諸力の物質的発展と世界市場の成立を促進する〉とともに、他方では、〈資本主義的矛盾の暴力的爆発・恐慌、したがって、古い生産様式の解体諸要素を促進し〉、新しい一生産様式への過渡的形態を形成する。信用は、その役割で、このような二面的性格をもっている」（同書四六三ページ）。

「……株式会社は、それじしん、資本主義的生産様式の内部での古い生産様式から新しい生産様式への過渡的形態としてあらわれるのだが、株式会社がそのようなものとしてあらわれるのは、じつは株式会社成立の〈主要基礎〉としての信用制度じたいが、資本主義的生産様式の枠内での〈資本の私的所有の止揚〉をひきおこすものとして作用するからである。〈信用制度と銀行制度は、産業資本家たちや商業資本家たちに社会のすべての処理されうる資本を、能動的に就業していない潜在的な資本さえをも支配させるので、この資本の貸し手も充用者も、この資本の所有者やこの資本の生産者ではないことになる。こうして、信用制度と銀行制度は、資本の私的性格を止揚し、そうして、即時的に（an sich）、ただし即時的にだけ、資本じたいの止揚をふくむ〉。そこで、〈資本主義的生産様式から結合労働の生産様式への移行のあいだに、信用制度がひとつの有力な槓杆として役だつだろうことは、うたがいない〉。信用制度・銀行制度は、それがはたす役割によって、このように、新たな生産形態の物質的基礎を準備する、しかし、たんに形式（形態）のうえでにすぎない。なぜかといえば、生産諸手段が資本に転化する資本主義的生産様式の基礎のうえで——その基礎じたいでの物質的諸変革条件の成立をともなわずに——、たんに信用制度と銀行制度だけに変革的役割を期待することはできないからだ。信用制度・銀行制度が、じっさいに古い生産様式から新しいひとつの生産様式への転化の有力な一要因となりうるのは、ちょうど、前代的資本形態としての先資本主義的商業資本や高利貸付資本が、新たな生産様式への転換にさいして、他のあらゆる変革的諸条件が形成され・発展し・成熟したときにだけ、それらと力をあわせる変革的一要因として作用できたのとまったくおなじだろう（同書四六六—七〔傍点—原文のまま〕）。

「信用制度は、……〈移行過程で有力な一槓杆として作用する〉ので、〈過渡的形態〉としての株式会社の形成の主要基礎ともなるのだが、それとおなじように、信用制度は他のひとつの〈過渡的形態〉としての協同組合諸工場（Kooperativfabriken）の国民的規模での漸次的拡大の手段となる。そこで、信用制度によって拡大されていく協同組合諸工場の、過渡的形態としての意味についてみよう」（同書四六九ページ）。

「労働者たちじしんの協同組合諸工場は、資本と労働との対立を止揚する。もっとも、さいしょには、組合（Assoziation）の構成員＝労働者たちが、同時に、じぶんじしんの資本家であるという形で、すなわち、組合員としての労働者たちが生産諸手段を、じぶんじしんの労働力を価値増殖のために使用するという形で、あるとはいえ。だから、それは、古い形態の内部でおこなわれる古い形態のさいしょの破壊である。しかし、それは新しい生産様式へ転化していく過渡的形態にすぎないのであって、それは、その現実的な組織で、いまある制度のあらゆる欠点を再生産し、またしなければならない。労働者たちじちんの、これらの諸工場は、資本主義的生産様式のなかから成立してきたものであって、資本主義的工場制度と資本主義的信用制度が存在しなければ発展しえなかっただろう。こうして、信用制度は、これらの協同組合的諸企業が多少とも国民的規模でだんだんと拡大されていくための手段となっている。

そこで、これらの諸工場は、物質的生産諸力がある一定の高さに発達し、それにおうじて、社会的生産諸形態の発達がある一定の段階にたっすると、必然的にひとつの生産様式から他のひとつの新しい生産様式への変革が生じる、ということを具体的にしめすものとしてあらわれる。このように、労働者たちじしんの協同組合的諸工場は、資本主義的株式会社とおなじく、資本主義的生産様式から結合的生産様式へ移っていく過渡的形態として考察されるはずのものであるが、資本主義的株式会社では、〈対立が消極的に止揚される〉のにたいして、協同組合的諸工場では、〈対立は積極的に止揚される〉、という一点で両者は区別される」(同書四六九―四七〇ページ)。

「以上にみた、信用の役割での二面性的性格は、つぎのように総括されよう。信用は、〈一方では、資本主義生産の衝動である、他人の労働の収取による富裕化を、もっとも純粋な、そしてもっとも巨大な賭博制度と欺瞞制度(**kolossalstes Spiel- und Schwindelsystem**)に発展させ、そして社会的富を収取する少数者の数をますます制限し、他方では、しかし、ひとつの新しい生産様式への過渡的形態を形成する〉」(同書四七〇ページ)。

マルクスは、このように信用役割の二面性をまとめた。(1) 資本主義生産様式じたいにたいする信用役割、(2)「新しい生産様式への過渡的形態を形成する」。つまり、一方では欺瞞・投機、他方では未来社会の予言。

銀行信用の役割にかんするしめくくりの一端として、つぎの一句の内容が注視されよう。

マルクスは、原典『資本論』第三巻第五篇の最終・第三六章「先資本主義的」のなかでつぎのようにしるしている。「……資本主義生産様式が存続するかぎり、その諸形態の一つとしての利子つき資本も存続し、そして事実上、その信用制度の基礎(die Basis ihres Kreditsystems)を形成する[1]」。

(1) Das Kapital, Bd. III. Tl. II., S. 656.

ここに指示されている「その(＝資本主義生産様式の)信用制度」とは、利子つき資本が「基礎を形成する」のであるいじょう、商業信用の制度ではなく、とうぜん銀行信用の制度のことでなければならない。

ところが、「信用制度の基礎を形成する」ということばは、うえの叙述に先行する第三〇章「貨幣資本と現実資本」のなかにもみられる。そのさいに「基礎を形成する」とされているものは、利子つき資本ではなく、商業信用である。「商業信用が信用制度の基礎を形成する」[2]。この信用制度がなにかを判定するのに役だつ、つづく短い一句をみよう。「……われわれはとうめん銀行信用についてはまったく見ないことにする。銀行信用はぜんぜん別個の本質的にちがう要因を形成する」[3]。

（2）（3） a. a. O., Bd. III. Tl. II., S. 523.

これによって察知されるのは、その信用制度が、銀行信用の制度ではなく、それとはまったくちがう商業信用の制度である、ということだ。つまり、〝独特な流通過程〟での価値増殖・最高物神形態・利子つき資本の本質・運動によって規定される銀行信用の制度とはまったくちがう、〝げんじつの流通過程〟での価値形成・増殖ないし貨幣の支払手段機能にもとづく商品売買・商品賃借関係によって規定される商業信用の制度が、そこでは提起されていた。

ところが、「……資本主義生産様式が存続するかぎり、……利子つき資本も存続し、そして事実上、その信用制度の基礎を形成する」と提起されている、この近代的利子つき資本によってその基礎が形成される銀行信用の制度こそが、いまや信用制度の最大研究課題となる。だから、近代→現代の信用制度のいちだんとすすんだ究明のためには、それの基礎を形成する近代的・現代的利子つき資本―利子そのものがいっそう精密に追究されなければならない。

第三部　利子つき資本と利子の理論

第一章　利子つき資本と利子

Ⅰ 序　説

——『資本論』第三巻第五篇の冒頭四章の地位と意味——

わたくしが本章でとりあつかおうとおもう問題の範囲は、マルクスが、『資本論』第三巻第五篇の冒頭（第二一章「利子つき資本」、第二二章「利潤の分割。利子率。利子の〈自然〉率」、第二三章「利子と企業者利得」、第二四章「利子つき資本の形態での資本関係の外面化」）のなかで、みごとな解明をあたえた研究課題ぜんぱんにわたる。これらの原著四章のなかに盛られた思想内容の細部にたちいたるまえに、まずさいしょに、それらの四章が第五篇ぜんたいのなかでしめている地位と意味についていちおうの理解にたっしておくことが必要だろう。

第五篇は、「利子と企業者とへの利潤の分裂。利子つき資本」と題されており、平均利潤にかんするかぎりの研究の最終篇を形成している。このことは、第五篇にさきだつ第四篇が——第一、二、三篇で産業資本の運動を媒介とする平均利潤（率）の成立過程や平均（一般的）利潤率の低下傾向の法則などがとりあつかわれたのち——、さらに商業資本の利潤率均等化運動への参加による「完成されたすがたの平均利潤（率）」の形成の問題をふくむが、「商品資本と貨幣資本との、商品取扱資本と貨幣取扱資本とへの転形（商人資本）」の研究にむけられており、また第五篇につづく第六篇が、平均利潤そのものにかんする諸問題ではなく、もっとすすんだ、平均利潤をこえる利潤部分（超過利潤＝余剰利潤〔Surplusprofit, Mehrprofit〕）にかんする諸問題、すなわち、「超過利潤の地代への転形」の研究にささげられているのをみても、わかる。平均利潤にかんするかぎりの研究の最終篇としての第五篇で、マルクスは、平均利潤そのもののいっそう展開された形態である、平均利潤の二つの分裂形態、すなわち利子と企業者利得にかんする諸問題、さらにもっとひろく、しかもふかい問題領域をもつ利子つき資本（利子を所有者〔資本のたんなる所有者〕にもたらす）にかんする諸問題を研究した。

ところで、平均利潤にかんする理論に終止符をうつこの篇は、同時に、「純粋な資本関係」（基本的資本関係としての、産業資本家と賃金労働者との対立的関係）」にかんするかぎりの理論を完結するのであって、この篇で資本関係は最高の物神的形態をとる。そこで、本篇での主要な研究課題は、資本物神の最高形態としての利子つき資本をめぐって提起される。『資本論』の全叙述は資本関係の物神の高度化過程の線にそって展開されているのであり、その全叙述のうち、おおよそ第三巻第三篇までの叙述は産業資本の運動をめぐって、第四篇「……（商人資本）」の叙述は、産業資本の派生的形態としての商業資本（次項であきらかにされるように、資本の本質的過程である生産過程から遠ざかった利潤過程に位置する商業資本では、産業資本でよりも、資本の本質的関係は、いっそう部厚くおおわれ、そして転倒されてあらわれる）の運動をめぐって、それぞれなされたのであったが、いまや第五篇では、もっとも高い資本物神としての利子つき資本をめぐって叙述がおこなわれる。このような利子つき資本をめぐる叙述のうち、もっとも端緒的な、そしてまた、もっとも基本的な叙述が第五篇冒頭の四章でなされるわけだ。

これらの四章は、利子つき資本（それがもたらす所得形態である利子）について資本関係が最高の物神的形態に到達するということを一貫的に展開しているという点で、よくまとまっている。それに、叙述の形式もまた、これらの四章では、第五篇のその他の諸章にくらべると、はるかにきちんと整理されている。第二五章いごの諸章では、第二四章までの諸章であたえられた利子つき資本（と利子）にかんする理論がいったいどういうふうにもっていかれるのか、一見ぜんぜんわからないくらいに、叙述の内容も、形式も、いわば断層的にかわってくる。第二五章いごの諸章で、研究課題がどういうふうに展開され・解明されるか、ということについて、いまここでのべることは、さしひかえるべきであるが、第二五章いごの諸章をわれわれが精密に研究していくと、第二四章までにしめされたマルクスの諸研究成果が、どんなに、あとの諸章で形成される理論の基礎となっているか、またどんなに、それらがマルクス信用理論の骨格を構成しているか、がわかる。だから、第二五章いごの諸章でマルクスが、当時の主要な諸文献・諸資料の批判や引証をとおしてあきらかにした、利子つき資本にかんする諸問題、とりわけ、利子つき資本をげんじつに媒介する銀行信用と商業信用とのあいだの関係、利子つき資本の具体的な存在形態である擬制資本にかんする諸問題、利子つき資本（貨幣資本）と、現実的資本や現実的貨幣とのあいだの数量的運動関係、ひとことでいいあらわせば、利子つき資本の、具体的なそして他の諸事象との関係で生じるいろいろな問題、を完全に理解するためには、第二一章から二四章までの第五篇冒頭四章につみあげられた利子つき資本のもっとも端緒的・基本的な理論にたいする十分な理解がどんなに必要であるか、ということはあきらかだろう。

利子つき資本のもっとも端緒的・基本的な理論というのは、利子つき資本（そして利子）じたいの質的規定と、利子の量的規定とにかんする理論のことである。これらの理論は、利子つき資本（そして利子）の最高物神的性格のうえにうちたてられたものであって、利子の量的規定、利子率にかんする理論もまた、ここではたんに、利子率の利潤率からの自立化、したがって、利子じたいの最高物神的性格をえがきだすためにあたえられているのにすぎない（したがって、利子率の変動理論は、ここでまだ、あたえられない）。平均利潤の二つの分裂形態としての、利子と企業者利得は、どちらも、それぞれまったくちがうすがたをもって、それらの共通の母体である平均利潤（さらに、それの原基的形態としての剰余価値、これの本質的社会関係としての剰余労働）とはまったく無関係なものとしてあらわれる最高物神的形態にほかならない。だから、第五篇冒頭の四章では、第五篇ぜんたいでとりあつかわれる、もっとも具体的な、したがってもっとも錯綜した諸資本関係、すなわち、もっとも物神化された形態の諸資本関係でおこる諸事象（「純粋な資本関係」のもとでとりむすばれる諸関連と諸運動との最終幕）のなかで、新たな一範疇として登場し、そしてひとつの支配的地位をしめる利子つき資本の最高物神性そのものの解明がなされる。そしてその解明は、利子つき資本と利子の質的規定（第二一章）、利子の量的規定（第二二章）、利子と企業者利得との対立（第二三章）――第二二章、第二三章の二章では、終始、利潤からの利子の自立化が説かれる――、利子つき資本の物神性（第二四章）、の序列のもとに展開される。

ところで、これらの四章のなかで、マルクスによってあたえられた利子つき資本と利子の質的・量的規定にかんする理論は、それらの叙述の形式が比較的よく整備されているのに、いっぱんに理解されにくい諸点をふくんでいる。そこにふくまれる諸困難の性質は、利子つき資本にかんするもっともすすんだ複雑な諸問題、すなわち、第三〇章「貨幣資本と現実的資本Ｉ」いごの諸章でこころみられている、利子つき資本と、現実的資本や現実的貨幣とのあいだでむすばれる、もっとも錯綜した諸関係の研究にみいだされる諸困難と、ある意味では比肩されうるものであって、『資本論』のなかの難関＝第三巻第五篇の、さらにそのなかでの最大難関、の二頂点を形成する(1)ものだ、といえよう。

（1）『資本論』第二巻と第三巻とを編集したエンゲルスは、第三巻の序文のなかで、第三巻、とくに第五篇の編集が困難をきわめたことをのべたあとで、「しかし、第三〇章から本来的な困難がはじまった」（Das Kapital, Bd. III. Tl. I., S. 7. Vorwort）、としるし、第三〇章いごの諸章が最大困難であると指摘した。しかし、エンゲルスのこの指摘は、そこの前後の文章からもわかるように、じつはおもに編集上の困難についてであったようだ。そこの困難は、叙述の形式でも（叙述の内容とともに）みられたわけだった。ところが、「だいたい、しあげられてあった」（III. 7. Vorwort）第二一章―第二四章については、編集上の困難はなかったのだろう――そして、だから（つまり、叙述の形式がととのっているので）、とくに第二一章にふくまれる内容上の困難は、とかくみのがされがちとなろうが――、とはいえ、われわれは利子つき資本と利子の質的規定（第二一資本）のなかにひそむとくべつな諸困難をつよく感得しうるほどに、あくまでも細心であらねばならないだろう。ものごとのさいしょにおこる諸困難は、さいごに生じる諸困難よりも、いっそう入念に注視されねばならない。なぜかといえば、出発点にふせられた諸困難をまともに認識し、それらを克服して、正しい理解をまずかちえておく、ということは全過程の正しい理解にみちをきりひらき、さいごにひかえた諸困難の正しい解決をもみちびきだすことを可能にする唯一の方法だろうからである。

それらの、マルクスによる利子つき資本の質的規定のさいしょから、われわれにおそいかかってくる困難な諸点は、おもに、「商品」、「使用価値」、「価値」、「価格」の諸形態に関連するところのものである。『資本論』のながい叙述の展開過程のなかで、それらの諸形態がほんらいのものとはちがうものとしてあらわれるいくつかのばあいがないのではなかったが、いま第五篇にあるようなものとしてあらわれるということは、なかった。もしわれわれが、これらのものを、『資本論』の叙述過程のそれぞれの段階にあらわれる必然的な（偶然的・例外的な・ではなく）契機として理解しないならば、われわれはそれらを理論的にも・現実的にもただしく理解しえたことにはならないだろう。それらをそのような必然的契機として理解するということは、じつは、それらを、資本関係のそれぞれの逐次的物神化段階で規定される諸形態（物神的形態）ときんみつに関連するものとして、把握するということにほかならない。そこで、第五篇冒頭の第二一章であらわれるそれらの、ほんらいのものとはちがう独特な諸形態もまた、資本関係のこの最高物神的段階に即応して出現しなければならないものとして理解されることによって、困難は克服されよう。このことは、第二一章いごの諸章であらわれる諸形態（擬制資本で頂点にたっする）や、これらの諸形態の運動を理論的に・しかも現実的に理解するためには、われわれは、第五篇の問題領域のなかだけにとどまっていることはできず、当然のことながら、いっそうひろく、そしてふかく『資本論』の全海域のなかにおよぎだしていって、『資本論』全体系のなかでのそれら必然性を把握しなければならない、ということをものがたる。

II　最高資本物神としての利子つき資本

ここであらためて、「最高資本物神としての利子つき資本」について一項目がもうけられねばならないほど、問題はせまい、のではない。Iの序説でも指摘されているように、利子つき資本の理解は、資本関係の最高物神性にたいする正しい把握なしには、ぜんぜんえられないのであって、そのいみでは、「利子つき資本にかんする諸問題」の研究のすべてが、じつは、「最高資本物神にかんする諸問題」の研究にほかならない。と、いういみは、つまり、「最高資本物神としての利子つき資本」にたいしては、本章の全項目はもとより、マルクス信用理論解明のための全篇もがあげてかかわりをもつのであって、それはけっして本項だけの研究課題ではない、ということである。そこで、本項は「最高資本物神としての利子つき資本」ぜんぱんの問題におよぶことはできない。ここでは、ただ、利子つき資本の最高資本物神性を解明するために必要だとおもわれるいくらかの序論的説明、すなわち、歴史的に特殊な社会関係の必然的な物神化過程にかんするごくかんたんなすじがき、とりわけ、現実的資本（産業資本と商業資本）の物神性とくらべての、利子つき資本の物神性の理解（そのさい、商業資本の一分肢的形態としての貨幣取扱資本——歴史的に利子つき資本とむすびついてあらわれたところの——が、利子つき資本との、物神性における段階的相違に関連して、とりあげられよう）、にとどめられる。

あらかじめ、わたくしが利子つき資本の質的研究を「利子つき資本の物神性」の解明からはじめるわけについて一言しよう。マルクスは、第二四章ではじめて「利子つき資本の物神性」にかんする叙述を、第二一章いごの叙述の総括として、あたえている。マルクスがそうしたのは当然であった。『資本論』の全叙述が、歴史的に特殊なこの社会関係の形態化（物神化）を抽象から具体への上向過程にあいおうじて一歩一歩とたどり、資本主義的社会の運動法則をあきらかにしながら、さいごに利子つき資本の形態での資本関係の究極的に完成された物神的段階（第三巻第五篇第二四章）にたっするまでの全過程を逐次的に解明するためになされたのであったから。そこで、第二四章の叙述は、いわば、『資本論』第一巻第一篇第一章からはじめられた商品→貨幣→資本・「純粋な資本関係」の物神化過程そのものの叙述の完結である、ともみなされよう。そしてそのいみでは、第二五章いごの第五篇の全叙述は、この究極的に完成された物神的形態である利子つき資本の、のこされた・さらにもっと具体的な諸運動・諸関連にかんする、研究のためにおこなわれているのだ、といえよう。

もしマルクスが、第五篇の冒頭第二一章の位置で、第二四章の叙述をあたえていたとするならば、かれは利子つき資本の物神性にかんする結論をはじめにいうことになり、なるほどそれによってマルクスの論旨はいっそう明瞭にはなったろうけれども、創始者のこの理論は、しかし、一般的説得力をあるいはうしなったかもしれなかった。創始者にとっては、新しくうちたてられる理論のなめらかな展開（論理的・歴史的な）こそがもっともだいじなことだろう。しかし、創始者の理論をあとから研究するものは、その理論の理解をかちうるためにいろいろな方法をもちいるのであって、たとえば、創始者の理論を創始者そのひとがおこなった叙述の過程にそのままにしたがい、逐一的にあとづけることによって理解しようとするのも、ひとつのよい方法だろう。どんな方法であれ、もしそれによって好ましい結果がえられるのであれば、けっして排除されてはならないだろう。

わたくしは、第二四章ではじめてマルクスが総括的に解きあかした「利子つき資本の物神性」の段落に読者がたどりつくまでに、はやくも第五篇の冒頭第二一章で前歯を折るかもしれない、いくつかの問題（前項序説でわたくしが指摘した「諸困難」）を、さいごにではなく、はじめから完全に克服・消化して、わがものとしうるために、むしろ、マルクスによってさいご（利子つき資本と利子の質的・量的規定のさいご）に解明された総括的結論からいまは出発しようとおもう。『資本論』第一巻第一篇第一章から商品→貨幣→「純粋な資本関係」の物神化過程の叙述を開始し、きわめてながい論理的・歴史的展開過程をへて、やっと第三巻第五篇の最高資本物神的段階の門口にまで到達したマルクスの立場と、その門口から出発してマルクスの利子つき資本にかんする研究成果の基礎的部分を学び・あとづけようとする一研究者の立場とのちがいこそが、けっきょく、こうした叙述方法でのちがいをうみだすひとつの原因となるだろう、とかんがえられる。もっとも、このちがいは本質的なものではない。なぜかといえば、マルクスにおいても、第三巻第五篇第二一章の叙述は、第四篇第二〇章までの叙述の総帰結——産業資本・商業資本の物神性の理解——を直接に前提としている（第二一章発端の、平均利潤にかんする叙述にみられるとおり）のであり、われわれもまたおなじように、完成された平均利潤の理解、すなわち、産業資本・商業資本の物神性の把握を利子つき資本研究の必須前提としてとりこんでいこうとするのだから。

労働をめぐる人と人との社会関係は、直接にそのまま透明にあらわれるのでなく物神化＝形態化され、「人と人との物的関係」、「物と物との社会的関係[1]」としてあらわれるとともに、労働をめぐる人と人との社会的関係の本質はおおわれ、ゆがめられ、転倒されてあらわれる。そうして、人がじぶんの生産物や生産物相互関係（物と物との社会的関係）を支配するのではなく、反対に、人間労働の生産物や生産物相互関係が、自然（必然＝盲目的）法則として人そのものを、人の行為や意識を、支配することになる。ということは、自然発生的な社会的分業がおこなわれており、しかも、生産手段が私有されている、歴史的に特殊な社会関係に固有なことがらであることをいみする。このような、労働をめぐる人と人との社会関係の物神化、内容の形態化の展開、すなわち、物神・形態の高度化は、抽象から具体への上向過程、理論的・歴史的叙述のめんみつな展開過程とまったくあいともなう。こうした、めんみつな上向の逐次的展開過程、すなわち、分析・抽象の到達点からの再出発（＝後方への旅）、総合・叙述の過程こそ、マルクスによって経済学の「科学的に正しい方法[2]」としてはじめて体系的に方向づけられ、『資本論』全巻で完全に実践されたものであった。そこで、『資本論』の全域にあらわれる、価値（抽象的人間労働の物神的形態）——

労働の価値への転形――、商品（労働生産物の歴史的形態）――労働生産物の商品への転形――、貨幣――価値形態への転化、したがって、商品の貨幣への転形――、資本――貨幣の資本への転形――などの、歴史的に特殊な社会関係での、労働をめぐる、人と人との社会関係の物神的諸形態も、抽象から具体への叙述の展開過程でそれぞれの上向段階の地位に完全に照応して把握されなければ、けっして正しく理解されたとはいえないだろう。しかも、貨幣（単純な商品価値の一般的等価形態としての）の物神性と、資本の物神性とのあいだには、歴史的に特殊な社会関係の質的相違（質的変革にともなう）が存在したのであって、貨幣の資本への転形には、世界史を包括するひとつの歴史的条件[3]が前提されたのであった、ということがみおとされては、ただしくない[4]。

（1） Vgl. a. a. O., Bd. I., S. 78.

（2） Vgl. Zur Kritik d. p. Ö., S. 236. bes. v. M.-E.-L.-Inst.

（3） Vgl. Das Kapital, Bd. I., S. 178.

（4） マルクスが、第二六章いごの諸章で関説している、貨幣と資本とを混同した通貨学派の代表者オーヴァーストーンやノーマンにせよ、貨幣と資本とをあやまって区別した銀行学派の代表者トゥークやフラートンにせよ、かれらは、貨幣と資本とを質的に異なる歴史的社会関係の、ちがう発展段階の物神的形態として把握することができなかったので、そうしたそれぞれのまちがいをおかしたのであった。

あらたに創出された歴史的に特殊な対立的社会関係（＝資本主義的社会関係）でおこなわれる剰余労働が、その他の社会関係でおこなわれる剰余労働とちがうところは、それが物神的形態に対象化されるということであり、しかもその物神的形態は、資本運動の発展、具体的諸関係（理論的再構成）への接近につれてますます進む。そしてまた、そのさいしょの物神的形態である剰余価値からはじまる剰余労働の物神化が、剰余価値（率）の利潤（率）化、利潤（率）の平均利潤（率）化の、抽象から具体への上向過程をすすむのにあいともなって、この歴史的に特殊な対立的社会関係の本質的関係＝剰余労働（資本生産の究極的基盤）がますますおおわれ、そしてまったく転倒された、資本の自己増殖の物神的外観が確立されるようになる。剰余価値という、剰余労働の物神的形態では、剰余価値の源泉としての、可変資本の価値増殖過程がまだ思いうかべられたのに、利潤（形態的にはすでに剰余価値から転化されているが、量的にはまだ剰余価値と等しいものとしての）という、剰余価値のいっそうすすんだ物神的形態では、もはや、資本の価値増殖過程にとって本質的なものとしての、不変資本と可変資本との区別と関係はきえうせる。かわりに、それぞれの生産部門のたんなる全体としての前貸総資本（資本の有機的構成や回転期間のちがう）が――たかだか固定資本と流動資本（不変資本のなかの二つの資本部分にすぎないところの）との区別と関係が――それぞれことなる率の利潤（生産期間であれ、流通期間であれ、いちように計算される一定期間の利潤）の源泉としてあらわれる。

さらにまた、平均利潤（形態的にも・量的にも、もはや剰余価値とはちがうものとしての）という、利潤のいっそうすすんだ物神的形態では、資本が投下される個別的生産部門そのもののちがいから、すなわち、それぞれの生産部門での資本の有機的構成や回転期間のちがい（したがって、それぞれの生産部門で生産される利潤の率のちがい）から――完成された平均利潤という物神的形態では、さらに全生産部門と全流通部門とのちがいからさえ――まったくきりはなされて、たんなる全体としての前貸総資本があらゆる部門で等しい率の利潤の源泉としてあらわれることになる。そうして、剰余労働の究極的な物神的形態としての、この平均利潤では、本質としての剰余労働は、抹消されることになる。

そのような、剰余価値の物神化過程の進行――剰余価値（率）の利潤（率）化、利潤（率）の平均利潤（率）化――につれて、歴史的に特殊な資本関係の本質（生産過程でとりむすばれる対立的関係〔＝剰余労働の収取関係〕）はますますいんぺいされる。ということにもしめされているように、資本の運動領域が、生産過程を、物的生産の基礎を遠ざかれば遠ざかるほど、それぞれの運動領域での資本の物神性はいよいよたかまり、資本の価値増殖過程はますます物神化される。つまり、流通過程に投ぜられた資本＝商業資本は、生産過程に投ぜられた資本＝産業資本よりもいっそうすすんだ物神的な資本形態であり、商業資本の価値増殖過程（G—W—G'）は、産業資本の価値増殖過程（G—W<A/Pm……P……W'—G'）よりもいっそう物神化されている。そうして、流通過程での商業資本の運動によって商業資本が取得する商業利潤（譲渡利潤）が、しんじつには生産過程での産業資本の運動によってつくりだされた（収取された）総剰余価値のなかの一部分にすぎないということは、まったくおおわれてしまい、むしろ現象的には、商業資本は流通過程でのそれじしんの現実的運動（現実的機能〔商品収取機能または貨幣収取機能〕）そのものによって、あたかも利潤（→平均利潤）をげんじつにつくりだしうるものであるかのようにみえる。

　このように、流通が現象的には利潤をつくりだしうるかのようにみえる、という事態は、流通では、すでに、価値・資本生産の本質がいんぺいされ、転倒されてあらわれている、ということをものがたる。流通が、しんじつ（本質的）には、価値・剰余価値（→利潤）をつくりだすものではなく、ただ、まえもって生産で形成され、生産物（商品）のなかにふくまれている価値・剰余価値を商品の形態から貨幣の形態に転化し、実現するもの、さらにまた、貨幣の形態から商品の形態に再転化するものにすぎない、ということは、マルクスが、『資本論』第一巻と第二巻とのながい叙述過程のなかでくりかえし、とりわけ力をこめてわれわれにしめしたしところであった。しかも、商業資本のこのような物神性は、商業資本の二つの分肢的形態でまったくいちようには形成されていない。つまり、おなじ商業資本の物神性も、貨幣取扱資本では商品取扱商品資本でよりももっとすすんでいる、といえよう。なぜかというと、商品取扱資本の運動（G—W—G'）は、げんじつに商品流通そのものを媒介し、形態転換の物的諸契機に関係する(5)のに、貨幣取扱資本の運動（G—G'〔G+ΔG〕ただしΔGは平均利潤）は、商品流通そのものを、ではなく、たんに商品流通によって規定される貨幣流通上の貨幣諸機能から生じる、貨幣の純技術的諸操作を媒介し、形態転換の技術的諸契機に関する(6)だけだからである。それでもなお、平均利潤という物神的形態は、現実的資本じたいの立場から観察されるかぎりでは、生産であれ、流通であれ、ともかくも現実的機能—社会的関係の産物(7)として、したがって、機能資本の産物としてあらわれる。

（5）（6） Vgl. a. a. O., Bd. III. Tl. I., S. 354.

（7） Vgl. a. a. O., Bd. III. Tl. I., S. 426.

利子つき資本が最高の資本物神、すなわち資本としての最高の物神であるというのは、利子つき資本があらゆる現実的機能から（生産過程の現実的機能からも、また流通過程の現実的機能からも）まったく遊離して、しかも資本運動（G−G′、〔G＋ΔG〕ただしΔGは利子）——資本のもっとも物神的な、そしてもっとも縮滅された価値増殖運動——をおこなうからである。そして、利子つき資本の形態では、平均利潤は、もはや社会的関係の産物としてはあらわれないで、利子つき資本の「使用価値」（貨幣の「追加的使用価値」）としてあらわれ、また、利子つき資本の所有者が取得する、この平均利潤の一部分にあたる利子は、「たんなる物としてあらわれる資本」の自然的産物としてあらわれるの[8]であって、価値増殖の本質的関係は完全におおわれる。利子つき資本の形態でこのように完成されている物神性の具体的・現象的世界からみれば、現実的・機能的資本から区別されたほんらいの利子つき資本だけが利子つき資本として存在するのではなく、機能資本や労働力や有価証券や土地などの、およそ一定の規則的な貨幣所得をもたらす源泉は、なんによらずすべて、「利子」（一定の規則的な貨幣所得が、「利子」形態をとる〔「利子」として擬制される〕ことによって）をもたらす「資本」、すなわち「利子つき資本」として存在するものであるかのように、じっさいに現象する。

（8） Vgl. a. a. O., Bd. III. Tl. I., S. 426-7.

このような現象的事実の観念的反映として、利子つき資本の形態で資本のほんとうのすがたをみようとする俗流経済学が成立する。なぜかというと、利子つき資本の形態こそ、価値増殖のしんじつの源泉を抹消してしまい、対立的社会関係としての剰余労働を、ではなく、たんなる「物としての資本」を、価値増殖の自立的源泉・自然的源泉とみなそうとする俗流経済学にとっては、このうえもない見つけものなのだから。[9] 利子つき資本それじたいは、だから、生産過程に身をおく資本でもなく、また、流通過程に位置する資本でもない——それは、それじたい、これらの現実的資本に転化される可能性をもつものではあるが——のであって、むしろ、それは、一面では、これらの現実的資本（機能としての資本）と対立する「所有としての資本」、すなわち、現実的機能からまったくきりはなされたたんなる所有によって資本（それじしんの価値を増殖する〔このばあい、利子部分だけ〕価値）となるところのものであり、他面では、機能資本家の手に可能的資本（現実的資本に転化される可能性をもつ資本）として譲渡される、「ひとつの独特な商品」としての一定価値額である。利子つき資本が、このように、一面では「所有としての資本」＝「たんなる資本所有」であり、また他面では、そのようないみでの「ひとつの独特な商品」であるということは、利子つき資本が最高資本物神であるということの、二つのいいあらわしである。そこで、わたくしは、利子つき資本の最高資本物神についての・つづくいっそうくわしい研究を、利子つき資本のこれら二つの質的規定の解明からはじめることにしよう。

（9） Vgl. a. a. O., Bd. III. Tl. I., S. 428.

次項にうつるまえに、本項のしめくくりと、本項から次項への橋わたしとをかねて、ひとことつけくわえよう。以上の叙述によって、利子つき資本の研究——近代的形態の利子つき資本と利子との研究[10]をめぐる近代的信用の研究——は、貨幣物神とは質的に異なる資本物神のながい展開過程のあとづけのうえにきづきあげられねばならないので、利子つき資本の形態にある貨幣資本は、物神化段階のちがうたんなる貨幣や、流通資本（機能資本）の一形態としての貨幣資本（それの社会分業的・独立的形態としての貨幣取扱資本）とは、けっして混同されてはならないということがわかる。したがってまた、利子つき資本の研究は、資本物神の進行序列にそって、すなわち、現実的資本そのものの研究（産業資本の研究→商業資本の研究）のあとに、おなじように信用の研究は、現実的機能過程そのものの研究（生産過程の研究→流通過程の研究）のあとに、そしてまた利子の研究は、剰余価値形態化の研究（剰余価値〔率〕の利潤〔率〕化、利潤〔率〕の平均利潤〔率〕化、完成された平均利潤〔率〕の成立、の研究）のあとに、それぞれつづく研究としておこなわなければならない。だから、利子つき資本（—信用〔銀行信用〕）の研究では、『資本論註解』の著者、デ・ローゼンベルグの指摘（「貨幣の問題から直接に信用の問題へ移行することは不可能である」[11]）が妥当する。先行段階の研究がすべて必須前提としてとりいれられねばならない利子つき資本の研究では、しかしながら、先行の現実的機能諸過程でおこなわれたいろいろな事象とはおよそちがういろいろな現象が、いまや利子つき資本じたいの最高資本物神性に即応して、あらたに展開されていくことになる。

（10） 近代的形態の利子つき資本は、近代的資本形態としての産業資本の成立・運動を前提とするものであるという点で、たんに単純商品流通・貨幣流通を前提とするのにすぎない古代的形態としての利子つき資本（高利貸付商本）と区別される。また近代的形態の利子は、原則として、完成された平均利潤（全剰余価値マイナス超過剰余価値〔地代〕）の一部分に限定されなければならないものであるという点で、剰余価値全体に相当する部分を、ばあいによっては、さらにそれをこえて、借り手の労働諸条件の一部分をそえ、くいつくすことのある古代的形態の利子（高利）と区別される（Vgl. a. a. O., **Bd. III. Tl. II, Kap.** 36)。

（11） デ・ローゼンベルグ・淡徳三郎訳『資本論註解』第四巻一六三ページ。

Ⅲ　利子つき資本の二つの質的規定

——「たんなる資本所有」としての利子つき資本と、
ひとつの「独特な商品」としての利子つき資本——

利子つき資本の最高物神性は、利子つき資本が、一面では「たんなる資本所有」として、他面ではひとつの「独特な商品」としてあらわれるということにしめされるので、利子つき資本は質的にはふたとおりに規定されうることになる。まず、ここに「たんなる資本所有」というのは、資本機能と結合した資本所有ではなく、資本機能から遊離した資本所有、「資本所有としての資本所有」のことである。そして、このばあい、所有（Eigentum）は占有（Besitz）と区別されるものとして、げんみつに概念される。「たんなる資本所有」としての利子つき資本の質的規定は、マルクスにおいては、「利子つき資本は、機能としての資本と対立する所有としての資本（das Kapital als Eigentum）である」(1)というひとつの命題によってあたえられている。この「所有としての資本」＝「たんなる資本所有」という利子つき資本の質的規定は、とりわけ、利子つき資本と利子とのあいだの本質的・現象的関係、資本のたんなる所有者（貸付資本家）とその所得（利子）とのあいだの関係を理論的・現実的にあきらかにするうえに、重要な一契機となる。(2)「たんなる資本所有」という利子つき資本の質的規定にくらべると、いまひとつの、「独特な商品」という利子つき資本の質的規定は、いっそう複雑な豊富な内容をもっている。ここに、「ひとつの独特な商品」というのは、つうれいの商品とはいろいろな点でちがうという意味での「独特な商品」のことであるが、しかしそれはさらに、「特殊な商品」(3)としての貨幣や、「独特な商品」(4)としての労働力とは、歴史的に特殊な社会的関係の物神化段階をぞれぞれ異にするという意味でも、またひとつの「独特な商品」である。

（1） Das Kapital, Bd. III. Tl. I., S. 414.
（2） 飯田繁「資本所有と利子」（『経済学雑誌』第三三巻第一・二号、昭和三〇年八月〔『利子つき資本』第五章〕）参照。
（3） Vgl. Das Kapital, Bd. I., S. 75.
（4） Vgl. a. a. O., Bd. I., S. 178.

ひとつの「独特な商品」としての利子つき資本の質的規定は、マルクスにおいては、「可能的資本としての、利潤生産のための手段としての、この属性で、貨幣は、商品、ただし、独特な一商品（eine Ware sui generis〔eigener Art〕）

となる。……資本は資本として商品となる」(5)という、利子つき資本の基本的命題によってあたえられている。この「独特な商品」という利子つき資本の質的規定は、とりわけ、利子つき資本の理論を商品の理論、使用価値・価値の理論、資本の理論の必然的展開として構成しようとするひとつの学問体系にとって重要な一契機となる。(6)後述(とくにV)の、利子つき資本の最高物神段階にあらわれているいろいろな諸形態、擬制的諸形態は、利子つき資本の「独特な商品」としての質的規定に直接関連しているのだから——それらのいろいろな諸形態、擬制的諸形態が例外的・偶然的な諸要因としてではなく、そうした学問体系のなかでそれぞれの必然的な諸要因として理解されなければならないじょう——、利子つき資本の「独特な商品」としての規定そのものが全『資本論』体系の必然的一環として把握されなければならない、ということは、きわめてあきらかだろう。

(5) a. a. O., Bd. III. Tl. I., S. 371.

(6) 飯田繁「〈独特な商品〉としての利子つき資本」(『バンキング』第八一号、昭和二九年一二月〔『利子つき資本』第六章〕)参照。

まずさいしょに、「たんなる資本所有」としての利子つき資本の質的規定に関連して究明されるべきひとつの基本的問題についてみ、つづいて、この質的規定との一定関係のもとにあらわれるひとつの「独特な商品」としての利子つき資本の質的規定に関連して追究されるべき諸問題についてみることにしよう。

1 「たんなる資本所有」としての利子つき資本

利子つき資本の諸特質のうち、その最高資本物神性をもっとも端的にいいあらわしているものは、「たんなる資本所有」というひとつの特質だろう。というのは、利子つき資本が、資本のあらゆる現実的機能から遊離したたんなる所有(=たんなる資本所有)で、はや価値増殖をとげる価値となっている、ということをそれはいいあらわしており、したがって、この質的規定では、資本主義生産(価値増殖)の本質的関係が完全におおいかくされてしまうのだからである。このように、たんなる所有で資本が価値増殖するということ(G―G'、〔G+ΔG〕)、つまり資本の増殖部分(ΔG)としての利子が、資本機能の、ではなく、たんなる資本所有の、産物(しかも自然的産物)としてあらわれるということは、資本増殖のしんじつの関係をおおいかくす虚偽の外観である。[(1)]またげんに、「たんなる資本所有」(または、たんに所有されているだけの資本)そのものは、けっして利子という価値増殖部分をうみださない。だとすると、たんなる資本所有と利子とのあいだの、すなわち、利子つき資本と利子とのあいだの、しんじつの関係はいったいどうなるのか、いいかえれば、利子つき資本の所有者(貸付資本家)は、どういう論理的・現実的根拠にもとづいて利子を収得しうるのだろうか、そしてそのしんじつの関係が、どうして虚偽の外観によっておおわれた関係に転化するのだろうか、という、利子つき資本と利子との関係をめぐる基本的な問題がおこることになる。

(1) Vgl. Das Kapital, Bd. III. Tl. I., S. 409.

この問題にたいする正しい解決は、「たんなる資本所有」の意義にたいする正しい理解によってあたえられよう。われわれは、いまここで、所有いっぱんについてかたる必要はない。問題は、資本主義的形態の所有が所有者になにを可能にし、なにをもたらすか、ということである。資本の所有は、所有者にとってひとつの権限であり、ひとつの力である。その権限、力というのは、一方では、資本の使用を非使用者にゆるすことを資本の所有者――このばあい、資本の所有者は、資本の非使用者・非機能者である、資本のたんなる所有者だと仮定される――に得させるものであり、また他方では、その資本の非所有者(機能者)による使用からうまれる利益(平均利潤)の一部分を収得することを資本の所有者に得させるものである。マルクスは、資本主義的形態の土地所有が差額地代や絶対地代を土地の所有者にえさせる理由についてふかく究明した(第三巻第六篇の諸章、とくに第三八章、第四五章)のであったが、そこでのべたことが、理論展開的にはさかのぼる、たんなる資本所有=利子つき資本と利子との本質的・現象的関係を解くかぎとなるだろう。

第六篇の諸章でマルクスによってあきらかにされたことは、土地所有は、土地の利用を他人にたいしてゆるすことも・こばむこともできる、土地所有者に専属するひとつの権限・力であり、また、それじたいはなんの価値をもつくりだしうるものではないのに、土地所有とは無関係につくりだされた価値（超過剰余価値→超過利潤）の一部分を資本家＝借地農業家のふところから土地所有者のふところにとりこむこと（再分配）を土地所有者に得させるひ(2)とつの権限・力である、ということ、すなわち、土地所有は、価値形成の原因（「価値の源泉」）ではないが(3)、あらかじめ形成されている価値の一部分を所得（このばあい地代）の形態に転化させる原因（「所得の源泉」）(4)である、ということであった。もっとも、土地所有は、超過利潤（例外的生産力によって形成された）の差額地代への形態転化では、いわば消極的に、超過利潤（平均利潤化されないことによって成立する）の絶対地代への形態転化では、いわば積極的に、作用する。すなわち、差額地代に転化されるべき超過利潤がはじめから形成されていない最劣等地の所有者にたいしては、土地所有はなんの差額地代をも収得させることができない。だが、おなじ土地所有は、差額地代としての地代がぜんぜん存在しないところ（最劣等地）でも、資本の自由な移動―投下を制限することによって――土地経営上に投下された資本の有機的構成がひくいかぎり――、もし土地所有の資本投下にたいするそのような制限がなかったならば平均利潤化されたであろう土地生産部門の超過利潤を全部的または一部的に土地生産部門の内部にとどめ、そしてこれを絶対地代の形態に転化させる。こうして最劣等地の所有者にたいしても、土地所有は、一定条件のもとでは、優良地の所有者にたいするのとおなじ率の絶対地代を収得させるひとつの権限・外来的権力(5)（そして、そのようなひとつの超過分＝絶対地代を土地所有者にもたらさないかぎり、土地の利用を［最劣等地の利用を、さえ］非所有者にたいしてこばむことを土地所有者に得させるひとつの権力(6)）となる。

（2） Vgl. a. a. O., Bd. III. Tl. II., S. 696-8.

（3）（4） Vgl. Theorien, Bd. II. Tl. I., S. 205.
（5） Vgl. Das Kapital, Bd. III. Tl. II., S. 811.
（6） Vgl. a. a. O., Bd. III. Tl. II., S. 806.

資本の所有と土地の所有とは、それぞれ歴史的に特殊な社会関係に入りこむ段階を異にし、しかも、たがいに対立しあう。土地の所有（たんなる所有）は、資本の所有（たんなる所有）が「純粋な資本関係」の内部で一定の役割をはたしたあとで、新たな一要因としてそとから資本関係に参加する。したがって、両者が剰余価値の分配にあずかる段階もちがい、そして資本所有は平均利潤の内部的分配関係で資本機能と対立するのに、土地所有は平均利潤と超過利潤とのあいだの分配関係で資本所有（ただし、資本機能と結合した資本所有）と対立する。だが、どちらも所有という、生産からもっとも遠ざかったひとつの外来的権力であり、所有そのものとは無関係につくりだされた剰余価値の分配にあずかりうるひとつの指図（「不払労働にたいするひとつの指図」〔Anweisung〕）であるという意味では、両者は共通している。資本所有は、だから、それじたい利子という所得形態の価値内容を生産するのではなく、ただ、所有の外部でつくりだされた剰余価値（→平均利潤）の一部分を利子という所得形態に転化させ、これを資本所有者のふところにとりこませうる（収得させうる）、資本所有者に専属するひとつの生産外的権限である。[7]

（7） Vgl. Theorien, Bd. II. Tl. I., S. 205.

それでは、資本所有の役割は、土地所有の役割とどう類似し、どう区別されるのだろうか。[8] 資本所有の役割は、一面では、あらゆる資本所有者におなじ条件のもとではおなじ率の利子をもたらす（資本それじたいがもともと質的にはまったく無差別なものであるということは、それの貨幣形態ではもっとも明瞭にあらわれている）のだから、最劣等地の所有者にはなんの差額地代をももたらさない、すなわち、差別的な地代・差額地代をそれぞれの土地・差別的土地の所有者にえさせる、土地所有の役割とはちがい、絶対地代（一定事情のもとでは、あらゆる土地所有者にとっていち利用をゆるさないひとつの権限としての——の役割と類似している。しかし他面では、利子と絶対地代とが、それぞれの価値内容じたいの成立過程や、それぞれの価値内容の所得形態への転化過程ではたがいにまったくちがっているのだから、資本所有の役割は、超過利潤の絶対地代への転化にたいする土地所有の役割とも区別される。資本所有は、平均利潤の一部分の、利子という所得形態への転化過程(平均利潤の一部分がまずはじめに利子の形態に転化され固定される)では、土地所有が超過利潤の絶対地代という所得形態への単価過程で演じるような積極的役割をなにも演じえない。

(8) 飯田繁「資本所有と利子」(前掲『利子つき資本』第五章)参照。

たんなる資本所有と利子との本質的関係は、上述のような、所有が所有者にとってひとつの権限(生産外的権力)であるというじじつを論理的・現実的根拠として、所有が所有者にとっての利子収得の原因である(利子発生の原因ではなく)、ということをしめしている。ところが、たんなる資本所有と利子との現象的関係は、このような本質的関係をおおいかくし、たんなる資本所有そのものが利子の発生原因であるかのようにみえる虚偽の外観に転化する。こうして、「賃金労働—賃金」、「土地所有—地代」とともに三位一体的公式の一環をなす「資本所有—利子」は、所有が価値の所得への形態転化の原因(所得形態の源泉、所得収得の原因、分配の原因)であるというしんじつの関係をいんぺいして、所有じたいが価値そのものの成立原因(生産の原因)であるかのようにひとびとの眼を幻惑するものとして定立される。(9) しかし、このような虚偽の外観は、資本所有が資本機能ときんみつにむすばれている——資本所有者が同時に資本機能者でもある——あいだは、明瞭とはならない。というのは、そのばあいには、資本とその産物との関係のもとで表面にあらわれてくるものは、資本の機能であって、資本の所有ではないからだ。ところが、範疇としての資本所有と資本機能とが社会的に分裂し、資本家階級が、所有者としての資本家と機能者としての資本家との、すなわち、貨幣資本家（利子つき資本家＝貸付資本家）と機能資本家との、ふたつの階層へ社会的に分裂することをゆるすような社会的関係のもとでは、資本機能からはなれた資本所有じたいが、ひとつの所得（資本所有者に帰属する固有の所得形態としての利子）の独立の発生原因そのもの——たんなる形態転化の原因ではなく——であるかのようにみえることになる。

（9） Vgl. Das Kapital, Bd. III. Tl. II., S. 875-5.

資本の所有は、資本の所有者に利子を収得させる原因・権限であって、利子を発生させる原因・源泉ではないのだから、資本の所有がそのような権限となるためには、利子という所得形態の価値内容、さらに、それをふくむ、全体としての剰余価値→平均利潤（剰余価値の超過利潤部分は、この段階ではまだ問題とならない）、の成立じたいが前提されなければならない。この平均利潤は、しかし、資本の所有じたいからではなく、資本の機能からうまれる。そこで、資本の所有が資本の所有者に利子を収得させる権限となるためには、その資本があらかじめ資本の非所有者によってげんじつに使用され、じっさいに資本機能をつくし、平均利潤をつくりあげていなければならない。そこで、このばあいの資本の非所有者・使用者は、個別的にはどうであろうとも、資本的・一般的には資本の機能者＝機能資本家でなければならない。ところが、資本の非所有者＝機能者はその資本を所有者の許可なしには使用できないのであるから、資本所有が所有者に利子を収得させる権限（わたしくは、これをかりに「第二の権限とよぼう）となるまえに、資本所有はまず、非所有者に資本使用を許可し可能にする権限（「第一の権限」）を実行しなければならない。たがいにきりはなされ、たがいに無関連な状態にあった資本所有と資本機能とは、こうして、ふたたびたがいに関連づけられる。資本は、資本所有の「第一の権限」にもとづいて、非所有者である機能者の手にゆだねられるが、しかしこのばあい、資本の所有権は機能者の手にゆずりわたされず、さいしょの持ち手＝非機能者の手にあくまでもにぎられる、というような独特なしかたで。資本の所有と資本の機能とが関連づけられるこのような独特なしかたこそ、信用（純粋な信用、または「本来的な貨幣信用」）といわれるのである。このように、信用は、資本所有の「第一の権限」にもとづいて、たがいに分裂された資本所有と資本機能との連係を実現するひとつの媒介体となる。

たんなる資本所有者は、機能資本家（＝非所有者。もちろん、すべての機能資本家が資本の非所有者であるのではない——多くのばあい、機能資本家は、自己資本〔所有資本〕と他人資本〔非所有資本〕とを使用する——が、たんなる資本所有者と対立する機能資本家は、貸しつけられる資本の非所有者である）とこのようなしかたで関連づけられなければ、利子を収得することはできないし（たとえ、どんなに所有がひとつの権限であろうとも）、また、かれじしんほんとうの意味で「たんなる資本所有者」でもないわけだ。「たんなる資本所有」は、所有者と非所有者とがそのように関連づけられるまえには、じつは、「たんなる資本所有の可能性」としての「一定価値額の所有」ではあるにしても、まだ「たんなる資本所有」それじたいではない。そこで、両者のあいだにひとつの関連をもたらす、一定価値額の「資本としての譲渡」、したがって、一定価値額が「資本として『商品』となる」ということが問題となる。一定価値額の「資本としての譲渡」という譲渡の意味、とくに、その譲渡と所有との関係をあきらかにすることによって、われわれは「たんなる資本所有」という利子つき資本の質的規定をいまいちど正確にみなおすことができ、同時にこの質的規定から「独特な商品」としての利子つき資本の質的規定へのなめらかな橋わたしと、両質的規定のあいだの関係とを正しく理解することができよう。

2 ひとつの「独特な商品」としての利子つき資本

利子つき資本の譲渡じたいにかんする研究は、次項Ⅳでおこなわれる。いまここでは、ただ、一定価値額の資本としての譲渡が、じつは、一定価値額の所有そのものを基礎とし、これに付随するひとつの「機能」（いわば）であるのにすぎないのであって、利子もまた、だから、この譲渡という行為そのものにもとづいて（この譲渡行為を論理的・現実的根拠として）所有者にあたえられるのではない、ということが指摘されるだけである。一定価値額は、譲渡されることによってはじめて資本となるのではなく、譲渡されるまえに[1]、すでに、もっともひろい意味の可能的資本であり、譲渡される瞬間[2]にせまい意味の（げんみつな意味の）可能的資本となっている[3]。すなわち、いずれにせよ、一定価値額はたんなる所有において、つまり、現実的機能にさきだち、それとはなれて、すでに資本（可能的）である。だからこそ、一定価値額ははじめから資本として譲渡されるのであった。そしてここに、資本としての利子つき資本が、資本としての機能資本と区別されなければならない、ひとつの特徴がある。一定価値額の資本としての譲渡は、「一定価値額の所有」のなかにひそむ「たんなる資本所有」の可能性を実現して、「一定価値額の所有」を「たんなる資本所有そのもの」（「たんなる資本所有」の現実性）に転化させる、資本所有者（じつはまだ「一定価値額の所有者」）のおこなう「全機能[4]」である。しかし、この「機能」は、機能資本家がおこなう現実的機能とはまったく異なり、所有と対立するのではなく、むしろ反対に、所有に従属する。だから、この「機能」＝「第一の法律的取引」は、しんじつの意味では機能とよばれえないものである。

（1）「かれの貨幣は、だから、それが譲渡されるまえに資本としてあらわれる。すなわち、貨幣または商品のたんなる所有——資本主義的生産過程からきりはなされて——資本としてあらわれる。それが譲渡されたのちにはじめて資本として立証されるということは、すこしも事態をかえない」（Theorien, Bd. III., S. 531.）。

（2）「貸し手にとっては、しかし、貨幣の資本化は、かれが貨幣を貨幣として支出しないで資本として支出する瞬間、すなわち、産業資本家の手にわたす瞬間からはじまる」（a. a. O., Bd. III., S. 527.）。

（3）飯田繁「利子つき資本における譲渡の意義と形式」（『経済学雑誌』第三二巻第五・六号、昭和三〇年六月〔『利子つき資本』第九章〕）参照。

（4）「……一〇〇ポンドの資本としてのこの支出に、資本家としてのかれ（一〇〇ポンドの所有者〔Eigner〕—飯田注）の全機能（ganze Funktion）はかぎられる」（Das Kapital, Bd. III. Tl. I., S. 372.）。

可能的資本としての一定価値額を所有していないひとは、それを資本として（それじしんの価値を保存するだけでなく、価値を増殖するものとして）譲渡することはできないだろうという一点からみても、この譲渡行為を規定するものは所有だ、といえよう。利子が資本のあらゆる機能それじたいとは無関係なものとしてあらわれる、ということは、利子が機能資本家のあらゆる現実的機能そのものとなんのかかわりもなくあらわれる、ということだけでなく、資本所有者じしんの「全機能」（資本所有者の手から機能資本家の手への、一定価値額の資本としての譲渡＝第一支出）じたいからもきりはなされたものとしてあらわれる、ということでもある。利子は、ただ現象的にそのようなものとしてあらわれる、というのではない。しんじつにも、利子はそのようなものなのである。というのは、機能資本家が現実的機能をおこなったということが、それをおこなったかれに利子をえさせる原因となる、のではなく（そのことは、利子をふくむ平均利潤の価値内容そのものを形成し、成立させる原因ではあるが）、また、資本所有者がかれの「全機能」じたいをおこなったということ――かれは「所有」なしにはこの「全機能」をおこなうことはできない――が、利子をつくりだし、かれに利子をえさせる原因となる、のでもないのだから。一定価値額の資本としての使用（他人による）からうまれる果実の一部分を利子として一定価値額の所有者にえさせるものは、一定価値額が資本として譲渡されてもなお譲渡者の手ににぎられている所有の一権限である。「一〇〇ポンドの所有（Besitz）が、一〇〇ポンドの所有者（Eigner）にたいして、かれの資本（一〇〇ポンド――飯田注）によって生産された利潤のある一部分、利子を収得する力をあたえる、ということはあきらかだ」(5)。

(5)　a. a. O., Bd. III. Tl. I., S. 371.（傍点―飯田）ここに、「一〇〇ポンドの所有（Besitz）……」とあるのは、正確には、「一〇〇ポンドの所有（Eigentum）……」でなければならない。Bestiz（正確には、占有）は Eigentum とはちがう。マルクスは、原則として、このことがらのちがいをことばのうえにも反映させるのだが、しかし、ときおり、ことばのうえでは、

Eigentum をともなっている Besitz をたんに Besitz とよんだ。そこで、マルクスがたんに Besitz とよんでいるものの内容が、Eigentum をともなっている Besitz であるのか、もしくは Eigentum をともなっていないたんなる Besitz であるのか、をわれわれは判別しなければならない。

ここに引用された文章では、Eigner は、Eigentum とともに Besitz をにぎっている。このことは、Eigner がまだじぶんの一〇〇ポンドを資本として譲渡していないことを意味しており、したがって、Eigner はいまのところ、ただ、利子を収得しうる力、しかもたんなる可能性をもっているのにすぎない。Eigner がいよいよじっさいに、じぶんの一〇〇ポンドを資本として機能資本家に譲渡するならば、その瞬間に Besitz は機能資本家の手にうつり、Eigentum だけがいまや Eigner の手もとにのこることになる。そこで、Eigner に利子をえさせる権利は、ほんとうは Besitz ではなく、Eigentum だ、といわなければならない。

上述のように、譲渡ではなく、所有が、利子つき資本にとってもっとも基本的な要因だとすると、一定価値額の「資本としての譲渡」(一定価値額が資本として「商品」となる、ということ)に直結して成立する、「独特な商品」としての利子つき資本の質的規定は、「たんなる資本所有」としての利子つき資本の質的規定の基礎のうえにたつものとして理解されなければならないだろう。そこで、「独特な商品」としての利子つき資本の質的規定が、どういうふうに「たんなる資本所有」としての利子つき資本の質的規定の基礎のうえにたつのか、そして、その「独特な商品」が『資本論』全体系の展開過程での必然的な一契機として把握されなければならないとするならば、それはどういうふうに理解されなければならないのか、ということが問題となるだろう。

マルクスがあたえた利子つき資本解明の緒言は、周知のとおり、つぎのようなものであった。「貨幣——このばあい、じっさいに貨幣で存在するか、商品で存在するかをとわず、ひとつの価値額(eine Wertsurmme)の自立的表現とみなされる——は、資本主義生産の基礎のうえでは、資本に転化されうるのであり、この転化によって、ひとつのあたえられた価値からひとつの自己増殖し増大する価値となる。それ(この貨幣——飯田注)は利潤を生産する、すなわち、それは資本家たちに不払労働のある一定量、剰余生産物、剰余価値を労働者たちから吸いとってわがものにすることを可能にする。こうして、貨幣は、貨幣が貨幣としてもつ使用価値のほかに、ひとつの追加的使用価値（ein zusätzlicher Gebrauchswert）を、すなわち、資本として機能するという使用価値を、保有している（erhalten）わけだ。このばあい、貨幣の使用価値は、まさに、貨幣が、資本に転化されて、つくりだす利潤にほかならない。「可能的資本（möglicges Kapital）としての、利潤生産のための手段としての、この属性で、貨幣は、商品、ただし、独特な一商品となる。あるいは、おなじことだが、資本は資本として商品となる」[6]。比較的みじかいこの文章で、マルクスは、利子つき資本の理論をかれの『資本論』全体系のなかでの、商品の理論、使用価値・価値の理論、資本の理論の必然的展開過程の一環として構成しようとするかれの全意図をあきらかにしている。

（6） Das Kapital, Bd. III. Tl. I., S. 370-1.

ところで、この文章のなかには、とりわけ、㈠貨幣（ひとつの価値額＝一定価値額）が、資本主義生産の基礎のうえでは、資本に転化されうる、ということ、㈡貨幣が資本として――貨幣が可能的資本としての属性で――「商品」（ただし、ひとつの「独特な商品」）となる、ということ、㈢貨幣は、このばあい、資本に転化されて、つくりだされる利潤を、貨幣の「追加的使用価値」（資本として機能する、という貨幣の使用価値）として保有する、ということ、がのべられている。だが、これら三つのことがらは、じつは、利子つき資本の、とくに、「独特な商品」としての、それの特質を理解するために、一貫的にふかく究明されなければならないものである[7]。われわれがいま問題とするのは、これら三つのうちの、第二のことがらに直接関係しているのであり、この第二のことがらが正しく理解されうるためには、まえもって第一のことがらが理論的にただしく把握されていなければならない。第三のことがらの研究は、第二のことがらがいちおうはっきりと理解されたあとで、この第二のことがらのもっとすすんだ内面的研究のひとつとして、おこなわれるべきだろう。それで、わたくしは、第三のことがらにかんする研究を、あとの項

（V）で——利子の独特な形態にかんする研究とともに——、「独特な商品」のいっそうすすんだ内容的研究としておこなう。

（7）　飯田繁『利子つき資本の理論』第二章第二項参照。

第二のことがらにかんする研究のまえに理解されていなければならない第一のことがらは、われわれが本項でいままでみてきた「たんなる資本所有」としての利子つき資本の質的規定と関係するものである。わたくしが、「独特な商品」としての利子つき資本の質的規定の究明にさきだって「たんなる資本所有」としての利子つき資本の質的規定について考察してきたものも、そしてまた、前者は後者の基礎のうえにたつものとして理解されるべきものだといったのも、じつは、研究のこの序列にしたがったまでのことであった。第一のことがらが「たんなる資本所有」としての利子つき資本の質的規定と関係している、というのは、第一のことがらが、利子つき資本の形態での「貨幣の資本化」の特殊性に関連しており、利子つき資本の形態では、現実的機能にさきだち、現実的機能からはなれて、すなわち、たんなる所有のもとで、貨幣（一定価値額）はすでに資本となっている、ということが、その特殊性のなかにふくまれているからである。資本主義的生産関係を創出した「貨幣の資本化」は、「労働力の『商品』化」をひとつの前提とする、貨幣の、「商品」としての労働力への転化を基盤として、成立した。資本主義的生産関係のながて産業資本家の手によって日々おこなわれている「貨幣の資本化」もまた、貨幣（対象化された労働(8)）が、「商品」としての労働力——そして、商品としての諸生産手段——に転化されることによって成立する(9)。前者（創出時の「貨幣の資本化」）と後者（日々おこなわれている「貨幣の資本化」）とのちがいは、前者では、労働力がはじめて「商品」として市場にあらわれるようになったことによって可能となったのにたいして、後者では、労働力がその後ひきつづきたえず「商品」として市場にあらわれることによって可能となる、という点だけだろう。対象化された労働としての貨幣は、それらの商品への形態転換をとおして、生きた労働と対立しうるという意味で、それじたい可能的資本として（alg der Möglichkeit nach Kapital）[10]存在するので、これらの「貨幣の資本化」は、じつは、可能的資本としての貨幣の、現実的資本への転化にほかならない。したがって、「貨幣は資本主義的生産の基礎のうえでは資本に転化されうる」と、マルクスがいったのも、直接的には、貨幣が日々の資本主義的再生産過程で、現実的資本に転化されうることを意味したのだろう。だから、すぐにそれにひきつづいて、「貨幣は、……この転化によって、ひとつのあたえられた価値からひとつの自己増殖し増大する価値となる。それは利潤を生産する」（傍点―飯田）という説明文があらわれる。

（8） Karl Marx, Grundrisse der Kritik der politischen Ökonomie, S. 942. M.-E.-L.-Inst., Dietz Verl. 1953.

（9） マルクスが「貨幣の資本化」をそのようなものとして解明した『資本論』第一巻第二篇では、「商品形態をとることなしには、貨幣は資本とはならない」（I, 162）とのべている。なぜならば、貨幣は、「商品」としての労働力や商品としての諸生産手段に転化され、生産資本化されること（G−W＜A Pm）によって、はじめて価値増殖過程（…p…）に入りこみ、商品資本（W´）に転化され（さらに貨幣資本〔G´〕に再転化され）うることになるのだから。ところが、利子つき資本の形態での「貨幣の資本化」のもとでは、貨幣は、このような意味での商品の形態をとらないで、後述のように、ただそれじたい直接的に「独特な商品」の形態をとることだけで価値増殖をとげる（G−G´〔G＋ΔG〕，ΔG は利子）という特殊性をもつのだけれども、このばあいですら、やはり貨幣は商品形態（ただし独特な）をとることによってはじめて資本（ただし利子つき資本）となる、といえよう。

（10） Karl Marx, Grundrisse d. K. d. p. Ö., S. 944.

しかしながら、マルクスが、そのすぐあとで「貨幣は、資本家たちに不払労働のある一定量、……をわがものとすることを可能にする。……可能資本としての、……この属性で、貨幣は商品……となる」（傍点―飯田）とのべていることからもわかるように、貨幣は、資本主義生産の基礎のうえでは、現実的資本に転化されうるという、したがって、利潤を生産しうるという属性をもともともっている、ひとつの可能的資本そのものである。貨幣は、資本主義生産の基礎のうえでは、もともとそのような可能的資本であるから、現実的資本に転化されうるのだ。しかし、貨幣が可能的資本であるということ、そして、そのような可能的資本としての貨幣が現実的資本に転化されうる、ということは、『資本論』の前篇までの研究ですべて解決されているのであって、いまさら、むしかえされる必要のぜんぜんない問題である。そこで、この命題（利子つき資本解明の緒言）で、マルクスが問題としたのは、貨幣が可能的資本であるというたんなる事実ではなく、貨幣が可能的資本として他人に譲渡されるという事実であり、そしてそのように他人に譲渡される「可能的資本としての利子つき資本」である。こうして「可能的資本としての貨幣」はあらたな問題としてあらわれることになる。

貨幣が可能的資本として他人に譲渡される（「商品」となる）ということにかんするマルクスの研究こそ、マルクスじしんが『資本論』の前篇までにおこなってきた、商品にかんする研究、資本（現実的資本）にかんする研究——可能的資本としての貨幣を所有者みずからが使用するということにかんする研究——とは、およそかけはなれた「商品」にかんする研究、資本（利子つき資本）にかんする研究なのである。そうであるから、「資本主義生産の基礎のうえでの〈貨幣の資本化〉」は、けっしてたんに、貨幣（可能的資本としての）が現実的資本に転化されうるという事実、日々転化されているという事実（「貨幣の現実的資本化」、もっと正確にいうと、「可能的資本化の現実的資本化」）だけにとどまるのではなく、さらに、理論的にも現実的にも、その事実にさきだって成立するひとつの事実、ひとつのあらたな意味での「貨幣の可能的資本化の事実」をふくむものである、ということがふかく注意されなければならない。そして、まさにそこに、利子つき資本の形態での「貨幣の資本化」の特殊性、したがってまた、利子つき資本の資本としての特質がひそむ。利子つき資本そのものでの「貨幣の資本化」が、機能資本での「貨幣の資本化」とちがうひとつの点は、後者が、「貨幣の現実的資本への転化」「可能的資本（自己資本としての貨幣（可能的資本）であれ、他人資本としての貨幣（可能的資本）であれ）の現実的資本への転化」であるのにたいして、前者が、いっそうかんたんなことがらである、「貨幣の可能的資本への転化」である、[11] という事実のなかにしめされている。

(11)「貨幣の、貸しつけられうる貨幣資本(可能的資本〔げんみつな意見の〕＝利子つき資本—飯田注)への転化は、貨幣の生産的資本(現実的資本—飯田注)への転化よりも、ずっとかんたんなことがら(Geschichte)である」(Das Kapital, Bd. III. Tl. II., S. 538)。貨幣が、それの非所有者＝機能資本家によって、げんじつに資本に転化されるばあいには、「貨幣の資本化」そのものが二重のものとなる——まず、所有者の手で、つぎに、機能者の手で——のだから、二重化されている「貨幣の資本化」のあいだにいろいろな問題が発生しうることにもなる。産業資本家の手で単独におこなわれる「貨幣の資本化」(すなわち、産業資本家じしんの貨幣の資本への転化)のばあいに、正確には、転形は二重のものとなっている——なぜならば、「貨幣の可能的資本への転化」と「可能的資本の現実的資本への転化」との二重転形がおこなわれるのだから——といわれるべきだろう。しかし、この二重化は二人の人格のあいだではおこなわれないのであり、しかも、このばあいの「貨幣の可能的資本への転化」は、産業資本家がじぶんでは所有しない貨幣を資本として譲り受けるばあいの「貨幣の可能的資本への転化」(たとえ、それは「……ずっとかんたんなことがらである」にせよ)よりも、もっとかんたんなことがらだろう。

このばあいの「貨幣の可能的資本への転化」は、いっそう正確には、「もっともひろい意味の可能的資本(厳密な意味の可能的資本の可能性)としての貨幣」の「げんみつな意味の可能的資本(利子つき資本)」への転化——貨幣が、はじめから産業資本家によって所有されており、現実的に資本として使用されうるばあいには、貨幣は、たんに可能的資本として存在し、直接的に現実的資本に転化されうるのだから、そのばあいの「貨幣の可能的資本化」(貨幣の可能的資本としての存在)は、このように二重化(もっともひろい意味の可能的資本と、げんみつな意味の可能的資本とに)されていない——にほかならず、この転化の実現を媒介するものは、このような貨幣の「資本としての譲渡」である。この「資本としての譲渡」は、さきにも指摘されているように、譲渡にさきだつたんなる所有ではやくも潜在的に存在していた「げんみつな意味の可能的資本の可能性」を顕在化し、現実の「げんみつな意味の可能的資本」に転化するのをたすけるだけであって、貨幣の「資本としての譲渡」は、究極的には、貨幣の「資本としての所有」によって規制される。貨幣は、それの「資本としての譲渡」にさきだつ所有において、すでに利子つき資本の可能性のすがたで存在し、そしてまた、「資本としての譲渡」の瞬間いごの所有において——そのような「資本としての譲渡」によっても移転されない所有において、しかも機能者の手でおこなわれる現実的機能とはまったくはなれたたんなる所有において——利子つき資本の現実性のすがたで存在する。こうして、「資本としての譲渡」—「資本としての商品」=「独特な商品」として利子つき資本の質的規定は、「たんなる資本所有」としての利子つき資本の質的規定の基礎のうえにたつ、といえよう。

「独特な商品」としての利子つき資本の質的規定は、「たんなる資本所有」としての利子つき資本の質的規定よりも、もっと複雑な諸問題をふくんでいる。それらの諸問題の多くは、この「独特な商品」の形態に関連しておこるのであり、この「独特な商品」の形態にかんする研究は、じつは、この「独特な商品」の形態の内面的研究——この「独特な商品」の「使用価値」と「価値—価格」とにかんする研究——の段落(V)にまで到達しなければ、内容化されない。わたくしは、本項でのこされた仕事を、ただ、それらの内面的研究の前提とするいくつかの研究、とくに、「独特な商品」の「商品」としての特殊性(最高擬制的性質)をつうれいの商品、しんじつの商品との比較でとらえること、この「独特な商品」の必然性(『資本論』全体系のなかでの)をごくかんたんに追究すること、だけにとどめよう。

貨幣が、他人に「資本として譲渡される」ということ、「資本として『商品』となる」ということは、譲渡そのものにかんする全般的研究(次項)でもっとくわしく説かれるように、貨幣が他人に「貨幣(=一般的商品[12])として、または商品(貨幣材料である貴金属商品)として譲渡される」ということ、「貨幣として、または商品として商品となる」ということとは、まったくちがうことがらである。「資本として『商品』となる」ということは、じつは、つうれいの商品となるということではなく、すなわち、しんじつの商品となるのではなく、ただ擬制的に「商品」となるということ、「商品」に擬制されるということ、擬制的な「商品」となるということ、である。貨幣が、このばあい、「擬制的な商品」（しんじつの商品ではない「商品」）となるということを、マルクスは、貨幣が「独特な商品」（つうれいの商品ではない「商品」）となる、といったのであった。つうれいの商品こそがしんじつの商品なのだ（これらの両者のちがいはたんなるいいあらわしのちがいにすぎない）とすれば、つうれいの商品ではない「独特な商品」は、しんじつの商品ではない「擬制的な商品」であり（したがって、これらの両者のちがいもまたたんなるいいあらわしのちがいにすぎない）、けっしてそれ以外のものではないだろう。

（12） Vgl. Das Kapital, Bd. I., S. 142.

では、貨幣の「資本としての譲渡」―「資本としての商品」は、なぜ、つうれいの商品・しんじつの商品ではないのか、貨幣そのものは、どっちみち、商品にちがいない。その貨幣が、貨幣としてまたは商品として他人に譲渡されるばあいには、つうれいの商品・しんじつの商品となるのに、おなじその貨幣が資本として他人に譲渡されるばあいには、なぜ、つうれいの商品・しんじつの商品とはならないのだろうか、ということは、あとのばあいには、まえのばあいに成立する現象はなにひとつおこらないという事実、さらにあとのばあいには、まえのばあいにはみられない独特な現象がみられということによって説明されえよう。すなわち、あとのばあいには、まえのばあいに成立するような価値の形態転換はぜんぜんおこらないのであって、一定価値額（貨幣または商品の形態にある）は、貨幣としてまたは商品として譲渡される（購買・販売される）のではなく、資本として譲渡される（貸しつけられる）にすぎない。このようなしかたで譲渡される、といわれる「商品」は、売買され、形態転換される商品（つうれいの・しんじつの）とはまったくちがうものでなければならない。とはいっても、これらの譲渡形式のちがいが、一方では、貨幣をつうれいの・しんじつの商品に、他方では、おなじ貨幣を独特な・擬制的な「商品」に転化させる究極的な原因なのではない。譲渡的形式のちがいは、じつは、あるなにものかにともなうひとつの付随的現象にすぎないのであって、その、あるなにものか、こそ、このばあいの究極的原因でなければならない。それは、貨幣が、

「資本として譲渡される」ばあいにはとるが、「貨幣としてまたは商品として譲渡される」ばあいにはとらないところの、あるひとつの形態、すなわち利子つき資本の形態、に特有な最高資本物神性にほかない。

貨幣が「貨幣としてまたは商品として譲渡される」ばあいには、価値の形態転換（→価値・剰余価値〔すでに生産され・ふくまれている〕の実現）がおこなわれるだけである――このばあいには、貨幣はたんに所有され・他人に譲渡されるだけでは、けっして自己増殖するもの（資本）とはならない――のに、貨幣が「資本として譲渡される」ばあいには、なんの価値形態転換（現実的機能）もおこらず、それからまったくはなれて、たんに所有され・他人に譲渡されるだけで貨幣が自己増殖するものとなる（貨幣は（資本として『商品』となる」）という、まえのばあいにはみられなかった最高資本物神が、あとのばあいには、みられるという、本質的なちがいこそ、まえのばあいにあらわれる商品とあとのばあいにあらわれる「商品」とのちがいを究極的に規定するものである。そこで、あとのばあいにあらわれる「商品」は、利子つき資本の最高物神を反映するひとつの擬制、すなわち最高擬制である。(13)

(13) 物神と擬制との関係については、不十分ながら、飯田繁『利子つき資本の理論』第二章、第四章で、そしてまた、飯田繁「貨幣の〈追加的使用価値〉と利子」（『経済学雑誌』第二七巻第一・二・三号、昭和二七年九月〔『利子つき資本第七章』〕でいちおうの究明がこころみられている。

マルクスのいう「独特な商品」をこのように「擬制的な商品」（しかも利子つき資本の最高物神を反映し、それに照応する最高擬制的な商品）として理解することによって、われわれはこの「独特な商品」の必然性を把握することができよう。マルクスによって商品につけられた「独特な」というひとつの形容詞は、けっして「例外的な」または「偶然的な」ということを意味しなかったのであり、したがって、この「独特な商品」は、マルクスの全商品理論でのひとつの例外的・偶然的なまなざりものなのではなかった。というのは、マルクスの全商品理論の内容は、けっしてつうれいの商品・しんじつの商品だけにかんする理論によってみたされているのではなく、人と人との歴史的社会関係の物神化のそれぞれの段階に照応して、それぞれの擬制的な「商品」の登場をゆるし、それの必然性を認めたからである。それらの擬制的商品は、商品系列の埒外にたつ例外的商品なのではなく、いろいろな物神化段階にみられる非商品の「商品」としての、非資本主義的商品の資本主義的「商品」としての、形式的包摂（物神的世界への）によって必然的に成立する諸「商品」なのである。だから、良心や名誉の「商品」[14]への擬制、労働力のひとつの「独特な商品」[15]への擬制が、それぞれの物神的段階に照応して必然的にあらわれたのとおなじように、貨幣の「資本としての商品」＝「独特な商品」への擬制もまた、最高資本物神的段階に照応して必然的にあらわれたものである。このことは、最高物神的段階に照応して、貨幣が、「独特な商品」に擬制されるということ、すなわち、利子つき資本となるということ、を意味するのであり、もともと商品である貨幣が資本としての「商品」となるということを意味するのだから、この擬制は、非商品の「商品」への擬制にみられるような低度物神を反映する低度擬制とは区別されなければならない、といってよいだろう。[16]

（14） Vgl. Das Kapital, Bd. I., S. 107.
（15） Vgl. a. a. O., Bd. I., S. 178.
（16）「独特な商品」の必然性にかんする研究については、飯田繁「〈独特な商品〉としての利子つき資本」（『バンキング』第八一号、昭和二九年一二月〔『利子つき資本』第六章に収録〕）参照。

Ⅳ 利子つき資本の譲渡＝貸しつけと、利子つき資本の独特な運動

利子つき資本の譲渡についていままでにのべられていることがらは、「たんなる資本所有」としての利子つき資本の質的規定での譲渡の役割、とくに、譲渡と所有の関係、そしてまた、「独特な商品」としての利子つき資本の

質的規定での譲渡の意味、とくに、貨幣の「貨幣の商品としての譲渡」の特別な意味にかんするものであった。利子つき資本の譲渡にかんするそれらの叙述は、「たんなる資本所有」としての利子つき資本の質的規定での、そしてまた、「独特な商品」としての利子つき資本の質的規定での、それぞれの基本的問題を解明するために必要なかぎりでおこなわれたにすぎなかった。それらの叙述は、しかし、利子つき資本のそれら二つの質的規定の基本的問題をあきらかにするのに役だつだけでなく、利子つき資本の譲渡それじたいにかんする全般的研究とっても、きわめて重要な序論的部分を形成するものであった。本項では、わたくしは利子つき資本の譲渡の独特な意義と形式にかんする全般的研究、そしてまた、一定価値額（貨幣）の「資本としての譲渡」からはじまる利子つき資本の独特な運動に関する研究を、それぞれ、つうれいの商品の譲渡の意義と形式、そしてまた、現実的資本の運動、との対照・関連でおこなう。

前項での叙述からもあきらかのように、利子つき資本の譲渡は、利子つき資本の「たんなる資本所有」という質的規定にとっては、いわば隠花植物的なもの（この規定では、一定価値額（貨幣）の資本としてのたんなる所有という事実が表面につよくおしだされて、譲渡という事実は裏面にかくされてみえないものとなっているのだから）としてあらわれるのに、利子つき資本の「独特な商品」という質的規定にとっては、いわば顕花植物的なもの（この規定では、一定価値額の資本としての譲渡という事実が表面につよくおしだされるのだから）としてあらわれる。しかし、いずれにせよ、利子つき資本での譲渡は、すでにあまらかにされたように、利子つき資本にとっての本質的要因ではなく、むしろ反対に、本質的要因としての所有に従属するひとつの要因にすぎない。だが、この譲渡の媒介なしには、「一定価値額のたんなる所有」（「たんなる資本所有」の可能性＝利子つき資本の可能性）は「たんなる資本所有」の現実性には実現・転化されえないのだから、この譲渡はそれだけの意義を、そしてまた、それにふさわしい地位と重要性とをになっているわけである。「独特な商品」としての利子つき資本での譲渡がたんなる資本所有という事実に従属するひとつの要因にすぎないということは、つうれいの商品での譲渡＝流通がやはりひとつの従属的要因であるのと似ている。つうれいの商品は、譲渡されることによって（貨幣は、貨幣としてまたは商品として譲渡されることによって）、形態転換されるのだから、生産によって規定される従属的要因であるげんじつの流通のなかに入りこむ。ところが、「独特な商品」（としての利子つき資本）は、譲渡されることによって（貨幣は、資本として譲渡されることによって）、形態転換されるのではないのだから、生産に直接つながり、生産によって直接に規定されるげんじつの流通のなかへじかに入りこむのではなく、「単なる資本所有」によって規定される「資本としての譲渡」を出発点とする価値の直接的自己増殖過程である。「利子つき資本の独特な流通」(die eigentümliche Zirkulation des zinstragenden Kapitals)(1) のなかに入りこむ。ここでは、だから、譲渡（＝「独特な流通」）は、生産によって直接に規定される従属的要因であるのではなく、所有（たんなる資本所有）によって規定される従属的要因である。

（1） Das Kapital, Bd. III. Tl. I., S. 372.

それでは、そのようなものとしての、利子つき資本の譲渡は、どんな形式でおこなわれるのだろうか。この「独特な商品」の譲渡の形式は、つうれいの商品の譲渡の形式とどんなふうにちがうのだろうか。もっと正確にいうと、一定価値額が「独特な商品」として譲渡される形式は、一定価値額がつうれいの商品として譲渡される形式とは、どのように区別されるのだろうか。まず、つうれいの商品の譲渡の形式、すなわち、一定価値額がつうれいの商品として譲渡される形式、についてみよう。

ここに、一定価値額がつうれいの商品として譲渡される形式というのは、貨幣または商品の形態にある一定価値額が資本として譲渡されのでなく、したがって、「独特な商品」として譲渡されるのではなく、たんに貨幣としてまたはたんに商品として譲渡される形式のことである。このなかには、既述のような、貨幣が、たんに貨幣（＝一般的商品）として、またはたんに商品（＝貴金属商品）として譲渡されるということもふくまれる。ここで問題となるのは、一定価値額がどういうものとして譲渡されるか、ということ、すなわち、一定価値額が譲渡されるばあいにとる形態のちがいであって、一定価値額そのものの形態のちがいではない。このばあい、一定価値額そのものの形態のちがいは、譲渡の形式のそのようなちがいにたいしては、なんの必然的関係ももたず、なんの必然的影響をもあたえない。そこで、一定価値額そのものが、もともと、貨幣の形態にあるか、または商品の形態にあるか、ということは、一定価値額の譲渡形式でのちがいにとってどうでもよい問題である。たんにそれだけがどうでもよい問題であるのではなく、一定価値額そのものが、もともと、たんなる貨幣・たんなる商品の形態にあるか、または資本の貨幣形態・商品形態にあるか、ということもまた、一定価値額の譲渡形式でのちがいにとってはどうでもよい問題である。一定価値額そのものの形態がどうちがっていても、一定価値額が譲渡されるばあいにとる形態はおなじでありうるし、それがおなじであれば、それじたいの形態が極度にちがう一定価値額は、譲渡の形式では、たがいにまったく同一視されうる。一定価値額が機能資本家の手のなかにあり、したがって、一定価値額そのものが機能資本としての流通資本（貨幣形態にある資本、または商品形態にある資本）であるとしても、その一定価値額は、『資本論』第二巻第一篇であきらかにされているように、流通過程ではけっして資本として機能するのではなく、(2) たんに貨幣としてまたはたんに商品としてのみ譲渡され・機能する。だから、そのような、もともと、資本の貨幣形態または資本の商品形態にあった一定価値額の譲渡形式は、たんに貨幣としてまたはたんに商品として譲渡されるところの、はじめから、たんなる貨幣形態（あるいは所得の貨幣形態）、またはたんなる商品形態（あるいは所得の商品形態）にあった一定価値額の譲渡形式となにもちがわない。どちらの形態の一定価値額でも、譲渡形式はまったくおなじであり、一定価値額は、つうれいの商品として譲渡され、げんじつの機能的流通過程のなかにいりこみ、そして、その譲渡行為じたいによって価値の形態転換がおこる。

（2） Vgl. a. a. O., Bd. II., S. 26. S. 73. S. 77. a. a. O., Bd. III. Tl. I., S. 375-6.

ところで、そういうつうれいの商品の譲渡は、そこにあらわれてくる貨幣（商品の転化形態としての貨幣、または、これから形態を転換しようとしている貨幣）が購買手段・げんみつな意味の流通手段であるか、または支払手段であるかにしたがって、たがいにちがう二つの方式に区分されうる。すなわち、商品（または商品資本）の形態にある一定価値額が購買手段としての貨幣にたいしてたんに商品として譲渡される方式、すなわち、純粋な価値形態転換がおこなわれる第一方式と、商品（または商品資本）の形態にある一定価値額が支払手段としての貨幣にたいしてたんに商品として譲渡される方式、たがいにあいいれない価値形態転換（このばあい、販売）と貸しつけとが統一的におこなわれる第二方式との二つである。これらの二つの譲渡方式は、たがいにあいちがうものであるが、しかし、どちらもつうれいの商品の譲渡形式であるという点では共通しており、むしろ、「独特な商品」と——それぞれちがうぐあいにではあるが——対立する。

一定価値額のつうれいの商品としての譲渡の第一方式で、譲渡者が譲受者にたいして手ばなすものは、一定価値額の使用価値とそれの所有とであって、それの価値ではない。このばあい、一定価値額の使用価値とそれの所有が移譲されるのに、それの価値はあくまでもさいしょの譲渡者の手もとにとどまる、というのは、ここでおこる事象が純粋な価値形態転換＝純粋な交換だけだからである。はじめ商品形態にあった一定価値額は、購買手段としての貨幣と交換されることによって、商品の使用価値は貨幣の提供者である商品の譲受者・購買者の手にうつり、それとともに商品の所有権は商品の譲受者の手に帰する。いままで商品の所有者であったひとは、交換によって、こんどは貨幣の所有者となる。だが、価値じたいは、形態をかえて、はじめ商品の形態にあった価値は、こんどは貨幣の形態であくまでも、さいしょの譲受者・販売者の手によってにぎられている。こうなるのは、ここでは、等価交換がおこなわれ、さいしょの譲受者によって譲渡された価値とひきかえに等価が他の形態でうけとられるのだからである。したがって、価値がはじめから譲渡者の手をぜんぜんはなれないのではない。もっとも、現実的には、個々のばあい、等価交換ではなく、むしろ不等価交換が通例おこなわれるのであるが、このことは、しかし、われわれがいま問題としていることがらを複雑にする一要因にすぎないのであって、けっしてことがらの性質をかえるものではない。

ところが、一定価値額のつうれいの商品としての譲渡の第二方式では、譲渡者の手から譲受者の手にうつされるものは、一定価値額の使用価値と価値とであって、その一定価値額の所有ではない。このばあいには、もはや、純粋な価値形態転換はおこらないで、価値形態転換と貸しつけ・借り入れとが同時にむすびつくのであって、この譲渡によってきりひらかれる現実的機能の過程は、いっそうすすんだ、そして複雑なものとなる。商品生産・流通の発展にともない、貨幣は支払手段として機能する——「商品は譲渡されるが、その価値はあとではじめて実現される」[3]——ようになると、商品形態にある一定価値額は等価としての貨幣にたいしてではなく、貨幣請求権（債務請求権）としての手形＝商品手形にたいして手ばなされる。商品の使用価値と価値とは、こうして、譲受者（現実的にはまだほんとうの購買者とはなっていない、いわば観念的な意味での購買者、「将来の貨幣の代表者」[4]）の手にうつされるが。譲渡者によってひきかえになんの等価もうけとられないで、商品の所有権は移譲されない。このばあいには、ひきかえに貨幣形態での等価（貨幣等価）が譲渡者によってうけとられないのだから、手ばなされる商品は、譲渡された価値が実現されて貨幣支払いがおこなわれるときまで、貸しつけられることになる。商品は、たんに商品として、形態転換のために、すなわち、貨幣に転形されるために譲渡される、したがって、販売されるのであるが、同時にまた、商品の等価は、ひきかえに貨幣形態での等価が譲渡者によってうけとられないで、商品が貨幣請求権とひきかえに譲渡されるので、けっきょく一定価期間にわたって商品の形態で貸しつけられることになる。

（3） Das Kapital, Bd. III. Tl. I., S. 403. Vgl. a. a. O., Bd. I., S. 140.
（4） Vgl. a. a. O., Bd. I., S. 141.

販売されるということと、貸しつけられるということとが、同時的にそして統一的におこなわれる。なるほど、ひきかえに等価が譲渡者によってうけとられるような方式での販売と、価値形態転換がぜんぜんおこなわれないような形式での貸しつけとは、けっして両立しえない。けれども、ここでは、販売は等価とのひきかえでなされるのでなく、そして貸しつけは、むしろ価値形態転換のために、価値形態転換をうながすひとつの手段として――価値増殖のためにではなく（市場に成立する利子率が信用価格〔掛け売り商品価格〕のなかにいりこむが、しかし利子取得のためにこの貸しつけがおこなわれるのではない）――おこなわれるのであるから、もともと、あいいれないものであるはずの販売と貸しつけとが、このばあいには、対立物の統一の形でおこなわれうることになる。機能資本家は、〝げんじつの流通過程〟(5)で、支払手段としての貨幣にたいして、商品を譲渡する立場にあるばあいには、商品の販売者であるとともに商品の（貨幣の、ではなく）貸付者＝債権者でもあり、また、おなじ機能資本家は、同時にまたは他のときに、支払手段として機能する貨幣をもって商品をゆずりうける立場にあるばあいには、商品の購買者（いわば観念的な）であるとともに商品の借入者＝債務者でもある。そして、観念的購買によって開始された商品借り入れは、一定期間ののち、購買の実現（観念的購買の現実的購買への転化）、貨幣の支払いによって決済される。すなわち、機能資本家が、一定期間ののち、現実的な購買者となるときには、もはや債務者ではなくなる。このような、一定価値額のつうれいの商品としての譲渡の第二方式によってきりひらかれる諸関係の過程こそ、商業信用として理解されるものであり、諸機能資本家は、同時的にまた交互的に、この商業信用での債権・債務関係に入りこむ。

(5)　このばあいに貸しつけられるものは、商品―商品等価（まだ商品の形態で存在する商品の等価、すなわち、商品価格であらわされている観念的金量）であって、貨幣―貨幣等価（貨幣の形態で存在する商品の等価、すなわち、現実的金量）ではない。商品は販売されるのだが、販売者によってひきかえに貨幣等価がうけとられないので、その商品は貸しつけられることになるのだ。このさい、ひきかえにうけとられない貨幣等価が、販売者によって貸しつけられるかのようにみえる(「商品が前貸されるのではなく――商品は売られるのだ――、掛け売りされた商品の貨幣等価が前貸される……」〔デ・ローゼンベルグ、淡徳三郎訳『資本論註解』第四巻一七三ページ〕。ローゼンベルグは、ここで、一定価値額のつうれいの商品としての譲渡の第二方式と、一定価値額の「独特な商品」としての譲渡の形式とを混同した)。しかし、ほんとうはそうではなかろう。商品は、それじたい、その価格にしめされているとおり、一定量の観念的金である。そこで、商品が販売されるということは、一定量の観念的金が一定量の現実的金へ転化されるということだ。商品が支払手段としての貨幣にたいして売られるばあいには、観念的金量としての商品は、販売の瞬間に、現実的金量へ転化されるのではない。商品の価値(価格)はあとで実現される。販売の瞬間には、商品の等価は、貨幣(現実的金量)の形態をとりえずに、まだ観念的金量の形態のままで存在している。そこで、一定期間にわたって貸しつけられるものは、商品形態にある観念的金量(価格)としての商品等価である。なぜならば、げんざいそこにありもしない現実的金量＝貨幣―貨幣等価は貸しつけられえないだから。そして一定期間ののちにはじめて、実現された価格が支払われる、すなわち、貸しつけられた観念的金量が現実的金量に転化されて・返済される、ことになる。もし、はじめから、商品の等価が貨幣の形態をとりうるのであるならば、機能資本家である販売者はこの貨幣等価を自己の流通機能そのもののために役だてるのであって、けっしてこれを貸しつけはしないだろう。

一定価値額が「独特な商品」として譲渡されるばあいには、一定価値額は、なんの価値形態転換をもおこなわないで、すなわち、なんの商品流通とも関係しないで、まったく純粋に貸しつけられることになる。そこで、「独特な商品」の譲渡の形式は、一方では、つうれいの商品の譲渡の第一方式と、他方では、それの第二方式と区別される。「独特な商品」の譲渡にさいして、譲渡者から譲受者に手をされらるものは、この「商品」の「使用価値」と、それのしんじつの価値(この「商品」のなかに対象化されている労働量)とであって、この「商品」の所有ではない。これだけの点では、「独特な商品」の譲渡は、第一方式のつうれいの商品の譲渡だけと対立していて、第二方式のそれとはむしろ一致している。しかし、「独特な商品」の譲渡と第二方式のつうれいの商品の譲渡とは、譲渡の目的と対象とで、しだかってまた、ゆずりわたされるものの具体的内容で、たがいにまったくちがう。両者のばあいおなじように、使用価値とともに価値が譲渡者から譲受者に移譲され、所有がゆずりわたされないというのは、両者のばあいおなじように、商品の譲渡とひきかえに等価が譲渡者によってうけとられないからであるが、このように一見おなじ結果をもたらすようにみえるその譲渡のもつ目的は両者のばあいにはそれぞれぜんぜんちがう。後者（第二方式）のばあいには価値形態転換—販売（商品をたんに商品として譲渡すること）が、前者のばあいに価値増殖（「商品」を資本として譲渡すること）が、それぞれの譲渡の目的となっている。ひきかえに等価が譲渡者によってうけとられないある一定の経済的譲渡（すなわち、贈与ではない譲渡）が貸しつけとよばれるのであるかぎり、第二方式の譲渡、すなわち、一定価値額の、支払手段としての貨幣にたいする、商品としての譲渡が、それじたい一面、販売であるとともに、他面また、貸しつけでもあり、したがって、そこでは貸しつけは純粋なすがたでおこなわれえなかったのであった。「独特な商品」の譲渡、すなわち、一定価値額の資本としての譲渡では、販売のために貸しつけられるのではなく、貸しつけのために貸しつけられるのであり、したがって、そこでは貸しつけは純粋なすがたでおこなわれる。このことから、一定価値額の資本としての譲渡だけが貸しつけるのではない、ということがわかる。そのように、両者では譲渡の目的が、それぞれちがっているのだが、さらに、譲渡される対象の形態も、またちがっている。

第二方式の譲渡で譲渡される対象は、形態転換をとげつつある、すなわち機能しつつある商品（現実的資本・流通資本の一形態としての商品資本）であり、また、それの形態転換のために貸しつけられることになる対象は、商品形態での商品そのものの等価であって、けっして現実的貨幣の形態での商品の等価ではなかった。ところが、「独特な商品」の譲渡で譲渡される対象は、げんに機能しつつある一定価値額ではなく、現実的機能過程からきりはなされたたんなる所有のもとにある一定価値額であり、しかもそれは、商品の形態でも(6)、貨幣の形態でも存在しうるが、それの本来的な形態はむしろ貨幣である(7)。現実的機能過程から切りはなされたたんなる所有のもとにある貨幣が、そのような貨幣の所有者によって、等価とひきかえにではなく、したがって、一定期間ののちに価値増殖をとげて復帰する（貨幣の所有は移転しないのだから）[8] ことを条件として、他人（その貨幣をげんじつに資本として使用し、平均利潤を手にいれうる機能資本家）に手ばなされる譲渡形式こそが、「独特な商品」としての利子つき資本（貨幣がこのさいとる資本の形態）の独特な譲渡形式、独特な「販売形式」[9] である純粋な貸しつけだ。このばあいには、だから、一方には、そういう、資本（可能的）としての貨幣の所有者が、そして他方には、そういう、資本としての貨幣の使用者が、同時に存在しなければならない。第二方式の譲渡とちがい、「独特な商品」の譲渡は、したがって、範疇としての資本所有者（貨幣資本家、貸付資本家）と資本機能者（機能資本家）との資本家階級の社会的分裂の確立によって前提されるのであって、資本所有者＝譲渡者＝貸付者と資本機能者＝譲受者＝借入者とは、固定的に対立することになる。このように、譲渡の目的と対象とで両者（両譲渡）はちがっているので、さらに、譲渡されるものの具体的内容でもまた、両者は区別される。第二方式の譲渡で手ばなされる使用価値は、形態転換されるべき商品体そのものであり、また手わたしされる価値の商品形態での商品等価＝観念的金量であるが、「独特な商品」の譲渡でゆずりわたされる「使用価値」は、次項でくわしくみるように、独特なもの（擬制的なもの）であり、また手ばなされるしんじつの価値は、現実的金量としての貨幣の価値（本来的な形態についていうかぎり）である。

（6）「資本として貸しつけられる商品は、それの素質（Beschaffenheit）にしたがい、固定資本としてまたは流動資本として貸しつけられる」（Das Kapital, Bd. III. Tl. I., S. 376）。

（7）「ところで、本章では、われわれは、本来的な貨幣資本――そこから貸付資本の諸形態がみちびきだされている――をとりあつかう」（a. a. O., Bd. III. Tl. I., S. 377）。

（8）法学的解釈によれば、貨幣（個別的な形態の商品ではなく）の貸しつけによって貨幣の所有権は借り手にうつる、という。貨幣は生産的にであれ、個人的にであれ、消費されるためにのみ借り入れられるのであり（金銭消費貸借）、借り手によって自由に消費されうるためには、貨幣の所有権が借り手に移転されなければならない、というのが法学的解釈の根拠のようである。このような法学的解釈では、貨幣の所有権は譲受者の手にうつり、ただ貨幣にたいする返還請求権——債務請求権（債権）だけが譲渡者によってにぎられることになる。ところで、このように、種々あい異なる個別的な商品（代替性のない）の貸借とちがい、貨幣の貸借によってさいしょの貨幣の所有権が移転されると解釈されるわけは、一方では、さいしょに借り入れられた貨幣そのものが借り手によって消費され、かわりに他の貨幣が貸し手に返済される——貨幣は完全な代替性をもつので——からであり、他方では、貸し手は、そのような他の貨幣をうけとることによって、貸付元本にかんするかぎりでは満足するからである、とされる。

マルクスは、貨幣の形態にある一定価値額の貸しつけでは、「所有（das Eigentum）は移譲されない、なぜならば、なんの交換もおこなわれず、なんの等価もうけとられないのだから」（a. a. O., Bd. III. Tl. I., S.380）といっている。かれは、所有権（貨幣の、であれ、種々あい異なる個別的な商品の、であれ）の移転は、譲渡によって純粋な価値形態転換（相互に等価が交換されるところの）がおこなわれるばあいに、はじめて成立するという経済学的観点のうえにたった。この観点では、譲渡される一定価値額の自由な消費が譲受者によって可能である（代替性があるかぎり）か、どうかということ、また、さいしょに譲渡された一定価値額そのものが返済されるか、どうかということは、その一定価値額の所有権のありかをきめることがらではない。反対に、経済学的観点では所有権の決定上もっとも重要視されるものが、法学的解釈では、所有権のありかを決定するものとはされない。したがって、譲渡者によってひきかえに等価がうけとられる貨幣の譲渡と、うけとられない貨幣の譲渡とは、法学的解釈のもとでは、どちらも、貨幣の所有権が譲受者に移転するという点では、まったくおなじだ。ただ、債権・債務関係が前者にはないが、後者にはあるという点で、区別されるのにすぎない。なお、飯田繁「利子つき資本での譲渡の意義と形式」（『利子つき資本』第九章に収録）参照。

（9）「それ（貨幣——飯田注）は利潤の源泉として販売されうる」（Theorien, Bd. III., S. 524. 傍点〔飯田〕）。なお、ついでながら一言すると、『資本論』でマルクスが指摘しているプルードンの混同は、純粋な販売（一定価値額の——等価とのひきかえでの——商品としての譲渡）と、純粋な貸しつけ（一定価値額の資本としての譲渡）とのあいだのそれであった。

「独特な商品」の譲渡は、このように意識と形式で、二つの方式のつうれいの商品の譲渡から区別されるのだが、さらにまた、譲渡行為がいりこむそれぞれの資本関係でも、二方式の譲渡から区別される。二方式の譲渡は、それぞれ商品流通の発展段階を異にするとはいえ、どちらも〝げんじつの流通過程〟での現実的・機能的資本（産業資本または商業資本）そうごの関係のなかに入りこむのであるのにたいして、「独特な商品」の譲渡は、あらゆる現実的機能過程からはなれたたんなる所有でおこなわれる「独特な商品」の関係である貸借の関係、純粋な信用の関係（利子つき資本と現実的・機能的資本とのあいだの関係）のなかに入りこむ。したがってまた、「独特な商品」の譲渡は、商品流通の発展の線にそう否定（第二方式の譲渡）の否定、すなわち総合として、第二方式の譲渡のいっそうの展開として、出現することになる。そして、価値の形態転換のためにではなく、価値の直接的自己増殖のためにおこなわれる「独特な商品」の譲渡では、その価値増殖（資本運動）過程のあらゆる現実的（中間媒介的）機能がおおわれて、ただ出発点（G）と到達点（G′）とが直結されるような形態にまで、資本運動過程は完全に純化されたもの、最高殿物神化されたもの、としてあらわれる。

「独特な商品」は、譲渡されることによって、「独特な流通過程」のなかにいりこむのであって[10]、けっしてつうれいの流通（現実的機能としての流通〝げんじつの流通過程〟）のなかにいりこむのではない。この「独特な流通過程」は利子つき資本固有の流通過程であり、この資本流通のもとでは、あらゆる現実的機能が排除されている。すなわち、貨幣（一定価値額）の所有者が、貨幣を資本として機能資本家に譲渡すること（第一の転換〔der erste Stellenwechsel〕、第一支出〔der erste Verausgatung〕）によっては、なんの価値形態転換もおこらず、ただ、機能資本家によってはじめておこなわれる価値形態転換（資本の現実的循環過程上の行為、第二の位置転換、第二支出）が導入されるだけである。しかも、さいしょの導入的行為である貸しつけ、第一支出は、特定の法律的諸条件・諸手続きや諸形態でおこなわれるので、さいごの補足的行為である返済、第二還流とともに、法律的取引（juristische Transaktion）として規定されうる。前者は第一の法律的取引、後者は第二の法律的取引。貸付資本家の手によっては、すなわち、一定価値額の「独特な商品」としての譲渡・第一支出によっては、貨幣（もっともひろい意味の可能的資本）の、貸付資本＝利子つき資本（げんみつな意味の可能的資本。すなわち、現実的資本への転化のせまい意味の可能性）への転化が媒介されるのであり、借り手である機能資本家の手によって、一定価値額のつうれいの商品としての譲渡、第二支出によってはじめて、貸付資本の現実的資本への転化が実現される。

(10)「じぶんの貨幣を利子つき資本として増殖しようとする貨幣所有者(Geldbesitzer. 正確にはGeldeigentümer—飯田注)は、それをある第三者に譲渡し、それを流通のなかになげいれて(傍点—飯田)、それを資本として(傍点—原著者)商品にする、……」(Das Kapital, Bd. III. Tl. I., S. 376.)。

貸付資本家の手による貨幣の利子つき資本への転化、利子取得(所有にぞくする権限によって可能となる)が、社会的・一般的に成立しうるものとなる究極的基盤は、機能資本家の手による貸付資本の現実的資本への転化、平均利潤の生産(資本の現実的循環の諸行為、現実的資本の運動、G—W〔$<\begin{matrix}A\\Pm\end{matrix}$……P……W'〕—G')にある。だが、利子つき資本の独特な運動では、機能資本家の手による資本の現実的循環過程の諸行為(媒介的環)はまったく消滅して、譲渡(貸しつけ)と復帰(返済)だけが無媒介的にひとびとの眼に入る。こうして、利子つき資本が参加することによってひきおこされる資本の総運動過程G—G—W—G'—G'(利子つき資本が、さいしょに貸しつけられてから、さいごに返済されるまでのあいだ、しんじつにおこなう全運動過程)での、資本としての貨幣の二重支出(G—G—)と、実現された資本としての貨幣の二重環流(G'—G')のうち、利子つき資本固有の外面化された運動(「独特な運動」)の全体は、第一支出(貸しつけ、G—)と第二環流(返済、—G')とのほかにはなにも存在しないもの(G—G')としてあらわれる。

V　利子つき資本の「使用価値」(貨幣の「追加的使用方」)と利子つき資本の「価値—価格」

マルクスが利子つき資本をひとつの「独特な商品」として規定したのは、うえでくりかえし指摘されているように、かれが利子つき資本の理論を商品の理論の究極的展開として解明しようとおもったからであり、またそうすることによって、かんじんの『資本論』の全理論体系を一貫的にきづきあげることができるからであった、のであろう。ところで、商品は、一面では使用価値であるとともに、他面では価値であり、これらあい対立する両要因の統一物としてしか存在しないのだから、「独特な商品」もまた、「商品」であるいじょうは、やはりそのようなものとして存在しなければならないが、この「独特な商品」の両要因はいったいどんなものなのだろうか。利子つき資本がひとつの「独特な商品」である、といわれるのは、じつは、価値形態転換（交換）のためにげんじつに生産され、機能的流通過程で現実的に流通するつうれいの・しんじつの商品とはちがう「商品」、利子つき資本の最高物神を反映する最高擬制としての「商品」、のことなのであるから、この「独特な商品」の「使用価値」と「価値—価格」との二要因もまた、おなじように、資本関係の最高物神によって規定され、それを反映する最高擬制である、といわれねばならないだろう。このことは、しかし、この「独特な商品」の「使用価値」と「価値—価格」との両要因にかんする理論の結論であって、このような結論がみちびきだされうるためには、以下のような論証が必要だろう。

なお、あらかじめ、用語の意味することがらのうえで、注意されねばならない点は、ここに「独特な商品」の「使用価値」といわれるものが、じつは、資本として譲渡される貨幣の「追加的使用価値」であるということだ。なぜならば、資本として譲渡される貨幣こそは、「資本としての商品」=「独特な商品」であり、この貨幣の「追加的使用価値」は、貨幣がこのような「独特な商品」となるばあいに追加的にじっさい（顕在的に）保有するようになる「使用価値」、貨幣が資本として機能するという「使用価値」、であるからだ、そしてまた、「独特な商品」の「価値—価格」といわれるものが、じつは、この「商品」のなかにげんじつにふくまれているしんじつの価値—価格ではなく、利子として借り手から貸し手に支払われるものだ、ということである。

まずさいしょに、この「独特な商品」＝利子つき資本の「使用価値」が使用価値にかんする最高度の擬制である、ということを、他の擬制的「使用価値」と比較しながら、論究しよう。前項でみたように、この「独特な商品」の譲渡にさいして、譲渡者から譲受者に手わたされるものは、この「独特な商品」の「使用価値」と、しんじつの価値（資本として譲渡される貨幣のなかにじっさいに対象化された抽象的人間労働量）である。この「使用価値」は、つうれいの商品の譲渡にさいして、譲渡者によって手ばなされる使用価値とはまったくちがう。後者の使用価値は、第一方式でも、第二方式でも、譲渡される商品体そのものである。つうれいの商品の使用価値は、その商品の自然的・物質的側面に関連する有用な諸属性、有用物（有用性をもつもの）であるのに、「独特な商品」の「使用価値」は、歴史的・社会的側面に関連するもの＝価値（使用価値の対立物）――平均利潤、または平均利潤をつくりだす能力（資本としての貨幣〔「独特な商品」〕がもっているところの）、資本としての貨幣の機能――である。

そこで、つうれいの商品の使用価値は、実現＝使用＝消費されることによって、商品の実体がなくなり、同時にその商品の価値もなくなる（といっても、その商品の価値は、その商品の使用価値の消費によってあらたにつくりだされた商品の使用価値のなかに移転され・保存され・やどることになるのだが）のに、「独特な商品」の「使用価値」は、実現＝使用＝消費されることによって、「その価値とその使用価値とは保存されるだけでなく、増大される[1]」。つうれいの商品の使用価値がしんじつの使用価値であるならば、「独特な商品」の「使用価値」はしんじつの使用価値ではなく、擬制された「使用価値」、擬制的「使用価値」であるだろう。この「使用価値」は、たんに擬制された「使用価値」である、というだけでなく、もっとも高度な資本物神を反映する、もっとも高度に擬制された「使用価値」である、とかんがえられる。というのは資本としての貨幣の「使用価値」（貨幣の「追加的使用価値」）は、貨幣としての貨幣の「使用価値」よりも、さらにまた、労働力の「使用価値」よりも、いっそう高度な、すなわち、利子つき資本の物神性を反映する擬制的「使用価値」だ、からである。

(1) Das Kapital, Bd. III. Tl. I., S. 385. なお、これの解明については、飯田繁『利子つき資本の理論』七三―四ページ参照。

貨幣としての貨幣の「使用価値」は、周知のとおり、二重化されているが[2]、そのうちの第二の「使用価値」は、貨幣の貨幣としての社会的規定性にもとづいて成立するものだから、ひとつの擬制された「使用価値」である、といえよう。けれども、この擬制的「使用価値」は、ただ、貨幣の物神性を反映し、それに照応しているのにすぎない。つまり、貨幣が貨幣(一般的等価)として社会的に機能することにもとづいて、貨幣がじっさい(顕在的)にもつことになる第二の「使用価値」、すなわち、「ひとつの一般的欲望の対象」、「交換価値の負担者」、「一般的交換手段」という一般的・形式的「使用価値」は、貨幣の一般的等価としての社会的機能そのものが貨幣の自然的・使用価値的属性であるかのようにみえる、という貨幣物神性をそのまま いいあらわしている、ひとつの擬制的「使用価値」である。しかし、この「使用価値」の擬制は、貨幣物神性によって規定されるので、とうぜん、その擬制の程度は、この物神の度合いに照応しており、比較的まだひくい。

(2) 「貨幣商品の使用価値は二重になっている。金が、たとえば、むし歯の充填や、奢侈品の原料や、その他に役だつばあいのような、商品としての貨幣商品の特定の (besonder) 使用価値のほかに、貨幣商品は、それの特殊な (spezifisch) 社会的諸機能から生じる、ひとつの形式的 (formal) 使用価値を保有している (erhalten)」(Das Kapital, Bd. I., 95.)。「……一般的等価として排除された商品はその使用価値を二重化する。特定の商品としての特定の使用価値のほかに、それはひとつの一般的使用価値を保有している。この一般的使用価値はそれじたい形態規定である。すなわち、それは、この商品にたいする他の諸商品の全面的行為によってこの商品が演じる特殊な役割から生じる。……一般的等価として排除された商品は、いまや、交換過程じたいから生じるひとつの一般的欲望の対象であり、交換価値の負担者、一般的交換手段である、というなにびとにとってもおなじ使用価値をもつ」(Zur Kritik d. p. ö., S. 34-5. bes. v. M.-E.-L. Inst.)。

労働力の「使用価値」もまた、ひとつの擬制である。労働力は、ひとつの「独特な商品」であり、つうれいの商品とは区別されるのだが、労働力という「商品」が、つうれいの商品と、さらに、つうれいの商品の世界のなかからえらばれた特定種類の商品としての貨幣と、区別される主要な一点は、それらの価値ではなく、それの使用価値でみられる。(3) ところで、この、労働力の「使用価値」は、『資本論』第一巻第二篇では、価値生産過程そのものの視点から、労働力の消費（使用）、すなわち労働(4)――価値（増殖価値）の源泉(5)――として、歴史的＝資本主義的社会関係それじたいで、とらえられ、第三巻第五篇では、価値生産過程の産物（結果）の観点から、労働力じたいにふくまれる価値（v）をこえる価値生産物（v＋m）中の価値超過分（m→p）(6)として、歴史的社会関係の物神形態で、とらえられている。資本主義生産のために消費される労働力という「商品」の価値をげんじつに支払う産業資本家にとっての、労働力の「使用価値」は、労働の新たな生産物（v＋m）全部ではなく、そのなかから、産業資本家の、労働力の価値にたいする、支払いの回収部分をさしひいたのこり、価値超過分だけである。いずれにせよ、労働力の「使用価値」は、労働力の「商品」化（貨幣の資本化）によって創出された資本主義的社会関係、資本の社会的規定性に関連しているので、貨幣の社会的規定性に関連する、貨幣の第二の「使用価値」よりもいっそう高度の擬制的「使用価値」である。しかし、労働力の「使用価値」では、第一巻の視覚（抽象的）から観察されるかぎりでは、歴史的社会関係としての労働そのものがちゃんと明示されており、第三巻の角度（具体的）から考察されるかぎりでは、歴史的・社会的な労働の対立関係は、物的におおわれてはいても、ともかくも知られうるものとなっている。その意味では労働力の「使用価値」は、資本としての貨幣の、すなわち「独特な商品」の、「使用価値」よりも、いっそう本質的な社会関係（物神化されているが、その物神の度合いは、まだかなり低い）をいいあらわすひとつの擬制であるだろう。

（3） 飯田繁「〈独特な商品〉としての利子つき資本」（『バンキング』第八一号、昭和二九年一二月〔『利子つき資本』第六章に収録〕）参照。

（4） 「……かれ（労働者――飯田注）の労働力の使用価値が、したがって労働力の使用、すなわち労働が……」（Das Kapital,

Bd. I, S. 193.〔傍点—原著者〕)。「……後者（労働力が給付できる生きた労働—飯田注）は労働力の使用価値を形成する」(a. a. O., Bd. I., S. 202.)。

（5）「……それの使用価値じたいが価値の源泉であるという独特な属性をもつような……一商品……このような特殊な一商品——労働能力または労働力……」(a. a. O., Bd. I., S. 174-5.〔傍点—原著者〕)。「……決定的なことは、価値の、しかもそれじしんがもっているよりも多くの価値の源泉という、この商品（労働力—飯田）の特殊な使用価値であった」(a. a. O., Bd. I., S. 202.〔傍点—原著者〕)。

（6）「産業資本家にとっての労働力の使用価値は、労働力そのものがもっているよりも、それが値するよりも、多くの価値（利潤）を労働力の消費でつくりだす、ということである。この価値超過分（Überschuß von Wert）が産業資本家にとっての労働力の使用価値である」(a. a. O., Bd. III. Tl. I., S. 385.)。

ところが、資本としての貨幣の「使用価値」（利子つき資本＝貸付貨幣資本の「使用価値」）は、資本関係の最高度の物神を、利子つき資本の物神をそのままいいあらわしている。すなわち、貨幣の資本としての機能そのもの（貨幣の資本としての社会的規定性）、または貨幣が資本として機能することによって生産される価値超過分（このばあい、G′マイナスG、すなわちΔG）＝平均利潤が、利子つき資本＝たんなる資本所有にとっては、たんなる物として現象する資本（資本〔物〕としての貨幣）の自然的・使用価値的属性、自然的産物（現実的機能としての労働、歴史的社会関係、とはなんのかかわりもないもの）としてあらわれる。産業資本ではもちろん、商業資本でも、平均利潤は「社会的関係の産物」としてあらわれたのに。

貨幣が現実的資本に添加されて資本として機能することによって、はじめてじっさい顕在的にもつことになる「使用価値」（利子つき資本の）は、だから、貨幣が単に貨幣として機能するのにすぎなかったあいだは、げんじつにはまだ貨幣によって保有されていなかった——潜在的には保有されていただろうが——のであって、それは、貨幣がたんに貨幣として社会的に機能することにもとづいて貨幣がげんじつにもつことになる「使用価値」（上述、第二の）にたいする貨幣の追加的な「使用価値」であり、また、貨幣が資本としてもつ能力は、貨幣が貨幣としてもつ能力（貨幣の第一の能力）にたいする「貨幣の第二の能力」[7]である。

（7）「貨幣または商品は、このように貨幣または商品として販売されるのではなくて、その第二の能力で、すなわち資本として、いいかえれば、みずからを増殖する貨幣または商品価値として、販売される」（Theorien ü. d. M., Bd. III., S. 525.〔傍点―原著者〕）。

つぎに、この「独特な商品」＝利子つき資本の「価値―価格」が、「純粋な資本関係」にかんするかぎりでの、最高物神によって規定された最高擬制である、ということについてのべよう。この「独特な商品」の譲渡者が譲受者にたいして手ばなすものは、前述のようなこの「独特な商品」の「使用価値」と、しんじつの価値とであり、譲受者は、これら両者を等価とのひきかえなしに――したがって、所有権をゆずりうけることなしに――、うけとることによって、すなわち借り入れることによって、この「独特な商品」をげんじつに処理し（機能的に）、そうしてかれの譲受の目的、この「独特な商品」の「使用価値」＝増殖価値（ΔG、ただし平均利潤）の取得を実現することができる。他方、譲渡者は、こうして、一定価値額の貨幣を資本として「商品」（「独特な商品」）にするのだから、かれは貨幣（G）を実現された資本（G′）として回収するのでなければ、つまり、かれがさいしょに貸しつけた貨幣の返済をうけるほか、さらにそれにくわえて、増殖価値（ΔG、ただし利子）を収得するのでなければ、かれの譲渡の目的はとげられない。

そこで、この「独特な商品」の譲受者がさいしょの譲渡者にまず返済するもの（貸しつけられただけのものにたいする）は、この「独特な商品」のしんじつの価値（本源的価値）、すなわち、譲受者によってさいしょにうけとられ、すでに消費され・なくなってしまった価値とおなじ大きさの価値である。そして譲受者がその「使用価値」を取得したことにたいして、いいかえれば、その「独特な商品」を借り入れることによってうけた利益にたいして、その

「独特な商品」の所有者にむくいるために支払うもの、この「使用価値」のなかからさかれる一部分は、利子という「ひとつの特定名称」(ein besondrer Name)、「ひとつの特定標号」(eine besondre Rubrik)をもつ、この「独特な商品」の「価格」である。

こうみてくると、およそ、商品の譲受者が譲渡者からうけとるものは、その商品の使用価値であり、かれが譲渡者に支払うものはその商品の価格である、という商品譲渡にかんする一般的命題は、「商品」に擬制された利子つき資本の譲渡のさいに、擬制された「価格」についていうならば、いちおうそのまま妥当するようにみえる。しかも、譲受者による商品の価格の支払いが、いっぱんに、かれによる商品の使用価値の受領よりも、おくれておこなわれるという、「独特な商品」の譲渡のさいにみられる事情は、つうれいの商品の譲渡(第二方式)のばあいとおなじひとつの信用関係―貸借関係をさえ表示しているようにみえる、といえよう。しかしながら、このような商品譲渡にかんする一般的命題は、譲受者から譲渡者にたいして支払われる「価格」の実質的内容についていうならば、「独特な商品」の譲渡にはぜんぜん妥当しない。なぜならば、「独特な商品」の譲受者は、それのしんじつの価値を等価とのひきかえなしにうけとるのであって、それのしんじつの価値の貨幣形態であるしんじつの価格を支払わないのだからであり、また、さいごに譲受者によって譲渡者にたいして支払われる「価格」は、別途に返済されるしんじつの価値とはまったくちがう、「使用価値」のなかの一分割部分にたいする一特定名称＝利子を意味するもの、「純粋に抽象的で無内容な形態」[(8)](rein abstrakte u. inhaltlose Form)の「価格」だからである。

(8) Vgl. das Kapital, Bd. III. Tl. I, S. 387.

しんじつの価格は、商品に対象化された労働＝価値の貨幣形態であって、けっして、使用価値と関連するもの、すなわち、使用価値によって規定されたり、使用価値をいいあらわしたりするようなもの、ではない。ところが、利子をいいあらわしているこの「価格」は、この「独特な商品」のしんじつの価値の貨幣形態ではなく、この「独特な商品」の「使用価値」によって規定されるもの、この「使用価値」の一部分にほかならないもの、である。だから、この「価格」はしんじつの価格ではなく、ひとつの擬制された「価格」である、といわれねばならないだろう。このばあいの「価格」は、しんじつの価格とはまったくちがい、「なんらか使用価値としてあらわれるあるものにたいして支払われるある一定の貨幣額」[9]または貸付資本の増殖程度（利子と貸付資本価値との対比によってはかられる）の表現[10]にほかならない。そんなものとしての「価格」は、マルクスの用語規定によるしんじつの価格とはぜんぜんちがうひとつの「まったく不合理な表現」[11]、「純粋に抽象的で無内容な形態」である。したがって、それが「価格」という名でよばれるとすれば、それはしんじつの・つうれいの価格とは区別されるひとつの擬制的な「価格」である、と理解されなければならないだろう。ところが、価格を価値の貨幣形態というげんみつな規定でとらえようとしない「経済学者たち」からみれば、むしろ、そんなものとしての「価格」[12]こそがもっともつうれいの価格なのだろう。利子は、こうして、利子つき資本＝貸付資本の「価格」とよばれるだけでなく、さらに、資本・貸付資本の「価値」[13]ともよばれるのだが、このばあいの「価値」もまた、しんじつの価値ではなく、擬制された「価値」だろう。このように、利子が貸付資本の「価格」または「価値」とよばれる（「経済学者たち」の立場では、つうれいの意味で、マルクスの立場では、擬制的な意味で）のは、利子が貸付資本の「価格」（価値）としてじっさいに現象するという客観的事実にもとづいて、そのように思惟され・とりあつかわれるからである。

（9） a. a. O., Bd. III. Tl. I., S. 387.
（10） Vgl. a. a. O., Bd. III. Tl. I., S. 388.
（11） a. a. O., Bd. III. Tl. I., S. 388..
（12） 「利子、すなわち、その資本（貸付資本〔飯田注〕）の使用にたいして支払われるべき価格」（Smith, A., The wealth of nations, Vol. I. Bk. II., p. 335. ed. by E. Cannan)。
（13） a. a. O., Bd. III. Tl. I., S. 459.

それでは、なぜ、利子は貸付資本・貸付貨幣資本の「価格」としてじっさいに現象するのだろうか。問題は、この現象的事実の背後にひそむものはなにか、ということになろう。答えは、利子つき資本の最高物神である。利子が、利子つき資本の「使用価値」としてあらわれる平均利潤をうけとった借り手によって貸し手に支払われるたんなる「価格」としてあらわれる、ということの客観的な現象的事象の背景によこたわるものは、まさに、利子が、ほんとうは、労働をめぐる対立的な資本主義的社会関係の産物である平均利潤の一部分であるということを、平均利潤がそうであるように、利子もまたしんじつには不払労働の産物であるということを、利子の本質的関係を、完全に物的におおいかくしてしまう利子つき資本の最高物神である。利子が、「なんらか使用価値としてあらわれるあるものにたいして支払われるある一定の貨幣額」という「無内容な形態」の「価格」としてあらわれるとき、すなわち、利子が、たんに「独特な商品」として譲渡された利子つき資本の所有者・貸し手にたいして借り手によって支払われるたんなる「一定の貨幣額」――それの本質、源泉はぜんぜん知られないもの――としてあらわれるとき、利子の剰余労働としての本質はまったく抹消されてしまっていることがいいあらわされる。つまり、利子の「価格」としての擬制は、利子の物神、利子つき資本の物神を、反映し、いいあらわしている。資本関係の最高物神の形態・利子つき資本では、利子は、利子つき資本の自然的産物としてあらわれ、けっして労働をめぐる対立的社会関係の産物としてはあらわれない、ということが、そのような擬制的「価格」として利子があらわれるという客観的事実、すなわち、利子が利子つき資本のしんじつの価値の貨幣的形態とはまったくちがう「不合理な」「価格」としてあらわれるという現象的事実によってしめされている。

ところで、利子が貸付資本の「価格」に擬制される、ということは、もともと価値(抽象的人間労働の凝結物)ではないものが「価格」に擬制される、ということよりも、ずっとたかい程度の物神(「純粋な資本関係」の最高物神)を反映し、いいあらわしている。なぜならば、利子は、ほんとうは、剰余労働の凝結物の一部分であり、したがってしんじつの価値であるのに、しんじつの価値の貨幣形態とはちがうところの、本質・源泉のしられないものとしての「無内容な形態」の「価格」に擬制されるのであり、そうして利子が「たんなる所有としての資本」の自然的産物として、「たんなる物としての資本」=「独特な商品」の譲渡・貸し付けでの「価格」(賃貸価格)――借り手=機能資本家にとっての予定された前払費用項目のひとつ――として、あらわれるという最高資本物神をいいあらわすことになるのだから。たんに、近代的利子の本質が剰余価値→剰余労働の一部分として認識されるだけでなく、さらにこのように、その本質が物神的におおいかくされ、およそ労働(剰余労働)とは無関係なものとして現象するところの利子の終局的形態が把握されることによってはじめて、すなわち、「貸付資本の価格」、「無内容な形態」の「価格」、擬制的「価格」としての利子の形態が理解される(形態としての利子は利潤(平均利潤)の一分割部分である、[15] ということが理解される以上に)、ことによってはじめて、利子の質的規定、質的研究――利子の本質と形態との研究――は完成されることになろう。ところが、利子のこの終局的形態では、利子が利潤(平均利潤)の一分割部分である、ということさえもはや見とおせないものとになっている。このように、利子がげんじつに「資本の価格」として現象するということは、地代が「土地の年々の価格」[16]として、賃金が「労働の(労働力の、ではなく)価格」としてあらわれるということといっしょになって、商品価値―価格は、労働によってつくりだされるのではなく、それぞれちがう三つの源泉(資本、土地、労働)から本源的にうまれる三つの所得(利子、地代、賃金)によって構成されるという、「資本―利子」、「土地―地代」、「労働―賃金」の三位一体的公式[17](俗流経済学の基本原理)――物神的外観にとらわれた意識としての――を成立させ、そうして商品価値の本質的関係を、労働の価値形成過程での本質的関係を、したがって、資本主義生産の本質的関係を、ひとびとの眼からうばいまったくおおいかくしてしまう。

(14) 「資本を管理し、または使用するひとによって資本からえられる収入は、利潤とよばれる。資本をじぶんでは使わないで、それを他人に貸すひとによって資本からえられる収入は、利子または貨幣の使用とよばれる。それは、借り手が、その貨幣の使用によってつくる機会をもつ利潤にたいし貸し手に支払うところの補償である。この利潤の一部分は、危険をおかし、資本を使用する労苦をする借り手に当然帰属し、他の一部分はかれにこの利潤をえさせる機会をあたえる貸し手に帰属する」(Smith, A., ibid., Vol. I. Bk. I., p. 54.)。「古典派経済学は、利子からその自立的(selbständig)形態をはぎとって、それが利潤の一部分であることを証明する」(Theorien, Bd. III., S. 572.)。「古典派経済学が利子を利潤の一部分に、地代を平均利潤以上の超過分に帰着させ、したがって、利子と地代との両方を剰余価値に帰一させることにより、……このような虚偽と欺瞞とを……解きほぐしたことは、それの大きな業績である」(Das Kapital, Bd. III. Tl. II., S. 884-5)。

(15)「利子は利潤——利子じたいは、利潤のなかの、特定の範疇のもとに地位をしめる一部分にすぎない——を、直接に前提とするのであって、剰余価値を、ではない」(Theorien, Bd. III., S. 530)。

(16)「……地代は土地の年々の価格としてあらわれる……」(a. a. O., Bd. III., S. 531.)。

(17) Vgl. Das Kapital, Bd. III. Tl. II., Kap. 48. 49. 50. なお、飯田繁「価格構成論について」(『経済学雑誌』第二〇巻、第四・五号、昭和二四年五月『価値・価格・物価の研究課題』に収録)、「資本所有と利子」(『利子つき資本』に収録)参照。

VI 利子の量的規定いっぱん

われわれは、利子つき資本と利子の質的規定にかんする諸問題から、それらの量的規定、利子率にかんする諸問題にうつっていこう。だが、利子率の変動にかんする諸問題の究明は、本章の課題ではない(第三章参照)。本章で直接に研究される利子率にかんする諸問題の内容は、マルクスによって原著第二二章と第二三章で追究されている利子の量的限界、利潤率と利子率との諸関係、利子と企業者利得との対立的関係にかんする諸問題であって、めざされているのは、利潤(平均利潤)の一分割部分である利子の利潤からの自立化過程、利子の最高物神性の解明である。利子率変動にかんする諸問題は、これらの利子率にかんする基本的問題が解明されたあとで、はじめて究明されうるものだろう。

利子つき資本と利子の量的規定、とくに利子率にかんする諸規定は、究極的には、いままでわれわれがみてきた利子つき資本の利子の質的規定にもとづいてみちびきだされなければならない。このばあい、まずだいいちに、一般的にいえることがらは、つぎのことだろう。利子つき資本はひとつの「独特な商品」(最高度の擬制的「商品」)として、そして利子はその「独特な商品」の「価格」(最高度の擬制的「価格」)——この「独特な商品」の「使用価値」(擬制的な)の一部分——として、それぞれ質的に規定されたので、つうれいの商品価格の現実的大きさが、商品量にたいする需給関係の変動によってうごかされる市場価格としてあらわれるのとおなじように、「価格」としての利子の現実的大きさもまた、「独特な商品」としての利子つき資本量にたいする需給関係の変動によって規制される「市場価格」としてあらわれる、というのがそれである。しかしながら、両者に共通していることは、ただ、価格の現実的大きさが市場価格としてあらわれるという点だけであって、市場価格が決定されるしかたや、市場価格が運動するしかたのうえで、両者はたがいにまったくちがう。それらのちがいは、けっきょく、両者のあいだの価格と「価格」の性格の根本的なちがいからうまれている。利子には自然率といわれるようなもの(いわゆる自然的利潤率や自然的賃金率や自然的地代率〔アダム・スミスのいう利潤・賃金・地代の普通率、平均率または自然率[1]〕)——つうれいの商品には、それらによって「構成される」と、かれによってかんがえられたいわゆる自然価格(価値—市場価値—市場生産価格)があるのに——とおなじ意味での「自然的利子率〔die natürliche Rate des Zinses〕」が存在しないわけも[2]、そこにある。この問題は、つぎの叙述のすぐあとで、解明される。

(1) Vid. Smith, A., The wealth of nations, Vol. I. Bk. I., p. 57.
(2) Vgl. Das Kapital, Bd. III. Tl. I., S. 396.

まずはじめに、利子の現実的大きさは、どうして決定され、どのように限界づけられ、どんな要因によってうごかされるか、という一般的なことがらについて、ごくかんたんに考察しよう。利子の現実的大きさは、一定量の利子つき資本を借りいれてそれを現実的資本に転化し、そうして平均利潤（それ以上、または以下は偶然とみなされる）を手にいれる機能資本家と、それの貸し手である貸付資本家とのあいだでの、量としての利子つき資本にたいする需給上の自由競争によってさだまるのであり、借り手である機能資本家は平均利潤のうちの、できるだけ少ない部分を貸付貨幣資本の「価格」（「市場価格」）として支払おうとし、反対に、貸し手である貸付貨幣資本家はできるだけ多い部分を貸付貨幣資本の「価格」としてうけとろうとする。つまり、利子つき資本の借り手と貸し手とは、その利子つき資本の現実的使用からうまれる平均利潤を、競争によって、たがいにじぶんにとって有利なように分割しあう。

もともと、近代的形態の利子は、質的には剰余価値→平均利潤の一部分（すなわち、歴史的な対立的社会関係をいいあらわすもの）として存在するのだから、量的にもやはり平均利潤の一部分として存立しなければならない。支払われる利子の大きさは、原則として、平均利潤の一部分であって、けっして全部ではない。もし、借り手によって支払われる利子の大きさが、一般的に、平均利潤の全部をのみこむものだとすれば、借り手である機能資本家は貨幣の資本としての「使用価値」をぜんぜんうけとらなかったことになり、かれが利子つき資本を借りいれた目的は一般的にたっせられないことになるし、また反対に、利子が一般的にまったく支払われないものであり、したがって、利子の大きさが一般的にゼロに等しいものであるとすれば、貸し手はかれの貨幣を資本としては譲渡しなかった、つまり貸しつけをおこなわなかった（そして、資本として返済されなかった）ことになるだろう。そこで、利子の現実的大きさが、平均利潤をこえたり、またはゼロとなる（それどころか、元本さえ返済されない）ようないろいろな特殊な個別的ケースをのぞいてかんがえると、一般的には、利子量の現実的な最高限界は、平均利潤そのものではなく（なるほど、平均利潤そのものは、いわば抽象的にかんがえられた究極的な最高限界だろうけれども）、平均利潤のなかから機能資本家に帰属する利潤部分（そのときどきに、それの最低限界として規定される）をさしひいたのこりである。

また、利子量の現実的な最低限界は、けっしてゼロではなく、平均利潤の一部分は原則として貸し手に帰属しなければならないのだが、それはゼロにいくらでも接近しうるので、げんみつには、「利子の最低限界はまったく（ganz und gar）規定されえない」ということになる。利子の大きさが、現実的最高限界にちかづけば、それによって利子つき資本にたいする需給関係が再調整され、この再調整された需給関係が利子をひきさげる方向へ反作用し、反対に、利子が極度に下がり、ゼロにますますちかづけば、再調整された需給関係がこんどは利子をひきあげる方向へ反作用する。したがって、利子の大きさは、そうした反作用をうけて、たえず現実的最高限界と、ゼロにどこまでも接近したある一点とのあいだを上下する不特定量である、といえよう。

このように、量としての利子は、二つの部分に分割された平均利潤のひとつの部分（しかも不特定の）であるから、利子の大きさは、一方では、分割されるべき全体としての平均利潤そのもの（利潤全額、総利潤〔Gesamtprofit, Bruttoprofit, Rohprofit〕）の大きさにより、他方では、分割される二つの部分の割合によって、さだまり、うごかされる。分割されるべき全体としての平均利潤そのものの大きさは、さらに、一方では、資本の大きさにより、他方では平均利潤率の高さとその動向によって、きまる。利子の大きさは、平均利潤の分割割合が一定であれば、平均利潤そのものの大きさに正比例してうごき、また、平均利潤そのものの大きさが一定であれば、機能資本家に帰属する利潤部分の割合の増減とは逆比例的（対立的）に変動する。

ところで、平均利潤そのものの大きさを決定する諸事情は、資本主義生産の発展過程での剰余価値率の趨勢や、資本の有機的構成の平均的程度や、資本の回転期間の平均的長さや、景気変動過程にみられる一般的な市場価格変動による平均利潤率の諸変動（長期的には相殺される）などであるのにたいして、利潤の二つの部分への分割割合を規定する諸事情は、それらとはまったくちがい、利子つき資本にたいする借り手と貸し手とのあいだでおこなわれる需給上の競争での諸変動である。そのことから、あとで説かれるように、利潤の大きさと利子の大きさとが反対

にうごくというじじつも生じ、そしてまた、そのことが、利子の利潤からの自立化をまねくひとつの誘因ともなるわけだ。(3)

（3） Vgl. a. a. O., Bd. III. Tl. I., S. 391.

ここでわれわれは、さきの問題にかえろう。量としての利子は、前述のように、平均利潤のなかの不特定の一部分であり、「独特な商品」の「市場価格」としてあらわれる利子の現実的大きさ、したがって、利潤の現実的な量的分割は、もっぱら借り手と貸し手とのあいだの需給上の競争だけで完全にきまるのであって、競争のほかにその決定者となる内在的法則はぜんぜん存在しない。ところが、つうれいの商品の市場価格は、けっして競争だけで決定されるのではなく、内在的法則に規定される。価値（市場価値―市場生産価格）によって究極的に決定されるのであり、競争は、ここではただ市場価格をこの価値から量的に乖離させる要因として作用するだけだ。競争が唯一の決定者として作用するばあいには、決定はまったく偶然的・恣意的・純経験的・無法則的なものとなる。競争だけで決定される利子の大きさは、だから、まったく偶然的・無法則的なものとしてさだまる。

こうして、利子の大きさを内在的に決定する法則――平均利子率や中位的利子率（あとで解明される）の限界を決定する内在的法則――は存在しないし、したがってまた、そういうものの存在によってあたえられる、とあるひとびと（オブダイク〔J. G. Opdyke〕や、カール・アルント〔K. Arnd〕）が妄想した「自然的利子率」といったようなものは、マッシー（Massie）によって指摘されたことからもわかるように、(4)まったく存在しない。それらのものの存在しないわけは、けっきょく、量としての利子が平均利潤のなかの不特定の一部分であるという事実、したがって、利子量の決定は平均利潤の単純・偶然的な・量的分割によってのみ（質的分割によってではなく）あたえられるもの(5)にほかならないという事実、のなかにあり、さらにいっそうふかくさかのぼれば、質としての利子の、資本の「価格」としての擬制的性格にもとめられよう。すなわち、資本の「価格」としての利子は、内在的法則によって決定される、資本のしんじつの価値の貨幣的形態ではなく、したがって、「独特な商品」のしんじつの価値の貨幣的形態ではないのだから、「市場価格」としての利子の現実的大きさは、つうれいの商品の市場価格が内含しているような、それの運動の中心としての、究極的規定要因としての、価値(したがって、内在的法則によって決定される自然率)を内包していない。

(4) Vgl. a. a. O., Bd. III. Tl. I., S. 396-8.

(5) 平均利潤の利子部分と本来的利潤部分とへの分割のばあいには、価値生産物(v+m)の、賃金回収部分(v)と剰余価値部分(m)とへの分割や、剰余価値部分の、平均利潤と超過利潤(それに転化形態としての地代)とへの分割のばあいとはまったくちがい、両部分の質的区別からそれらの量的分割がみちびきだされるのではなく、反対に、それらが単純に偶然的に量的に分割されることによって、それらの質的区別が生じる。このことは、本章第八項と関連するから、そこで再論されるだろう。

Ⅶ 平均利潤率と平均利子率(または市場利子率)との関係

いままで、われわれは利子の量的規定いっぱんを利子の質的規定にもとづいて考察してきた。われわれがそうしたのは、利子の現実的大きさにかんする諸規定・諸特質が、究極的には、利子の独特な性格によって制約されるものだからであった。しかし、利子の現実的大きさ、量としての利子の範疇は、直接的には、利子率によってあたえられる。利子率というのは、貸付貨幣資本の使用(借り手によるそれの「使用価値」=平均利潤の取得)にたいしてその所有者(貸し手)に支払われる貨幣額と、その貸付貨幣資本額そのものとの比率にほかならない。量としての利潤の範疇が利潤率からうまれるのとおなじように、量としての利子の範疇が利子率から生じるというのは、両範疇の、それぞれの資本の物神的産物としての性格に由来するのだろう。

（1）「剰余価値率の利潤率（Profitrate）への転化から剰余価値の利潤への転化がみちびきだされるべきであって、その反対ではない。じっさいまた、利潤率こそ歴史的な出発点となっているものである」（Das Kapital, Bd. III. Tl. I., S. 63.）。
（2）「……利子という範疇――利子率（Zinsfuß）の規定なしには不可能な――が……」（a. a. O., Bd. III. Tl. I., S. 404.）。

利子率は、利子つき資本量にたいするそれの借り手＝機能資本家と、それの貸し手＝貨幣資本家とのあいだでおこなわれる需給上の競争だけでさだまる。さきにわれわれが、利子の現実的大きさはそのような競争だけでさだまる、といったのは、正確には、それは、そのような競争だけで決定される利子率をとおしてさだまる、というべきものであった。機能資本家が利子つき資本＝借入資本・他人資本を使用しないで、自己資本だけで経営するかぎりでは、収得した平均利潤を他人・貨幣資本家とのあいだで量的に分割する必要がなく、したがって、このような、借入資本をまったく需要しない機能資本家は利子率決定の競争に積極的には参加しない。このことからもわかるように、利子は、現実的資本機能、すなわち、機能資本の現実的運動そのものとは関係しない。平均利潤の一部分が利子という形態をとるのは、そしてその結果、平均利潤が二つの部分に量的に分割されるのは、いいかえると、利子という範疇が創造されるのは、本来的には、ただ、資本家範疇が、貸し手としての貸付資本家・貨幣資本家と、借り手としての機能資本家との二つの下位範疇に分裂するというじじつが社会的に確立されることだけによる。それだから、利子率が成立するのもまた、これら二つの範疇の資本家そうご間の競争（利子つき資本にたいするかれらの需給関係）だけによる。

こうして決定される利子率には、担保（Sicherbiten）のあるなしや、担保の種別・等級や、貸付期間の長短などによって、いっそう正確にいうと、これら諸要因の、借り手・貸し手そうごでの需給競争におよぼす作用によって、いろいろなちがいがある。それぞれちがうそれらの利子率は、さらに、時間的にも・場所的にも、たえずうごくものとしては、市場利子率（Marktraten des Zinses）である。これにたいし、たえずうごく市場利子率とはちがう平均利子率（Durchschnittsrate des Zinses）は、一方では、時間的な平均算定、すなわち、大きな景気変動の過程でおこる市場利子率変動の平均計算によって、他方では、場所的な平均算出、すなわち、比較的長期の貸しつけがおこなわれる投資部面でのいろいろな市場利子率の平均計算によって、えられる。さらに、平均利子率が、こうして計算してえられた、たんなる抽象的な平均値としてだけでなく、実在する大きさとしてあるばあい、平均利子率は中位的利子率[3]（der mittlere Zinsfuß〔average rate or common rate of interest〕）——これの決定には、競争とおなじように、慣習や法律的伝統なども参与する——と、マルクスによってよばれている。われわれは、これらの利子率、とくに、平均利子率、市場利子率が平均利潤率とどう関係するか、これらの利子率は、平均利子率によってどういうふうに規定され、同時にまたどういうふうにそれからはなれ、自立化していくか、ということの考察に、のこされた紙面をあてよう。

（3） Vgl. a. a. O., Bd. III. Tl. I., S. 398-400.

まず、平均利子率（あるいは市場利子率）はどのように平均利潤率によって規定されるのだろうか。ここで、さいしょに注意されねばならない点は、つぎのことだ。利子は平均利潤率のなかの不特定の一分割部分なのだから、利子率・平均利子率が究極的な規定をうけるのは、平均・一般的利潤率によってであって、異種諸部面相互間でのそれぞれちがう大きさで本来的に成立する部面別的利潤（特殊的利潤率[4]〔spezifishe Profitrate, besondre Profitrate〕、それぞれの部面内部ではすでに平均化されている）や、同種部面内部で成立する個別的資本家のすぐれた生産力にもとづく特別利潤（〔Extraprofit〕平均利潤以上）の率、または、個別的資本家の劣った生産力にもとづく低位利潤（平均利潤以下）の率、によってではない、ということである。利子率・平均利子率が究極的には、平均利潤率によって規定されるということは、だから、平均利潤率とはちがう大きさの利潤率をじっさいにうけとる機能資本家が、おなじ利子率の支払いによって、平均利子率をうけとる機能資本家とはちがう特別な利得や損失（機能資本家に帰属する純利潤〔Nettoprofit〕にかんする）をあたえられる、ということを意味することになる。このように利子率（平均利子率）が究極的には利潤率（平均利潤率）によって規定されるという点では、つうれいの商品の市場価格が究極的には、商品価値によって規制されるのと類似しているので、「利潤率にたいする利子率の関係は、商品価値にたいするその商品の市場価格の関係ににている」[5]と、いちおういえよう。けれども、この命題では、前項の叙述からもあきらかなように、両者の類似とともに、両者の根本的なちがいが認識されなければならない。

（4）（5） a. a. O., Bd. III. Tl. I., S. 399.

ところで、平均利潤率による利子率・平均利子率の究極的な規制は、三つの事実によってみとめられるだろう。だいいちには、平均利潤が利子の一般的・抽象的にかんがえられる究極的な最高限界であるというすでにあきらかにされた事実によって、つぎには、平均利潤率が資本主義生産の発達程度に逆比例して傾向的に低下するのにともなって利子率・平均利子率もまた一般的に低下する傾向をたどるという事実によって、第三には、短期的な平均利潤率の相対的不変性（部面そうご間の、または個別的資本家そうご間のそれぞれちがう利潤率の、それぞれちがうたえまない諸変動が、たがいに相殺されることによって生じる）が、平均利子率・中位的利子率の相対的不変性のうえに再現するという事実によって。

このように、利子率は、平均利潤率によって究極的な規制をうけるのだが、同時にまたつぎのように、平均利潤率からはなれ、自立化していく。だいいちに、利子率は平均利潤率とは無関係にも運動しうる。このことは、利子が平均利子率の不特定の一分割部分であり、したがって、貸付資本量にたいする現実的・具体的な需給関係によってきまる、平均利潤の二つの部分への分割割合は、現実的・具体的には、分割される全体としての平均利潤そのものの動向とはまったく無関係にもうごきうる、というさきに指摘された事実にもとづいておこる。まず、利子率は平均利潤率の低下傾向とはぜんぜん関係なしにも傾向的に低下する。そのわけは、つぎの三つに区分されうる。

(1)ラムジー（Ramsay）によって指摘されたような、国富の増大にともなう金利生活者階級＝資本貸付者階級の人口増加（恐慌ごとに資本機能過程からしりぞく資本家たちをふくめて）、したがって、貸しつけられうる貨幣資本の供給増大、⑵信用制度・銀行制度の発達にともなう結果の一側面、すなわち、資本主義社会での蓄蔵貨幣の第一形態（流通手段・支払手段の準備金として存在する貨幣資本）と、第二形態（一時的な遊休・予備貨幣資本と未投下の新蓄積貨幣資本）[6]の銀行への集中、それらのものの貸しつけられうる貨幣資本としての供給、⑶信用・銀行制度の発達にともなう結果の他の一側面、すなわち、信用によって節約された流通貨幣の貸しつけられうる貨幣資本への転化。こうして、利子率は平均利子率とは関係なしにも傾向的に低下するのだが、しかし、利子率も平均利子率ともにおなじ傾向的低下の軌道をすすむのだから、このばあいには、両者はちがう方向へ運動することにはならない。ところが、きまってみられる両者の反対方向への運動は、景気変動過程の好景気段階と恐慌段階でおこる。「……たいてい、ひくい水位の利子が好景気（Prosperität）または特別利潤の諸時期に、利子の上昇が好景気とそれの急転換（Umschlag）とのあいだの分岐点に、極端な高利的高さにまでたっする利子の最高度は、しかし、恐慌に、それぞれ照応する、ということをひとは見いだすだろう[7]」。

（6）　Vgl. a. a. O., Bd. III Tl. I., S. 350.
（7）　a. a. O., Bd. III. Tl. I., S. 394.

利子率（市場利子率）は、沈滞期にひくく、活気がますのにつれて適度に上昇するような、他のばあいもありうるが、しかしともかくも、平均利潤率が一般的に上昇する好景気時に利子率が比較的にひくく、反対に、平均利潤率が一般的に急落する恐慌時に利子率が最高度にたっする（このような利子率変動にかんする因果関係の究明は、いまはとわれない）ということは、もっとも明瞭に、利子率が一時的には平均利潤率のうごきによって規制されないで、かえって、しばしばそれからはなれていくことをしめすものである。利子率が、平均利潤率からはなれ、平均利潤率とはちがう動きかたをする、ということは、このように景気変動過程にみられるだけでなく、さらに、もともと、平均利潤率には、それの限界を規定する内在的法則が存在するのに[8]、平均利子率には、それの限界を規定する内在的法則、したがていわゆる「自然的利子率」は存在しないという両者のちがいのなかにもあらわれているが、さらにまた、両者のつぎのようなちがいのなかにもあらわれている。

（8）　平均利潤率には、利子率のばあいとはちがい、競争が唯一の終局的決定要因となるのではなく、競争にさきだち、むしろ競争じたいを規定する内在的法則がある。その内在的法則は、あい異なる部面そうご間にみられる資本の有機的構成の平均程度や資本の回転期間の平均的長さのちがいが、あい異なる部面そうご間の利潤率のちがいをもたらす、という事実のなかにあらわれている。このばあいの競争は、けっして、あい異なる部面そうご間の利潤率のそのようなちがいをもたらすものとして作用するのではなく、むしろ利潤率の不均等を均等化させるものとして機能する。そこで、平均利潤総量は、部面別の特殊的利潤総量にひとしく、したがってまた、平均利潤率は、内在法則的に決定される、部面そうご間のあい異なる利潤率によって、本来的にも終局的にも、規定されることになる。

それは、平均利潤率そのものが、ひとつの不明確なもの、もうろうとした一幻影にほかならないものであり、その動きは、だから、捕捉されがたいものであるのに、利子率は、たえずうごく市場利子率であれ、相対的に不変な平均利子率・中位的利子率であれ、画一的（gleichmäßig）・確定的（bestimmt）・明確な（handgreiflich）・確立された（fix）大きさであらわれ、その動きは、つねに、しかも、あらかじめ、とらえられうるものとして存在している、という両者のちがいである。両者の、そして両者のうごきかたの、このようなちがいは、じつは、両者の成立過程、成立のしかたの相違からうまれている。平均利潤率は、『資本論』第三巻第二篇であきらかにされているとおり、あい異なる部面そうご間で個別的におこなわれるながい現実的過程によって媒介される、ひとつのたえまない運動として・傾向として成立する。すなわち、資本の有機的構成の平均程度がたかい（あるいは、資本の回転期間が比較的ながい）諸部面では、利潤率の低位→そこからの資本の流出、追加的資本・信用供与の減少→商品生産・供給量の減退（社会的需要量が不変のばあいには）→市場価格の価値（市場価値）以上への昂騰→利潤率の上昇がおこる。おなじときに、他方では、資本の有機的構成の平均程度がひくい、あるいは、資本の回転期間が比較的みじかい諸部面では、反対の運動がおこる。このような一連の現実的運動は、前者での利潤率の上昇と、後者での利潤率の低下とが、ほぼおなじ水準（平均的）におちつくまで、そうして、そのような市場価格運動の媒介による価値の生産価格（費用価格プラス平均利潤）への転化がたっせられるまで、つづく。こうして成立する平均利潤率は、ひとつの不確定なおおまかなたんなる傾向として理解されるのにすぎない。したがって、「平均利潤は、直接にあたえられた事実としてでなく、研究によってはじめて確定されうる、すなわち、あい対立する諸変動の均等化の終局的結果としてあらわれる」[9]。

（9） a. a. O., Bd. III. Tl. I., S. 402.

平均利潤率を成立させる要因は、たんなる競争（資本移動の）ではない。いっそう根本的には、各部面での、①前貸しされた総資本によってつくりだされる剰余価値総量（収取される労働の総量と収取率との積）、②剰余価値総量と前貸総資本価値量との割合、すなわち利潤率——これらの二つのものは、あい異なる部面そうご間にみられる資本の有機的構成の平均程度や資本の回転期間の平均的長さのちがいによって、それぞれちがうものとしてあらわれる——の二要因こそが、平均利潤率の成立を内在法則的に規定する。部面そうご間の資本移動の自由競争（等量の資本にたいする同量の利潤、という資本の主導動機によってうながされる）は、これらの基本的二要因にたいしてはたらきかけるたんなる追加的な第三の要因にすぎない。

平均利潤率の成立過程とちがい、利子率の成立過程では、競争が唯一の要因としてあらわれ、したがって、競争が直接的・無媒介的に作用するのであり、しかもその競争（貸しつけられうる資本にたいする借り手・貸し手間の需給関係）は、個別的作用としてではなく、同時的大量作用（gleichzeitige Massenwirkung）としておこなわれる。貨幣市場での「商品」（独特な）である利子つき資本にたいする需給が、信用制度・銀行制度の発達にともなって、媒介者としての銀行によって集中され、代表されるようになり、銀行が、一方では、すべての貸し手を代表してすべての借り手にたいし、他方では、借り手の全体を代表して貸し手の総体にむかうようになれば――資本としての貨幣という この「独特な商品」の無差別的同一形態のゆえに、この「独特な商品」の需給は、もともと、個別的なものではなく、一般的・共同的なものなのだ――、需給―競争の同時的大量作用はますます大きくなり、競争の直接的・無媒介的作用はいよいよ増す。

こうして平均利潤率がぼんやりとした、とらえにくい、直接には眼にみえない大きさのすがたとして存在するのにたいして、利子率ははっきりとしたつかめる大きさとして定立される。しかも、①利子つき資本の形態は、歴史的に産業資本の形態にさきだって存在したのであって、伝来的な一般利子率（ein allgemeiner Zinsfuß）が存立しているということ、②利子率の確定（Feststellung）にたいして世界市場が直接に影響しているということ、の二つのことがらにもとづいて、利子率の確定性（Konsolidation）はいちだんとつよめられる。(10) 利子率は、このように、借り手である機能資本家にとっても、あらかじめ確定された「資本の価格」としてあらわれるので、借入資本によってえられるはずの平均利潤にさきだつ（そして、それとは無関係に決定されるようにみえる）資本運用上のひとつの前提、勘定項目、支出項目となるのであり、したがって、利子率の平均利潤率への依存（本質的関係）ではなく、むしろその反対に、利子率の平均利潤率からの自立化（現象形態）こそが、ひとびとの眼につよく映ることになる。

(10) Vgl. a. a. O., Bd. III. Tl. I, S. 402.

Ⅷ 利子と企業者利得

利潤からの（利潤にたいする）利子の自立化の研究は、さらに、利潤のなかの両分割部分のそうご対立的な関係をあきらかにすることによっておわる。そこでマルクスは、利潤率からの利子率からの自立化の究明（原著第二三章）

にひきつづいて、利潤内部での二つの分割部分のそうご対立的な関係の解明にむかう。

さいしょにまず、利潤（平均利潤）内部での二分割部分のそうご対立的な関係、現象形態での両者の質的差異（質的分割）――質的にまったく異なるものであるかのようにみえる現象形態上の外観――は、どうして生じるか、という問題があきらかにされなければならない。この問題が提起されるわけは、平均利潤のそういう質的分割は、このばあい、平均利潤の量的分割によってもたらされるのだが、しかし、平均利潤のあらゆるばあいの量的分割がいちいち質的分割に転化するのではないからである。平均利潤が、出資者としての機能資本家たち仲間――このなかには、貸し手としての貨幣資本家はぜんぜん介入しないで、ただ出資者（資本の所有者）＝機能資本家仲間だけで経営がおこなわれる――のあいだだけで、配当金として量的に分割されるばあいには、分割された平均利潤の各部分は、けっして、たがいに質的にあい異なるものとして対立しあうようなものにはならない。平均利潤としての平均利潤、すなわち、未分割の形態にある平均利潤そのものは、げんじつには、まだ、なんの内部的対立ももたず、したがって対立物の統一ではない（潜在的・可能的には、それはそういうものとして存在しているのだが）のに、平均利潤がたんに量的に分割されることによって、平均利潤は質的にまったくあい異なる形態の部分に分割されることになるある特定のばあいの研究こそ、マルクスによってなされたものであった。

平均利潤の一部分をげんじつに利子という形態に転化させるもの、したがって、およそ利子という範疇をじっさいに成立させるもの、すなわち、利子形成のそもそもの現実的出発点となるものは、資本家の、二つのあい異なる範疇の資本家（法律的にあい異なる人格としてだけでなく、さらに、再生産過程でまったくちがう役割を演じる人格としての）――貸付貨幣資本家と機能資本家――への、社会的分裂、現実的そうご対立、したがって、資本の所有と資本の機能との社会的分離、現実的そうご対立という事実である。平均利潤がこれらの分裂した二つのそうご対立的資本家のあいだで量的に分割されるばあいに、はじめて平均利潤の量的分割はそれの質的分割に転化する。平均利潤の量的分割が、本来的には、このような利子成立の現実的出発点のもとでおこなわれるばあいに、はじめてそれは質的分割に転化するものだけれども、資本家範疇の分離が社会的に確立されるようになったあとでは、じっさいにはそのような分離がおこなわれていない個別的なばあい、すなわち、借入資本にはまったくたよらずに自己資本だけで経営をおこなう機能資本家のもとでさえ、平均利潤の質的分割が生じるようになる。かれは、このばあいには、他人（貸し手）とのあいだで、平均利潤を量的に分割することはないが、それでもかれは、自己資本をば、かれに利子をもたらす資本と、純利潤をうみだす資本とに質的・範疇的にわけ、そして平均利潤の一部分を利子という特定の範疇のなかにいれて計算し、平均利潤の他の部分と区別するのであって、このばあい、かれは、一面、資本機能者であるとともに、他面、同時に、じぶんじしんにたいする貸し手としての資本所有者でもある。こうして、平均利潤のたんなる量的分割の質的分割への転化は、全資本家階級、全資本にとって必然的なものとなる。

平均利潤の〝量的分割の質的分割への転化〟をもたらす契機は、上述のように、二つの資本家範疇の社会的分裂・対立、したがって、資本の所有と、資本の機能との社会的分離・対立であるが、それらの社会的分裂・対立は、それでは、いったいどうして生じるのだろうか。それらの社会的分裂・対立をひきおこした究極的な原因は、資本主義生産の発展（競争の激化）にともなう、社会の集積・集中、生産・流通規模の増大、一企業での投下社会の巨大化、という一連の生産的・社会的諸事情であって、けっして経営の意思や能力などにかんするたんなる個人的諸事情ではない、ということが、ここでは注意されなければならない。資本主義生産の発展にともなう、そういう一連の生産的・社会的諸事情というのは、一方では、前項で指摘された、資本機能からはなれた貸付資本家階級の人口増加や、資本主義社会の蓄蔵貨幣の第一形態・第二形態の形成の「資本の所有」を成立させる諸事情（貸付資本の供給的側面）であり、他方では、拡大された生産・流通規模のために必要な資本を所有せず、したがって、たえず資本（貸しつけられうる貨幣資本）をもとめている資本機能者たちの人口増大や、株式制度の発達、「資本の所有」

からきりはなされた「資本の機能」を存立させる諸事情（貸付資本の需要的側面）である。

信用・銀行制度は、それらの両事情の存立を前提として、まえもって存立するこれらの両事情を相互のために媒介しながら、しかも反作用的に両事情をさらにいっそう発展させる。そこで、二つの資本家範疇の資本的分裂・対立、資本の所有と機能との社会的分離・対立は、そのような両方の生産的・社会的諸事情の存立のうえでおこなわれる信用・銀行制度の媒介によって、ますます拡大的に確立されることになる。

平均利潤のたんなる量的分割が質的分割に転化されるということは、平均利潤の分割された二つの部分が、じつはともに歴史的な対立的社会関係のもとでおこなわれる剰余労働の産物であるのに、それぞれまったくあい異なる源泉からうまれた相互対立的なものであるかのように現象する、ということだ。そこで、いままで平均利潤の二つの量的部分（量的にあい異なる部分）——貸し手に支払われる部分と、借り手に帰属するのこりの部分——として考察されてきたそれらの部分は、いまや、相互対立的な二つの質的部分（形態的にあい異なる部分）としてあらわれることになる。こうして、利子と企業者利得（Unternehmergewinn）——産業利潤と商業利潤との両方をふくむドイツ的表現——という二つのあい異なる利潤形態が成立する。

すでにあきらかにされたように、はじめ、一定価値額（貨幣額）の所有者は、貸し手としてその一定価値額を資本として借り手にたいし支出し、借り手はそれをげんじつに資本として支出した。「貸し手、借り手のどちらも、同一貨幣額を資本として支出する。しかし、借り手の手でだけ、それは資本として機能する。利潤は、同一貨幣額が二人の人物にとって資本として二重に存在するということによっては、二重にはならない。それ（同一貨幣額——飯田注）は、利潤の分割によってのみ、両者にとって資本として機能する」[1]。同時にまた、平均利潤が利子と企業者利得とに分割されることによって、平均利潤のしんじつの成立根拠はおおいかくされ、利子は、たんに、現実的機能からはなれた「所有としての資本」（「資本所有としての資本所有」）、過程の外部にある資本・資本じたい（機能的過程からはなれた資本所有）の産物として、企業者利得は、「機能としての資本」、過程の内部にある資本、過程行為的（prozessierend）資本——所有からはなれた資本の諸機能、資本の運動や過程行為そのもの——の所産として、それぞれあらわれる。そこで、平均利潤の分割形態としての利子と企業者利得とは、どちらも賃金とは、対立しないで、ただ、そうごに対立しあう。こうして、貸付資本家と機能資本家とは、どちらも、賃金労働者とは対立しないで、ただ、そうごに対立しあうものとしてあらわれる。

（1） Das Kapital, Bd. III. Tl. I., S. 387.

利子は、「機能としての資本にたいする所有としての資本」の自然的果実としてあらわれ、けっして剰余労働の産物としてはあらわれないので、賃金労働と対立するものはみえない。ところが、企業者利得は、それじたい労働（ただし、収取される労働ではなく、収取する労働）である資本機能そのもの、資本機能者たちの努力・指揮・監督の所産としてあらわれるのだから、賃金労働と対立するどころか、それじたい賃金労働（監督労働）の果実、賃金、監督賃金（Aufsich'slohn, Wages of superintendence of labor）としてあらわれる。しかも、監督賃金としてしかあらわれない企業者利得の形態では、資本機能から、それの、資本主義的な特殊対立社会的性格がきえ、たんなる機能だけがのこる。[2] こうして、利子と企業者利得とのそうご対立関係——量的にも・質的にも——は両者のしんの同一源泉をいんぺいする。そして利子と企業者利得との同一性はおおいかくされ、ただ、それらのそうご差別性だけがあらわとなる。「俗流経済学は社会の表面に於て直接に与へられてゐるものだけを見る、彼は利子と企業利得との差異を見る、然しその差異の背後に隠れている統一性を見ない。古典経済学は、利子を剰余価値の一部に還元し、従って利子と純利潤との統一性を曝き出してゐるにも拘らず、此の統一性から形態の差異を導き出すことが出来なかった」[3]。

（2） Vgl. a. a. O., Bd. III. Tl. I., S. 417-26.

（3） デ・ローゼンベルグ、淡徳三郎訳、『資本論註解』第四巻、二一〇ページ。

剰余価値（→平均利潤）のしんじつの成立根拠こそ、じつは、利子と企業者利得のほんとうの成立根拠でもあるのだが、上述のように、平均利潤が質的に異なる二つの形態に分割されることによって、この事実がいんぺいされ、反対に、剰余価値―平均利潤の分割根拠である、利子と企業者利得との形態上の成立根拠が、剰余価値―平均利潤の成立根拠にあやまって転化されることになる。

マルクスは、上述でもあきらかなように、利子の平均利潤からの自立化過程を、平均利潤の内部にみられる利子と企業者利得との対立的関係の段階まで展開することによって、利子の物神性をはっきりとうきあがらせたのであった。

第二章　利子率変動論

I　序　説

——利子率変動にかんする『資本論』第三巻第五篇の叙述と、その視角——

『資本論』第三巻第五篇各章のうち、直接的にせよ・間接的にせよ、利子率との関連をもたない章はない、といってよい。それでいて、利子率の変動にかんする完全にまとまった叙述はどこにもあたえられていない。利子率の変動にかんする叙述は、いろいろなところでさまざまな視角からおこなわれている。そこで、利子率変動にかんするマルクスの理論について多少とも整理された一般的理解をえるためには、われわれは、部分的・断片的に、または論争的・批判的・研究的におこなわれている多様な角度からなされた、マルクスの叙述をあつめ、体系づけなければならないだろう。

利子率の変動にかんする叙述があたえられているおもな章は、原著第二二章、第二六章、第三〇章から第三五章までの八章、の諸章であるが、それらの諸章での叙述は、それぞれの章のちがう研究課題と関連しておこなわれているのであって、それらの叙述の内容と形式とは同一ではない。叙述の内容そのものがおなじであっても、研究の視角はそれぞれちがう。まず、それらの叙述の視角についてかんたんに考察しよう。

第二二章は「利潤の分割。利子率。利子率の『自然』率」と題されており、そこには利子率の変動（おもに、平均利潤率の変動と関連するかぎりの）にかんする一般的な叙述もまたみいだされるのだが、その叙述は、利子率の、平均利潤率による究極的規制と、平均利潤率からの自立化とを追究し、利子の物神性をあきらかにするためにおこなわれた。第二六章「貨幣資本の蓄積。利子率にたいするその影響」では、利子率を変動させる要因にかんする通貨学派の代表者、ノーマン（Norman）とロード・オーヴァストーン（Lord Overstone）のあやまり——それは、貨幣と資本との、貸しつけられうる貨幣資本と、たんなる貨幣やたんなる商品または現実的資本との、混同に帰着する——が指摘された。この指摘は、他のいろいろなまちがい、貨幣と資本との区別にかんする、通貨学派の他のまちがいや、銀行学派のあやまりにたいする批判的指摘とともに、ある意味では、第三〇章からあとの諸章で（部分的には、第三〇章にさきだつ諸章でも）論究されているところの、貸しつけられうる貨幣資本と現実的資本との関係、そして貸しつけられうる貨幣資本と現実的貨幣との関係、をめぐる二つの問題（二つの「無類に困難な」問題）にたいする諸前提的理解を形成するものであった。第三〇章いごの諸章での利子率の変動にかんする諸問題は、それらの諸章で究明されている二つの「無類に困難な」問題に関連して解明された。そこでは、第二二章の冒頭にしるされた、その章での論究を除外された諸問題が、(1)あちらこちらで部分的・断片的に提起され、解明されている。

(1)「この章の対象……は、ここでは細部にわたっては研究されえない。貸し手と借り手とのあいだの競争、そしてその結果おこる、貨幣市場の短期的諸変動は、われわれの考察の範囲外にある。利子率が産業循環（das industrielle Zyklus）のあいだじゅう経過する循環（Kreis'auf）は、その叙述のためには、産業循環じたいの叙述を前提とするのだが、この叙述（後者の叙述—飯田注）もまたおなじくここではあたえられない。世界市場での利子率の大なり小なりの近似的等化についても、おなじことがいえる」（Das Kapital, Bd. III. Tl. I., S. 391.）。

Ⅱ　利子率を変動させる要因

利子率の変動について究明されなければならない諸問題のうち、さいしょに登場する問題は、利子率を変動させる要因それじたいにかんするものだろう。これについては、とくに通貨学派の代表者たちのあやまりがあるから、それの解明にはますます必要だ。それは、上述のように、おもに原著第二六章で説かれているが、さらに、第三〇章いごの諸章（第三一、三三、三四章）でも論及されている。

さいしょに、利子率を変動させる要因そのものにかんするあやまった諸説について考察しよう。「利子率は、銀行券の数量にではなく、資本の需用供給に依存する」と、ノーマンはのべた。(1) ここで、かれが資本というのは、「生産にもちいられる諸商品または諸用役（Dienste）」、「生産につかわれるすべての商品」、たとえば、「木綿工場で使用される綿花」――かれは、銀行券―貨幣を、資本とはみなさず（産業資本家の手にある貨幣は、ほんとうは、資本の一経過的形態なのだが）、資本（かれによれば、たとえば、綿花）を手にいれるためのたんなる手段にすぎないものとみなした――のことであるから、利子率は、商品にたいする需給関係によってさだまり、うごくものだ、とノーマンはかんがえたわけだ。つまり、利子率を変動させる要因は貨幣ではなく、資本（現実的資本）―商品である、とかれは主張したのであった。(2) おなじことは、オーヴァストーンによっても主張された。オーヴァストーンは、利子率変動の要因を、①「資本の価値」の変動と、②国内に「現存する貨幣量」の変動との二つにもとめたのだが、かれも、資本と商品とを同一視し、(3)「資本にたいする需要」とかれが呼んだものは、じつは「商品にたいする需要」のことであった。(4) そして、利子率を大きくながく変動させるものは、「現存する貨幣量」の変動ではなく――この変動は、利子率を小さく頻繁に変動させる――、「資本の価値」の変動である、とかれはいうのであった。それは、かれによれば、けっきょく、「現実的資本にたいする需給関係」＝「商品にたいする需給関係」の変化（これは利潤率の変化によって規定される）によって決定される。(5)

（1） Vgl. a. a. O., Bd. III. Tl. I., S. 456.

(2) Vgl. a. a. O., Bd. III. Tl. I., S. 456-8.
(3) Vgl. a. a. O., Bd. III. Tl. I., S. 470-1.
(4) Vgl. a. a. O., Bd. III. Tl. II., S. 559.
(5) Vgl. a. a. O., Bd. III. Tl. I., S. 474.

利子率を変動させる要因は、たんなる貨幣(または、「現存する貨幣量」の変動)そのものではなく、また、商品(通貨学派の代表者たちのいう資本、現実的資本)そのものでもない。なぜかといえば、利子というものが、じつは、前章であきらかにされたように、資本として譲渡される(貸しつけられる)貨幣――それは、たんなる貨幣として、またはたんなる商品として譲渡される貨幣、すなわち、流通手段や支払手段として機能する貨幣などとはげんみつに区別される――の所有者によって取得される、平均利潤のなかの一部分であり、したがって、利子率は、貸しつけられうる貨幣(貸しつけられうる貨幣資本)にたいする借り手=機能資本家と貸し手=貸付貨幣資本家とのあいだの需給関係(競争)だけで、さらにまた、媒介者としての銀行業者があらわれるばあいには、その需給関係は二分されて、銀行業者と本来的貸し手とのあいだの需給関係、そして究極的借り手と銀行業者とのあいだの需給関係(それらは、すべて同時的大量作用としておこなわれる)だけで、さだまり、うごくのだからである。だから、貨幣は、げんじつの流通過程からひきあげられ、または蓄蔵状態からひきだされて、貸しつけられうる状態におかれるのでなければ、すなわち、貨幣は、貸しつけられうる貨幣資本に転化されるのでなければ、けっして、利子率を変動させるものとなることはできない。商品(現実的資本)にたいする需給関係の変動もまた、貸しつけられうる貨幣資本にたいする需給関係の変動をとおすのでなければ、したがって、それじたい貸しつけられうる貨幣資本にたいする需給関係の変動としてあらわれるのでなければ、けっして利子率を変動させる要因となることはできない。なぜならば、商品にたいする需給関係の変動それじたいは、その商品(おなじとき、おなじところにある同一種類の商品)の市場価格をその商品の価値（市場生産価格）からひきはなして変動させる要因にすぎないのであって、利子率を直接に変動させる要因ではないからである。

利子率はひとつの「独特な商品」＝「貸しつけられうる貨幣資本」にたいする需給関係の変動によって規制される、この「独特な商品」の「市場価格」である、ということは、けっして、利子率が、つうれいの商品の需給関係の変動によって規定される市場価格とおなじ歩調でうごかなければならないことの理由となるものではない。つうれいの商品と、「独特な商品」とはたがいにまったくちがうものであり、したがって、つうれいの商品の市場価格と、「独特な商品」の「市場価格」である利子率とはまったくあい異なるものである。あるひとつの種類の商品の市場価格が変動しても、利子率はじっさいに変化しないこともありうるし、またあるひとつの種類の商品の市場価格はなにも変動しないのに、利子率は変化することもありうる。通貨学派の代表者たちが妄想したように、もし、利子率が「商品にたいする需給関係の変動」によっていちいちうごかされるものだとすれば、あい異なる種類の商品、またはあい異なる生産段階のおなじ系統・種類の商品（原料、半成品、完成品）のあいだで、それらの商品にたいする需給関係のいろいろな変動→市場価格のさまざまな変動につれて、おなじ瞬間に、利子率もまたいろいろに変動しなければならない、という不合理にわれわれはつきあたることになろう。じっさいには、しかしながら、あい異なる諸市場での諸商品にたいする需給関係の変動のちがいによって、それらの商品の市場価格のうごきはそれぞれちがっても、おなじ条件（担保、貸付期間など）の利子率はすべておなじだろう。

ところで、上述のように、利子率を変動させる要因は、貸しつけられうる貨幣資本にたいする需給関係の変動だけだから、商品にたいする需給関係の変動が利子率の変動にたいして影響しうるのは、ただ、「商品にたいする需給関係の変動」が具体的にどれだけ「貸しつけられうる貨幣資本にたいする需給関係の変動」にたいして影響するか、前者がじっさいにどれだけ後者をひきおこすか、に照応して、前者がげんじつに後者を媒介とすることによってだけである。だから、もし前者が後者にたいしてじっさいになんの影響をもあたえないならば、前者は利子率をすこしも変動させることはできないだろう。商品にたいする需給関係の変動は貸しつけられうる貨幣資本にたいする需給関係の変動にそのまま反射していくのではなく、(6) また、貸しつけられうる貨幣資本にたいする需給関係の変動は、それじたい、商品にたいする需給関係の変動とはまったく無関係にもおこりうる。恐慌期の貸しつけられうる貨幣資本にたいする需要超過→利子率の急騰は、商品にたいする需要超過とはぜんぜん関係しない。恐慌期には、商品は供給過剰の状態にあるのであって、商品にたいする需要超過などはおこりもしない。だから、利子率を変動させる、「貸しつけられうる貨幣資本にたいする需給関係の変動」と、「商品（現実的資本）にたいする需給関係の変動」とを同一視すること(7)（ノーマンやオーヴァストーン）によって、商品にたいする需給関係の変動がいつでも対応的に利子率を変動させる、とみなすことは、大きなあやまりだろう。

（6） Vgl. a. a. O., Bd. III. Tl. II., S. 559-60.
（7） Vgl. a. a. O., Bd. III. Tl. II., S. 563.

じっさいにはありそうもないことだが、貸付貨幣資本家というようなものが存在せず、つまり、貸付資本が貨幣形態では存在しないで、ただ商品形態だけで存在するようなばあいに、はじめて、「貸付資本に対する需給」と「商品にたいする需給」とが質的にはおなじものとなるだろう。このばあいには、貸付資本にたいする需給は、機能資本家にとっては、生産諸要素（商品）にたいする需給と質的におなじであろうし、また商業資本家にとっては、生産物（商品）にたいする需給と質的におなじであろう。利子率を変動させる要因にかんする上述のような通貨学派の代表者たちのあやまりは、根本的・そして理論的には、かれらが、価値の諸形態（商品、貨幣、資本〔現実的資本——生産資本・商品資本、産業資本・商業資本——、貨幣資本——流通資本としての貨幣資本、貸しつけられうる貨幣資本＝利子つき資本——〕）にたいして、とりわけ、それらの諸形態の物神化段階のちがいにたいして、正しい認識をもっていなかったということ、したがってまた、近代的形態の利子・利子つき資本の本質と形態とにかんする科学的・理論的理解を欠いていたということ、にもとづく。かれらのそのようなあやまりは、さらに、かれらじしんの自己擁護のためにもおかされていたことが注意されなければならない。ノーマンが「利子率は銀行券の数量には依存しない」といい、オーヴァストーンが「利子率の小さな、そして頻繁な変動は、現存する貨幣量の変化から生じる」[8]といったのは、マルクスによってばくろされたように、そのかげに、利子率の変動、あるいは大きな変動が、かれらの主張によって実施されることになった一八四四年の銀行条例の諸規定（金準備量と銀行券発行量とをきんみつにむすびつけた）によってひきおこされたものである、ということをあくまでも否定しようとする現実的・政策的意図がかくされていたからであったということが[9]、みのがされてはならないだろう。したがってまた、かれらが、恐慌期の利子率の大きな上昇を、げんじつに即して理解することも・説明することも、できなかったのは当然であった。

（8） Vgl. a. a. O., Bd. III. Tl. I., S. 459, 474.
（9） Vgl. a. a. O., Bd. III. Tl. I., S. 457-9, Tl. II., S. 599-600.

われわれは、すすんで、利子率を変動させる要因そのものの内容についていっそうたちいって考察しよう。まず、これにかんするもっとも重要なマルクスの命題を引用しよう。「利子率の諸変動（長期間にわたっておこる諸変動、またはいろいろな国々の利子率のちがいは除外される。前者は一般的利潤率の諸変動によって制約され、後者は諸利潤率のちがいや信用の発展のちがいによって制約される）は、貸付資本の供給（その他すべての諸事情、信頼〔Vertrauen〕の状態などがおなじであれば）、すなわち、貨幣、硬貨（Hartgeld）と銀行券（Noten）の形態で貸しつけられる資本――産業資本として、商品形態で、商業信用の媒介で、再生産的代理者たちじたいのあいだで、貸しつけられる産業資本とはちがう貸付資本――の供給に依存する」[10]。利子率を変動させる要因が、貸しつけられうる貨幣資本にたいする需給関係（その需要が一定であるとすれば、その供給）の変動である、ということは、すでにわれわれの知るところだ。マルクスのこの命題は、さらにすすんで、一面では、貸しつけられうる貨幣資本が存在する形態を具体的に規定したという点（第一の点）で、他面では、利子率を変動させる要因のなかから、機能資本家たちが相互に貸しつけあう産業資本（商品形態での）にたいする需給（商業信用）が排除されなければならないということを規定したという点（第二の点）で、重要な意味をもっている。

（10） a. a. O., Bd. III. Tl. II., S. 544.

まず、第一の点について。問題の、貸しつけられる（または、貸しつけられうる）貨幣資本が存在する形態は、この命題では、「貨幣、硬貨と銀行券」である、と規定されている。こうはっきりと規定されているわけは、つぎのことを教えるためだろう。

現実的貨幣の個片が、[11]銀行に預金↓貸しつけ↓購買または支払い↓預金↓……をくりかえすことによって——はじめの、価値の絶対的存在形態である現実的貨幣の個片は、それらの過程のどこかのただ一点だけでみいだされるのに——、それのいく倍かの大きい擬制的な貸付貨幣資本を表示し、これに転化しうる。[12]「貸付資本が存在する形態は、たとえ、ただ、現実的貨幣、すなわち、その素材が諸価値の尺度として役だつ商品である金または銀、の形態だけであるとしても、この貨幣資本の一大部分は、必然的にいつでも、たんなる擬制的なもの、すなわち、価値表章とまったく同じ、価値にたいする名義（Titel）にすぎない」[13]。だが、すでにたんなる「価値にたいする名義」、「価値にたいする債務請求権」にすぎないものとなった貸しつけられた貨幣資本（擬制的な）の一定期間の累計（そして、それと表裏する、ひとつの現実的貨幣の個片がたどる上述の諸点で貸しつけられうる（貸付直前の状態にある）貨幣資本の一定期間の累計）の大小・増減は、けっして、利子率を変動させるものではないということ、つまり、ある一時点で現実的貨幣の形態で存在する・貸しつけられうる資本の需給変動だけが利子率を変動させる、ということをわれわれは教わる。そうであるかぎり、ここに規定されている「貨幣、硬貨と銀行券」は、それじたい価値の絶対的存在形態であるか、またはそのようなものとの同一性をもつものでなければならないことになる。だが、兌換中央銀行券＝ほんらいの信用貨幣もげんみつには、それじたいは金＝価値ではないのだから、ひとつの擬制資本であり、しかも、それの数量が金準備量をこえるかぎりでは、それは追加的擬制資本である。だから、そのばあい、それは完全な意味で価値の絶対的存在形態との同一性をもつ、とはいえないのだが。

（11） Vgl. a. a. O., Bd. II. Tl. II., S. 520. マルクスはここではこうしるしている。「……停滞的貨幣量（金銀地金〔Barren〕、金貨幣と銀行券〔Banknoten〕）、したがって、現実的貨幣（wirkliches Geld）のこの過剰……」。

（12） Vgl. a. a. O., Bd. III. Tl. II. S. 514-7. S. 545. S. 553-5.

（13） a. a. O., Bd. III. Tl. II., S. 553.

このばあい、外国から流入して金準備にくりいれられる、「貸しつけられうる貨幣資本として直接に存在するひとつの形態の資本」(14)である貴金属と、兌換中央銀行券とが、貸しつけられうる貨幣資本として、二重に計算されてはならない。貴金属流入による貸しつけられうる貨幣資本の供給増大は、本源的には貴金属の形態にあるとしても、それが兌換中央銀行券によって代位されたのちには、ただ後者の形態だけにあるものとみるべきである。ここで、強制通用力をもつ国家紙幣や、紙幣化された（すなわち、強制通用力をあたえられた）不換中央銀行券の形態で貸しつけられうる資本の需給変動は利子率を変動させるだろうか、という疑問が提起されうるだろう。わたくしはこうかんがえる。これらの、流通する価値表章、または価値表章化した信用貨幣は、価値（金・銀）そのものではないが、流通必要金量を代表するのであり、そのかぎりで、貨幣（金・銀）を代位しうるのだから——それらはそれじたい「貨幣、硬貨と銀行券」ではないが——、それらが貸しつけられうるばあいには、貸しつけられうる「貨幣、硬貨と銀行券」に代わって利子率を変動させうるものとなるだろう。ところで、「貨幣、硬貨と銀行券」の形態で貸しつけられうる資本は、げんじつに流通しつつある「貨幣、硬貨と銀行券」とはちがう。それらが、流通のなかから、または蓄蔵のなかからでてきて、貸しつけられうる状態におかれて（すべての貸しつけられうる貨幣資本が銀行に集中されると仮定されうるばあいには、それらが銀行に預金され、銀行の準備金に転化されて）、はじめて利子率を変動させるものとなる、ということは、すでにあきらかにされたところである。

（14） a. a. O., Bd. III. Tl. II., S. 618.

つぎに、第二の点について、近代的形態の利子は、貸しつけられた資本の現実的資本への転化・現実的機能によってくりだされた平均利潤のなかから、借り手＝機能資本家が貸し手＝貸付貨幣資本家に支払う、それの不特定の一部分である。したがって、利子率は、前第一章第Ⅶで説かれたように、二分され・あい対立する資本家範疇としての機能資本家と貸付貨幣資本家とのあいだの、貸しつけられうる貨幣資本にたいする需給関係―競争だけできまり、それの変動によってうごく（自己資本だけで経営する機能資本家は、積極的には利子率の決定の競争には参加しない）。だから、一方では上述のような、「貨幣、硬貨と銀行券」の形態で貸しつけられる資本の需給関係の変動だけが利子率を変動させる要因となるのだし、他方ではまた、貸付貨幣資本家が登場しないような場面、すなわち、機能資本家たちだけがたがいに商品の形態で資本（流通過程でげんじつに機能しつつある商品資本）を貸しつけあう信用形態＝商業信用は、利子率を変動させる要因とはならない、ということになる。マルクスの命題は、まさに、そのことをはっきりと強調したのであった。ところが、利子率を変動させるものは、「銀行券の数量ではなく、資本（じっは、商品）の需給である」[15]といったノーマンは、「現金払いの価格と支払期日までの信用での価格とのあいだの差額が利子の尺度である」[16]とのべ、直接に商品（貸しつけられうる貨幣、ではなく）にたいする需給とだけ関係する商業信用によって利子率がさだまる、ということを主張した。しかし、じじつはその反対であって、貨幣市場での「貨幣、硬貨と銀行券の形態で貸しつけられる資本の供給」[17]によって規定された利子率こそが、信用価格（Kreditpreis）と現金価格（Barpreis）との差額の尺度である。

(15) a. a. O., Bd. III. Tl. I., S. 457.

(16) ヒルファディングは、マルクスの命題を批判してこうのべた。貸しつけられうる貨幣にたいする需要（供給が一定であれば）によって利子率の高さがきまるのだが、「この需要（Inanspruchnahme）じたいは、流通信用（Zirkulationskredit）の状態、したがって、再生産的代理者たちがたがいにあたえあう〈商業信用〉に依存する」（Hilferding, R., Das Finanzkapital, S. 106. Wien, 1923）。こうして、かれもまた、利子率が、「信用の最大部分」を形成する『商業信用』（Vgl. a. a. O., S. 106）に依存することを主張した（第四部参照）。

(17) Vgl. Das Kapital, Bd. III. Tl. I., S. 457.

Ⅲ　貸しつけられうる貨幣資本にたいする需給の変動

前項Ⅱで究明されたことは、利子率を変動させる要因そのものはなにか、ということであった。われわれは、本項で利子率を変動させる要因にかんするおなじ研究をさらに一歩前進させて、「貨幣、硬貨と銀行券」の形態で貸しつけられる資本、すなわち、貸しつけられうる貨幣資本の供給と需要とがじっさいにどう決定され・どう変化するか、という問題の解明にむかおう。この問題の解明は、利子率がげんじつにどう変動するか、という問題（次項）の究明の主要な前提となるだろう。

(1)　貸しつけられうる貨幣資本の供給について。貸しつけられうる貨幣資本の供給がどう形成され・どう変化するかについて、マルクスは、いろいろなところでそれぞれの角度から考察した。われわれは、これらを総括的にあとづけることによって、貸しつけられうる貨幣資本がどういう経路をへて供給されるか、についてあらましの概念をえることができよう。原著第二二章では、利子率が、平均利潤率の低下傾向とは無関係にも、低落する傾向をもつということの理由（金利生活者階級＝貸付資本家階級の人口増加、信用・銀行制度の発達にともなう、蓄蔵貨幣などの貸付貨幣資本への転化）をあきらかにする目的で、マルクスは、貸しつけられうる貨幣資本の供給増大――長期的傾向としての――を説明した（前章Ⅶ）。原著第二五章では、銀行信用の物的基礎の形成過程を解明するために、かれは、貸しつけられうる貨幣資本の供給に論及している。そこでは、銀行によって自由に貸しつけられうる貸付資本のいろいろな源泉があきらかにされ、そして銀行制度の役割での、たんなる媒介的作用と、このたんなる媒介的作用を一歩こえる特定的作用（besondre Wirkung）とのちがいがしめされている。それらの源泉はつぎのように整理されうるだろう。

①本来的な個別的貸付貨幣資本家たちの貸しつけられうる貨幣資本、②機能資本家たちのもとにあった資本主義社会の蓄積貨幣の第一形態、第二形態、③いろいろな階層の所得の未消費部分。これらの諸源泉のうちの第一の源泉から生じた銀行預金を銀行が究極的借り手に貸しつけるばあいにだけ、銀行はたんなる媒介的作用をおこない、他の二つの源泉からの預金を銀行が貸しつけるばあいには、銀行は特定的作用をおこなう。なぜかといえば、第一の源泉は、それが銀行の手に帰するまえから、すでにそれじたい、機能資本家たちにたいして貸しつけられうる貨幣資本（個別的貸付貨幣資本家にとっての）であったのであり、銀行の手によってはじめて機能資本家たちにたいして貸しつけられうる貨幣資本の形態に転化されたのではないのだ（したがって、銀行は、このばあいには、本来的貸し手と究極的借り手とのあいだにたって、たんなる媒介者として機能するわけだ）が、あとの二つの源泉は、それとちがい、銀行の手に帰するまでは、まだ、機能資本家たちにたいして貸しつけられうる貨幣資本の形態にはなかったのであり、銀行の手によってはじめてそれらが機能資本家たちにたいして貸しつけられうる貨幣資本形態に転化されうるのだ（したがって、銀行は、このばあい、たんなる媒介者として機能するのではなく、ひとつの積極的な役割をえんじる）からである。もともとは、機能資本家たちにたいして貸しつけられうる貨幣資本ではなかったものが、銀行の手によってはじめてそのようなものとなった、それらの第二の源泉と第三の源泉について、もっと具体的に考察しよう。

第二の源泉のうちの、機能資本家たちの手もとにあった資本主義社会の蓄蔵貨幣の第一形態というのは、国内的・国際的流通のための、「いつも貨幣形態で存在しなければならない資本部分の、支払手段・購買手段の準備金としての蓄積」(1)のことであって、これらは、一面、貨幣取扱業務をいとなむ銀行の手もとに集中されて——こうして、それらの準備金は、各資本家の手もとに分散的に存在していたときよりもずっと節約されて、それらの必要最低限度に圧縮される——、それじたいでは価値増殖しえなかった準備金の形態から、一時的に、自己増殖しうる貸付資本・利子つき資本の形態に転化されうることになる。第二の源泉のうちの、機能資本家たちの手もとにあった資本主義社会の蓄蔵貨幣の第二形態というのは、いろいろなすがたでみいだされる遊休貨幣資本のことであって、それにはつぎのような諸形態の貨幣資本がある。Ⓘ資本の流通期間進行中に必要となる、資本の生産過程を中絶させないための追加的貨幣資本(2)、Ⓘ生産に必要な貨幣資本総額のうちの、すぐには生産手段や労働力の生産資本には転化されないで一時的に休息する部分(3)、Ⓘいままでとおなじ再生産規模のもとで、生産手段や労働力の価格低落から生じる遊離貨幣資本(4)、Ⓘ固定資本の減価償却基金(Amortisationsfonds)として、固定資本の耐用年数にわたって積み立てられる貨幣資本(5)、Ⓥ利潤のうちの、資本蓄積(拡大再生産)にもちいられる、ある一定量(投資適量)にたっするまで積み立てられる貨幣資本(6)。

(1) Das Kapital, Bd. III. Tl. I., S. 350.
(2) Vgl. a. a. O., Bd. II., S. 254. ff.
(3) Vgl. a. a. O., Bd. II., S. 72.
(4) Vgl. a. a. O., Bd. II., S. 284. ff.
(5) Vgl. a. a. O., Bd. II., S. 163. ff. S. 453. ff.
(6) Vgl. a. a. O., Bd. II., S. 78. ff. S. 80. ff.

第二の源泉は、すべて、機能資本家の手もとで一時的に遊休していた資本の貨幣形態であって、資本の回転期間、資本の再生産過程のなかから、必然的にあるいは偶然的にうまれでる資本主義社会の蓄蔵貨幣である。そのような、蓄蔵貨幣によって暫時的に形成される、貸しつけられうる貨幣資本の供給は、したがって、それらの蓄蔵貨幣の必然的・偶然的形成過程での諸変動、景気変動のいろいろな段階での諸変動によって諸動揺をまぬがれない。

これにたいして、第三の源泉は、あらゆる階層の所得の貨幣形態であり、銀行制度の発達にともなって銀行がその預金に利子を支払うようになると、それらの所得のなかから貯蓄される部分、すなわち、さしあたり用途のない零細な貨幣や、すこしずつ消費される所得の未消費残額が銀行に預けられ、それらは、銀行によって大量のものに結集されてひとつの貨幣力となって、貸しつけられうる貨幣資本に転化される。これらの、第二の源泉と第三の源泉とによって形成される、貸しつけられうる貨幣資本の供給については、原著第三一章と第三二章とで、もういちど論究がくりかえされている。しかし、そこでは、論究は、貸しつけられうる貨幣資本の増大が、どの程度に現実的資本の増加を反映し・いいあらわすか、というマルクスによって提起された「無類に困難な問題」(のなかの、ひとつ)の解明に関連して、おこなわれている。すなわち、そこで究明されていることがらは、ある種類の源泉から生じた貸しつけられうる貨幣資本の増大は現実的資本の増加をいいあらわさないが、他の種類の源泉から生じた貸しつけられうる貨幣資本の増加は現実的資本の増大をいいあらわしうる、ということである。

資本主義社会の蓄蔵貨幣の第一形態が、銀行の手によってしばらくのあいだ機能資本家たちにたいして貸しつけられうる貨幣資本の形態に転化されるばあい、すなわち、「貨幣の貸付資本への単純な転化」(7)(貨幣、といっても、資本主義社会の蓄蔵貨幣すなわち、いつも貨幣形態で存在しなければならない資本部分)、技術的方法での貸付資本の増大、がおこなわれるばあいには、このような貸しつけられうる貨幣資本の増大は、いままでとおなじ規模の再生産のもとで、そして現実的蓄積(現実的資本の増加)なしに、成立しうるのであり、したがって、それは現実的資本の増加を反映する、とはいえない。だが、資本主義社会の蓄蔵貨幣の第二形態(その一部分、上述のⓋ)と、第三源泉(所得として消費されるはずの利潤部分）の一部分とが銀行の手によってしばらくのあいだ機能資本家たちに貸しつけられうる貨幣資本の形態に転化されるばあい、すなわち、「資本または所得から転化された貨幣の、貸しつけられうる貨幣資本への再転化」[8]がおこなわれるさいのいくつかのばあいには、貸しつけられうる貨幣資本の増大は現実的資本の増加は反映しうる。もっとも、その「再転化」がおこなわれるさい、上述のⅢや商取引の中断（したがって商業信用の縮小）から生じる遊離貨幣資本が銀行の手にゆだねられて、一時的に機能資本家たちに貸しつけられうる貨幣資本に転化されるばあいには、貸しつけられうる貨幣資本の増加は、現実的資本の増大を、ではなく、むしろ、いままでとおなじ現実的資本を（「上述のⅢ」のばあい）を、または現実的資本の縮小（「商取引の中断」のばあい）を、いいあらわす。

（7） a. a. O., Bd. III. Tl. II., S. 539. ff.

（8） a. a. O., Bd. III. Tl. II., S. 539. 547. ff.

原著第三三章では、手形（貨幣にたいする債務請求権）による、流通手段・支払手段としての貨幣の代位・節約、そして、節約された貨幣（現実的貨幣）の貸しつけられうる貨幣資本（銀行準備金）への転化、に寄与する信用制度の役割に関連して、貸しつけられうる貨幣資本の供給が究明される。そしてさいごに、第三四章と第三五章では、世界貨幣としての金の国際的運動、貴金属の流入、金準備の増大に関連して、貸しつけられうる貨幣資本の供給が論及されている。このように、われわれは、原著諸章で、貸しつけられうる貨幣資本がどういうふうに形成され・供給されるか、そしてまた、それは、景気変動のいろいろな段階でみられる機能資本の再生産過程状況の変動によってどんなふうに変化するか（この点については、本章Ⅳで）、ということについて、いろいろな角度から研究されている、のをみる。それらの多角的な研究は、原著のそれぞれの章にもうけられた研究課題の解明のために必要欠きえなかったのであり、したがって、それらはそれぞれ重要な意味をもっていた。だが、ここで注意されなければならない点は、貸しつけられうる貨幣資本を形成する諸源泉がおのおのどんなにちがっていようとも、またそれらのもつ意味がそれぞれどんなに異なっていようとも、利子率（市場利子率）の変動にたいしておよぼすそれらの作用ではなにもちがっていない、ということである。

(2)　貸しつけられうる貨幣資本の需要について。貸しつけられうる貨幣資本にたいする需要がどう形成され・どう変化するか、ということにかんしては、マルクスは主として原著第三二章で集中的に叙述した。そこで叙述されていることは、およそ、つぎのように要約されうるだろう（他の諸章で叙述されていることにも、いくらかおよぶのだが）。貸しつけられうる貨幣資本にたいする機能資本家たちの需要は、再生産過程での景気変動段階の相違にしたがって、それぞれちがったぐあいに形成され・変化する。一般的に、好景気段階＝繁栄期には、平均利潤率が上昇し、したがって、機能資本家たちは現実的資本にたいする需要を増加するのであって、このような現実的資本にたいする需要増大をみたすために、貸しつけられうる貨幣資本（やがて現実的資本に転化される）にたいする需要を増加する。好景気時の貸しつけられうる貨幣資本にたいする需要は、だから、購買手段にたいする需要であり、購買のためにひきおこされる。本章Ⅱでのべたように、通貨学派の代表者たちは、貸しつけられうる貨幣資本にたいする需要と、現実的資本にたいする需要とを同一視して、現実的資本（じつは、商品）にたいする需要（と供給との関係）が利子率を変動させる要因だ、とかんがえた。しかし、現実的資本にたいする需要は、貸しつけられうる貨幣資本にたいする需要のすべての契機でなく、ひとつの契機にすぎないのであり、したがって、現実的資本にたいする需要と貸しつけられうる貨幣資本にたいする需要とはかならずしも一致しない。

現実的資本にたいする需要が、貸しつけられうる貨幣資本にたいする需要をそのまま反射的にひきおこすばあいでも、直接的に利子率を変動させる要因は、前者ではなく後者である。だから、現実的資本にたいする需要が、貸しつけられうる貨幣資本にたいする需要をよびおこすかぎりで、そしてよびおこす度合いにおうじて——それの供給が変化しないとすれば――、利子率を変動させる、といえよう。だからまた、いっそうさかのぼっていうと、現実的資本にたいする需要の増加をひきおこす繁栄期の平均利潤率の短期的上昇は、関節的に市場利子率の短期的昂騰に影響する、ともいえよう。

ところが、好景気時とは反対に、恐慌期には、平均利潤率が急激に低下し、したがって、再生産過程のなかに新たに投入されるべき現実的資本にたいする需要は急減し（恐慌期には、売れない商品資本が市場や倉庫に充満している）、かえって、過去の再生産過程―商取引から生じた諸債務の支払いのために、貸しつけられうる貨幣資本にたいする需要が急激に増大する。つまり、恐慌期に高まる貸しつけられうる貨幣資本にたいする需要は、購買手段にたいする需要ではなく、支払手段にたいする需要にほかならない。恐慌期には、一方では、価値の絶対的存在形態としての支払手段を、それまで、債権・債務の相殺によって代位しえた手形が一般的に拒絶され、現実的貨幣がすべての支払いのために、そして、減少した購買のためにももとめられ、支払いのための、貸しつけられうる貨幣資本にたいする需要がにわかにわき上がる。ところが、他方では、中央銀行券を金準備量にしばりつける銀行条例（一八四四年の）にもとづく、恐慌勃発前におこる貴金属流出→金準備減少→中央銀行券の縮小というじじつのうえに、さらに、現実的貨幣の所有者は、現実的貨幣をじぶんの支払いのために退蔵して、けっして他人に貸しつけようとはしないという事実が発生するので、貸しつけられうる貨幣資本の供給は急減する。そうして、それにたいする極度の需要超過が成立する。こうして、恐慌期に特有なひとつの現象がおこる。それは、恐慌期のばあいだけは、「流通手段の絶対量」（ここに流通手段というのは、広義のそれであって、貨幣と同義。すなわち、流通内にある現実的貨幣の数量）が決定的に利子率に影響する、[9]ということである。

（9） Vgl. a. a. O., Bd. III. Tl. II, S. 575-6.

もちろん、「流通手段の絶対量」が直接的に利子率に影響するのではなく、貸しつけられうる貨幣資本にたいする需要関係が利子率に影響するのだけれども、その、貸しつけられうる貨幣資本にたいする需給関係に影響するものこそ、「流通手段の絶対量」である。すなわち、「流通手段の絶対量」が極度にすくなくなるということ、中央銀行券は縮小し、しかもそれらは各自の支払いのために退蔵されるということが、支払いのための、貸しつけられうる貨幣資本にたいする需要の急増に応じえず、そして、その需要充足をとくべつにさまたげ、その供給急減をとおして、利子率を極度に上昇させることになる。ところが、恐慌期以外の景気段階では、「流通手段の絶対量」は、流通の節約と速度が一定なら、実現されねばならない諸商品価格総額（いいかえれば、商品生産・流通の状態、事業活動の状況、物価の情勢）(10)や、信用状態によってすなおに決定され・うごかされ、すなわち、ほんらい、そうされることにとくべつなにもさまたげられない、ひとつの結果的現象にすぎない。このばあい、「流通手段の絶対量」は、貸しつけられうる貨幣資本にたいする需給関係に影響するのではない。反対に、事業活動や物価情勢など（したがって、現実的資本にたいする需要）によって決定され、呼びおこされる、購買のための、貸しつけられうる貨幣資本にたいする需要の変化が、「流通手段の絶対量」に影響して、これを変動させるので、「流通手段の絶対量」そのものは、利子率に直接的にも、関節的にも影響することはできない。

（10） 恐慌期以外の景気段階では、「流通手段（Zirkulation）の絶対量」は利子率になんら影響しない。ということにかんして、マルクスがそのさいあげている「物価と利子とはなんら必然的な関係にはたたないからだ」（a. a. O., Bd. III. Tl. II., S. 576.）という第二の理由については、それ以上になにも説明されていない。理解されにくい文句であるが、おそらく、ここではただ、物価（諸商品価格総額）によって決定され、うごかされる「流通手段の絶対量」は利子とは「なんら必然的な関係にはたたないからだ」、ということだけが指摘されている、のだろう。

Ⅳ　景気変動と利子率変動

われわれは、さいごにいよいよ、利子率がじっさいに景気変動（産業循環）の諸段階でどのように変動するかという問題、さらに、景気変動と利子率変動とは因果的にはどう関係するのかという問題の研究にすすもう。これらの問題を、マルクスはおもに原著第三〇章いごの諸章で、貸しつけられうる貨幣資本と現実的資本との関係、そして、貸しつけられうる貨幣資本と現実的貨幣との関係をめぐる諸問題にかかわらせて説いている。原著第二二章で、かれは、利子率の諸問題を研究したが、そこでは、その章の冒頭にしるされてあるように、景気変動と利子率変動との関係については論究しなかった。かれは、それについては、ただ、利潤からの（利潤にたいする）利子の自立化をあきらかにするために、利子率の変動が景気変動過程での利潤率の変動と一致しない、ということを指摘したのにとどまった。

利子率が景気変動の諸段階でじっさいにどう変動するか、ということは、けっきょく、それぞれの景気段階で、貸しつけられうる貨幣資本にたいする需給関係がじっさいにどう変化するか、ということできまるのだから、われわれはだいいちに後者についてみなければならない。これについては、われわれは、まず、貸しつけられうる貨幣資本の供給と需要とのあいだにみいだされる一般的な関係を究明することから叙述をはじめ、つづいて景気変動過程の諸段階で両者がたがいにじっさいどう関係しあい、そして利子率を具体的にどう変動させるか、という問題にはいっていこう。

前項で究明されたように、貸しつけられうる貨幣資本の供給と需要とは、じつは、もともと、それぞれべつべつの源泉・事情にもとづいて形成され・変化する。だが、両者はけっしてそのままたがいに無関係なものとして推移するではなく、ある一定の事情のもとでは、一般的には、ひとつの相互関係のもとにあり、たがいに刺激しあい・促進しあうものである、といえよう。つまり、その需要がませば供給もまたますし、また、その供給が多くなれば需要も多くなる、というひとつの傾向が、短期的にも・長期的にもみられる。とはいっても、けっして、両者のそうした相互作用がいつでも、そしてすぐにもおこる、というのではなく、また、同時的・同率的に生じる、というのでもない、ということが注意されなければならない。需給のそのような相互作用は、直接的にではなく、利子率変動の媒介的作用をひとつの契機として生じる。

　利子率は、原著第二一章や第二二章で解明されているように、利子つき資本という「独特な商品」の「市場価格」としてあらわれ、「この独特な商品」の需給関係（貨幣市場での同時的大量作用）によってうごかされるのだが、そういうふうにしてうごかされる「市場価格」は、つうれいの商品の需給関係と市場価格とのあいだにみられるように、反作用的にこの「独特な商品」の需給関係を変化させ・再調整する。このことは、あとでふたたび関説されるきわめて重要な内容をふくむのだけれども、いまはつぎの点だけが考察されるべきだろう。すなわち、貸しつけられうる貨幣資本にたいする需要がませば（供給にくらべて）、その需要超過が利子率（市場利子率）を上昇させるのだが、この利子率の上昇が——他の諸事情、とりわけ利潤率が変化しない（あるいは利潤率が一定程度以上に上昇しない）ばあいには——、こんどは反作用的に需要の増大をおさえ、供給の増加を刺激する。また、貸しつけられうる貨幣資本の供給がませば（需要にくらべて）、その供給超過が利子率を低落させ、そうしておこる利子率の低落が——他の諸事情、とりわけ利潤率が変化しない（あるいは利潤率が一定程度以上に低落しない）ばあいには——、反作用的に供給の増大をさまたげ、需要の増加をうながす。もっとも、こうして、需給関係の変化によってもたらされる利子率の変動を媒介として、需要の増大が供給の増加を、供給の増加が需要の増大を、ひきおこす、ということは、需給関係の変化と利子率の変動とが——すなわち、そこでおこるすべての運動が——、なにも拘束されないかぎりでのことであり、したがってそのかぎりでは、季節変動的にも・景気変動的にも、一般的・抽象的にみいだされるはずのひとつの現象である。なお、長期傾向的には、ただ、一方では、供給の増加（「素材的富が増大するのにともなって貨幣資本家たちの階級が増大する」（1）ことにより、そしてまた、信用制度の発達にともなう流通貨幣の節約によって、貸しつけられうる貨幣資本の供給増加）と、そして他方では、生産・資本の集中による、前貸（投下）資本の増大や、有価証券などのような投資部面の増加、にもとづく貸しつけられうる貨幣資本にたいする需要の増大とが、併行している、ということだけが把握されうるのにとどまる。

（1） Das Kapital, Bd. III. Tl. II., S. 555.

このように、供給の増大が需要の増加を、そしてまた、需要の増加が供給の増大をうながす、といっても、いつでもそうだとはいえない。なぜならば、上述のような「他の諸事情、とりわけ利潤率が変化しないばあい」という一定の諸条件が成立しなければ、そういうことにならないのだから。また、そういうことになるばあいでも、両者の増加は、けっして同時的にあらわれるのではなく、いろいろな度合いの時間的おくれをもっておこるのであり、また同率的に生じるのではなく、さまざまな程度の比率をもつておこる。だから、ある一定時点についてみると、供給の増加がおこる瞬間に需要の減少が生じる（たとえば、恐慌脱出直後、つづく不景気時（沈滞時））。恐慌期の高い利子率は、上述のように、反作用的に供給を刺激して需要をおさえるひとつの要因として作用し、そうして、やがて恐慌期脱出直後にはそのような貸しつけられうる貨幣資本にたいする需給関係をもたらす。また反対に、供給の減少がおこる瞬間に需要の増大があらわれる（恐慌直前の貨幣・金融逼迫期・つづく恐慌期）。貨幣・金融逼迫期にさきだつ繁栄期の低い利子率は、反作用的に供給をおさえて、需要をうながすひとつの要因としてはたらき、そうして、やがて金融逼迫期・恐慌期にはそのような貸しつけられうる貨幣資本にたいする需給関係をまねく。こういう供給と需要との一定時点での背反的運動をひきおこす究極的原因は、しかし、じつは、景気変動の諸段階でおこる再生産過程のいろいろな事情のなかにある。

貸しつけられうる貨幣資本の供給が、いろいろな源泉、とりわけ、げんじつの再生産機能担当者である機能資本家たちの手もとにあるさまざまなすがたの貨幣資本や貨幣所得、によって形成される、という事実、また、貸しつけられうる貨幣資本にたいする需要の性質が好景気時と恐慌期とではまったくあいことなるものである、という事実、のなかにもすでにしめされているように、景気変動のあい異なる諸段階に貸しつけられうる貨幣資本の供給と需要との性格・内容や、それらの供給と需要とを規定する要因はそれぞれちがう。そこからまた、それらの供給と需要とが、景気変動過程のある段階では、ともにおなじ方向に（しかし、いろいろとちがう度合いで）すすみ、また、他のある段階では、あい異なる方向にうごく、というじたいも生じることになる。まして、景気変動の諸段階では、利潤率がじっさいいろいろに変動するのであり、したがって、上述の、利子率の変動を媒介とする需給そうご関係の再調整・反作用運動も、さまざまな程度で、さまたげられるのだから、ますますそうである。

周期的にくりかえされる景気変動過程を、一九世紀の先進国でみいだされたようなひとつの典型的な循環類型でしめすと、つぎのようになろう。恐慌脱出直後・つづく沈滞期（不景気時）〔第1段階〕→好転（Besserung）〔第二段階〕→好景気時＝繁栄状態（Stand der Blüte）〔第三段階〕→過度緊張状態（Stand der Ueberanspannung）・つづく恐慌期（Periode der Keise）〔第四段階〕[2]→。こういう景気変動の諸段階で、貸しつけられうる貨幣資本の供給と需要とは、それぞれどう形成され・変化するだろうか。

（2）景気変動の諸段階のこのような区分は、原著第三〇章いごの諸章での叙述からえられたものだが、第二二章でもおおむねおなじような仕方の区分がおこなわれている。そこには、こう書かれている。「平静状態（Zustand der Ruhe）、活気の増進（wachsende Belebung）、好景気＝繁栄（Prosperität）、過剰生産（Ueberproduktion）、破局＝恐慌（Krach）、沈滞＝不景気（Stagnation）、平静状態など」（Das Kapital, Bd. III. Tl. I., S. 394）。

第一段階では、貸しつけられうる貨幣資本の供給は積極的に増加する。この供給増加は、しかし、むしろ現実的資本の縮小を反映するのであって、再生産活動の休止、商取引の中断によって、機能資本家たちの貨幣資本が一時的に遊離する結果、機能資本家たちの手もとにある蓄蔵貨幣の第一形態・第二形態の一部分が一時的に不要なものとして放出される結果、または、この時期をしおに、一部の個別的機能資本家たちが現実的機能過程から引退して金利生活者（貸付資本家）に転向する結果、として生じる。それは、貨幣形態にある資本や所得の、現実的資本への転化ではなく、貸しつけられうる貨幣資本への転化の増大である。それは、さらに、恐慌期の極端に高い利子率によってひとつの刺激をうけている。

これにたいして、貸しつけられうる貨幣資本にたいする需要は減少する。なぜならば、再生産・商取引の停滞、物価下落、平均利潤率の低落の現状のため、また将来の見通し難のため、現実的資本にたいする需要、購買手段にたいする需要はまだうまれてこないし（それらは、とうめん、むしろ減退する）、また商業信用が縮小し、それの銀行信用への依頼（手形割引依頼）の範囲も減少するのだからである。こうして、第一段階では、貸しつけられうる貨幣資本の供給過剰が生じ、利子率は一般的に極度に（最低限度に）さがる。

第二段階でも、貸しつけられうる貨幣資本の供給はやはり過剰に存在するが、しかし、その過剰はだんだんと減少してくる。というのは、購買のための、貸しつけられうる貨幣資本にたいする需要がしだいに増加してくるからである。その需要は、だが、まだ大きくはない。開始された商業信用が——その信用期間がみじかく、資本環流が順調で、しかも多くの事業がこの段階ではまだおもに自己資本をもって経営される・借入資本にたよらないなど理由によって——銀行信用を要求する度合いはあまり大きくはないので、供給にたいするこのような需要の過小（借り手の優勢）が、貸し手にむけて、いろいろの有利な条件をつけることを借り手に可能にし、利子率をまだごく低い位置におさえている。しかし、第一段階とちがい第二段階では、再生産過程がようやく活気を呈しはじめ、これにさそわれて、いままで遊休・失業していた貨幣資本はすこしずつ充用され・就業することになり、現実的資本もしだいに蓄積され・増大する。現実的資本の蓄積・増大にたいして、ひくい利子率の反作用が、貸しつけられうる貨幣資本にたいする需要の増加をとおしてひとつの促進的役割をえんじる、ということについて、ここに、すこししるしておこう。のちの研究のために。それは、つまり、ひくい利子率によって反作用をうけつつある、購買のための、貸しつけられうる貨幣資本にたいする需要のすこしずつの増加が、現実的資本にたいする需要のすこしずつの増加を実現することによって、一方では、貸付資本の現実的資本への転化を増加させ、他方ではまた、物価を一般的に緩慢ながら騰貴させ、平均利潤率(将来の上昇をみとおした)をげんじつにだんだんと高め、そうして、増進する平均利潤率とさしあたり低い市場利子率との差額、すなわち増大する企業者利得を機能資本家たちにもたらして、かれらの生産・流通意欲をいちだんと刺激する、ということである。

もともと、貸しつけられうる貨幣資本の供給過剰にもとづいておこった低い利子率の、貸しつけられうる貨幣資本にたいする需要増大→現実的資本蓄積への反作用もまた、こうして利潤率(一般的)の相対的増大——利潤率の不変・一定程度以内の低落のばあいでさえ、その反作用はおこりうるのだから、いよいよ——を条件として生じることになる。この段階では、貸しつけられうる貨幣資本の供給過剰は、現実的資本の十分な増大を、ではなく、それのすこしずつの拡大を、いいあらわすのだが、注意されねばならないのは、貸しつけられうる貨幣資本が増加するから、現実的資本の増大、再生産過程のあらたな拡大が生じる、のではない、ということである。なお、この点は、あとでもういちど論究される。

第三段階では、現実的資本の蓄積、再生産過程の規模はますます拡大され・活溌となり、そして諸商品の価格水準はしだいにたかまり、一般的に利潤率が上昇しつつあるので、現実的資本にたいする需要、購買手段にたいする需要がいよいよ本格的に増大し、そうして、それによって規定される、貸しつけられうる貨幣資本にたいする需要もまた大いに増加する。この段階では、さらに、大膨脹した商業信用の銀行信用への依存・依頼・まざり合いが増大するので。だが、同時にこれらの需要を充足する供給も増大する。なぜかというと、資本の環流、貨幣資本の銀行への環流が円滑で規則正しい、からだけではなく、現実的資本が増大するこの段階では、一般的に、機能資本家たちの手もとに生じる貨幣形態での資本や所得もまた豊富となり、しかも、それらのうちの、一時的に貸しつけられうる貨幣資本に転化されうる範囲も大きくなるのだから。そこで、貸しつけられうる貨幣資本は相対的にはまだ豊富である。貸しつけられうる貨幣資本の供給過剰（相対的豊富）が現実的資本の増大を反映し、したがって、両資本の増大がこのように一致するのは、まさにこの段階でだけである。この段階では、貸しつけられうる貨幣資本の供給増加も・需要増大も、ともに、現実的資本の増大によって規定されることになる。

ところで、貸しつけられうる貨幣資本の供給が相対的に豊富であるので、利子率はこの段階でもまだひくい。利子率がこのようにまだひくいということ（利子率は、この段階がすすむのにつれて、平均利潤率の上昇にうながされて貸しつけられうる貨幣資本にたいする需要がいっそう増大することによって、だんだんとあがるのだが、その利子率の上騰が平均利潤率の上昇よりもひくいあいだのこと）が、さらにまた、反作用的に——利潤率の上昇（利子率の上騰よりもいっそう大きな）を条件として——、購買のための、貸しつけられうる貨幣資本にたいする需要の増加↓現実的資本の蓄積・増大をいっそう刺激する。ところが、貸しつけられうる貨幣資本にたいする需要が、いろいろな固定資本の大拡張や、新規大企業の大量的開始のためにおこなわれるようになり、しかも、予備資本なしに貨幣信用（貨幣形態での信用＝銀行信用）—信用資本（他人資本）だけをあてにし、そして満期手形の支払のためには融通手形・空手形の振出をあえてする投機者流によってなされるようにさえなって、いよいよ増大すると、利子率は、平均的高さにまで、すなわち、景気変動過程にみられる最低と最高とからの等距離の中位点にたっするまで、上騰することになるが、そうなれば、第三段階もはやおわりにちかづく。一方では、貸しつけられうる貨幣資本にたいする需要が、投機的理由から、こうしてますます増大するようになるのに、他方では、貸しつけられうる貨幣資本の供給は急激に縮小される。なぜならば、過剰生産、販路のゆきつまり、資本の円滑で規則正しい環流がうしなわれはじめると、銀行は貸付資本の回収につとめ、新規の信用授与にたいして警戒的となるのだから。そこで、金融は逼迫し、利子率は急速に上昇していく。

こうして第四段階が開始される。過剰生産、販売不能から、いよいよさいごのカタストローフ・恐慌がおこれば、機能資本家たちの、購買手段にたいする需要はいっさい消え、かわってかれらのあらゆる債務の決済のための支払手段にたいする需要、支払いのための、貸しつけられうる貨幣資本にたいする需要が急激に、そして極度に増大するのだが、反対に、貸しつけられうる貨幣資本の供給は極端に減少する。このようにして生じる貸しつけられうる貨幣資本にたいする極度の需要超過が最高度の利子率をひきおこす原因となる。

なお、ついでながら、一言つけくわえると、一九世紀の半ばごろ、このような利子率の昂騰にひとつの拍車をかけたものは、中央銀行の公定利率（公定割引歩合）の政策的引き上げであった。これは、金準備量に緊縛して中央銀行券発行量を統制しようとする銀行条例（一八四四年の）にもとづいておこなわれた。ここで絶対的に欠乏しておって、もとめられているものは、貸しつけられうる貨幣資本であって、現実的資本ではない、また、支払手段としての貨幣であって、購買手段としての貨幣ではない。現実的資本はむしろ過剰に存在し、それらが貨幣形態に実現（転化）されえないからこそ、債務支払いのための、貸しつけられうる貨幣資本にたいする需要が急増するのだ。そこで、貸しつけられうる貨幣資本の供給過小は、現実的資本の過小を、ではなく、反対に、それの過大を反映しており、したがってまた、貸しつけられうる貨幣資本にたいする需要の大超過から生じる利子率の最高限度への大上騰は、平均利潤率や物価の上昇と、ではなく、むしろ、それらの大低落と、あいともなう。

以上で、われわれは、景気変動過程で貸しつけられうる貨幣資本にたいする需給関係の変化と、それによって規制されながらも、同時にまた、それにたいして反作用する利子率の変動のあらましについて考察したのであるが、なおつぎの一点について、補論しよう。それは、上述のような、利子率の景気変動的運動と、利子率の長期傾向的運動とはどういう関係のもとにたつのだろうか、ということである。平均利子率の高さは、長期的には、他の諸事情が同一であれば、平均利潤率の高さによって規定される。企業者利得の平均的高さによって、ではなく。だから、平均利子率は、かならずではないが、一般的・平均利潤率の低下的傾向に規定されて低落する傾向にあり（原著第二二章）、したがって、発達した資本主義社会の利子率は、一般的に、未発達な資本主義社会のそれよりもひくい。こうしてまた、あい異なる国々の間の利子率のちがいがうまれる。もっとも、このような利子率の長期的低落傾向は、げんじつには、貸しつけられうる貨幣資本の供給増加の長期的傾向によってささえられて成立可能となったのであった。

ところが、これとはちがい、景気変動的な（または、季節変動的な）利子的変動は、そのときどきに存在する、現実的貨幣の形態で貸しつけられうる貨幣資本にたいする、需給関係の具体的な中・短期的状態によって規定されるのだが、その需給関係は、上述のように、景気変動の諸段階にみられる再生産過程の諸事情によって、いろいろに変動し、利子率を、あるときはひき下げ、また他のあるときはひき上げる。しかし、景気変動過程のある段階で、利子率が上がるということ、しかも、一般的利潤率の昂騰にもとづいて利子率が上がるということ（利子率の上昇が、一般的利潤率の上昂にもとづいておこるか、または、一般的利潤率の昂騰とは無関係に生じるか、ということは、たがいにげんみつに区別されなければならないが）は、利子率の低下的傾向、しかも一般的利潤率の低下的傾向に規制される利子率の低下的傾向、とはけっして矛盾するものではない。なぜならば、利子率の景気変動的運動は、それの長期傾向的運動のうえにまつわりからまる波動として生じるのだし、また、いっそう短期的な季節変動的運動は、その景気変動的運動の上にまつわりからまるいっそう小さな波動にすぎないのだからである。

われわれは、のこされた最後の問題についてかんがえることにしよう。それは、景気変動と利子率変動とは因果的にどう関係するか、つまり、利子率変動は、景気変動の原因的要因であるのか、またはそれの結果的要因であるのか、という問題だ。ところが、この問題は、じつは、部分的には、すでに解明されている。というのは、この問題は、けっきょく、景気変動はどのようにしておこるか、また、利子率変動はどのようにして生じるか、さらにまた、利子率変動は景気変動過程でどういう役割を演じるか、ということに帰着するのだからである。この問題は、しかし、基本的には、景気変動がどのようにしておこるか、という問題の解決によって、あきらかとなるだろう。だが、この問題についてふかく研究することは本章の課題ではない。われわれは、ここではただ、マルクスが、恐慌（したがって景気変動）の究極的原因を生産的基盤のなか、資本主義生産様式の基本的矛盾のなかにもとめた、という事実に注目するのにとどめよう。純粋な資本主義社会では、そして、価格変動や投機的取引などが度外視されるばあいには、「恐慌は、ただ、あいことなる部門間の生産の不均衡だけから、資本家たちじしんの消費とかれらの蓄積とのあいだの不均衡だけから、説明されうるものでもあるかのようだ（wäre……erklärlich）。しかし、じっさいには、……あらゆる現実的恐慌の究極的原因は、いつも、あたかも社会の絶対的消費能力だけがその限界をなすかのように生産諸力を発展させようとする資本主義生産の衝動と対比する、大衆の貧窮と消費制限である」(3)。

（3） a. a. O., Bd. III. Tl. II., S. 528.

つまり、資本主義的社会での恐慌の究極的原因は、資本主義生産様式に内在する基本的矛盾、すなわち、生産の社会的性質と所有の私的性質との矛盾、資本主義社会の生産諸力と生産諸関係との矛盾、にもとづく生産と消費との矛盾、したがって、一般的過剰生産の可能性と現実性のなかにある(4)。たんなる、あい異なる生産部門間の不均衡、あい異なる生産部門への社会的労働の配分での不均衡(5)、にもとづく部分的過剰生産や、たんなる過小消費のなかに、ではなく、さらにまた、現実的資本の欠乏（工業原料や主要食糧の一般的凶作）のなかに、ではない。また、景気変動の周期的循環の物質的基礎についても、マルクスは、固定資本の回転期間、したがって、資本の再生産的諸事情を指摘した(6)。そうであるいじょう、恐慌や景気変動の究極的原因を貨幣的・信用的諸要因にもとめる諸思想は、マルクスの立場とはぜんぜん一致しない(7)。

（4） Vgl. Theorien ü. d. M., Bd. II. Tl. II., S. 262. ff.
（5） Vgl. a. a. O., Bd. II. Tl. II., S. 300-1.
（6） Vgl. Das Kapital, Bd. II., S. 180.
（7） 「経済学の皮相性は、なによりも、経済学が、産業循環の変動周期の単なる徴候にすぎない信用の拡大・縮小をそれの原因とみなす、という点にあらわれている」(a. a. O., Bd. I., S. 667.)。「産業循環は貨幣資本の潤沢を以って始まり、それの極度の欠乏を以って終る。その結果、産業循環、その諸段階の交代を以って、恰も貨幣資本の潤沢及び欠乏の程度に依存するものであるかの如く見る錯覚が生み出される」（デ・ローゼンベルグ、淡徳三郎訳『資本論註解』第四巻、三七一ページ）。

貨幣は、それの一般的等価形態としての受動的性格によって規定された社会的役割を演じるのだから、貨幣的諸要因は本来的にはただ生産的諸要因（商品生産・流動的諸要因）によって制約され、それらに従属して運動する。たとえ貨幣的諸要因が生産的諸要因にたいして作用するとしても、それは本来的作用・原因的作用にたいする反作用・結果的作用としてである、のにすぎない。さらに、貨幣が貸しつけられうる貨幣資本・利子つき資本に転化されうるのも、資本主義生産の基礎のうえでは、貨幣が、げんじつに資本に転化されうるからであり、貸しつけられうる貨幣資本の成立・運動は、資本の現実的生産過程そのものを、したがってまた、現実的資本の成立・運動を、究極的基盤とし、一般的な現実的前提とする。そうであるから、信用の拡大・縮小は、銀行の自由裁量によって規定されるのではなく、資本の再生産基盤によって、本来的・究極的に規定される。信用的諸要因が資本の生産的諸要因にたいしてはたらきかけるのは、本来的作用にたいする反作用にほかならない。上述のように、景気変動の第二段階では、貸しつけられうる貨幣資本の増加が現実的資本のすこしずつの増加と一致するのだが、前者が後者の本来的な原因となるのではなかった。「第二段階では、それ（貸付資本の過剰—飯田注）は再生産過程のあらたな拡大と一致し、これをともなうが、しかし、これの原因ではない」[8]。ということは、しかし、前者が後者にたいして反作用的にはたらきかけ——低い利子率によって媒介されて——、後者をさらにいっそう促進するひとつの原因となる、という事実をけっして否定するものではない。

（8） Das Kapital, Bd. III. Tl. II., S. 539.

ところで、貸しつけられうる貨幣資本にたいする需給関係の変化によって本来的に規定される、利子率の変動は、すでにしばしば指摘されたように、貸しつけられうる貨幣資本にたいする需給関係の再調整をとおして、現実的資本の増減にたいして反作用しうるのだが、この反作用でさえ、利潤率（平均利潤率）——内容的には、企業者利得——のある一定状態をたえず前提として、はじめて可能となる。その利潤率は、ほんらい、利子率（平均利子率）によってではなく、むしろ反対に、利子率こそが利潤率によって規定される、ということが、ここでふたたびおもいだされねばならない（前章）。

第四部　ヒルファディング信用理論の研究

第一章　貨幣資本と利子つき資本

――ヒルファディングの「資本信用」論にたいする一批判――

I　流通資本としての貨幣資本、蓄蔵貨幣としての貨幣資本、利子つき資本としての貨幣資本

貨幣資本は、まず、〝げんじつの流通過程〟のなかにある資本＝流通資本の一形態である。資本主義的な形態の蓄蔵貨幣もまたひとつの貨幣資本である。さらに、利子つき資本もまた貨幣の形態にあるかぎり、貨幣資本という名でよばれることがある。だが、もし、「貨幣資本」ということばが、貨幣形態にあるどの資本をも無差別的にいみするものとして用いられるのだとすれば、この「貨幣資本」ということばほど、貨幣形態にあるそれぞれの資本、とりわけ利子つき資本にたいする正しい理解をさまたげるものはない、といってよかろう。

流通資本としての貨幣資本、蓄蔵貨幣としての貨幣資本、利子つき資本としての貨幣資本のおのおのが範疇的に区別されるためには、おなじ貨幣資本ということばのなかに盛られているそれぞれの意味・内容のちがいにおうじて、貨幣資本ということばの用いかたもまた区別されなければならないだろう。おなじことばが用いられるからといって、そのことばのいみするそれぞれのちがう内容・範疇までが混同されてよいのではけっしてない。たとえ、あい異なることがらにたいしておなじことばが用いられるのだとしても、そのことばのいみすることがらのちがいがはっきりと認識され、そしてことがらのちがいにおうじて区別されるそのことばの用いかたが正しいのであれば、

ことばの同一性から生じる不合理は、想像されるほど大きくはなかろう。しかし、もし、ことばの同一性にもとづいて、それのいみするあい異なることがらが無差別的に混同されるようならば、ことばの同一性は、ことがらの差別性にとっては、もっとも不合理な、そして有害なものとなろう。

マルクスは、『資本論』第三巻第五篇のあちらこちらで、貨幣資本ということばを流通資本の一形態のいみに用いただけでなく、資本主義形態の蓄蔵貨幣のいみにも、そしてまた、利子つき資本のいみにもつかった。第三〇—三二章の表題「貨幣資本と現実的資本」での貨幣資本は、流通資本の一形態をではなく、あるときには、資本主義形態の蓄蔵貨幣（正確には、利子つき資本に転化されうるそれの一部分）を、またあるときには、利子つき資本をいみしたのであった。かれは、このように貨幣資本というおなじことばをいろいろな形態の貨幣資本のいみに用いたのであったが、そのときどきにいみした貨幣資本の内容・概念は読者にもはっきりそれとわかるものであった。

あいことなる意味・概念にたいして用いられる同一のことばの他の一例とて、われわれは、マルクスが『資本論』第一巻第三篇第七章「剰余価値率」のなかでみずから指摘した「必要な労働時間」（notwendige Arbeitszeit）ということばをおもいおこす。かれはそこでこうのべた。「ちがういみの同一の専門語（termini technici〔Fachausdrücke〕）を用いるのはやっかいなこと（nrißlich）ではあるが、しかしどの科学でも完全には避けられない(1)」と。ところで、マルクスが利子つき資本にたいしても、それはまったくちがう意味・概念としての、流通資本の一形態にたいするのとおなじ貨幣資本ということばを用いたのは、むしろ通例の用法にならってそうしたのだろう。しかしながら、あいことになる意味・内容にたいして貨幣資本という同一のことばを用いることから生じうる混乱や不合理を痛感していたかれは、多くの論者によってげんにおかされたそのような混乱や不合理を指摘した。そしてそうしながら、かれは、貨幣資本という同一表現によって混同・同一視されたそれらの内容・概念そうごのあいだに実在する根本的なちがいをあきらかにし、そしてそうすることによって、流通資本としての貨幣資本（さらにまた、流通しつつある貨幣〔〝げんじつの流通過程〟では貨幣資本はたんに貨幣として機能する〕）の概念から区別される利子つき資本としての貨幣資本の概念を明確にしなければならない、とかんがえたのであった。こうして、『資本論』第三巻第五篇の多くの章で、けっしてすくなくない部分がそれにかんする叙述のためにさかれた。

（1） Das Kapital, Bd. I., S. 225.

おなじ貨幣資本ということばでいいあらわされている上記三つのあいことなる貨幣資本の内容は、概略的にはつぎのようにたがいに区別されえよう。流通資本としての貨幣資本は、かんたんにいうと、流通過程にある資本の一経過的形態にほかならない。ここに流通過程というのは、資本が価値増殖・実現のさいに通過しなければならない現実的な再生産過程の一部面のことである。資本は、現実的な再生産過程を通過しつつある現実資本としては、たえず生産過程になければならず、また同時にたえず現実的な流通過程になければならない。したがって、現実資本としては、資本は一面では生産資本の形態にあるとともに、他面では流通資本の形態にある。そして流通資本としては、資本はたえず相互移行・相互転換しつつある二つの形態、すなわち商品資本と貨幣資本との二つの形態にある。ところで、流通資本としての貨幣資本の一部分は、あとで詳論されるように、いろいろな原因にもとづいて、必然的にげんじつの流通過程から一時的にはじきだされ、蓄蔵される。

蓄蔵されるこれらの貨幣資本は、げんじつの流通過程そのもののなかにはなく、そのなかから一時的に遊離し、休息しているのだから、げんじつの流通過程のなかでたえず形態転換をとげつつある貨幣資本そのもの、すなわち、流通資本としての貨幣資本それじたいとは区別されなければならない。資本主義形態の蓄蔵貨幣としての貨幣資本は、マルクスによると、二つの形態で存在する。ひとつは、国内的・国際的な流通手段と支払手段との準備金として存立しなければならない貨幣資本の形態（資本主義社会での「蓄蔵貨幣の第一形態」）であり、もうひとつは、現実資本という再生産過程のなかから生じなければならない、遊休・失業・新蓄積未投下貨幣資本の形態（資本主義社会での「蓄蔵貨幣の第二形態」である。(2) これらの蓄蔵貨幣としての貨幣資本は、〃げんじつの流通過程〃から一歩はなれ、しかも貸しつけられうるようになるといういみでは、かつておびていた流通資本としての貨幣資本の性格から利子つき資本としての貨幣資本のあらたな性質に一歩ちかづくことになる。だが、蓄蔵貨幣としての貨幣資本そのものは、流通資本としての貨幣資本それじたいから区別されなければならないのとおなじように、利子つき資本としての貨幣資本それじしんからも区別されなければならない。

（2） a. a. O., Bd. III. Tl. I., S. 350.

蓄蔵貨幣としての貨幣資本が利子つき資本としての貨幣資本と、範疇的にどの程度まで一致するかは、利子つき資本としての貨幣資本がどういうふうに規定されるかによってきまるだろう。利子つき資本としての貨幣資本が、①貸しつけられつつある貨幣資本、そして、②貸しつけられた貨幣資本だけではなく、また、③貸しつけられうる貨幣資本をふくむものというふうに規定されるかぎりでは、蓄蔵貨幣としての貨幣資本の全部ではなく、その一部分――その一部分の量が大であろうと、小であろうと問わない――だけが、そのような、利子つき資本としての貨幣資本の③と一致する、といえよう。というのは、蓄蔵貨幣としての貨幣資本の他の一部分は、蓄蔵者としての機能資本家じしんの手によって直接に〃げんじつの流通過程〃のなかへ、そのまま間もなくふたたび支出されうる（とりわけ、準備金の出動や、貨幣資本の遊離に対応する拘束に起因して）のであり、この部分は利子つき資本としての貨幣資本のどの概念とも関連しないのだからである。

マルクスの立場からは、流通資本としての貨幣資本と、利子つき資本としての貨幣資本とのちがいはきわめてあきらかである。というのは、流通資本としての貨幣資本は、それじたい現実資本の一経過的形態として、現実の流通過程でたえず形態転換をおこなうものであるのに、利子つき資本としての貨幣資本は、資本の所有と資本の機能との範疇的分裂の基礎のうえにたち、現実資本である機能資本と対立しながら、それじしんは譲渡されることによってたんなる位置転換をとげるだけであってなんの形態転換をもおこなわない、したがって、〃げんじつの流通過程〃そのもののなかには存在しないものだからである。こうして、諸貨幣資本の概念上の区別での困難は、流通資本としての貨幣資本と、利子つき資本として貨幣資本とのあいだにではなく、むしろ、流通資本としての貨幣資本と、蓄蔵貨幣としたの貨幣資本とのあいだに、そしてまた、蓄蔵貨幣としての貨幣資本と、利子つき資本としての貨幣資本とのあいだに、存在する。なぜかというと、蓄蔵貨幣としての貨幣資本は、流通資本としての貨幣資本と、利子つき資本としての貨幣資本とのあいだの中間的形態として存立するのであり、それは、一面では、流通資本としての貨幣資本へ直接的に再転化・逆流する可能性と、他面では、利子つき資本としての貨幣資本へ、一歩前進する可能性とをあわせ内包するのだからである。

つまり、蓄蔵貨幣としての貨幣資本は、流通資本としての貨幣資本と関係する一面と、利子つき資本としての貨幣資本と関連する他の一面とをもっている。蓄蔵貨幣としての貨幣資本が流通資本としての貨幣資本の一時的遊休によって形成されるということ、そしてまた、こうして形成された蓄蔵貨幣としての貨幣資本の一部分が直接にふたたび流通資本としての貨幣資本へ逆転するということは、これら両貨幣資本の相互関連・交流をいみするのであって、そのことじたいは、蓄蔵貨幣としての貨幣資本と、利子つき資本としての貨幣資本とのあいだの関係をいみするのではけっしてない。蓄蔵貨幣としての貨幣資本と利子つき資本としての貨幣資本とのあいだの関係は、蓄蔵貨幣としての貨幣資本が直接に〃げんじつの流通過程〃へ逆流するばあいにではなく、「独特な流通」(3)過程である純粋な信用過程に入りこむために資本として譲渡される（貸しつけられる）ばあいに、はじめて成立するようになる。

（3） Vgl. a. a. O., Bd. III. Tl. I., S. 372. ff.

資本主義的生産様式のもとにある貨幣（ある一定価値額）は、所有者の手から他人の手に譲渡されるまえには、それじたい「もっともひろいいみの可能的資本」であり、資本としての譲渡されるとき・瞬間には、それじたい「げんみつないみの可能的資本」である。[4] 貨幣の「もっとひろいいみの可能的資本」の地位から「げんみつないみの可能的資本」の地位への転化は、その貨幣の資本としての譲渡（貸しつけ）によって媒介・実現されるのであり、こうして「げんみつないみの可能的資本」としての利子つき資本が出現することになる。貸しつけられつつある貨幣資本、すなわち、利子つき資本としての貨幣資本概念の上記①として理解される、「げんみつないみの可能的資本」としての利子つき資本の現実性は、「もっともひろいいみの可能的資本」としての貨幣の、資本としての、「譲渡」によって媒介されて出現するのだから、貸しつけられうる貨幣資本、すなわち、利子つき資本としての貨幣資本概念の上記③として把握される、「げんみつないみの可能的資本」としての利子つき資本の可能性は、「譲渡」以前の「もっともひろいいみの可能的資本」としての貨幣そのもののなかにふくまれているわけだ。しかしながら、「もっともひろいいみの可能的資本」としての貨幣は、「げんみつないみの可能的資本」としての利子つき資本に転化する可能性とともに、それには転化しないで他のものに転化する可能性——そのような貨幣がそれの所有者によって購買のため（流通資本としての貨幣資本、所得としての貨幣）や、債務支払のためや、あるいはさしあたりそのまま蓄蔵されるため[5]に用いられる可能性——をふくんでいる。

（4） 飯田繁「利子つき資本における譲渡の意義と形式」（『経済学雑誌』第三二巻第五・六号、昭和三〇年六月〔『利子つき資本』第九章に収録〕）参照。

（5） さしあたりそのまま蓄蔵されるために用いられる可能性をもつ貨幣部分は、それじたいがやがてまた、本文にしめされたような転化のあらゆる可能性——利子つき資本に転化する可能性と、それには転化しないで他のものに転化する可能性との両面をもつものとしてあらわれることになろう。

そこで、われわれが利子つき資本としての貨幣資本概念の上記③についてかたるばあいには、「もっともひろいいみの可能的資本」としての貨幣のうち、「げんみつないみの可能的資本」としての利子つき資本に転化されうる部分だけを問題としなければならない。すなわち貸しつけられうる貨幣資本は、所有者の手から他人の手に資本として譲渡されることによってやがて「げんみつないみの可能的資本」に転化される可能性をもつ、「もっともひろいいみの可能的資本」としての貨幣の部分にほかならない。上述の蓄蔵貨幣としての貨幣資本は、じつは、「もっともひろいいみの可能的資本」としての貨幣の「一部分」を形成するのであった。しかしこの「一部分」は、概念的には、「げんみつないみの可能的資本」としての利子つき資本に転化される可能性をもつ、「もっともひろいいみの可能的資本」としての貨幣の部分よりもひろい。したがって、われわれがさきにいったように、蓄蔵貨幣としての貨幣資本そのもの（全概念）は、利子つき資本としての貨幣資本そのもの（全概念）とはもちろんのこと、それの上記③の概念とも一致しないのであって、ただ蓄蔵貨幣としての貨幣資本の一部分だけが上記③の概念と一致するのにすぎない。蓄蔵貨幣としての貨幣資本のその部分こそは、利子つき資本の現実性にまではまだ到達していないたんなる可能性としての・滞在性としての利子つき資本にほかならず、したがってまた、蓄蔵貨幣としての貨幣資本の他の部分とはあいことなる方式のもとに運動する。すなわち、その、流通資本としての貨幣資本の形態に逆転する、蓄蔵貨幣としての貨幣資本の他の部分は〝げんじつの流通過程〟のなかへ、たんに貨幣として入りこむのに、利子つき資本としての貨幣資本の形態に前進する蓄蔵貨幣としての貨幣資本の一部分は〝独特な流通過程〟のなかへ、資本として入りこむ。

このように、流通資本としての貨幣資本、蓄蔵貨幣としての貨幣資本、利子つき資本としての貨幣資本の三つは、概念のうえでも、運動のうえでも、それぞれちがう。これらのちがいは、究極的には、それぞれの貨幣資本のもつ資本物神性の展開度合いのちがいから生じている、といえよう。したがって、これらの貨幣資本の概念・運動でのちがいにたいする無判別や、それらの概念・運動での混同・無差別は、けっきょく、それらの貨幣資本のもつおのおのの資本物神性の展開程度のちがいにたいする無理解を表明することになろう。

II　貨幣資本と「資本信用」

ヒルファディングはかれの主著『金融資本論』のなかでかれ独自の信用理論を展開した。[1] かれ独自の信用理論のうち、とりわけ、かれの「流通信用」(「支払信用」=「商業信用」)とは「本質的にちがう信用」[2] であるとされている、かれのいわゆる「資本信用」の理論で、かれはもっとも重大な誤謬をおかした。その誤謬のひとつは、いまわれわれがとりあつかっている主題「貨幣資本と利子つき資本」に関連するものであって、かれは、貨幣資本という同一表現のなかに包含される三つのあいことなる概念・範疇、すなわち、流通資本としての貨幣資本、蓄蔵貨幣としての貨幣資本、利子つき資本としての貨幣資本を相互にはっきりと区別することができず、したがって、信用(かれの「資本信用」)の究明をこころざしながら、しかも利子つき資本の範疇と、その独特な運動とをあきらかにしなかった。

(1) 飯田繁「ヒルファディングの信用理論――ひとつの批判的研究――」(『講座信用理論体系』第三部第四章〔本書第四部第二章〕)参照。

(2) Hilferding, R., Das Finanzkapital, S. 93. Dietz Verl. Berlin, 1955. (mit einem Vorw. v. F. Oelßner)

こうして利子つき資本としての貨幣資本の質的規定にたいして深い関心をしめさなかったかれは、したがってまた、利子率を変動させる要因のなかに、現実的貨幣の形態で貸しつけられうる貨幣資本・利子つき資本とはまったくちがう範疇としての貨幣資本をしのびこませるという他のひとつの誤謬を重ねることになった。それらのなかで発見されうるかれの不鮮明や誤謬は、けっきょく、諸貨幣資本のもつ資本物神性の段階的差別にたいするかれの無頓着から生じたものだろう。ヒルファディングの「資本信用」論が内包するこのようなひとつの誤謬は、貨幣資本という同一表現のなかに埋没されている三つのあいことなる内容・範疇にたいする認識の欠如、またはそれらの三つの内容・範疇の相互差別にたいする無関心・無理解、からいやおうなしにみちびかれる理論的誤謬のモダーン・サンプルにほかならない。そこで、われわれは本章ではかれの「資本信用」論をこの一側面から考察しよう。

ヒルファディングの「資本信用」論の根幹は、かれの『金融資本論』第一篇「貨幣と信用」、第四章「産業資本の流通のなかの貨幣」と同篇第五章「銀行と産業信用」とで展開されている。これらの両章では、たんにかれの「資本信用」論が展開されているだけでなく、同時にまたかれの「流通信用」論も叙述されている。かれの「流通信用」論も叙述は、同篇第三章「支払手段としての貨幣。信用貨幣」で開始されているのであるが、その叙述はなお、第四章のはじめの一部分と第五章の前半にまでおよんでいる。だが、いまはかれの「流通信用」論そのものについて考察しようとするのではない。ここではただ、われわれは、これらの諸章のなかで「資本信用」論と「資本信用」論とが平面的・同列的に叙述されていることに関連して、かれの「流通信用」論についてふれるだけである。「流通信用」論と「資本信用」論とがこんなふうに叙述されているということは、本質的にまったくあい異なるものであるはずの二つの信用にかんする理論が、ヒルファディングにおいては、それぞれ、おなじ価値形態規定——貨幣（または、たかだか流通資本あるいは蓄蔵貨幣としての貨幣資本）という形態規定——のもとで並列的に構成されるべきものとして考えられている、ということをはやくもしめすものだろう。

ところでそれらの諸章でのべられている「資本信用」論の内容は、おおよそ、(一)成立原因、(二)本質・形態、(三)作用、の三点にまとめられよう。これらの三点についてかれの「資本信用」論の内容をたどっていくと、一方、われわれは随所で、貨幣資本というおなじことばのなかにふくまれる三つのあいことなる概念、すなわち、流通資本としての貨幣資本、蓄蔵貨幣としての貨幣資本、利子つき資本としての貨幣資本、の混同、または区別の不鮮明につきあたる。他方、われわれは、かれの「資本信用」の研究途上で、利子つき資本としての貨幣資本そのものの究明の重要性の認識や強調にはぜんぜんいきあたらない。

第一の点（成立原因）について。われわれはまず、ヒルファディングがかれの「資本信用」論の叙述を「産業資本の流通のなかの貨幣」という題名の章のなかではじめていることに注意しなければならない。この章の冒頭にはつぎのような文章がつづられている。「われわれは、これから、貨幣が産業資本の流通のなかでえんじる役割に眼をむけよう。したがって、道は技術の諸奇蹟をもつ資本主義的工場へつうじるのではなく、貨幣が商品へ、そして商品が貨幣へ、形式的にたえずおなじ様式で転換されるところの、永久におなじ市場事象の単調さにわれわれの考察がむけられねばならない。資本主義的信用としてさいごには社会的諸事象にたいする支配をかちとるところの、あの力が、どのように流通諸事象じたいから生じるか、の秘密を解くことばを可能にするものはこの方法であるという希望だけが、読者を、いくらかの忍耐をもってこの章の苦難な諸地点を通過するよう、激励することだろう」[3]（傍点〔飯田〕）。ここで「資本主義的信用……が、……流通諸事象じたいから生じる……」という命題を、かれは「資本信用」と資本主義的形態の「流通信用」の二つの信用のどちらにも妥当するものとしてのべているのだ。「流通信用」は、かれによれば、もともと、「……支払手段としての貨幣の、変化した機能の単純な結果としてあらわれる」[4]（「……商品流通そのものから、貨幣機能の変化から、流通手段より支払手段への貨幣の転化から生じる……」[5]）ものであったのだが、資本主義的な社会では、つうれい、それは産業資本運動の第一段階 G—W のうちの G—Pm というひとつの流通過程で成立する、という。なぜかれがそう考えるかというと、G—Pm の過程では、貨幣は、つうれい、購買手段としてではなく、支払手段として機能するから、なのだろう。

（3） a. a. O., S. 72. （4） a. a. O., S. 94. （5） a. a. O., S. 76.

ところが、「資本信用」がおなじく、産業資本の「流通諸事象じたいから生じる」、とかれがのべたわけは、それとはまったくちがって、産業資本の循環過程での「貨幣資本（流通資本としての）の周期的遊離と休息」という、産業資本の現実的流通そのものの機構から必然的に生じるひとつの事象のなかに、「資本信用」の成立原因が存在する、とかれが考えたからである。ヒルファディングは、マルクスにしたがって、「貨幣資本の周期的遊離と休息」の四つのばあいをあげる。①産業資本が流通過程を通過しつつあるあいだ、生産続行のために必要な追加的予備貨幣資本の遊離と休息（遊休）、②産業資本運動の第一段階「$G<\begin{smallmatrix}A\\Pm\end{smallmatrix}$ の過程では、貨幣はすぐに労働力と諸生産手段とに転化されるものではない」(6) のでおこる貨幣資本の遊休、③固定資本の更新期まで積み立てられる減価償却部分としての貨幣資本の遊休、④投資適量にたっするまで積み立てられる剰余価値の資本蓄積充当予定部分としての貨幣資本の遊休。これらのいろいろなばあいの貨幣資本の遊休と「資本信用」とはいったいどう関係する、とかれは考えるのかを、かれの叙述によりもっとくわしくみよう。

（6） a. a. O., S. 81.

「……資本の休息は、利潤を生産するという資本の機能と矛盾する。そこで、この休息を最小限度に縮減しようとする努力がおきる。この任務こそ、信用のひとつの機能を形成する」(7)。つまり、資本（貨幣資本）の休息は、資本家たちからみれば、利潤をうみえないという「死罪」（Totsünde）(8)――「資本主義生産の一死重」（ein Bieigewicht〔dead weight〕）(9)――をいみするので、まさにこの「死罪」に相当する貨幣資本の休息から、この休息を止揚（「……個別的資本の循環過程の経過中における一定期間にわたる貨幣資本の休息を……社会的資本のために止揚」(10)〔傍点―原著者〕）しようとする資本家たちの努力としての「資本信用」が成立する、とかれはかんがえる。こうして、資本（流通資本としての貨幣資本）の休息を成立させる原因がやがてそのまま「資本信用」を成立させる原因ともなった、とかれは推論した。「資本の休息にみちびいた全原因は、だから、いまやそのまま、信用諸関係の成立の多原因となるのであり、休息資本の量に影響するあらゆる要因は、いまや、この信用の拡大・縮小を決定する」(11)。したがってまた、かれは、「単純な商品流通にもとづいて、貨幣の変化した機能だけから生じる支払信用とは本質的に区別される」、いわゆる

「資本信用」を、このような「貨幣信用の遊離のうえに築かれる信用」[12]にほかならないものとみた。かれがのべているることからもわかるように、かれは遊休貨幣資本の成立原因と「資本信用」関係の成立原因とをまったく同一視した。そこで、遊休貨幣資本の成立原因が産業資本の「流通諸事象じたい」のなかにあるいじょう、「資本信用」関係の成立原因もまた、産業資本の「流通諸事象じたい」のなかにひそむ、とかれは結論しないわけにいかなかった。

(7) a. a. O., S. 91.　(8) Vgl. a. a. O., S. 84-5.　(9) Vgl. a. a. O., S. 377.
(10) a. a. O., S. 107.　(11) a. a. O., S. 91-2.　(12) a. a. O., S. 93.

だが、「資本信用」の関係が、利子つき資本の範疇と運動とをめぐる関係としてとらえられねばならないかぎり、「資本信用」関係は、遊休貨幣資本を成立させる日々の原因によって発生するのではなく、資本の所有と、資本の機能とを一般的・範疇的に分裂・分離させる、いっそう基本的な原因によって成立する、と規定されねばならないだろう。遊休貨幣資本の日々の成立は、じつは、それとはいちおう無関係にあらかじめ成立している、「資本信用」関係のもとで必要とされるひとつの物的・素材的基礎となるという、ただそれだけのいみをもつものにすぎない[13]。第一の点(成立要因)にかんするヒルファディングのもっとも大きな欠陥は、けっきょく、かれが三つの貨幣資本のそれぞれの範疇・運動のあいだの区別をあきらかにしなかったこと、したがってまた、流通資本としての貨幣資本から蓄蔵貨幣としての貨幣資本(遊休貨幣資本〔資本主義的社会での「蓄蔵貨幣の第二形態」〕)への転化・形成と、蓄蔵貨幣としての貨幣資本から利子つき資本としての貨幣資本への転化・形成とのちがいを究明しなかったことであろう。このことは第二、第三の諸点でもあきらかにしめされている。

(13) このことをマルクスはつぎのように表現した。「このように、回転運動のたんなる機構によって遊離された貨幣資本(……)は、信用制度が発達するとすぐさま、ひとつの重要な役割をえんじないではおかないし、また同時に、信用制度の諸基礎のひとつを形成せずにはおかない」(Das Kapital, Bd. II., S. 281.〔傍点—飯田〕)。

第二の点（本質・形態）について。ヒルファディングは、かれじしんが「資本信用」と名づけているものはなにか、ということについて、つぎのようにのべる。「どういう形態の貨幣であろうと、したがって、現金であろうと、信用貨幣であろうとかまわないが、それを休息貨幣から機能的貨幣資本に転化する機能をおこなう信用（傍点—飯田）を資本信用（傍点—原著者）とよぶ[14]」。なお、「資本信用」の本質や形態にふれているとおもわれるかれの叙述のなかから、いくつかのものをひきだしてみよう。「……休息貨幣資本をあつめ、あつめられた休息貨幣資本を分配することを本領とするひとつの経済的機能（「資本信用」—飯田—）にたいする要求がふたたび生じる[15]」。「信用は、だから、この機能では、流通していない貨幣を流通のなかになげいれることのほかには何もすることはできない[16]」（傍点—飯田）。「……信用はそれ（流通していない貨幣—飯田注）を生産資本に転化するために貨幣資本として流通のなかになげいれる[17]」（傍点—飯田）。「信用はそれ（蓄蔵貨幣として凝結する貨幣—飯田注）をすぐさま、ある他の流通過程のなかの能動的な（aktiv）貨幣資本に転化する[18]」（傍点—飯田）。「……銀行は休息貨幣資本の機能貨幣資本への転化をおこなった[19]（besorgte、世話した）……」。「他人の貨幣をふくめての銀行資本が……生産者たちに用だてられる形態は多様である。自己預金の貸し越し、白地式帳簿信用の許与計算取引。これらのちがいはなにも原則的意味をもたないものであり、重要な点は、貨幣がじっさいにどの目的のためにもちいられるか、固定資本投下のためにか、流動資本投下のためにか、という目的いかんだけである[20]」。

(14) **Das Finanzkapital**, S. 105.　(15) a. a. O., S. 106.　(16) a. a. O., S. 105.　(17) a. a. O., S. 105.
(18) a. a. O., S. 107.　(19) a. a. O., S. 109.　(20) a. a. O., SS. 110-1.

これらの引用文にしめされているとおり、もし「休息貨幣（または休息貨幣資本）を機能（または能動的な）貨幣資本に転化するもの」が「資本信用」や「銀行」であるとするならば、またもし、「流通していない貨幣を流通のなかになげいれるもの」、「流通していない貨幣を生産資本に転化するために貨幣資本として流通のなかになげいれるもの」が「信用」であるならば、かれのいう「資本信用」や「銀行」や「信用」は機能資本となんら区別されえないものとなろう。またかりに、じじつがかれのいうとおりであるとすれば、蓄蔵貨幣としての貨幣資本（遊休貨幣資本）の、利子つき資本としての貨幣資本への前進と、流通資本としての貨幣資本への逆流とは運動の性質上なんら差別されえないものとなろう。かれのいうところにしたがえば、遊休貨幣資本は、「資本信用」により、ただ、運動する部面を異にするようになるだけだから。(21) 信用（商業信用とは本質的にちがうものとしての）が、機能資本と対立する利子つき資本(22)じたいのうえにたつものとして規定されねばならないかぎりでは、まずもって、「休息貨幣が機能貨幣資本に転化される」（「流通していない貨幣が流通〔と、かれがいうばあい、〝げんじつの流通〟はほかにはなにも考慮されていない〕のなかになげいれられる」）まえにおこる事態、休息貨幣の「げんみつないみの可能的資本」としての譲渡＝貸しつけという事態こそが、もっとも細心に注目され・分析されなければならないはずである。「流通していない貨幣を生産資本に転化するために貨幣資本として流通のなかになげいれる」のは、したがってまた、「休息貨幣を機能貨幣資本に転化する」のは、「資本信用」や「銀行」や「信用」ではなくて、むしろ、これらによって休息貨幣を利子つき資本（「げんみつないみの可能的資本」）として譲渡された機能資本家たちである。

(21) 「ひとつの個別的資本の循環から分離されたこの貨幣資本は、しかし、もしそれが他の資本家に信用をとおして用だてられるならば、後者の資本の循環で貨幣資本として機能しうる」(a. a. O., S. 91.)。この引用文のなかにあらわれるはじめの「貨幣資本」は蓄蔵貨幣としての貨幣資本であり、あとの「貨幣資本」は流通資本としての貨幣資本である。そして利子つき資本としての貨幣資本は「信用をとおして用だてられる」ということばの背後にかくされていて、研究の対象としてもおもてにひきだされていない。

(22) 「利子つき資本は、機能としての資本に対立する、所有としての資本である」(Das Kapital, Bd. III. Tl. I., S. 414.〔傍点―原著者〕)。

さきの、第一の点では、ヒルファディングは、遊休貨幣資本の成立原因と、「資本信用」関係の成立原因とを同一視したことによって、蓄蔵貨幣としての貨幣資本範疇と、利子つき資本としての貨幣資本範疇とのあいだのちがいをあきらかにしえなかった。いまや第二の点では、かれは、休息貨幣の機能貨幣資本への転化という全過程のなかにふくまれる二つの部分的転化過程、すなわち、休息貨幣の利子つき資本への転化[23]と、利子つき資本の機能貨幣資本への再転化とのあいだの、したがってまた、利子つき資本としての貨幣資本と、流通資本としての貨幣資本とのあいだの、さらにまた、利子つき資本としての貨幣資本の譲渡・回収、すなわち現実的機能からまったくきりはなされた運動（「独特な流通過程」での運動〔貸し付け・返済〕）と、流通資本としての貨幣資本の譲渡――現実的機能そのものとしておこなわれる運動（〝げんじつの流通過程〟での運動〔現実的投資、純粋な売買、または商業信用の形式でおこなわれる売買〕）――とのあいだの、それぞれの区別を明示しえなかった。というよりもむしろ、かれはこれらの区別を明示することの重要性を十分に認識しなかった。商業信用とは本質的にちがう信用は、じつは休息貨幣の機能貨幣資本への転化の媒体的な役割をおこなうのにすぎない。だが、この媒体的な役割こそが、信用にとっての本質的な役割にほかならないのであって、この媒体的役割の内容――休息貨幣の利子つき資本への転化、そして、それによって成立する利子つき資本そのものの範疇・運動にかんすることがら――の究明をおいてほかに信用の本質をめぐる研究はない。

（23）　この転化は、所有者としての一方の機能資本家の手から、利用者としての他方の機能資本家の手への、遊休貨幣の直接的移転がおこなわれないばあいには、銀行の介在によって、二段階に分裂する。

うえのような論述をおこなったヒルファディングが、信用の「媒介性」についてかたるということは、論理上の矛盾であるといわれるべきである。「貨幣資本のあらゆる遊離は、しかし、信用の媒介によるこの貨幣資本の、それを遊離した個別的資本の循環以外の他の生産的諸目的への、使用可能性をいみする[24]」。だが、かれはそういうだけで、「信用の媒介」の内容そのもののなかにふかくたちいって研究することの必要性を言明しなかった。「信用の媒介」の内容についてかれがのべていることがらは、「資本信用」の「作用」についてかれがものがたっていることがらのほかにはみあたらない。

（24） Das Finanzkapital, S. 92.

第三の点（作用）について。ヒルファディングは「資本信用」の作用を「貨幣の移転」のなかにみた。「貨幣が、貨幣資本家、いいかえれば貸付資本家から企業家に信用されるとすれば、それは貨幣のたんなる移転（Uebertagung）にすぎない。それによっては、前貸しされた貨幣の量にまだなんの変化もない[25]」（傍点—飯田）。「資本信用」では、「……すでに存在する貨幣の移転がおこるのであって、貨幣いっぱんの節約がおこるのではない。だから、資本信用は貨幣を移転することにあり、……。資本信用は、支払信用とはちがい、流通諸費用を節約するのではなく、同一貨幣基礎という土台のうえに生産資本の機能を拡大する[26]」。かれは、「資本信用」の作用を、「貨幣の節約」という「流通信用」の作用とのみごとな対照でみとめ、そうして「資本信用」と「流通信用」との本質的なちがいをあざやかにしめそうとしたのであった。「資本信用」と「流通信用」とのちがいを、このように貨幣的側面の「移転」と「節約」とのちがいとしてかれがとらえようとしたことは、しかし、かれの意図に反して、両信用の本質的な差別性を、よりも、むしろ、本質的な同一性（どちらも、貨幣というひとつの価値形態規定に関係する、という共通性をもつものとして）を、のべることになったのではなかったか。げんに、かれは第一篇第四章「産業資本の流通での貨幣」のなかで、そして「産業資本の流通でえんじる貨幣の役割」のもとで、「流通信用」と「資本信用」とを並列的にとりあつかっている。だが、「資本信用」が、たんなる貨幣のうえにではなく、利子つき資本としての貨幣資本のうえに築かれねばならないかぎり、「資本信用」の作用は「貨幣のたんなる移転」のなかにではなく、「貨幣の資本としての移転（譲渡）」のなかにみいだされねばならないだろう。

（25） a. a. O., S. 77.　（26） a. a. O., S. 106.

「資本信用、というわけは、この移転が、いつも、貨幣の生産資本の諸要因の購買によって貨幣資本としてもちいるそのような人々への移転だからである[27]とか、または、「資本信用は、ひとつの貨幣額の所有者が、資本としてもちいることのできないその貨幣額を、資本としてもちいるつもりの或る人に移転するということにすぎない。このことが資本信用の使命である[28]」と、かれは説く。かれがそうのべたのは、そのようにして移転された貨幣があとで資本（流通資本としての貨幣資本→現実的資本）としてもちいられる、ということを指摘したのにとどまったのであって、けっして「貨幣の資本としての（げんみつないみでの可能的資本としての、また、自己増殖をとげて還流する価値としての）移転」について、したがって、利子つき資本での譲渡の「独特な性格」について、かたったのではなかった。だから、かれは、こういうふうに「資本信用」の作用を追究することによっては、「信用の媒介」の内容をしんに正しく解明することはできなかったわけだ。他方、かれは、「資本信用」の作用を「貨幣のたんなる移転」のなかにみとめることによって、「資本信用」の関係を資本物神の最高段階からたんなる貨幣物神の低位階段にひきおろしてしまった。そこでは、三つの貨幣資本の相互区別というような「些細なことがら」――かれにとっての――は、まったく問題のそとにおかれている。こうして、かれの「資本信用」論のどこにも、利子つき資本じたいの研究は発見されえない[29]。

（27）**a. a. O., S. 105.**　（28）**a. a. O., S. 106.**

（29）デ・ローゼンベルグもトラハテンベルグも、ヒルファディングの「資本信用」論に利子つき資本の研究が存在しないことを指摘した。「彼（ヒルファディング――飯田注）には貸付資本は必要ではない。……彼の信用『理論』は貸付資本の分析を必要としないのである。実際、信用の本質が、……現存貨幣を一方の人々から他方の人々に移すことに帰着されている以上、貸付資本とかそれの分析とかを取り入れることは不必要に複雑さを増すだけであらう。」（デ・ローゼンベルグ、淡徳三郎訳『資本論註解』第四巻四四二ページ）。

「ヒルファーディングはもとく産業資本との対立に於いてその特質づけを見出すところの特殊の資本としての貸付資本なる範疇を理解してゐない。彼は、貸付資本と、産業資本の一機能形態としての貨幣資本とを同一視してゐる」（トラハテンベルグ、川崎巳三郎訳『現代の信用及び信用組織』二二二ページ)。

Ⅲ　貨幣資本と利子率

ヒルファディングの、このような、三つの貨幣資本の相互区別にたいする無関心は、さらに、かれの利子率論での誤謬を形成することになった。かれは、『金融資本論』第一篇第六章「利子率」のなかで、マルクスの利子率論にたいする二つの反対を表明した。ひとつはマルクスの中・短期的利子率変動論にたいする反対であり、もうひとつはマルクスの長期的利子率低下傾向論にたいする反対である。ヒルファディングの〝第二の反対〟にたいしては、デ・ローゼンベルクやトラハテンベルクがこたえている。(1) これら二人の学者は、だが、ヒルファディングの〝第一の反対〟をみおとした。ところで、われわれが、いまヒルファディングの利子率論に言及するのは、かれの、三つの貨幣資本の相互区別にたいする無関心が、かれの「資本信用」論の誤謬を形成しただけでなく、さらにまた、かれの利子率論のあやまりをもまねく原因となった、ということをしめすためである。それであるから、われわれはここでヒルファディングの利子率論ぜんぱんにわたって検討する必要をみとめない。

(1)「これ迄マルクス主義的言葉遣いによって蔽われてゐた一切のものが、到頭明るみへ出る時が来た。ヒルファーディングの『研究』は、マルクスとの公然たる背離によって終りを全うしなければならなかったのである。マルクスによれば、利潤率低下の傾向が自ら利子率の低下の傾向をも決定する。ヒルファーディングは理論上からも事実上からもこの傾向を排撃してゐる(デ・ローゼンベルグ、淡徳三郎訳『資本論註解』第四巻四四八ページ)。

「ヒルファーディングは利子率低下の傾向を否定してマルクスと一致しないことを示してゐる。利子率低下の傾向に関するマルクスの見解を修正するために、ヒルファーディングは次のような考量をめぐらしてゐる」(トラハテンベルグ、川崎巳三郎訳『現代の信用及び信用組織』二二〇ページ)。トラハテンベルグはこうのべて、ヒルファディングの第一の反対を第二の反対のなかにとけこませてしまった。

ヒルファディングのそのような無関心から生じたかれの利子率論での誤謬は、おなじその無関心からうまれたかれの「資本信用」論での謬論ときんみつに連関している。だから、われわれは、かれのそのような無関心から生じたかれの「資本信用」論の謬論を追究するばあいには、ひきつづいて、これときんみつに関連するかれの利子率の誤謬にも論及しないではいられないわけだ。こういう観点からかれの利子率論が検討されるばあいに中心となる問題は、デ・ローゼンベルクやトラハテンベルクがみおとした、あの、ヒルファディングの〝第一の反対〟である。

マルクスは、『資本論』第三巻第五篇第三二章のなかで、中・短期的な、したがって長期的・傾向的でない利子率変動の規定要因についてつぎのようにのべた。「利子率の諸変動……は、貸付資本（……）、すなわち、貨幣、硬貨そして銀行券の形態で貸しつけられる資本――産業資本として、商品形態で、商業信用の媒介で、再生産的代理者たちじしんのあいだで、貸し付けられる産業資本とはちがう――の供給に依存する」[2]。ヒルファディングは、「われわれの見解はこれと完全には一致しない」[3]（傍点―飯田）とのべて、マルクスのこの命題にたいして反対した。では、ヒルファディングは、なぜマルクスのこの命題にたいして反対したのだろうか。

（2） **Das Kapital, Bd. III. Tl. II., S. 544.**

（3） **Das Finanzkapital, S. 128.**

「……利子率の絶対的高さが資本信用の状態に依存するとすれば、利子率の諸変動はとりわけ流通信用の状態に依存する」[4]と確信したヒルファディングは、マルクスのこの命題では、「流通信用」（商業信用）の状態が考慮されていないどころか、むしろ排除されねばならないというふうにうたわれていることにたいして賛意を表することができなかったわけだ。ヒルファディングの〝第一の反対〟は、そのような「利子率の諸変動はとりわけ流通信用の状態に依存する」というかれの確信にもとづいてなされたものだろう。ところが、かれのこの「確信」は、じつは、かれが、「流通信用」と「資本信用」との区別を正しく明示できなかったということ、また、利子率変動の規定要因を、貸しつけられうる貨幣資本（利子つき資本としての貨幣資本）、しかも、現実的貨幣の形態で貸しつけられうる貨幣資本にたいする需給関係に限定しなかったということ、いっそう本源的には、三つの貨幣資本の相互区別にたいしてかれが無関心・無理解であったということ、から生じたのであった。このことについて、もうすこしくわしくみよう。

（4） a. a. O., S. 127.

ヒルファディングの「利子率変動論」の要点はつぎの諸文章のなかにしめされている。「生産の、そしてまた流通の拡大が貨幣資本にたいする需要増加をいみする、ということは、なによりもあきらかである。需要増加は、したがって、供給がまえとおなじであるかぎり、利子率の上昇をひきおこすにちがいなかろう。だが、困難は、需要変化と同時に、そしてまさに需要変化の結果として、供給もまた変化する、ということから生じる。供給を形成する貨幣量をみると、それは二つの部分、すなわち、第一に現存の現金、第二に信用貨幣、からなる。さて、われわれが流通信用の分析でみたとおり、信用貨幣は生産の拡張とともに拡大されるひとつの可変的要因である。しかし、この生産の拡張は貨幣資本にたいする需要増加をいみする。ところが、こうして需要が増加すれば供給もまた増大する。この供給増大は生産の拡張にもとづく信用貨幣の増加によってあたえられるのだ。利子率の一変化は、だから、貨幣資本にたいする需要の変化が供給の変化よりもつよいばあいにだけおこるだろう。したがって、利子率の上昇は、貨幣資本にたいする需要が信用貨幣の増加よりもいっそうはやく増大するときに生じる[5]（傍点—飯田）。「この信用の膨張（「信用貨幣の増加」—飯田注）は利子率にたいするなんの作用なしにも可能である。繁栄期のはじめには、そのような膨張が利子率にたいして特別な影響をあたえないで生じる。利子率は、諸銀行の金保有量が減少し、準備金がそれの最低限度にちかづき、したがって、諸銀行が割引率の引き上げをせまられるときに、はじめて上昇する。このことは、だが、高度好景気（Hochkonjunktur）の諸時期におこる」[6]。

（5） a. a. O., S. 126.　（6） a. a. O., S. 129.

ヒルファディングは、これらの文章のなかで、「利子率の諸変動はとりわけ流通信用の状態に依存する」ということを主張した。かれがそう主張したわけは、つぎのような独自の論理にもとづく。繁栄期のあいだじゅう（高度好景気〔恐慌の前夜〕にさきだつ繁栄期間）、貨幣資本にたいする需要増大は、信用貨幣の供給増加によってみたされるのであり、そしてまたそれで、もし貨幣資本にたいする需要増大がこのように信用貨幣の供給増加によってみたされないならば、当然あがるだろう利子率――げんに、貨幣資本にたいする需要増大が、信用貨幣の供給増加によってはみたされえなくなれば、（高度好景気時〔この時期には、かえって減少しつつある「現存の現金」によってみたされなければならない〕にみられるように）、利子率はあがる――が、上昇しないで不変のままにおさえられる、という〃確信にみちた〃論理に。

かれのこの主張をささえている根拠の核心はけっきょく、①貨幣資本にたいする需要が、生産・流通の拡大とともに増大するということ、②貨幣資本にたいする需要の増大とともに貨幣資本の供給の増大が生じるということ、③そして、この貨幣資本の供給の増大は、繁栄期のあいだじゅう、信用貨幣の供給の増加（「手形流通の増加」[7]）としてあらわれるということ、つまり「信用の最大部分は〃商業信用〃、すなわち、われわれがいっそう好んでいうように、流通信用である」[8]ということ、にある。だが、これらのことが正しいかどうかは、一見してあきらかだ。これらの三点では、およそ利子率を論じるのにもっとも基本的・初歩的に必要とされる理論的理解がおそろしく不鮮明であること、またまったく欠けていることにひとびとはまずおどろくだろう。利子率の高さと動きとを規定する要因がたんなる貨幣（流通しつつある信用貨幣〔貨幣代用物〕）や流通資本としての貨幣資本ではなく、あくまでも利子つき資本としての貨幣資本（いっそう正確にいえば、それの需給関係）でなければならないということにたいするはっきりとした認識がそこにはみられない。こうして、かれは、「信用貨幣の供給増加」についてかたるばあいに、それを「利子つき資本としての貨幣資本の供給増加」として把握するのでなければ、それが利子率とはなにも関係できるものではない、ということをふかくかんがえなかった。

（7） a. a. O., S. 96. （8） a. a. O., S. 129.

かれが「信用貨幣」といったのは、銀行券（かれはマルクスとはちがい、銀行券を現金〔Bargeld, Bares Geld〕のなかにふくませなかった[9]）と商業手形とのほかにはなかった。だが、かれのいう「信用貨幣」は、商業手形にかんするかぎりでは、しんじつにはまったく貸しつけられうる貨幣資本＝「利子つき資本としての貨幣資本」としてはとりあつかわれえないものであり、したがってまた、それは利子率とは直接になにも関係しえないものなのである。それなのに、かれは「流通信用」―信用貨幣（「手形流通」）と利子率変動との直接的な関係を強調した。そしてかれはマルクスの中・短期的利子率変動の規定要因にかんする命題にたいして部分的な反対をこころみたのであった。

（9）「……われわれが現金というのは、完全価値のある金属貨幣、本位貨幣、銀・金貨、それにくわえて、社会的に必要な流通最低限度の範囲内にあるかぎりの、強制通用力をもつ国家紙幣と補助貨幣、のことである」（a. a. O., S. 104-5.）。「……現金、すなわち、金または銀行券」（Das Kapital, Bd. III. Tl. II., S. 507.）。

ヒルファディングは、マルクスが中・短期的利子率変動の一規定要因・銀行券を信用貨幣としてでなく、貨幣、硬貨と同列にみたことに満足しなかった。もし、銀行券がマルクスのばあいのようにとりあつかわれるならば、それは、「流通最低限を代表する国家紙幣」[10]（かれのいう「現金」の一部分）にほかならないものであり、したがって、マルクスのそんな命題ではけっきょく繁栄のおわり＝高度好景気時での利子率の変動だけが説明されうるのにすぎない、というのがヒルファディングの考えかたであった。というのは、ヒルファディングは、「供給を形成する貨幣量」を二つの部分に区別して、そのうちの「現存の現金」は繁栄期のおわり＝高度好景気時の利子率変動を、そして「信用貨幣」は高度好景気にさきだつ全繁栄期の利子率変動を、それぞれ規定する要因である、というふうに想定したからである。だが、かれは、マルクスのこの命題にたいしてこのような反対を表明することによって、じつは、「利子率変動論」の基本的規定での、そしてまた、いっそう根本的なことがらである「流通信用」と「資本信用」との本質的区別での、かれじしんの不明をばくろしたのであった。

(10) **Vgl. Das Finanzkapital, S. 128.**

ヒルファディングによって、提起された、信用の独特な分類のしかたにもとづく二つの信用形態、「流通信用」と「資本信用」とは、上述のように、たんなる貨幣（「産業資本の流通での貨幣」）という形態規定の同一平面上で区別されるものとして把握されたのにとどまった。しかし、「流通信用」と「資本信用」とがたがいに本質的にちがうものとして規定されねばならないかぎり、「流通信用」と「資本信用」とは、それぞれたがいにまったくちがう社会的関係と、たがいにまったくあいことなる物神的段階とのうえにたつものとして、すなわち、「流通信用」は、それの資本主義的形態でもたかだか貨幣が貨幣として（ただし支払手段として）譲渡されるばあいの機能資本の〝現実的な流通〟関係として、そして「資本信用」は、貨幣が資本として譲渡されるばあいの利子つき資本の〝独特な流通〟関係として、それぞれ規定されねばならないだろう。こう規定されねばならないいじょう、かの、三つの貨幣資本の範疇と運動での相互区別こそは、なによりもさきになさなければならないものである。だから、こういうことができよう。

三つの貨幣資本の範疇と運動にみられる相互区別にたいして無関心であったヒルファディングが、「資本信用」に正しい規定を、そしてまた、「流通信用」と「資本信用」との区別にあやまりのない見解を、あたえることができなかったし、したがってまた、利子率変動にたいする正しい理解をかちとることができなかったのは、必然・不可避であったのだ、と。かれは、そのような無関心から、資本主義的形態の「流通信用」を直接には機能資本とだけ関係しとおすものとしてではなく、むしろときおり無意識的に利子つき資本そのものとも直接に関連するものとして――かれの「利子率変動論」でみられるように――規定したし、また「資本信用」を利子つき資本と直接に関係するものとしてではなく、かえって、機能資本と直接に関連するものとして規定したのであった。かれの「産業資本の循環過程での貨幣資本の遊休化」、「遊休貨幣資本の機能貨幣資本への転化」の理論でみられるように。そうであるから、かれの「流通信用」と「資本信用」とへの信用分類にみられるあやまりは、けっしてたんなる名称の問題ではなかった。

第二章　ヒルファディングの信用理論
――ひとつの批判的研究――

I　序　論
――研究対象の限定と地位――

二〇世紀初期のマルクス主義文献として異彩をはなったヒルファディング『金融資本論』(Hilferding, R., Das Finanzkapital. Eine Studie über die jüngste Entwicklung des Kapitalismus, L. Aufl. 1910. Wien 1923. Dietz Verlag Berlin, 1955.) は、問題をたんに貨幣・信用理論の研究分野にかぎるばあいでさえ、『資本論』いごにあらわれたもっとも注目されなければならない文献のひとつだろう。

わたくしは、本章で、この『金融資本論』のなかにしめされている「信用にかんするヒルファディングの理論」を研究しようとおもうのだが、そのさいとくに、『金融資本論』のなかで信用問題の研究のためにかれがおこなった叙述の仕方を、おなじ問題にかんするマルクスの方法と比較しながら考察する。そのためには、わたくしは研究対象の範囲を信用理論プロパーに、しかもそのうちのいくつかのものに、限定し、したがって、『金融資本論』のなかでヒルファディングが最大の力点をおいた「金融資本そのもの」――マルクスの時代には、まだ、そのようなものとしての資本の一形態はみられなかった――の理論には、さらにまた、金融資本に直接関連する信用の諸問題、すなわち、擬制資本―株式会社―有価証券取引所や、いわゆる「創業者利得」などにかんするヒルファディングどくとくの諸理論にも、いまはまったくふれないことになろう。そうすると、研究対象の範囲は、いちおう、『金融資本論』第一篇「貨幣と信用」のなかで論じられている「信用の二つの形態（流通信用と資本信用）」、「利子率」にかんする問題と、第四篇「金融資本と恐慌」の諸章で説かれている「景気変動と信用」にかんする問題にかぎられることになろう。だが、これらの諸問題のなかでも、さいごの問題はわれわれの当面の研究対象からはぶかれてもよいだろう。なぜか。

第一に、この問題は、景気変動と信用との関係にかかわるのであり、したがって、この問題の究明のためには、信用問題そのものからはいちおう独立している「恐慌の一般的諸条件」（第一六章）、「恐慌の諸原因」（第一七章）などの諸問題にかんするヒルファディングの見解があきらかにされなければならないのだが、それらがあきらかにされるためには、われわれはしばらく信用問題から遠ざからねばならないからだ。第二に、第一八章「景気経過中の信用諸関係」と第一九章「沈滞期間の貨幣資本と生産資本」とでおこなわれた「景気変動と信用」にかんする研究のなかで、ヒルファディングは、なるほどかれの恐慌論―景気変動論や信用理論の特殊性からにじみでるある種の特異性をうちだしてはいるものの、かれの信用形態論や利子率論でのようにきわだった異色を発揮しないからだ。

研究対象とされたこれらの諸問題の細部にたちいるまえに、まず、『金融資本論』のなかで信用理論いっぱんがどういうとりあつかいをうけているかについて、いちおうの理解をえておく必要があろう。『金融資本論』のなかで信用理論がどういう地位・意味をもつかということについては、ヒルファディングじしんがその序文のなかでつぎのようにのべている点が注意される。「銀行資本と産業資本とのあいだの諸関係（金融資本が成立する諸関係―飯田注）では、しかし、貨幣資本と生産資本とのいっそう基本的な（elementarer）諸形態のなかにみいだされるべき諸関係の完成がみとめられえたのにすぎない。そこで、信用の役割と本質にかんかする問題が提出されたのだが、これはこれでまた、貨幣の役割があきらかにされたばあいにだけ解答されうるものであった(1)」。この文章からもわかるように、ヒルファディングにおいては、信用の理論は、貨幣の理論と金融資本の理論との中間にくらいし、一方では貨幣の理論のうえにたちながら、他方では金融資本の理論の基礎によこたわるものとしてとらえられた。このことは、信用の理論と金融資本の理論でのヒルファディングの方法論をしるうえで重要ないみをもつもので、われわれはすぐあとでこの点を追究しよう。ともかくも、かれにおいては、信用の理論がそういう地位をしめるので、理論の展開・叙述もまた、貨幣の理論→信用の理論→金融資本の理論という、ひとつの系列であたえられることになった。「こうしてこの研究の配列がしぜんに明らかとなった。貨幣の分析のあとに信用の研究がつづく。これに接続するのが、株式会社の理論であり、銀行資本がここで産業資本に対立してしめる地位の分析である。これは〝資本市場〟としての有価証券取引所の研究にみちびく……」[2]。

（1）（2） a. a. O., S. VIII, Vorwort, Marx-Studien, Wien, 1923.

貨幣の究明につづいて信用の研究を、そしてそれにつづいて金融資本の考察を、おこなっている『金融資本論』でのヒルファディングの研究方法は、まず第一には、貨幣の研究と信用の研究とのあいだで、第二には、信用の研究と金融資本の研究とのあいだで、問題となるだろう。

すなわち、第一に、近代的形態の信用——本来的貨幣信用（純粋な形態でおこなわれる信用〔商品販売とともにおこなわれる信用＝商業信用とはちがう信用〕）にかんするかぎりでの——の研究は、資本の近代的基本形態としての産業資本の創出・運動・物神化の全過程にかんする研究を、したがって、最高度の資本物神としての利子つき資本の成立過程にかんする究明を、前提としなければならないのであって、けっしてたんなる貨幣の研究だけを前提とし、これに接続しておこなわれうるものではない。このことについてデ・ローゼンベルグがおこなった指摘[3]は正しい。ところが、ヒルファディングは、近代的信用の研究を、貨幣の研究に接続して、貨幣またはたかだか貨幣資本の概念だけを前提としておこなうという方法をえらんだ。かれが、じぶんで「流通信用」と名づける信用そのものを研究するかぎりでは、たんなる貨幣の概念だけを前提とすることは一応ゆるされえようけれども、かれが「資本信用」とよんでいる信用を研究するばあいには、かれがしているように、産業資本家のもとに生じる遊休貨幣資本（流通資本としての）の概念だけを前提とする、のでさえ十分ではない。かれのこのような研究方法の基本的態度こそは、やがてかれの信用理論そのもののうえにいろいろな本質的あやまりや欠陥をうみつけるひとつの根因ともなった。

（3）「……貨幣の問題から直接に信用の問題へ移行することは不可能である……。貨幣の問題の研究と資本主義的信用の問題の研究との間には、『資本論』第一巻と、第二巻と、及び第三巻のかなりの部分とが横たわっているともいふことが出来よう」（デ・ローゼンベルグ、淡徳三郎『資本論註解』第四巻一六三ページ）。

第二に、信用の理論から金融資本の理論をみちびきだそうとするヒルファディングの基本的方針そのものもまたふかく批判されなければならないだろう。もっとも、かれじしんはけっして金融資本の理論をたんに信用の理論だけからみちびきだそうとしたのではなかった。レーニンがみとめたように[4]、ヒルファディングは金融資本にかんする理論的構成の全叙述、とりわけ、かれが「金融資本の定義」をあたえた章（第三篇第一四章）にさきだつ二つの章では、資本主義的独占、生産・資本の集中、の発達にくわしい分析をおこなっている。それでもなお、金融資本にかんするヒルファディングの理論が流通主義的偏向におちいっている、といわれるわけは、上述の序文中の一句（「銀行資本と産業資本とのあいだの諸関係では、しかし、貨幣資本と生産資本とのいっそう基本的な諸形態のなかにみいだされるべき諸関係の完成がみとめられえたのにすぎない。そこで、信用の役割と本質にかんする問題が提出された……」〔傍点―飯田〕）のなかにもはっきりとしめされているとおり、かれが金融資本の理論的構成の最基底的要因として信用（かれのいう「資本信用」）をだいいちにとりあげた、というじじつによるのであろう。

（4）レーニンは、かれの著書『帝国主義』のなかで、ヒルファディングがあたえた金融資本の定義をかかげ、この定義が「もっとも重要な諸要因のひとつ、すなわち、独占……生産と資本との集中の発達にふれていないかぎりでは不完全である」ことを指摘したあとで、「しかし、一般的に、ヒルファディングの全叙述、とりわけ、この定義がなされている章にさきだつ二つの章では、資本主義的諸独占の役割が強調されている」(Lenin, N., Der Imperialismus als jüngste Etappe des Kapitalismus, S. 43. Marxistische Bibl. Verl. f. Literatur u. Politik, Wien VIII.) とのべた。

そうであるから、『金融資本論』での信用理論の地位・意味は、一方では貨幣理論と信用理論との関係で、他方では信用理論と金融資本理論との関係で、把握されなければならない。しかし、いまここで、これら両方の関係でのヒルファディングの思想の内容ぜんぱんにわたって概観することはできないし、また必要でもない。ここでわたくしが、「限定された問題(われわれのいまの研究対象＝信用理論)の周辺」によこたわる問題としてあらかじめあきらかにしておきたいとおもうのは、第一の関係、すなわち「貨幣理論と信用理論との関係」だけである。なぜかというと、第一の関係をあらかじめあきらかにしておくことは、ヒルファディング信用理論そのものを理解するうえにまず必要であるからである。さらにまた、第二の関係、すなわち「信用理論と金融資本理論との関係」は、ヒルファディングの信用理論がひととおり理解されたのちに、はじめて明白にされうるだろうからでもある。

Ⅱ　貨幣理論と信用理論との関係序説
――信用理論に先行する貨幣理論――

貨幣理論と信用理論との関係については、まずだいいちに、おなじ序文のなかにこういう叙述がみいだされる。「貨幣の正しい分析によってはじめて、信用の役割、そしてさらにまた、銀行資本と産業資本との諸関係の基本的諸形態も認識されうるものとなる」(1)。信用の正しい理解は貨幣の正しい分析によってはじめてえられる、というのだから、信用理論が正しいか・正しくないかは、貨幣理論が正しいか・正しくないかによってきまることになる。

そう考えたヒルファディングは、貨幣の分析にはとくべつの注意をはらい、そしてどくとくな貨幣理論をうちだしたのであったが、この貨幣理論は、レーニンによると、まちがっている（「貨幣理論における著者〔ヒルファディング―飯田〕の見解はまちがっている」[2]）。もし、ほんとうにかれの貨幣理論が正しくないとすれば、かれの信用理論もまた、かれじしんの論理にしたがうかぎりでは、正しくないことになろう。それはともかくとして、じっさいには信用理論の正しさは貨幣理論の正しさによってだけではなく、さらに資本理論の正しさによってもささえられなければならないのだが、かれにおいては、そのような正しい資本理論の展開が、信用理論にさきだつべきものとして存在しなかった。わたくしは、ヒルファディングがどういう貨幣理論を信用理論に先行させたか、貨幣理論と信用理論とをどういうぐあいに関連させたか、ということに焦点をあわせて、かんたんな考察をこころみよう。

（1） Das Finanzkapital, S. VIII. Vorwort.
（2） Lenin, N., a. a. O., S. 15.

ヒルファディングの理論いっぱんを研究するさいに注意しなければならない点は、かれの思想がたえず一種の二元論におちいっている、ということである。その二元論というのは、一面では、マルクスに学んだ思想が、かれの理論の構成のうえに援用され、散在しているのだが、同時に他面では、それとは独立にかれじしんによってはこばれていくどくとくな論理の足どりがあり、両者はときおり矛盾し、両立しえないのに、まったく無反省的に併置されている、というじじつである。かれの理論が、一面ではマルクス主義的であり、他面では非マルクス主義的であるのは、究極的にはそうしたかれの二元論にもとづくのではあるまいか。このような二元論は、ヒルファディングの貨幣理論でもっともはっきりとあらわれている。

かれは貨幣の研究を貨幣の必然性（貨幣発生の必然）の究明――第一篇第一章――からはじめる。貨幣発生の問題から貨幣本質の問題にうつるヒルファディングの貨幣理論の方法は、マルクスのそれとはまったくちがう。[3] マルクスは、貨幣の本質が価値形態――一般的等価形態（商品価値の一般的表現形態）である、ということが解明したのちに、はじめてそのようなものとしての貨幣の現実的・論理的発生過程を追究する。なによりもあきらかなことは、なにごとにもせよ、あるひとつのもの（または、ことがら）の本質がしられるまえに、すなわち、そのものが何であるかがまだしられないうちに、そのもの――何だかわからないもの――がどういうぐあいに発生するか、を問うことが、ひとつのばかばかしい背理だ、ということだろう。貨幣の本質が価値形態――一般的等価形態である、ということがあきらかにされることによって、はじめて、貨幣というものは、人と人との社会的関係が物神化され、したがって、労働（抽象的人間労働）が価値化され、さらに価値が価値形態化されなければならない歴史的に特殊な社会構造以外のところには、けっして発生しない、わけも理解されえよう。

（3）飯田繁、「貨幣の必然性」（『経済学雑誌』第一九巻第四・五号、昭和二三年一一月〔『マルクス貨幣理論の研究』第二部第八章に収録〕）参照。

そしてまた、貨幣が価値形態としての本質をもつものであるからこそ、貨幣は、現実的にも・理論的にも、使用価値であるとともに価値でもある商品の生産を前提とし、商品の交換過程（使用価値の交換の矛盾と困難とだけをもつにすぎない、「たんなる使用価値〔としての生産物〕とたんなる使用価値〔としての生産物〕との交換」、すなわち、いわゆる「物々交換」[4]の過程、ではなく）、すなわち、使用価値として交換されなければならないだけでなく、さらに同時にまた、価値としても交換されなければならないという、特有な矛盾と困難とをふくむ商品の交換過程のなかから必然的に発生しなければならないわけなのである。そうであるかぎり、商品の交換過程じたいは、ほんらい、それの生産過程ではや成立している社会的関係（この社会的関係の物的形態としての価値）を前提とし、価値じたいをつくりだすのではなく、たんにこれをいっそう具体的な形態・価値形態に、転化させる、いいかえれば、生産過程ですでにつくりだされた商品を前提とし、たんに、これを貨幣に転形させるのにすぎないものとして把握されなければならない。げんにまた、そういうものとして、すなわち、価値に形態をあたえるものとして、したがって、社会的関係を物的形態で実現するものとして、商品の交換過程は、貨幣の現実的・論理的発生過程となりうるのにすぎないのであった。

（4） いわゆる「物々交換」＝直接的生産物交換（der unmittelbare Produktenaustausch）は、まだ商品とはいえない「商品」と「商品」との直接的交換をいみすることもある（z. B. Das Kapital, Bd. I., S. 117.）が、そこでは、たんなる使用価値としての生産物の相互交換をいみするもの（z. B. a. a. O., Bd. I., S. 93.）として理解される。

ところが、貨幣の、価値形態としての質的規定から、ではなく、貨幣の発生から出発したヒルファディングの論理は、ついにかれに交換過程じたいをそういうものとして解釈することをゆるさず、交換過程そのものを極端に偏重させることになった。「交換がはじめて社会的関係をうちたてる（herstellen）……」[5]。「AとBとは、かれらの諸生産物をたがいに交換することによってのみ、商品所有者としてひとつの社会的関係のなかに入りこむ。この関係は、上衣と二〇メートルの亜麻布とが交換されたそのときに成立する」[6]。「それ（交換行為―飯田註）をとおしてはじめて、分業と私有とによって分解された社会の、ひとつの全体への結合が生ずる」[7]。「はじめて社会的関係をうちたてる」といういみをもつ交換は、しかしじつは、商品生産がつうれいの事象となった社会でのそれではなく、むしろ、労働生産物（生産者じしんの消費をこえる剰余生産物（たんなる使用価値としての生産物））をはじめて商品に転化させた原始的社会のそれである[8]。そういう交換だけが「はじめて社会的関係をうちたてる」という想像的役割をにないえた。

（5） Das Finanzkapital, S. 2.（傍点―飯田）。
（6） a. a. O., S. 9.（傍点―飯田）。
（7） a. a. O., S. 2.（傍点―飯田）。
（8） 「直接的生産物交換の形態は x 使用対象 A＝y 使用対象 B である。物品（Ding）AとBとは、このばあい、交換いぜんにはまだ商品ではなく、交換によってはじめて商品になる。ひとつの使用対象が可能的に交換価値となる第一の様式は、非使用価値としての、それの所有者の直接の欲望をこえる使用価値量としての、それの存在である」（Das Kapital, Bd. I, S. 93.〔傍点―原著者〕）。

そこで、ヒルファディングが交換をそういうものとして理解しようとしたのであれば、かれがたとえどんなに「商品交換」と言明しようとも、かれは、けっきょく、「使用価値と価値との対立物の統一としての商品の交換」を、ではなく、じっさいには、「たんなる使用価値としての生産物の交換」＝いわゆる「物々交換」を考察したことになろう。そういう交換は、生産物をたんに商品に転化させるものにすぎないのであって、けっして商品を貨幣に転化させるものではない。商品はこのばあいまだ前提されていないのだから。このばあいには、歴史的に特殊な社会的関係を本来的にうちたてるものとしての生産過程は背後にかげをひそめ、それにかわって交換過程がつよく前面におしだされる。そして、交換は本来的に生産によって規定されるのではなく、反対に、生産が本来的に交換によって規制される、というふうに把握される[9]ことになる。こうして、ヒルファディング貨幣理論の流通主義的偏向が樹立された。かれが、このようにして、自己の論理にしたがって、そうした「交換」の過程から直接的に貨幣の発生をみちびきだそうと試みたかぎりでは、かれは、「交換」をば、価値形態に、商品を貨幣に転形させるものとしてではなく、直接的に――生産による媒介なしに――貨幣をうみだす唯一の源泉としてみたわけだ。[10] したがって、かれは、そこから貨幣の本質を価値形態としてではなく、たんなる交換媒介物（いわゆる「物々交換」[11]の不便〔使用価値の直接的相互交換の矛盾と困難〕をとりのぞくために、「うまく考案された手段」〔Auskunftsmittel〕、だれにもよろこんでうけとられる第三のたんなる使用価値）――流通手段[12]として規定しなければならないことになった。ひとが、このような論理的方法にしたがうかぎりでは、貨幣の本質をそのようなものとして規定しなければならない結果となる、ということは、カウツキー（他のいろいろなブルジョア的経済学者とおなじく）においてもはっきりとあらわれている。[13]

(9)「かんたんにいうと、意識的に生産を規制し、労働秩序を決定し、さらにその他のことをする社会主義社会の諸官庁がその社会の諸成員にたいしてするのとおなじことを、交換は商品生産者たちにたいしてしなければならない。理論経済学の課題は、そのように規定された交換の法則をみいだすことにある。この法則から諸商品生産社会での生産の規制があらわれなければならない……」(Das Finanzkapital, S. 3.)。しかし、じっさいには、交換はもともと生産によって規定されるのであり、生産によってほんらい規定されるこの交換が、反作用的に生産を再規定する、というのでなければならない。

(10)「貨幣はこうして交換取引(Tauschverkehr)から自然発生的に成立するのであり、交換取引のほかにはなにも前提しない」(a. a. O., S. 13.〔傍点—飯田〕)。

(11) Vgl. Zur Kritik d. p. Ö., S. 38. bes. v. M.-E.-L.-Inst.

(12)「……価格法則は諸商品じたいの交換の手段としてひとつの商品を必要とする……」(Das Finanzkapital, S. 12.)。「同時にまた、いかに貨幣が歴史的にはまずさいしょに(primär)流通から発生するかがわかる。だから、貨幣はなによりもまず流通手段である。貨幣が諸価値の一般的尺度、諸商品の一般的等価となったそのときにはじめて、貨幣は一般的支払手段となる。これこそが、クナップ『貨幣の国家的理論』(Knapp, "Staatliche Theorie des Geldes," S. 3.)にたいする反駁である」(a. a. O., S. 14 Fussnote)。こうして、ヒルファディングは、「国家の法律(Satzung)によって貨幣——一般的支払手段(表券的支払手段)としての——が発生する」というクナップを駁論しようとして、かれじしんの方法からみちびかれるひとつの結論をはしなくも暴露してしまうことになったのであった。

(13) Vgl. Kautzky, K., Sozialdemokratische. Bemerkungen zur Uebergangswirtschaft, Leibzig 1918.(向坂逸郎・岡崎次郎共訳『貨幣論』。高村雪夫訳『マルクス主義貨幣論』参照)。

商品生産社会の交換を上述のように極度に偏重し、交換そのものの特殊性を(生産諸関係の歴史的特殊性を、ではなく)意識的社会=社会主義的社会からの無意識的社会=商品生産社会の構造的差別の第一のメルクマールとしてさえとりあげたヒルファディングは、反面、それとはまったくちがう、交換にかんするマルクスの思想をかれじしんの交換理論のなかにごったまぜにもちこんで、かれの叙述の論理的展開をすっかり混乱・矛盾させてしまった。マルクスの思想では、交換は生産に従属し、本来的には生産に規定されるものとして、したがって商品の交換過程は商品生産過程の本質的矛盾の物的表現として（商品の生産過程そのもののなかですでに成立した社会的関係の物的表現・実現・認識・実証として）、理解される。だから、このような商品の交換過程のなかでこそ――たんなる使用価値としての生産物の交換過程のなかで、ではなく――、価値形態・一般的等価→尺度としての（交換媒介物―流通手段としての、ではなく）貨幣の必然的な発生がもとめられなければならないことになる。ヒルファディングが、ほんとうに論理の筋みちを尊ぶ理論家であったならば、商品の交換をば、「はじめて社会的関係をうちたてる」ものとして理解すること（自説）と、「生産によってもともとうちたてられた社会的関係を実現・表現する」ものとして把握すること（マルクス説）とはけっして両立しえない、ということにすぐさま気づき、したがって、商品交換のそれぞれのちがう把握や、それらから当然みちびきだされるそれぞれちがう帰結を、たがいに溶けあわない形で混在させるようなことはしなかったはずだろう。

マルクスの思想は、ヒルファディングの理論的展開にとっては、しょせん、たんなる借りものにすぎなかった。ということは、ヒルファディングが、貨幣の必然性を、商品生産社会の生産諸関係＝社会的関係の歴史性（物神化・形態化されなければならないという）そのもののなかに深くそして強くもとめることをしないで、あくまでもこの社会の生産諸関係に固有な本質的矛盾のたんなるひとつの外面的なあらわれにすぎないそれの無政府性――「社会的関係の無意識　諸商品の交換による社会的関係の樹立……これらは、同時に、資本主義生産様式の無政府性（Anarchie）をいみする」(14)――のなかにもとめようとしたかれの試みについてもあきらかだ。かれのそうした考えかたは、マルクスの思想とはぜんぜん一致しない。なぜならば、かれは、そういう考えかたのうえにたって、資本主義社会の内部でこの無政府性が止揚されるところでは（ひとつには、貨幣流通の最低限で(15)、もうひとつには、資本主義的独占の最高段階（資本主義社会の組織化）では(16)）、貨幣もまた廃止されうることを主張したのだから。

（14） Das Finanzkapital, S. 13.

（15）「商品生産社会が無政府的であり、この無政府性から貨幣の必然性が生じる、ということをわれわれはさきにみた。流通の最低限にとっては、この無政府性が排除されているのも同然だ。……無政府的生産の作用の排除が、たんなる価値表章による金の代位の可能性に、あらわれる」（a. a. O., S.18.）。

（16）「そこで、過程の結果として、ひとつの一般的カルテル（Generalkartell）が生じる。全資本主義生産は、それのあらゆる部面の生産高を決定するひとつの審判所（Instanz）によって意識的に規定される。そうなると、価格決定は純粋に名目的なものとなり、……。貨幣は、そうなると、なんの役割をもえんじない。……生産の無政府性が消えるとともに物的外観も消え、商品の価値対象性も消え、貨幣もまた消える。……分配そのものが意識的に規制され、それとともに貨幣の必然性は消える」（a. a. O., S. 295.〔傍点—原著者〕）。

ヒルファディングは、『金融資本論』で、貨幣の研究を第一章「貨幣の必然性」の問題から第二章「流通過程での貨幣」の問題にすすめ、そしてこの第二章でいわゆる「社会的に必要な流通価値（der gesellschaftlich notwendige Zirkulationswert）の理論をつよく提唱することによって、かれじしんきっぱりとマルクス貨幣理論からの決別を宣言した。「貨幣理論での著者の見解はまちがっている」というレーニンの指摘は、おそらく、おもにヒルファディングのこの貨幣理論にたいしてむけられたものであろう。(17) ヒルファディングがこの理論に到達することになったのは、ひとつには、「価値表章としての紙幣」にたいする理解で、マルクスから一歩前進しようとのかれの志向にねざしているのだろうが、しかし最基底的には、かれじしんの流通主義的思想にもとづくのだろう。

（17）　カウツキーもまた、かれなりに、ヒルファディングのこの貨幣理論にたいして批判をくわえた（カウツキー、向坂・岡崎共訳『貨幣論』、カウツキー、笠信太郎訳『金融資本と恐慌』、笠信太郎訳『金と物価』参照）。

マルクスは、『資本論』第一巻第一篇第三章二b)で貨幣＝金流通の法則を規定し、そのあと(c)で、紙幣流通の法則をあきらかにした。「この法則は、かんたんにいいあらわせば、紙幣の発行が、紙幣によって象徴的に代表される金（あるいは銀）がげんじつに流通しなければならないはずの数量以内に制限されるべきである、ということである。……一定の最低限度……の……諸金片（Goldstücken）は……諸紙幣象徴（Papiersymbole）によっておきかえられうる[18]」。「紙幣は金表章（Goldzeichen）、すなわち貨幣表章（Geldzeichen）である。……紙幣は……金量を代表するかぎりでのみ、価値表章（Wertzeichen）である[19]」。そしてこの最低限度の金量が紙幣によって代表されうるわけは、「商品転形 W—G—W では、商品の価値姿態（G—飯田注）は、すぐさまふたたび消滅するためにだけ、商品と対立する[20]」のであり、したがって、流通手段としてのGは「たんなる通過的要因」（flüchtides Moment）」にすぎないものであるということ、「貨幣は、諸商品価格の消過的（verschwindend）に客観化された反射にほかならないので、ただ、もはやじぶんじしんの象徴として機能し、したがってまた、象徴によっておきかえられうる[21]」（「貨幣の機能的存在が、いわば貨幣の物質的存在を吸収する[22]」）ということ、に求められている。

（18） Das Kapital, Bd. I., S. 133.（傍点—〔原著者〕）。

（19）（20）（21）（22） a. a. O., Bd. I., S. 133-5.（傍点—〔原著者〕）。

ヒルファディングは、まず、マルクスによって規定された〝貨幣流通の諸法則〟から出発し、それを容認するのだが、しかし、紙幣流通の法則では、紙幣が流通に必要な貨幣の最低限量を代位しうる理由について、かれはマルクスからえたものにある何かをつけくわえようとかんがえた。そこにつけくわえられたものは、われわれがさきほど指摘した「流通最低限での無政府性の排除」という一構想、「流通最低限の範囲内では、社会的関係の物的表現は、ひとつの意識的に規制された社会的関係によっておきかえられている[23]」という一思考である。そしてかれは、さらに紙幣がマルクスのいうように金表章である（といういみで価値表章である）のは、自由鋳造制度（die freie Prägung, die freie Währung）のもとで、紙幣が流通必要最低限の金量を代表するばあい（したがって、混合本位制度〔die gemischte Währung〕）だけであって[24]、自由鋳造禁止制度（die gesperrte Prägung, die gesperrte Währung）、純粋紙幣本位制度（die reine Papierwährung）のもとでは、紙幣（または、価値不十分な金属鋳貨—以下おなじ）はもはや金表章ではなく、商品価値表

章・商品価値証券（Warenwertschein）である（といういみで価値表章である）と説く。(25)

(23) Das Finanzkapital, S. 17.（傍点—原著者）。

(24)「……流通最低限の範囲内では、価値十分な貨幣、したがって金を、相対的に無価値な表章によっておきかえることは合理的である。……流通のこの範囲内にあるばあいにだけ、紙幣は、諸商品の価値の代表物ではなくて金の代表物であり、商品表章ではなくて金表章である」(a. a. O., S. 46.)。「自由鋳造制度（このばあい銀本位制度—飯田注）の存続のもとでは、紙幣グルデンは、もはや商品価値によってではなく、銀によって決定されるのであり、したがって、ふたたび銀表章となっている」(a. a. O., S. 21.)。

(25)「紙幣のばあいに、価値証券（Wertschein）がとりもなおさず商品価値証券であるのは、……」(a. a. O., S. 20.)。「これらのあらゆるばあい（純粋紙幣本位制度、自由鋳造禁止制度のばあい—飯田注）には、流通手段は貨幣表章、したがって金表章となるのではなく、価値表章となる」(a. a. O., S. 42.)。

ところが、マルクスは説く。「……紙幣は……金量を代表するかぎりでのみ、価値表章」(Das Kapital, Bd. I., S. 134.〔傍点—原著者〕)であり、また、「……それ（価値表章—飯田注）は、金の表章としてでなく、価格のなかにだけいいあらわされているところの、とはいっても、商品のなかにだけ存在するところの、交換価値の表章として、あらわれることによって、価値表章はいかにも諸商品の価値を直接に代表するものであるかのようにみえる。だが、この外観はまちがいである。価値表章は直接的にはただ価格表章、したがって金表章にすぎないのであって、回りみちにおいてのみ商品の価値の表章である」(Zur Kritik, S. 107.〔傍点—原著者〕)と。紙幣がこのように金表章である（といういみで価値表章である）ということだが、ただ、ある限定された貨幣制度のもとでだけあてはまるじつだとは、マルクスにおいては——ヒルファディングとはちがい——かんがえられていなかった。だから、マルクスにとり、紙幣が貨幣表章であるということ、また、紙幣が金表章（銀が価値尺度となるところでは銀表章）であるということ、さらにまた、紙幣が価値表章であるということ、の三つのいいあらわしのあいだには、なんの区別もない。

これに反して、ヒルファディングにおいては、紙幣が、金表章（銀表章）であるばあいと、商品価値表章であるばあいとが、つよく区別される。しかも、価値表章ということばは、紙幣が、金表章でなく、商品価値表章であるときに、もちいられることさえある（「……流通手段は貨幣表章、したがって金表章となるのではなく、価値表章となる」〔Das

Finanzkapital, S. 42.」)。また、貨幣表章ということばのいみを、かれはかならずしも、マルクスとおなじようにはもちいなかった。「……ひとは、マルクスが《経済学批判》でみたように、貨幣表章をたんなる金表章としてみるのでは、満足できない」(a. a. O., S. 45. Fußnote)。このばあい貨幣表章は、紙幣をいみしているが、ヒルファディングにとっては、紙幣はあるときには金表章であるが、また他のあるときには価値表章(商品価値表章、商品表章)である。

さらにまた、自由鋳造制度・混合本位制度のもとでは、貨幣である金・銀(価値十分な商品)が価値尺度として機能するけれども、自由鋳造禁止制度・純粋紙幣本位制度では、価値尺度として機能するものは、もはや貨幣(金・銀)ではなく、――そこで、紙幣は金表章ではない、というかれの思考もうまれることになる――、「流通すべき諸商品の総価値」＝「社会的に必要な流通価値」＝「社会的流通価値」であり、そして紙幣はこの価値を(金の価値を、ではなく)代表するものとして価値表章であり、したがってまた、この価値によって紙幣の「価値」(かれは、紙幣がそれじしんの内部に体化された労働量としての、ほとんどとるにたりない微小な、価値とはちがうひとつの「価値」をもたなければならない、とかんがえたので)が決定される、というひとつの「ひじょうに有名な理論」が展開される。「流通のなかに存在する諸商品量の価値による紙幣の価値の決定では、価値の純社会的性格は、紙片のようなそれじたい無価値なものが、流通というひとつの純社会的機能をはたすために、ひとつの価値――それは、紙片じしんのとるにたりない微小な価値によってではなく、その紙片にじぶんの価値を反映させる諸商品量の価値によって決定されるところの――をえる、ということにあらわれる。じぶんじしんはもはやとうに冷却している月だが、灼熱の太陽から光をうけとることによってのみ光り輝きうるのとおなじように、紙幣は、労働の社会的性格が諸商品に価値をあたえることによってのみ、価値をもつ。月を輝かせるものが反映された太陽の光線である、のとおなじように、紙片を貨幣にするものは反映された労働価値である」[26]。ここで、「……それじたい無価値なものが、流通というひとつの社会的機能をはたすために、ひとつの価値……をえる」(傍点―飯田)と、かれがいった言葉は、かれの「紙幣価値の理論」と、その基礎によこたわる流通主義的思想とをしるうえに、見のがされてはならない。

(26) a. a. O., S. 20.「もちろん、あいかわらずあらゆる商品は貨幣でいいあらわされ、〝はかられる〟。貨幣はあいかわらず価値尺度としてあらわれる。だが、この〝価値尺度〟の価値の大きさは、もはや、この〝価値尺度〟を形成している商品の価値、すなわち、金または銀あるいは紙の価値、によって決定されるのではない。そうではなくて、むしろげんじつには、この〝価値〟こそが、流通すべき諸商品の総価値によって決定される（流通速度が不変であるばあいには）。げんじつの価値尺度は貨幣ではなくて、貨幣の〝相場〟（Kurs）こそが、わたくしが社会的に必要な流通価値（**der gesellschaftlich notwendige Zirkulationswert**）と名づけたいとおもうものによって決定される、……」（a. a. O., S. 29.〔傍点—原著者〕）。「いいかえると、強制通用力をもつ純粋紙幣本位制にさいしては、通用期間（Umlaufszeit）が不変であれば、紙幣の価値は、流通で取引されねばならない諸商品価格の総和によって決定されるのであり、紙幣は、このばあい、金の価値からまったく独立したものとなり、紙幣の総量が$\frac{\text{諸商品の価格総和}}{\text{同一名称の諸貨幣片の通用度数}}$とおなじ価値を代表する、という法則にしたがって諸商品の価値を直接に反映する」（a. a. O., S. 19.〔傍点—飯田〕）。

ヒルファディングは、紙幣の「価値」がかれのいう「社会的流通価値」（「流通価値」）によって決定される、というひとつの命題を提起するばあい、その「社会的流通価値」の内容を、あるときには「流通すべき諸商品価値の総和」とみなし、またあるときには「流通すべき諸商品価格の総和」とみなした。商品価値と商品価格との形態上のちがい（数量上のちがい、ではなく）がもっとも厳格に認識されなければならないときに、かれは両者を極端に混乱させた。貨幣（金）の価値を捨象しようとするかれにとっては、両者のちがいは、まったくとるにたらぬ「些事」なのであろう。かれが、商品価値と商品価格（商品価値の貨幣形態、観念的金量）との形態上のちがいにたいして無関心であり、商品は、その価値が価格の形態に転化されるまえに、流通過程のなかにいりこんで貨幣と対立しうるものでもあるかのようにかんがえたのは、根本的には、かれが、かれじしんの方法論にしたがうかぎりでは、貨幣の本質を価値形態に、したがって、貨幣の第一の機能を価値尺度に、それぞれもとめえなかったということにもとづくのだろう。飯田繁『マルクス紙幣理論の体系』一九六—二〇二ページ参照（追記）。

純粋紙幣本位制度——それの完全な形態は、具体的には存立不可能だとされる——での紙幣の「価値」が、「社会的に必要な流通価値」の直接的反映としてあたえられる（それはクナップの説くような、国家によってあたえられるものではなく）、というヒルファディングの思想は、いやおうなく、「紙幣価値」にかんするかぎりでの貨幣数量説の承認を結果した。かれによれば、「……紙幣総量は、貨幣の流通速度が不変であれば、流通のなかにある商品量の総和とおなじ価値をもつ。したがって、紙幣総量の価値は総流通の社会的過程の反映にすぎない。この総流通では、ある一定の瞬間に交換されるべき全商品が単一の価値総額として・一単位として作用し、これにたいして、紙幣量が交換の社会的過程によっておなじ一単位として対置させられる」[27]。ここに表明されていることは、「諸商品は価格なしに、そして貨幣は価値なしに、流通過程のなかにいりこみ、そうしてそのなかで、商品ごった煮の可除的一部分が金属山（または、紙山—飯田注）の可除的一部分と交換される、というばかばかしい仮説[28]（Hypothese）」（そして、その流通過程での交換〔数量関係〕によって商品には価格が、貨幣には価値があたえられる、というばかばかしい仮説）となにもことなるところはない。ヒルファディングじしんもまた、はっきりと、「自由鋳造禁止の貨幣制度については、数量説が妥当する[29]」とのべており、貨幣数量説論者（リカードもまた）のあやまりは、かれによれば、「自由鋳造禁止制度について妥当する諸法則をそのまま自由鋳造制度に転用する[30]」ところにあった。

(27) Das Finanzkapital, S. 42.
(28) Das Kapital, Bd. I., S. 129.（傍点—原著者）。
(29) Das Finanzkapital, S. 40.
(30) a. a. O., S. 34.

ヒルファディングが、このように、紙幣にかんする数量説を支持するようになった究極のわけは、一面では、マルクスによってあきらかにされた貨幣流通（諸法則）での流通必要金量——それの最低限量は、紙幣流通の法則（独自の法則）では、紙幣によって代位されうる——を決定する「実現されねばならない諸商品総価格」（それはほんらい諸商品総価値と貨幣価値との二要因によって規定される）にたいするふかい理解にかけるところがあったからだろう。また他面では、「それじたい無価値なものが、流通というひとつの純社会的機能をはたすために、ひとつの価値……をえる」というかれの主張のなかにもはっきりとあらわれているとおり、かれの頭脳のおくにひとつの流通主義的思考（紙幣は、たんなる流通上の数量的相互関係をとおして、一定の「価値」をば取得する、というひとつの結論をもたらしうるような）がひそんでいたからなのだろう。「実現されねばならない諸商品総価格」にたいするふかい理解にかけるところがあったので、かれは、価値尺度としての貨幣＝金の価値を前提することによってはじめてえられる、「実現されねばならない諸商品総価格」から、したがって、金量から、ではなく、「実現されねばならない諸商品総価値」――もっともかれじしんは、ことばのうえでは両者を無反省的に混同したのであったが、実質的にはけっきょく後者――そのものから、すなわち、かれのいう「社会的流通価値」から、直接的に純粋紙幣本位制度での紙幣の「価値」をみちびきだそうとかんがえた。[31] そしてかれは、「ただ、まずはじめに鋳貨量の価値を決定し、それをとおしてやっと紙幣の価値を決定する（ヒルファディングはこうのべているが、マルクスは『資本論』ではそう考えなかった。なぜならば、マルクスは、そこでは、そういういみでの「紙幣の価値」をみとめなかったのだから――飯田注）というような、マルクスがとっている回りみち（der Vmweg）だけは無用である、とおもわれる。……紙幣の価値は金属貨幣のたすけをかりないで、みちびきだされえなければならない」[32]、と断定したのであった。もし、かれがほんとうに、「実現されねばならない諸商品総価格」にたいする理解に徹しえたのであったのなら、かれは、紙幣が流通しうるどんな貨幣制度のもとでも、けっしてこの「回りみち」（紙幣が、商品価値表章ではなく、商品価格（観念的金量）表章であり、したがって金表章である、といういみでの「回りみち」・「迂回」）を排除できなかったはずである。だから、自由鋳造制度のもとでの紙幣については、「回りみち」の必要をみとめるが、自由鋳造禁止制度（あるいは純粋紙幣本位制度）のもとでの紙幣についてはこれをみとめえない、とするかれの理論はひどく首尾不一貫にみえる。

(31)「社会的流通価値」は、ヒルファディングによると、自由鋳造制度では、貨幣(金・銀)の価値が一定しているばあい、貨幣の流通しなければならない数量を決定する要因としてみなされた。「社会的流通価値」が「実現されねばならない諸商品総価値」として理解されたかぎりでは、かれがこうみたことは、正しかった。だが、「社会的流通価値」が、自由鋳造禁止制度・純粋紙幣本位制度では、一定数量の紙幣に一定の「価値」をあたえる要因としてみとめられたところに問題があった(Vgl. a. a. O., S. 45. Fußnote. 笠信太郎訳『金と物価』四〇—一ページ参照)。

(32) **Das Finanzkapital, S. 45. Fußnote.**

以上で、われわれが、『金融資本論』第一篇第一章と第二章で展開されたヒルファディングの貨幣理論の内容にすこしばかりたちいって考察したのは、かれが、貨幣の究明を信用の研究の前提(しかも唯一の)としてみとめ、貨幣の正しい分析によって信用の正しい理解があたえられる、と言明しているからであった。ところが、われわれがいままでのところでみたものは、けっきょく、ヒルファディング貨幣理論の、流通主義的偏向であり、マルクス貨幣理論からの完全な離別であった。われわれのここでのヒルファディング貨幣理論の研究は、それじたいとしてなされたのではなく、たんに、ヒルファディング信用理論の研究のための前提としておこなわれたのにすぎない。だが、われわれは、この貨幣理論がかれの信用理論にたいしてどういうぐあいに前提され、どういうふうに関連するか、ということについてのかれの見解をいままでのところではまだみることはできなかった。これらについてのかれの見解は、つづく二章でおこなわれている貨幣の研究(第三章「支払手段としての貨幣。信用貨幣」、第四章「産業資本の流通のなかの貨幣」)や、そのごの諸章でおこなわれている諸研究で、はっきりとあらわれる。第三章での貨幣の究明は、かれが「流通信用」と名づけているものに、そして第四章での貨幣の研究は、かれが「資本信用」とよんでいるものに、それぞれ直接につながっている。これらの諸章での貨幣の究明が、どういうぐあいに信用の研究に関連していく、とかれはかんがえるのだろうか。かれの信用理論の方法論のうえにまずなげかけられるこのような問題——問題はおもに「資本信用」の方法論で提起される——は、ヒルファディングの信用理論そのものの研究のためにあてられている次項いごの展開過程で検討される。

Ⅲ 「流通信用」と「資本信用」

ヒルファディングは、第三章と第四章とでなおも貨幣の研究をつづけながら、しかも同時に、信用の研究に足をふみいれる。第三章ではいわゆる「流通信用」の研究に、そして第四章ではいわゆる「資本信用」の研究に。かれの、このような信用の研究方法は、やがてかれの信用理論そのものの性格をきめるひとつの重要な要因としてはたらくことになるので、「ヒルファディング信用理論の研究」にとっては、もっともふかく注意されなければならないことがらのひとつだろう。本項で、わたしくが、かれが二つの形態の信用にかんしてあたえた叙述を考察しようとおもうのだが、考察の順序として、まずはじめに、かれが叙述したことの内容そのものについて、すなわち、だいいちに、「流通信用」にかんし、つぎに、「資本信用」にかんして、かれがのべたこと・主張したこと、の内容について、かんたんに観察しながら批判し、そのあとで、ヒルファディングによる、これら二形態の信用の、理論構成の仕方を、マルクスによる信用理論構成の仕方と比較して再検討しよう。

1 「流通信用」

「流通信用」(Zirkulationskredit) にかんするヒルファディングの叙述は、第三章の全部で、そして第四章のはじめの一部分と第五章「銀行と産業信用」の前半で、それぞれがあたえられている。それらの諸章であたえられている叙述の内容や角度はおのおのあい異なる。第三章では、かれは、支払手段としての貨幣の機能と、その機能からうまれる信用貨幣とに視点をおいて、そこに成立するひとつの信用関係を究明しようとする。この信用関係こそは、かれが「流通信用」とよぶ信用の諸関係なのだが、そこでは「流通信用」そのものの分析はやっと着手されたばかりで、まだ「流通信用」ということばさえあらわれない。第四章では、「流通信用」は、この章でとりあつかわれる主題、「産業資本の流通のなかの貨幣」問題の一面に関連して——他の一面は、かれによると、この章の主要課題である「資本信用」の成立に関連する——とりあげられる。そして第五章では、「流通信用」は、銀行の役割との関連で再論され、さらに、この章の後半では、信用・銀行制度の発達にともなう、「流通信用」の役割の変遷が説かれる。

わたくしは、これらの諸章でしだいに明白となっていく「流通信用」の内容を、著者じしんの叙述の展開におおよそしたがいながら、総括的に概観することにしよう。ところで、あらかじめ注意されねばならない点は、あとで論究される「資本信用」ということばでもそうだが、「流通信用」ということばは、さいごまで一貫的にもちいられないで、しばしば他のことば——「手形信用」(Wechselkredit)、「商業信用」(der kommerzielle Kredit)、「支払信用」(Zahlungskredit)、「生産信用」(Produktionsredit)——にかえられる、ということである。「商業信用」ということばが、ヒルファディングによって、「流通信用」ということばとおなじ意味のものとしてもちいられようとしている、ということは、かれじしんが、「信用の最大部分は、〝商業信用〞、すなわち、われわれがいっそう好んでいうように、流通信用である」[(1)]とのべていることによって立証されるところであるが、かれによってしばしばもちいられる「手形信用」・「支払信用」ということばが、「流通信用ということばとおなじいみのものだ、というのは、叙述の前後の文脈からえられるわれわれの推定にすぎない。

(1) Das Finanzkapital, S. 106.

ヒルファディングが、「流通信用」の理論をみちびきだすために、「支払手段としての貨幣」にかんしてのべているところでは、「流通過程での貨幣」についてかれがマルクスの思想のうえにかれ独自のある何かをつけくわえようとした、そして、その結果、マルクスからすっかりはなれることになったさきのばあいとはことなり、マルクスの思想にたいしてむけられたある特別にきわだった意図はみとめられない。ここでは、ただ、かれは、マルクスの、支払手段としての貨幣にかんする理論と、信用貨幣にかんする理論とを要約的に叙述しようとする。それでもなお、かれは、そのなかに、ときおり、かれじしんの方法論によって規制される叙述がはいりこむのを排除できなかった。そこでまず、われわれは、かれの叙述のうちで、とくに問題となりうるとおもわれるつぎの諸点について考察することによって、かれじしんの、支払手段としての貨幣と、信用貨幣とにかんする思考をみることにしよう。すなわち、第一に、「販売と支払いとの分離によって」(2) 貨幣が支払手段として機能するばあいに、商品販売者＝債権者が商品購買者＝債務者にたいして信用するもの・貸しつけるものはなにか、という点、第二に、信用貨幣の「価値」はどういうふうにして決定されるかという点、そして第三に、信用貨幣はどういう作用——その作用は、けっきょく、「流通信用」の作用とおなじもの、とされる——をはたすか、という点がそれである。

（2） a. a. O., S. 48.

第一に、商品販売者＝債権者が商品購買者＝債務者にたいして信用するものはなにか、ということについて、かれはつぎのようにのべている。「……W—G—W のなかでGが信用される（Kreditieren）……。……商品所有者はまた商品所有者で、じぶんの商品の販売にたいするGの還流を期待しながら、じぶんもまたGを借りることによって、購買G—Wをおこなう」(3)。「もし支払いが、じっさいになされた販売の後の一時期にやっとおこなわれるとすれば、この時期にわたって貨幣が信用されることになる」(4)。このように、かれはまず、信用されるものは貨幣である、という。ところが、他のところでは、かれは、信用されるものは商品である、といっている。「……このばあいには、信用は生産資本家たち相互のあいだであたえられる。ここで資本家たちがたがいに信用するものは、かれらにとって商品資本である諸商品であるが、しかし、これらの諸商品は、販売にさいしてすでにそれらの社会的に妥当な姿態で実現されたものとしてみなされるところの、ある一定価値額のたんなる担い手としての、したがって、手形が代表する一定貨幣額の担い手としての、諸商品である。だから、手形流通は、諸商品の流通を基礎とするのだが、しかし、おこなわれた販売によってすでに貨幣に転化されてしまっている——この転化はまだ社会的に妥当なものにされたのではなく、ただ購買者の支払約束のなかでの私的行為として存在するのにすぎないとはいえ——ところの諸商品の流通を基礎とする」[5]。

（3） a. a. O., S. 48.（傍点〔飯田〕）。
（4） a. a. O., S. 75.（傍点〔飯田〕）。
（5） a. a. O., S. 76.（傍点〔飯田〕）。

しかも、ここにしるされている二つのことがら、すなわち、一方の、「これらの諸商品は、販売にさいしてすでにそれらの社会的に妥当な姿態で実現されたものとしてみなされる……。……販売によってすでに貨幣に転化されてしまっている……」といういいあらわしと、他方の、「……この転化はまだ社会的に妥当なものにされたのではなく、ただ購買者の支払約束のなかでの私的行為として存在する……」といういいかたとは、ぜんぜん両立しない。一方のいいあらわしでは、売られた諸商品はすでに貨幣に転化されており、したがって、手形はこの貨幣を代表している、と解釈されうるが、他方のいいあらわしでは、売られた諸商品はまだ貨幣に転化されていないので、手形は諸商品を代表する、と理解されなければならないことになる。このように、この叙述のなかにはたがいにあい矛盾する二つのことがらがふくまれており、そこからまた、二つのあいいれない思考、一方では、「信用されるものは貨幣である」という見かたと、他方では、「信用されるものは諸商品である」という考えかたとがうまれるのだろう。われわれは、この問題にかんするかれの叙述のなかからもうひとつ引用しよう。

「……貨幣は、それがじぶんに——正常な経過をいつも前提すれば——ふたたび還流しなければならないような方法でのみそのものを支出するひとにだけ貸しつけられる。同時に、信用（生産信用〔飯田注〕）はこのばあい、それらの購買のために貨幣が前貸しされた諸商品を基礎としてなりたっている」。(6) ここでは、信用される（貸しつけられる）ものは貨幣であるが、信用の基礎によこたわるものは諸商品である（「流通信用」の基礎をなすものは商品流通である、というみで）、ということがのべられている。もんだいは、かれが、信用の基礎に諸商品をみるばあいにも、「信用されるものは貨幣である」という観念から脱却できない、という点にある。なぜ、この点がもんだいか、といえば、信用されるものが、このばあいには――一定価値額が資本として譲渡されるばあいとはちがい――、貨幣であるか、商品であるかの、一定価値額の形態上の区別はどうでもよい、のではけっしてないのだからである。商品は販売されるが、商品販売者は、等価としての貨幣を商品の譲渡とひきかえにうけとるのではなく、たんに支払約束としての手形（商業手形）をうけとるだけなのだから、一見、商品販売者は商品とひきかえにうけとるはずであった貨幣（商品の貨幣等価）を、じっさいにはうけとらないで、商品購買者にたいして支払期日まで貸しつける（商品を商品形態のままで〔つまり、商品形態での商品等価、すなわち商品を〕、ではなく、商品をそれの転化された貨幣形態で〔つまり、貨幣形態での商品等価、すなわち貨幣＝貨幣等価を〕貸しつける）かのようにみえよう。そこで、ヒルファディングは、一方では、「信用されるものは諸商品である」、または、「信用の基礎によこたわるものは、諸商品である」といいながら、しかも他方では、「信用されるものは貨幣である」という観念から脱却できなかったのだろう。

（6） a. a. O., S. 60.（傍点〔飯田〕）。

『資本論註解』の著者デ・ローゼンベルグもまたそういう観念にとらわれていた。だから、かれはこういった。「商品資本Wを掛けで販売することにより、一人の資本家は他の資本家に対して貨幣的等価G′を貸付ける……」(7)。「商品が掛け売りされる場合にも、それはやはり一定の金額が前貸されることを意味する。商品が前貸されるのではなく――商品は売られるのだ――、掛け売りされた商品の貨幣等価が前貸される」(8)。しかし、しんじつには、商品販売者が商品購買者に貸しつけるものは、まだ貨幣形態（貨幣等価）＝G′には転化されていない商品（W）それじたいである。商品それじたいが所有者によって売られながらも、ひきかえにそれの貨幣等価がうけとられないので、延期された貨幣等価支払いの期日まで、商品が商品形態で[9]（貨幣形態で、ではなく）貸しつけられる、したがって、商品の所有は購買者の手に移転されないことになる。このことは、いっそう精密には、つぎのような論理によって理解されよう。支払手段としての貨幣は、まずはじめに価値尺度として機能することによって、販売される商品の価値を価格（観念的貨幣量）の形態に転化させ、そしてつぎに観念的購買手段として機能する[10]ことによって、購買者（「将来の貨幣の代表者」）に観念的金・貨幣量としての商品——支払期日までは、その観念的貨幣量はまだ実現的貨幣量には転化されていない——をたんなる支払約束によってうけとらせる。このじつこそ、商品販売者からみれば、まさにかれの販売した商品の貸しつけである。かれは販売したが、まだ貨幣等価をうけとっていない。その貨幣等価は、商品の将来におこなわれる転化の形態を代表するのだから。

（7） デ・ローゼンベルグ、淡徳三郎訳『資本論註解』第四巻二五八ページ。

（8） 同書一七三ページ。「掛売にあっては、既に前諸章の一に於いて明かにした様に、二個の取引が行われる、即ち（一）商品資本W′の販売、（二）売られるW′の貨幣等価の貸付、これである。然し此の貨幣等価は、貸付の対象としては、商品が販売される迄は存在せざるものである。それは売買取引の結果として生じる」（同書三五五ページ）。

（9） 「産業家たちや商人たちが、商品で、しかも再生産過程の循環内部で、おたがいにしあう前貸し……」(Das Kapital, Bd. III. Tl. II., S. 523.)。「……産業資本として、商品形態で、産業信用を媒介として、再生産的代理人たちじしんのあいだで貸しつけられる産業資本……」(a. a. O., Bd. III. Tl. II., S. 544.)。

（10） Vgl. a. a. O., Bd. I., S. 141-2.

ところで、ヒルファディングが「信用されるものは貨幣である」というばあいの「貨幣」や、デ・ローゼンベルグが「……貨幣的等価G′を貸しつける……」、「……商品の貨幣等価が前貸しされる」とのべているばあいの「貨幣等価」は、じつは、販売された商品の転化形態としての現実的貨幣量ではない。もし、はじめから商品の等価が現実的貨幣量の形態で商品販売者にあたえられるのであれば、だいいち、貨幣が支払手段として機能することにはならないし、また、機能資本家である商品販売者は現実的貨幣量そのものをじぶんの資本の再生産過程になげいれるのであって、けっして他人に貸しつけはしないだろう。現実的貨幣量ではない商品価格の形態としての観念的金量の貸しつけだとすれば、貸しつけられるものは貨幣だ、といってはならず、商品だ、といわなければならないだろう。その商品は、しかし、たんに貸しつけられたのではなく、もともと売られた、すなわち、形態転換のために譲渡された、のであるから、売られるとともに貸しつけられるその商品は、一定期間ののちには、商品の転化形態である現実的貨幣量で返済されなければならない。(11) かりに、機能資本家たちが再生産過程の内部でたがいに貸しつけあうものが、貨幣（商品の貨幣等価）＝現実的貨幣量だとすれば、商品資本の転化形態としての貨幣資本、流通資本としての貨幣資本、すなわち、資本の流通過程で機能しつつある、またひきつづき機能すべき貨幣そのものが、機能資本家たち相互によって貸しつけられる、というひとつの不条理につきあたることにもなろう。

(11) 「一〇〇〇ポンドの価値が製造業者にたいして綿花で前貸しされるのであって、製造業者はこの価値を、たとえば三ヶ月のうちに、貨幣で返済しなければならない」(a. a. O., Bd. III. Tl. I., S. 458.)。

第二に、信用貨幣の「価値」がどういうぐあいにして決定されるか、ということにかんするヒルファディングの見解をみよう。このことにかんするかれの見解をみることは、同時に、さかのぼって信用貨幣そのものにかんするかれの思想をあきらかにすることにも役だつだろう。かれが、信用貨幣の「価値」についてかなりながい叙述をあたえたわけは、もともと、支払手段としての貨幣の機能から生じる信用貨幣と、流通手段としての貨幣の機能からうまれる価値表章──紙幣（不換国家紙幣）とのちがいをあきらかにするためであった。このように、信用貨幣の性格と、国家紙幣の性質とのちがいそのものを直接あきらかにすることをさけて、両者の「価値」決定上のちがいを究明することにかれが始終したのは、かれの貨幣理論での独自の方法論にもとづくのだろう。というのは、貨幣の本質を価値形態として把握することから出発せず、交換の重視から発足して、まず交換手段―流通手段としての貨幣をみちびきだしたかれじしんの方法論は、ひいて価値表章としての国家紙幣の、流通→かれのいわゆる「社会的流通価値」による、「価値」決定の理論にかれをさそい、そしてまた、信用貨幣と国家紙幣とのちがいをみいだすばあいにも、両者の「価値」決定のちがいの重視にかれをみちびかないではおかなかっただろうからである。

信用貨幣の「価値」決定について、かれはつぎのようにのべている。「かれ（売り手――〔飯田注〕）は、たんに、背後に社会的保証のないただ買い手の私的保証があるだけの、買い手のひとつの支払約束をもつにすぎない。かれがひとつの約束にたいして商品をひきわたすということは、かれの私事である。その約束がどれだけ価値あった（wert war）かは、それがじっさい貨幣に変わりうる（umwandelbar）支払期日ではじめてあきらかになる[12]」。「そこで、社会的産物として流通からうまれる強制通用力をもつ国家紙幣とは反対に、信用貨幣は、社会的にではなく、私的に保証されており、したがって、いつでも貨幣とひき換えられうるもの、兌換されうるものでなければならない。もしこの兌換性（Konvertibilität）がうたがわしいならば、支払手段の代用物はあらゆる価値をうしなう[13]」。「手形はただ私人を義務づけるだけであるが、国家紙幣は社会を義務づける、というこのじじつにもとづいて、国家紙幣と手形のちがう減価可能性（Entwertungsmöglichkeit）が生じている。国家紙幣の総量はいつも一単位であり、この一単位のなかで各個片は他にたいしていわば連帯的に責めをおうのであって、国家紙幣総量は全体でだけ減価または増価（überwerten）されえ、そしてこの減価は全社会構成員にとって同じようにおこる。……信用貨幣は私人の創造物である。それは、私人の私的交換行為にもとづいてうまれ、それがいつでも貨幣と兌換されうるから、そして兌換されうるかぎりでのみ、通用力をもち、貨幣として機能する。だから、各個の手形は、もしこれらの私的諸取引が社会的に有効におこなわれえないならば、すなわち、満期日に現金支払いがなされえないならば、おのおのにとって（für sich）減価されうる（ただし、手形が増価されうる、ということはない）。手形は完全に無価値となりうるが、しかし、無価値になるのはいつでも個々人の手形だけだ……[14]」。「兌換信用貨幣はその減価をけっしてその数量から（不換国家紙幣のように）ではなく、ただ兌換性の拒絶だけからまねきうるのにすぎない[15]」。「価格収縮と販売停滞とは、こうして、諸商品にたいして振り出された信用貨幣の価値をへらす。この価値減少（Entwertung）こそ、あらゆる商業恐慌をともなう信用恐慌の本質的要因を形成する[16]」。「だが、信用貨幣の減価が最大となるそのときこそ、まさに、強制通用力をもつ国家紙幣はその最大の勝利にめぐりあう。国家紙幣は金貨とおなじ法定支払手段である。……そのようなときには、国家紙幣の流通（……）を拡大することが、合理的である。もしそのことがおこなわれなければ、貨幣（金属と国家紙幣）は、たとえば、さいきんのアメリカ恐慌で金とグリーンバックスがえたような、ひとつの打ち歩（Agio）をえることになる[17]」。

（12） Das Finanzkapital, S. 49-50.（傍点〔原著者〕）。（13） S. 50. （14）（15） S. 51. （16） S. 54. （17） S. 55.

信用貨幣は、「貨幣にたいする債務請求権」、「価値にたいする債務請求権」にすぎないものであって、しんじつには貨幣・価値ではないのだが、それじたい貨幣・価値・資本として、あらわれ、とりあつかわれるもの、したがって、ひとつの種類の擬制資本にほかならない、ということは、ヒルファディングにおいては明白にされていない。かれが擬制資本（das fiktive Kapital）というばあいには、それは公的諸有価証券にかぎられており、諸有価証券のうちのいまひとつの種類、すなわち諸商業証券（Handelspapiere）＝諸手形＝信用貨幣もまたひとつの種類の擬制資本である、ということをかれはあきらかにしなかった。信用貨幣もまたひとつの種類の擬制資本であり、しんじつには貨幣・価値ではないのだから、しんじつのいみで、信用貨幣の価値（あるいは「手形の信用価値」〔die Kreditwürdigkeit des Wechsels〕[18]）についてかたることはできないはずである。だから、信用貨幣の「価値」は、しんじつの価値ではないといういみで、ただカッコづきでのみ使用をゆるされうる擬制的「価値」にすぎないのであって、それは、信用貨幣が債務請求権として要求できる貨幣の価値にたいするひとつの権利をいいあらわすものでしかない。それであるから、信用貨幣の「価値」といわれるもののほんとうの内容は、国家紙幣の「価値」とよばれる（ヒルファディングによって）ものの内容とは本質的にまったくちがうものであって、おなじ価値という名のもとで同列に比較できるものではない。国家紙幣の「価値」とよばれているのは、じつは、金の価格標準（Maßstab der Preise）の事実上の変更によってひきおこされる物価水準変動の逆数的表現＝金の貨幣名であり、国家によって強制通用力をあたえられているこの国家紙幣はそれじたい「貨幣にたいする債務請求権」・擬制資本ではなく、したがって、なんの擬制的価値をももたない。

（18） a. a. O., S. 79.

ところで、上述のように、信用貨幣は、それじたい、しんじつの貨幣そのものではなく、たんなる「しんじつの貨幣にたいする債務請求権」にすぎないといういみで、ひとつの種類の擬制資本であるが、そのような信用貨幣が貨幣として機能できるのは、まったく、それが貨幣と兌換されうるという保証（私人、企業体、私営銀行、中央銀行の）によってであり、貨幣と兌換されうる「貨幣にたいする債務請求権」が取引そうごのあいだで相殺されるかぎり、「貨幣にたいする債務請求権」は貨幣じたいを代位し、貨幣じたいの流通を省略できる。信用貨幣の貨幣との兌換性は、だが、じつは、信用貨幣の貨幣との同一性をいみするだけであって、けっして、しんじつのいみでの、信用貨幣の価値の大小を――貨幣の価値の大小からはなれて――決定する要因なのではない。貨幣との兌換可能性が減少すれば、その減少の程度におうじて信用貨幣はもはや「貨幣にたいする債務請求権」としての十分な資格をもちえないということが、信用貨幣の「価値減少」＝「減価」としてヒルファディングによって理解されていることがらの真の内容であるが、この「価値減少」として理解されているものは、しんじつには擬制的「価値」の減少として把握されるべきものなのである。貨幣との兌換可能性がまったくなくなれば、信用貨幣は、「貨幣にたいする債務請求権」としての資格を、したがって、擬制的「価値」を、完全にうしない、もはやしんのいみでの信用貨幣でなくなる（Entgeldung）信用貨幣が、そのさい中央銀行券であるばあいには、つうれい、国家によって強制通用力をあたえられ、国家紙幣＝価値表章とおなじ性格をもつことになる。(19) ともかくも、しんじつのいみの価値は、なんらかの使用価値の生産についやされた社会的に必要な労働時間によってしか決定されないのだから、信用貨幣がしんじつのいみの価値をもち、そしてそれが兌換性によって決定される、と主張すること（すくなくとも、信用貨幣の「価値」の性格にたいしてなんらかの特殊性〔擬制性〕を感得しない、ということ）は、労働価値学説の基礎のうえにたつかぎりでは、けっしてできないことだ。

(19) なお、ついでながら一言すると――われわれの当面の問題とは直接に関連しないことがらであるが――、このように価値表章化した中央銀行券が、商品流通上の必要にしたがって、ひきつづき中央銀行によって発行（貸し出）される、ということ、すなわち、もはや信用貨幣ではなくなる中央銀行券が信用機構をつうじて発行される、ということについては、マルクスがつぎのようにのべていることが参考にされるべきだろう。「イングランド銀行がその地下室金庫のなかにある金属準備によって保証されていない銀行券を発行するかぎりでは、イングランド銀行は価値表章を創造する（kreieren）のであり、この価値表章は流通手段（Umlaufsmittel）を形成するだけでなく、イングランド銀行にとっての、追加的――擬制的ではあるが――資本をこの無保証銀行券の名目額だけ形成する」（Das Kapital, Bd. III. Tl. II., S. 588.）ここでは、不換銀行券・価値表章化されうる兌換銀行券・信用貨幣の内容分析があたえられている（飯田繁『貨幣・物価の経済理論』二二一―九ページ、『不換銀行券・物価の論争問題』一―五八ページ参照、追記）。

第三に、信用貨幣の作用（Wirksamkeit）についてヒルファディングがうたっていることは、「貨幣の節約」につきる。すなわち、支払手段としての貨幣の機能から発生する私的債権は――「貨幣に代わる、しかも信用によって」(20)――貨幣を代位するのであり、したがって、「信用貨幣の作用は、流通を現存の金の制限から独立させる、ということにある」(21)。「しょせん金は労働を要費し、空費（faux frais）のとつの重大な項目であるから、貨幣の代位は直接に流通過程の無用な費用を節約する」(22)。信用貨幣は、諸取引者のあいだで相殺されるかぎり、貨幣（金）そのものの代わりとして役だち、それだけ空費としての貨幣を節約できることは、ヒルファディングのいうとおりである。この「貨幣の節約」は、したがってまた、かれが指摘しているとおり、[23] 機能資本家たちが商品取引のために保有し、前貸ししなければならない貨幣資本の節約をいみする。

(20) **Das Finanzkapital, S. 50.**

(21) **a. a. O., S. 53.** 「流通信用は、こうして、生産を現存の現金総額の制限から独立させる」(**a. a. O., S. 85.**)。

(22) **a. a. O., S. 54.**

(23) 「このこと(商品の信用買い→手形の振り出し・引き受け→前貸資本の流通過程からの環流による一定期日での支払い〔飯田注〕)がおこるかぎり、かれ(企業家・資本家〔飯田注〕)の貨幣資本の総額は、さもないばあいにはなければならなかった総額よりもすくなくなりうるのであって、信用はかれの資本の能力を拡大した」(**a. a. O., S. 60.**)。「流通信用は、こうして、資本家たちの手もとにある貨幣資本をこえて生産の基礎を拡大するのであり、この貨幣資本は、かれらにとってはもはや信用上部構造(**Kreditüberbau**)の基礎を、諸手形の差額決済のためのひとつの基金を、諸手形の減価にさいしての諸損失にたいするひとつの準備金を、形成するだけだ」(**a. a. O., S. 79.**)。

ヒルファディングは、信用貨幣がおこなう「貨幣の節約」という作用について、結論的につぎのようにのべる。「資本主義発展の進行では、第一に、流通すべき諸商品の総額、そしてそれとともに、社会的に必要な流通価値の総額、が急速に増大する。それにつれて、強制通用力をもつ国家紙幣が占めうる範域が拡大する。第二に、生産の範囲が大きくなるのにつれ、また、あらゆる債務が貨幣債務に転化されるのにつれ、とくに、擬制資本(公的諸有価証券〔飯田注〕)が増加するのにつれて、諸取り引きが信用貨幣によっておこなわれる範囲は拡大してくる。これらの二つのものは、おこなわるべき流通事象や諸支払いに比例して金属貨幣のいちじるしい縮小をもたらす」[24]。「信用貨幣はその機能をはたすためには、諸支払請求権がたがいに比較され、そして相殺されるどくとくな諸施設を必要とするのだが、これらの諸施設の発展とともに現金の節約がましてくる。この任務は、発達した銀行制度のもとでは、諸銀行のひとつの重要な機能となる」[25]。

（24） a. a. O., S. 55-6. （25） S. 55.（傍点〔原著者〕）。

信用貨幣の作用にかんするヒルファディングの叙述は、十分であるとはいえない。なぜ十分でないかというと、かれは、信用貨幣の、上述のような、流通空費の節約、機能資本家たちの保有・前貸し貨幣資本の節約（自己貨幣資本の大きさをこえての生産規模の拡大）などのような、いわば光明の一面を指摘するだけでなく、そのうえにまた、とりわけ、好景気の終末的段階にみられる融通手形＝空手形の大規模作成による大投機の激成、恐慌促進のような、いわば暗黒の他面を、したがって、信用貨幣の役割の二面的性格（あい矛盾しながら、しかも統一されるところの）を、じぶんのことばと理解によって、ここではっきりと解明すべきであったのだから。それでも、なお、信用貨幣の作用にかんしてかれがのべたことは、それじたい、けっしてまちがっていたとはいえないだろう。だが、そのようなかれの叙述についてひとつの問題が提起されうる。問題は、じつは、信用貨幣の作用そのものにかんするかれの考えかたについておこるのではなく、「信用貨幣の作用」とおなじものとみなされている「流通信用の作用」と、「資本信用の作用」とを、たんに、価値形態の貨幣的段階の側面で、並立的・平面的に比較しようとするかれの仕方についておこるのだが、かれのこの仕方にさいしょの契機をあたえただろう、といういみで、「信用貨幣の作用」にかんするかれの叙述が問題となるわけである。しかし、この問題はもはや信用貨幣そのものの領域をこえる。

われわれは、これから、ヒルファディングによってあたえられた「流通信用」の規定にはいってゆこう。まずはじめに、上述の、支払手段としての貨幣の機能—信用貨幣と、かれが「流通貨幣」とよんでいるものとが、どう関連するか、についてのかれの叙述をみよう。「ひとつの支払手段としての貨幣の機能は信用諸関係をふくみうる……」[26]。「信用は、なによりもまず、支払手段としての貨幣の、変化した機能の単純な結果としてあらわれる」[27]。「……商品流通そのものから、貨幣機能の変化から、流通手段より支払手段への貨幣の転化から、生じる信用……」[28]。これらの諸引用文のなかにでてくる信用がかれのいう「流通信用」であって、かれは「……生産資本家たちじしん相互のあいだでおこなわれるこの信用を、われわれは流通信用とよぶ[29]」、とみずから規定した。そして「まさにわれわれによってもちいられてきたいみでの流通信用の本体は、したがって、信用貨幣の創造にある[30]」とかれはのべているが、他のところでは、「信用貨幣は諸資本家そうごのあいだの諸売買の基礎のうえに成立するのであり、信用貨幣は流通の内部で、そして流通の基礎のうえに成立する[31]」ともいっている。後者の表現は正確ではない。「信用貨幣は諸資本家そうごのあいだの諸売買の基礎の上に成立する」、といっても、この「諸売買」は、購買手段としての貨幣にたいして、ではなく、支払手段としての貨幣にたいして、おこなわれるものである、ということが限定されなければならない。そうすると、信用貨幣をうみだすものは、けっきょく基本的には、支払手段としての貨幣の機能（貨幣が支払手段として機能するばあいの「諸売買」）である、ということになるが、信用貨幣は、他面では、「流通信用」によって創造される、とかれはいうのだから、支払手段として貨幣の機能と「流通信用」とはいったいどう関連するか、ということが問題となる。これにたいしては、かれの上記の諸叙述がこたえる。それらによれば、「流通信用」は「支払手段としての貨幣の機能」から生まれる、と規定されている。だが、一見、はなはだしく素朴にみえるこれらの表現のいみするものが、「流通信用」は、貨幣が支払手段として機能するばあいに、すなわち貨幣が支払手段として機能する発達した商品社会関係ではじめて成立する、ということであるならば、叙述の内容そのものにはまちがいはない、といえよう。

(26) a. a. O., S. 59. (27) S. 75. (28) S. 60. (29) S. 77.（傍点—原著者）。(30) S. 85. (31) S. 53.

諸商品が、購買手段（げんみつないみの流通手段）としての貨幣にたいして、ではなく、支払手段としての貨幣にたいして、売られるばあいには、諸商品の売買（商品メタモルフォーゼ＝形態転換）がおこなわれるだけでなく、それと同時に、商品の貸借がおこなわれるのであり、こうしてこれら両者の複合的関係としての、ひとつの信用関係が成立する。そして、この信用関係を代表する信用貨幣（といっても、さしあたり、〝ひろい意味の信用貨幣〟商業手形＝商業貨幣）がつくりだされる。この信用関係こそ、ヒルファディングが「流通信用」と名づけ、マルクスが「商業信用」(32)（der kommerzielle Kiedit）とよんだひとつの関係である。そこで、われわれは、「支払手段としての貨幣の機能」と「商業信用」との関連をつぎのように理解すべきであろうとかんがえる。「商業信用」は、「商品の譲渡と価格の実現との時間的分離」という、ひとつの発達した商品流通関係のなかで成立し、この関係をいいあらわすのであり、そしてこの関係では、貨幣は支払手段として機能することになるのだから、「商業信用」と「支払手段としての貨幣の機能」とは、そのような発達した商品流通関係を同一の基礎として成立するところの、「ひとつの信用関係」と「ひとつの貨幣機能」との、きんみつに相互関連する二つのことがらである、と。そこでまた、信用貨幣の起源は、根本的には、発達した商品流通関係にまでさかのぼらなければならないだろうが、直接的には、商業信用のなかにあるといってもよかろうし、また支払手段としての貨幣の機能のなかにあるといってもよかろう。

(32) Vgl. Das Kapital, Bd. III. Tl. I., S. 436. Tl. II., S. 523.

『金融資本論』第四章「産業資本の流通のなかの貨幣」のはじめの一部分でヒルファディングがのべていることは、「流通信用」が産業資本の流通過程ではたす役割についてだ。「流通信用」は、産業資本の流通のなかでは、資本流通過程の第一段階 $G-W<^{A}_{Pm}$ のうちの、$G-Pm$ の過程で大きなしごとをする。というのは、$G-Pm$ の過程では、貨幣は、購買手段としてではなく支払手段としておもに機能するからである。ひとりの産業資本家にとっての資本流通過程の第一段階 $G-W$ は、他のひとりの産業資本家にとっての資本流通過程の最終段階 $W'-G'$ であり、そこにあらわれる W' が Pm であるかぎり、前者（買い手）にとっての $G-Pm$ は、後者（売り手）とっての $Pm-G'$ である。このさい、前者が信用で買うことをもとめているその諸生産手段を、後者は前者に信用で売ることをゆるす。こうして、この過程では資本主義形態の「流通信用」が成立する。ところが、$G-A$ では「信用はなんの役割

をもえんじない[33]」。なぜかといえば、この過程では貨幣——購買手段として——があらわれなければならない（「資本家は、したがって、かれ〔賃金労働者（飯田注）〕にたいしては、いつも貨幣資本家として、そして資本家の資本はかれにたいしては、貨幣として対立しなければならない[34]」）からである。ところで、「買われねばならない諸商品の価格総額」によって決定される産業資本家の前貸し貨幣資本の増加は、G—Aの過程では、「……可変資本の増大とともに、購買に役だち・流通にいりこむ追加的貨幣の量もおなじ程度にます。資本のヨリ高い有機的構成への進行にともない、G—Pmの取引がたえずG—Aにくらべて増すのであり、したがって、信用の作用範囲もまた現金の作用範囲にくらべて増すのであるから、資本主義生産の発展につれて信用利用の範囲が絶対的に、そしてヨリ多く相対的にたえず増進する、ということはあきらかだ[35]」。ここで、ヒルファディングによって指摘されているものは、マルクスが『資本論』第三巻第五篇第二八章のなかで詳細に分析した「第一部類の流通」（Zirkulation Nr. I〔所得の支出〕）と「第二部類の流通」（Zirkulation Nr. II〔資本の移転〕）とのあいことなる運動のしかたの問題[36]に関連している。

（33）（34） Das Finanzkapital, S. 59.

（35） a. a. O., S. 61.

（36） Vgl. Das Kapital, Bd. III. Tl. I., S. 483. 503.『利子つき資本の理論』二四七—八三ページ参照。

『金融資本論』第五章「銀行と産業信用[37]」の前半では、「流通信用」は銀行との関連でとらえられる。この部分で説かれていることは、おもに銀行による手形の買い入れ（割り引き）をめぐる諸問題に関連する。そして、ここでは、「流通信用」ということばに代わって「商業信用」ということばがあらわれる。「銀行家は、手形を買うことにより、信用をあたえる者となる。銀行家は、手形の代わりに銀行券を、産業手形と商業手形の代わりにじぶんじしんの手形を、あたえることによって、商業信用の代わりに銀行信用（Bankkredit）—じぶんじしんの信用をおきかえる。なぜかというと、銀行券は銀行家にたいする手形にほかならないものであり、それは産業家や商人の手形よりも好んでうけとられるからである。したがって銀行券は手形流通にもとづく」(38)。「ここで諸銀行がおこなうことは、ひとによく知られていない信用をかれらじしんのひとによく知られた信用におき代えることによって、信用貨幣をいっそう流通に適したものにする、ということである」(39)。マルクスは、『資本論』第一巻第一篇第三章三b)では、支払手段としての貨幣の機能から直接的にうまれるいっさいの債務請求権を総括的に信用貨幣とよんだのだが、第三巻第五篇第二五章では、信用貨幣ということばを、げんみつには、銀行券（兌換銀行券）にだけあたえて、商業手形には商業貨幣という名をあたえた。〝ひろい意味での信用貨幣〟そのものを、このようなせまい意味での信用貨幣＝「本来的な信用貨幣」（das eigentliche Kreditgeld）と、「本来的な商業貨幣」（des eigentliche Handelsgeld）との二つの形態にマルクスが区分した理由は、「商業信用と銀行信用とのまざりあい」（手形割引によっておこるところの、機能資本家の手にある「貨幣資本の、ひとつの形態から他のひとつの形態への、転換(40)」）のいみや、商業手形と銀行券との、「二つの種類の流通手形の運動での相互関係(41)」を、その区別によっていっそうはっきりさせるのに役だつと考えたからなのだろう。

（37）『金融資本論』第五章の表題「銀行と産業信用」での「産業信用」（der industrielle Kredit）ということばは、ここでなんの解説もなしにもちいられている。このような例は、これまでのところでもみられたのであって、第四章でかれは、なんの説明をもあたえてないで、「生産信用」（der Produktionskredit）ということばをつかった。これらの用語は、ヒルファディングが本格的に解明しようとした二つの形態の信用（「流通信用」と「資本信用」）じたいとはちがうものであるので、いっそうわれわれの眼をひく。「生産信用」ということばは、「流通信用」が資本主義的流通のなかのG—Pmの過程でおこなわれるということを説明しようとしている場所でもちいられているのだが、前後の文脈からみて、「生産信用」は、おそらく、「消費信用」（ということばをかれはそこで対照的にもちいているのではないが）とあい対立するものとして、したがってまた、生産資本家たち——かれは「生産資本家たちとわれわれがいうのは、平均利潤を実現するところの、したがって、利子をうけとる貸付資本家たちや、地代をうけとる地主たちと対立するところの、産業家たちや商人たちのことである」(Das Finanzkapital, S. 79. Fußnote) と註記している――によって再生産的に利用される信用のいみにもちいられているのだろう、と推測される。第五章の表題にある「産業信用」は、かれがその第五章では資本主義的形態の「流通信用」と「資本信用」とを銀行との関連で究明しているのだから、やはりおそらく、産業資本家たちをふくむ生産資本家たちによって再生産的に利用される信用のいみでもちいられているのだろう。

(38) Das Finanzkapital, S. 79.

(39) a. a. O., S. 83-4.

(40) Vgl. Das Kapital, Bd. III. Tl. I., S. 465. 467.

(41) Vgl. a. a. O., Bd. III. Tl. II., S. 586. ff.

ところが、ヒルファディングは、マルクスの区分にしたがわなかったばかりでなく、卸売業での第二の銀行券流通よりも「はるかに重要な流通手段」としての「手形」(42)(商業手形)の作用を、発達した銀行制度のもとでは、過小に評価したので、「二つの種類の流通手段の運動での相互関係」の問題は、かれにおいてはまったくおこらなかった。かれはこういっている。「すべての失業貨幣が諸銀行にながれ・あつまる銀行制度の発達につれて、銀行信用は商業信用につぎのようなしかたで代わる。すなわち、あらゆる手形は、生産資本家たち相互のあいだを流通することによって、それら(手形(飯田注))の本源的な形態で支払手段として役だつことをますますやめて、それらの転化された形態で銀行券として役だつようになる、というしかたで(43)」。つまり、商業信用に代わって銀行信用があらわれることによって、商業手形の流通に代わって銀行券(私的諸銀行の銀行券、または私的諸銀行によって引き受けられた商業手形)の流通がますます多くあらわれることになる、とかれはかんがえた。だからまた、銀行制度のもっとも発達した社会では、信用貨幣の貨幣節約作用は、かれによれば、けっきょく、銀行券の現金節約作用に帰着するのであり、そして「相殺や差額決済は、いまや、諸銀行のてもとで、また諸銀行のあいだで、おこなわれるのであり、こうして、可能的相殺の範囲をたかめ、決済に必要な現金をいっそう減らすようなひとつの技術的便宜が生じる」[44]。ここにのべられている「現金」については、ヒルファディングは、独自の規定（「……われわれが現金というのは、完全価値のある金属貨幣、本位貨幣、金・銀貨、それに加えて、社会的に必要な流通最低限度の範囲内にあるかぎりの、強制通用力をもつ国家紙幣と諸補助貨幣、のことである[45]」）をあたえており、そのなかに銀行券（私的銀行券、中央銀行券）をふくませなかった[46]。このことは、銀行券が「現金」を節約する、というかれの主張に適合している。銀行券がかれの規定するような「現金」を節約する作用をおこなうことは、じじつであるけれども、そのことを強調するあまり、商業手形がそのような銀行券の流通をいっそう大きな規模で節約する作用をおこなうじじつをみおとす、とすれば、「二つの種類の流通手段の運動での相互関係」は正しく理解されえないことになろう。マルクスは銀行券を現金のなかにふくませた[47]。そして、商業手形はそのような現金の流通を、銀行券が金貨の流通を排除し節約するよりも以上の規模で、排除し節約する、というじじつをマルクスはあきらかにしたのであった[48]。

(42) Vgl. a. a. O., Bd. III. Tl. II., S. 586.

(43)(44) Das Finanzkapital, S. 83.　(45) a. a. O., S. 85.

(46) ヒルファディングは、他のところで、中央銀行券についてはつぎのようにのべている。「……中央銀行の銀行券、すなわち、それの信用はゆるがないし、……じっさいに、法的規定によって国家紙幣（それをヒルファディングは「現金」のうちの一部とみた〔飯田注〕）と信用貨幣との中間段階をいいあらわす……」(Finanzkapital, S. 55.)。

(47) 「……現金、すなわち、金あるいは銀行券」(Das Kapital, Bd. III. Tl. II., S. 507.)。なお、銀行券は、マルクスにおいては、ほんらい、貨幣じたいではなく、たんなる「貨幣にたいする請求権」＝一種の擬制資本にすぎないのだが、しばしば、貨幣のなかにふくまされている。たとえば、「……貨幣量（地金銀、金貨幣と銀行券）……」(a. a. O., Bd. III. Tl. II., S. 520.)、「……貨幣、すなわち、硬貨と銀行券」(a. a. O., Bd. III. Tl. II., S. 544.)。これらのばあいに銀行券といわれているものは、兌換中央銀行券のことであろう。兌換中央銀行券が、もともと、たんなる信用貨幣＝擬制資本であるのに、本位貨幣としての金・銀貨とおなじように貨幣そのものとして把握されているわけは、それが金・銀と直接に兌換されうる信用貨幣であるといういみで、中央銀行に保蔵されている金・銀と同一のものであるとみなされうるからだろう。だが、これらのばあい、中央銀行に保蔵されている金属準備額と中央銀行券発行額とは貨幣量として二重に計算されてはならない。

(48) Vgl. a. a. O., Bd. III. Tl. II., 565. ff.

ところで、「流通信用」と銀行との関係をめぐる諸問題のうちの、その他の諸点については、ヒルファディングはおおむね正しい見解を表明した。たとえば、商業手形と銀行券との、信用の程度と流通性でのちがい、手形流通と銀行券流通とのあいだの因果関係(かれは、マルクスにしたがい、「銀行券は、だから、手形流通を基礎とする」[49]としている)、などについて、かれは正しくのべている。さらにまた、手形割引が追加的資本の貸しつけをいみしない、ということを明白に指摘している。「手形割引によっては、階級それじたいに新たな資本が供給されるのではない。ひとつの貨幣形態(私的支払約束)にある資本の代わりに、他の貨幣形態(銀行の支払約束、事情によっては、現金)にある資本がおきかえられるだけのことである」[50]。ただ、「流通信用」と銀行との関係をめぐる諸問題、とくに、銀行信用による商業信用の代位の問題や、『金融資本論』第五章の後半の、銀行制度の発達にともなう「商業信用」からの「銀行信用」の相対的独立[51](「流通信用」の役割・重要性の変遷)にかんする問題が究明されているところで、うかびあがる疑問はかずかず。かれのいう「銀行信用」とはなにか、ということ、そしてその「銀行信用」の源泉としての銀行預金の内容はなにか(手形割引にもちいられる銀行の「資本」(利子つき資本)の源泉にふれる個所で、「銀行預金の最大部分は生産資本家の階級にぞくする……」[52]といっているだけであるが)、ということ、そしてまた、いっそう重要なことがらである、その「銀行信用」がながれてゆき、働くところはどこか、そしてそれはそこでどういう働きをするのか、ということにかんして、かれがどう考えたか、という疑問である。だが、これらの疑問は、じっさいには、「銀行信用」と直接に関連しているとおもわれる「資本信用」そのものにかんするかれの見解があきらかにされたあとでなければ、げんみつには提起されえないだろう。なお、第五章のはじめの部分で、かれは、利子率と関連してあたえた「信用貨幣=貨幣資本(機能資本家たちの)の需要関係」の説明のなかに、ひとつの見すごせない重大な問題をしのびこませているが、そのことは、「利子率」を主題とする本章Ⅳで論及される。

(49) Das Finanzkapital, S. 79. (50) S. 84. (傍点〔原著者〕。) (51) Vgl. a. a. O., S. 93. (52) S. 84.

2 「資本信用」

いよいよ、「流通信用」の問題から「資本信用」の問題にすすもう。「資本信用」とよばれる信用にかんするヒルファディングの研究は、『金融資本論』第四章のはじめの一部分をのぞくのこりの大部分と、第五章「銀行と産業信用」の後半とでおこなわれている。第四章のその部分では、「産業資本の流通における貨幣」のある一定の運動が究明されて、「資本信用」発生の諸原因と、この信用(信用関係)の作用(機能)とが説かれる。そして第五章の後半では、この信用の役割が、銀行との関連で追究される。

ヒルファディングは、まず、近代的な、すなわち資本主義的な信用が、産業資本の「流通諸事象(Zirkulationsvorgänge)そのものから発生する」(1)という基本的思想のうえにたって、二つの形態の信用を「産業資本の流通で貨幣がえんじる役割」の分析からみちびきだそうとした。こうして、さきには(原著第四章のはじめの一部では)、資本主義的な「流通信用」は産業資本運動の第一段階、G—Pm という流通過程で成立する、ということがのべられたのであった。いままた、産業資本の循環過程で一定の貨幣量・貨幣資本量が周期的に遊離し・休息するという流通的事情から、資本主義的な信用のもうひとつの形態だとされる「資本信用」をかれはみちびこうとする。「……資本信用の可能性は、貨幣資本じたいの流通の諸条件から、すなわち、貨幣が資本の個別的循環で周期的に休息させられるというじじつから、発生する(2)」。

(1) Das Finanzkapital, S. 56.

（2） a. a. O., S. 87.

ヒルファディングは、『資本論』第二巻の諸章のなかの、「貨幣資本の周期的遊離（Freisetzung）と休息（Brachlegung）」にかんする叙述部分を適当にまとめて、それをつぎのような四つのばあいにわけた。すなわち、（一）産業資本が流通信用を通過するあいだ、その産業資本の生産過程が中断されないために必要な追加的な貨幣資本の遊休（遊離と休息）、（二）「$G<^{A}_{Pm}$ の過程で、貨幣はすぐに労働力と生産手段とに転化されるのではない[3]」、という事情から生じる貨幣資本の遊休、（三）固定資本の環流のしかた[4]にもとづくところの、固定資本の減価償却部分として、固定資本が最終的に取り換えられるときまで積み立てられるところの、貨幣資本の遊休、（四）資本主義蓄積のしかたにもとづく、剰余価値のうちの資本蓄積（拡大再生産）充当部分として、投資適量にたっするまで積み立て・保蔵される貨幣資本の遊休。これらの貨幣資本の遊休は、単純商品流通の内部で貨幣の保蔵・遊離が偶然的・恣意的におこるのとはちがい、資本流通そのものの機構から、ながい期間か・短い期間かをとわず、必然的に生じる。そして、遊休する貨幣資本の量が大きければ大きいだけ、またそれの遊休期間が長ければながいだけ、資本家たちにとっては、利潤をうみえないという「死罪」（Totsünde）――「資本主義生産の死重[5]」（Bleigewicht（dead weight））――は増大する、とかれはかんがえる。この「死罪」=「死重」の範囲を決定する客観的諸原因を追究することは、かれにとっては、重要なことがらとなる。というのは、この「死罪」の範囲が大きければ大きいほど、かれのいう「資本信用」の重要性もましてくる、とかれはみるからである。かれが、産業資本の流通過程での貨幣資本の周期的遊休を考察したのも、つまりは、「貨幣資本の周期的遊休」→「資本家たちにとっての死罪」→「この死罪からのがれるための資本家たちの知識=資本信用」という一連の論理と現実とを解明しようとするためであった。

（3） a. a. O., S. 64.

（4） ヒルファディングは、固定資本と流動資本との区別をあきらかにするばあい、流動資本のなかに労働力をふくませる、という信じられないほどの重大なあやまりをおかした。「産業資本は、それの回転の立場から観察されるばあい、あきらかに二つの部分にわかれる。資本の一部分は……綿花、機械油、灯火用ガス、石炭そして労働力の価値……。資本のこの部分は……流動資本（das zirkulierende Kapital）である」（Das Finanzkapital, S. 65.）。かれのこのしかたは、あまりにも非マルクス主義的であって、リカードへの後退を表明する。「……反対に、それの資本が、建物や機械よりもいっそう消耗されやすい食料品や被服品に支出される、賃金の支払いに主としてもちいられる製靴業者は、かれの資本のひとつの大きな割合を流動資本（circulating capital）としてもちいる、といえる」（Ricardo, D., Principles of political economy and taxation, p. 25. ed. by E. C. K. Gonner, London, 1927）。もっとも、ヒルファディングは、労働力を流動資本（不変資本の一部分）の一要因としてのみとらえたのではなかった。なぜかといえば、「資本家が労働力の購買のために前貸した資本の部分――マルクスはこれを資本の可変的部分とよんだ――……」（Das Finanzkapital, S. 57.）、とかれはしるしているからである。ここにも、かれの、マルクスからのかりものとしての正しい思想と、かれじしんのものとしてのただしくない思想との混在がみられる。

（5） Das Finanzkapital, S. 316.

ところで、この「死罪」の範囲を決定する客観的諸原因について、そしてその結果（「死罪」の範囲＝遊休貨幣資本の数量とその遊休期間）について、かれがのべているのは、つぎのことなど。資本の流通期間がながければながいだけ、周期的に遊休する追加的貨幣資本は増加するということ、資本の回転期間の長短が、労働期間のながさによってきまろうと、流通期間のながさによってさだまろうと、回転の緩慢化は前貸貨幣資本の増大とともに遊休貨幣資本の分量を増加させるということ、「資本の回転期間の長さは、剰余価値に転化され・蓄積されうる速度にたいして決定的なものである」(6)ということ、したがってまた――かれじしんが要約しているように――、「……資本の有機的構成、とくに固定資本部分と流動資本部分との割合、流通期間を短縮する商業技術の発展、おなじく流通期間を短縮する方向に作用する交通機関の発達（ただし、この交通機関の発達にたいしては、たえずヨリ遠い諸市場の探求という点でひとつの反対傾向がうまれる）、周期的景気変動による諸環流のテンポのちがい、さいごに、ヨリ急速な、あるいはヨリ緩慢な生産的蓄積、すべてこれら諸事情は、遊休資本の量と遊休の期間とに影響をおよぼす」[7]ということ、さらにまた、商品（生産諸要素）価格の変動が遊休貨幣資本量の大小に影響するということ、などなどであった。そして、このような客観諸原因の変動にもとづいて、遊休貨幣資本の大きさは変動するのであり、この変動がさらに「貨幣市場や、貨幣資本の需給のうえに直接的影響をあたえずにはおかない」[8]、とかれは結論する。かれのこの結論は、『資本論』第二巻第二篇の諸章、とくに第一五章「回転期間が、資本前貸しの大きさにおよぼす影響」からえられたものであった。しかしながら、貨幣資本の遊離が増加すれば、銀行・信用制度の発展した社会では、銀行をとおして貨幣市場にながれこむ遊休貨幣資本の量が増大して、貸しつけられうる貨幣資本の供給をまし、反対に、貨幣資本の拘束が増加すれば、貨幣市場からひきあげられ・貸しつけられうる貨幣資本にたいする需要がふえる、というような、遊休貨幣資本の成立事情と、貸しつけられうる貨幣資本の成立事情とのあいだの関係は、『資本論』のこの段階ではまだ全面的には解明されえない、ということが注意されなければならないだろう。

(6)(7)　a. a. O., S. 70.
(8)　a. a. O., S. 73.

マルクスは、この段階で、信用関係や信用制度そのものの研究を、したがって、信用関係や信用制度の成立・発達の原因の研究をこころざしたのではなく、むしろ信用関係や信用制度の成立・発達が前提されるばあいには——この信用関係や信用制度の成立・発達それじたいは、じつは、資本関係の最高物神的形態が解明される第三巻第五篇ではじめてはっきりと説明されうるのだが——、資本の回転運動から生じる遊休貨幣資本が信用制度のひとつの物的基礎（物的素材）となり、ひとつの重要な役割をえんじる、ということだけを指摘したのにすぎなかった。[9]信用関係や信用制度の成立原因そのものが追究され、解明されなければならないようなばあいに、『資本論』のこの段階の援用だけで満足することは、ぜんぜん当をえていない。ところが、ヒルファディングは信用（「流通信用」とは本質的にちがう

「資本信用」）の成立原因をものがたるときに、まったくそうしたのであって、かれは、そうすることによって、遊休貨幣資本の成立原因と、「資本信用」（じつは、貸しつけられうる貨幣資本〔利子つき資本〕をめぐる信用関係として理解されねばならないもの）の成立原因とをかんたんに同一視した。こうして、「……資本の休息は、利潤を生産するという資本の機能と矛盾する。そこで、この休息を最低限度に縮減しようとする努力がおきる。この任務こそ、信用のひとつの新たな機能を形成する」[10]のだとか、「資本の休息にみちびいた全原因は、だから、いまやそのまま、信用諸関係の成立の全原因となるのであり、休息資本の量に影響するあらゆる要因は、いまや、この信用の拡大・縮小を決定する」[11]のだとか、あるいは、「単純な商品流通にもとづいて、貨幣の変化した機能だけから生じる支払信用とは本質的に区別される」ところの、「貨幣資本の遊離のうえに築かれる信用」[12]だとか、かれはのべる。そういう信用、すなわち、「どういう形態の貨幣であろうと、したがって、現金であろうと、信用貨幣であろうとかまわないが、それを休息貨幣から機能貨幣資本に転化する機能をおこなう信用」[13]を、かれは「資本信用」（Kapitalkredit）とよんだ。このように、かれにおいては、遊休貨幣資本を成立させる原因のほかには、「資本信用」を成立させる原因はなく、したがってまた、産業資本の流通過程で発生する遊休貨幣資本の概念のほかには、貸付貨幣資本の概念はみいだされない。かれにはげんみつな意味での貸付資本＝利子つき資本の理論がない、といわれる[14]わけも、まずそこから生じた。

（9）「このように、回転運動のたんなる機構によって遊離された貨幣資本（……）は信用制度が発達するとすぐさま、ひとつの重要な役割をえんじないではおかないし、また同時に、信用制度の諸基礎のひとつを形成せずにはおかない」（Das Kapital, Bd. II., S. 281. 傍点〔飯田〕）。

（10）（11）Das Finanzkapital, S. 73.　（12）a. a. O., S. 75.

（13）a. a. O., S. 85.

（14）デ・ローゼンベルグは、ヒルファディングの信用理論を批判する文章のなかでつぎのようにのべている。「マルクス主義的に思考する読者ならば、直ちに次の疑問を起すであらう。貸付資本は一体何処へいったのか？　貸付資本の分析なくしてマルクス主義的信用理論を与へることが出来るのか？　と。御覧の通り、『マルクス主義者』ヒルファーディングにはそれが出来る、彼には貸付資本は必要ではない。勿論ヒルファーディングが貸付資本の事を全然述べていないといふのでない、利子を考察せる際には彼は此について述べてゐる、然し彼の信用『理論』は貸付資本の分析を必要としないのである。実際、信用の本質が、現金の節約及び信用貨幣の造出、乃至は現存貨幣を一方の人々から他方の人々に移すことに帰着されてゐる以上、貸付資本とかそれの分析とかを取り入れることは不必要に複雑さを増すだけであらう」（デ・ローゼンベルグ、淡徳三郎訳『資本論註解』第四巻四四二ページ）。

トラハテンベルグもまた、ヒルファディングの信用理論を批判していう。「ヒルファーディングはもと〳〵産業資本との対立に於いてその特質づけを見出すところの特殊の資本としての貸付資本なる範疇を理解してゐない。彼は貸付資本と産業資本の一機能形態としての貨幣資本とを同一視してゐる。ところで彼はこの貨幣資本の運動法則をば、貨幣の運動法則で規定してゐる」（トラハテンベルグ、川崎巳三郎訳『現代の信用及び信用組織』一三二ページ）。

『金融資本論』第五章では、「資本信用」の作用が「流通信用」の作用との差異について追究され、この追究をとおして、「資本信用」じたいの「流通信用」とのちがいがいっそうはっきりと描かれ、さらに、銀行・信用制度の発達にともなう「資本信用」の優位が、そして、そのことからまた、銀行の産業支配→金融資本化の必然性が、つよく説かれる。かれの説くところはおおよそつぎのとおりである。まず、「流通信用」の作用は、信用貨幣の作用とおなじく、「貨幣の節約」ということにあったが、「資本信用」の作用はそれとはちがい「貨幣の移転」ということにある。「貨幣が、貨幣資本家あるいは貸付資本家から企業家に信用されるとすれば、それは貨幣のたんなる移転（Uebertragung）にすぎない。それによっては、前貸しされた貨幣の量にまだなんの変化も生じない[15]」「信用は、第一には、流通手段として貨幣の代わりをし（「流通信用」（飯田注））、第二には貨幣移転をたやすくする[16]」（「資本信用」（飯田注））。「資本信用は、ひとつの貨幣額の所有者が、資本としてもちいることのできないその貨幣額を、資本としてもちいるつもりの或る人に移転するということにすぎない。このことが資本信用の規定である[17]。……したがって、このばあいには、すでに存在する貨幣の移転がおこるのであって、貨幣いっぱんの節約がおこるのではない。それであるから、資本信用とは貨幣の移転のことであり、貨幣は資本信用によって休息的なものから機能的貨幣資本に転化されることになる。資本信用は、支払信用とはちがい、流通諸費用を節約するのではなく、同一貨幣基礎という土台のうえに生産資本の機能を拡大する」[18]。「資本信用、というわけは、この移転が、いつも、貨幣を生産資本の諸要因の購買によって貨幣資本としてもちいるそのような人々への移転だからである」[19]。

(15) Das Finanzkapital, S. 60.
(16) a. a. O., S. 355.
(17) このところの原文が、Dies ist ihre Bestimmung. となっているのは、Dies ist seine Bestimmung. のあやまりだろう。
(18) a. a. O., S. 86-7.
(19) a. a. O., S. 85.

こうしてさらに、「流通信用」では「資本家に新たな資本があたえられるのではない。流通信用はただかれの商品資本に貨幣資本の形態をあたえるだけである」[20]が、これに反し、「資本信用」は、上述のように、「ひとつの貨幣額の所有者が、資本としてもちいることのできないその貨幣額を、資本としてもちいるつもりの或る人に移転するということにすぎない」(傍点〔飯田〕)、というちがいがみられる。このように、ヒルファディングは、「資本信用」の作用を、「流通信用」の作用との対照によって解明し、そしてまた、「資本信用」そのものの「流通信用」じたいからの区別を、形態規定の同一断面のうえで並列的・平面的に、すなわち、貨幣またはたかだか貨幣資本(流通信用としての)という同一地平線上で――あいことなる形態規定段階としての、貨幣・貨幣資本と利子つき資本とのあいだのそれぞれちがう立体的段階のうえで、ではなく――、いっそうはっきりとみきわめようとするのだが、こうしたかれの方法は、後述のようにきびしく批判されなければならないだろう。

（20） a. a. O., S. 86.

ところで、「資本信用」の作用のこのようなヒルファディングの規定のしかたは、じつは、「資本信用」そのものの本質や形態にかんするかれの規定方法とまったく一致している。そのことを立証するために、われわれは、ヒルファディングが「資本信用」の本質や形態にかんしていったいどういう規定（質的規定）をあたえたかを、をたずねることにしよう。しかも、このことについてみることは、とくに「資本信用」理論にかんするかれの方法論での基本的態度——部分的にはすでにあきらかにされたが——をしるうえにきわめて重要ないみをもつから、できるだけ多くの引用文によってかれの思想の全貌を正確にとらえることにつとめよう。だが、かれの考えは、けっきょく、つぎのようなことがら以上にはでなかった。

「ひとつの個別的資本の循環から分離されたこの貨幣資本は、しかし、もしそれがある他の資本家に信用をとおして用だてられるならば、後者の資本の循環で貨幣資本として機能しうる(21)」。「貨幣資本のあらゆる遊離は、しかし、信用の媒介によるこの貨幣資本の、それを遊離した個別的資本の循環以外の他の生産的諸目的への、使用可能性をいみする(22)」。「したがってまた、ここに、休息貨幣資本をあつめ、あつめられた休息貨幣資本を分配することを本質とする（besteht in）ひとつの経済的機能（「資本信用」（飯田注））にたいする要求が生じる(23)」。「ここで三つのことがらがなされるべきである。第一に個々の金額が、集中によって生産的使用に十分なほど大きくなるまであつめられるべきこと、第二に、個々の金額が適当なひとびとに用だてられるべきこと、そして第三に、個々の金額が適当な期間にわたって用だてらるべきこと、である(24)」。「信用は、だから、この機能では、流通していない貨幣を流通のなかになげいれることのほかには何もすることはできない(25)」（だが、この「流通」が現実的流通であるとすれば、この立言はまちがいだろう（飯田注））。「信用は資本主義的信用としては、しかし、より多くの貨幣をひきだすためにだけ流通のなかにそれ（流通していない貨幣——飯田注）をなげいれるのであって、信用はそれを生産資本に転化するためには貨幣資本として流通のなかになげいれる」[26]（しかし、この「貨幣資本」が流通資本としての貨幣資本であり、この「流通」が現実的流通であるとすれば、この立言はあやまりであろう〔飯田注〕）。

（21） a. a. O., S. 73.（傍点〔飯田〕）。
（22） a. a. O., S. 74.（傍点〔飯田〕）。
（23） a. a. O., S. 86.（傍点〔飯田〕）。
（24） a. a. O., S. 85-6.（傍点〔飯田〕）。
（25）（26） a. a. O., S. 86.（傍点〔飯田〕）。

「……信用はすぐさまそれ（蓄蔵貨幣として凝結する貨幣〔飯田注〕）をある他の流通過程での能動的な（aktiv）貨幣資本に転化する」[27]。「いまや、生産資本家は貨幣資本家すなわち貸付資本家となる。しかし、この性格をかれは、一時的にだけ、すなわち、かれの貨幣資本が、生産資本への転化をまちこがれながら、まさに休息しているときにだけ、うけとる。そしてかれは、ある一時点では貸しつつ、他の一時点ではある第二の生産資本家から借りる。貸付資本家という性格は、さいしょには一時的なものにすぎないのだが、そのご銀行制度の発展にともないこれの特定の機能となる」[28]。「一方の資本家は貨幣をたえず諸銀行に払いこみ、諸銀行はこれをふたたび他方の資本家に用だてる」[29]。「生産資本家たちの預金の預け入れや引き出しは、生産資本の流通の性質から、それの流通期間の長さから、みちびきだされる一定の諸法則にしたがう……」[30]。「現存の貨幣資本は、信用の媒介（傍点〔飯田〕）によって、この媒介がないばあいよりも、いっそう大きな範囲で機能する。……個別的（傍点〔原著者〕）資本の循環過程の経過中での一定期間にわたる貨幣資本の休息を、信用はこうして、社会的（傍点〔原著者〕）資本のために止揚しようとする」[31]。

（27）（28）（29） a. a. O., S. 87.（傍点〔飯田〕）。

（30） a. a. O., S. 88.（傍点〔飯田〕）。
（31） a. a. O., S. 87-8.

「上述のように、銀行は、第一に、支払取引……の媒介者として活動した（「銀行信用」による「商業信用」の代位〔飯田注〕）、第二に、銀行は休息貨幣資本の機能貨幣資本への転化をおこなったのであって、この休息貨幣資本を銀行はあつめ、集積し、分配し、そして社会的資本の循環にとって必要なそのときどきの最低限度に圧縮したのであった（だが、もし範疇としての休息貨幣資本が、銀行の媒介によるにせよ、直接的に範疇としての機能貨幣資本に転化する、とかんがえるのであれば、範疇としての貸付貨幣資本＝利子つき資本はまったくつかめないことになる。休息貨幣資本がどうして発生したか、ということではなく、休息貨幣資本がどういうふうにして貸付貨幣資本〔資本としての「商品」〕に転化するか、ということこそが、「この信用」では問題の焦点として解明されなければならないものである。しかも、貸付貨幣資本の形態に転化された休息貨幣資本の機能貨幣資本への転化は、信用媒介者としての銀行の手で直接におこなわれるのではなくて、機能資本家＝借り手の手でおこなわれるのであり、げんじつの機能的過程でのことがらである〔カッコ内、飯田注〕）。

第三の機能を、銀行は、他のあらゆる段階の貨幣形態での所得をあつめて、資本家階級に貨幣資本として用だてることによって、ひきうける。資本家たちにたいして、こうして、諸銀行が管理する資本家たちじしんの貨幣資本のほかに、他のあらゆる階級の休息貨幣が生産的使用のために流入する。

この機能をはたすためには、諸銀行は、所有者の手もとに休息しているあらゆる貨幣をできるだけあつめ・集積し、そしてそれらを生産者たちに貸しつけねばならない。それの主要手段は、諸預金にたいする利子の供与と、預金受け入れのための諸集金所（諸支店）の設置である。……休息貨幣生産者たちに移転するという銀行機能の本質……」[32]。「他人の貨幣をふくめての銀行資本が、上述の範囲内で生産者たちに用だてられる形態は、多様である。自己預金の貸し越し、白地式帳簿信用の許与、交互計算取引。これらのちがいはなんら原則的意味をもたないのであり、重要な点は、貨幣がじっさいにどの目的のためにもちいられるか、固定資本投下のためにか、流動資本投下のためにか、という目的いかんだけである」(33)。

(32) a. a. O., S. 89-90.(傍点〔飯田〕)。

(33) a. a. O., S. 90.(傍点〔飯田〕)。

これらの諸引用文を精密にみることによって、これらのなかに盛られているかれの構想(「資本信用」そのものの本質や形態にかんする)もまた、一般的には、さきにわれわれがみた、「資本信用」の成立原因や作用にかんするかれの思考とまったくおなじ方法論の基礎のうえにたっている、ということがわかる。すなわち、「資本信用」そのものの本質や形態にかんするかれの叙述のなかで——なるほど、部分的には正しい叙述がおこなわれているのはじっであるが——なによりもだいいちに注意されなければならない点は、資本関係の最高物神的形態である貸付資本としての貨幣資本(資本として譲渡される貨幣)と、商業資本の範疇にぞくする流通資本としての貨幣資本(貨幣として譲渡される資本)とのあいだのちがいが、明確にそして基本的に、つまり資本関係の形態規定段階のちがいとして、しめされていない、ということである。

すなわち、一方の生産資本家による銀行への、そして銀行による他方の生産資本への、遊休貨幣資本(貸しつけられうる貨幣資本)の移転(貸しつけ)と、遊休貨幣資本(貸しつけられて貨幣資本の形態に転化されたあとの)の機能貨幣資本への転化(現実的投資)——これは、後者の生産資本家によっておこなわれる——とのあいだに、したがって、現実的機能から分離された資本所有者がおこなう一定価値額の譲渡—貸しつけ(信用)と、生産資本家がおこなう一定価値額の譲渡—売買、現実的機能(さらに商業信用の契機をふくむ)とのあいだに、はっきりとした区別の一線がひかれていない。このことは、これら両者のあいだに存在する意味と役割との重大なちがいが、ヒルファディングにおいては、まったく認識されなかった、ということをものがたる。かれはこうして、信用の本質と形態とを分析しないで、たんに前提した――「信用の媒介」というかたちで――のにとどまった。こうしたヒルファディングの方法は、あとでもういちど、マルクスの方法と対比・検討されよう。

「資本信用」にかんするヒルファディングの叙述のなかで、さいごに問題となるのは、信用・銀行制度の発達にともなう、「流通信用」の役割にたいする「資本信用」の役割の優位にかんするかれの叙述である。「信用は、発展のはじめには、おもに手形によって媒介される。それは支払信用である……。信用が諸銀行のもとに集積されると、……支払信用のほかに資本信用がますますつよくうかびあがってくる」[34]。そして「支払信用から資本信用への発展がおこなわれているということは、国際的にもあらわれる」[35]のであって、こんにちでは、「信用は、商業信用として、たんに、またおもに商業諸関係にたいしてではなく、資本投下にたいしてあたえられるのであり、ひとびとは、資本信用によって外国の生産を支配しようとする」[36]。それでは、なぜ「流通信用」=「支払信用」に代わって「資本信用」が銀行業務のなかで重要な地位をしめるようになるのだろうか。その理由として、かれは、個々の産業資本家にとっての、「資本信用」利用上の利益（個別的利潤率の上昇、特別利潤の獲得、さらに生産価格以下での商品販売を可能にするところの、不況時の「価格戦でのひとつの優位」[37]）、したがって、産業資本家たちの、自己資本をこえての、他人資本にたいする、「資本信用」にたいする、銀行への要望の増進の必然性をあげている。

（34） Das Finanzkapital, S. 91.
（35）（36） a. a. O., S. 92.
（37） a. a. O., S. 94.

ところで、「流通信用」の役割にたいする「資本信用」の役割の優位を説くこのところで、ヒルファディングの叙述は混雑していて、それにたいするわれわれの理解をさまたげる。まず、かれは、すべての産業資本家が、個別的資本の循環過程から必然的に発生するあらゆる遊休貨幣資本を銀行に預金し、そしてそのときどきの必要におうじて銀行から他人資本をたがいに借り入れ・利用しうるようになれば、「流通信用」に代わって「資本信用」が優位をしめるようになる、と説く。だが、ひきつづきさらに、「同時に、産業家たちが、たがいにあたえあう信用（「流通信用」＝「手形信用」（飯田注））は、形態のうえで変化しうる(38)」のであって、「産業家たちは、かれらが貨幣形態でもっているあらゆる資本を銀行においておく。こうなると、もう、かれらが信用を手形によってたがいにあたえあうか、または、かれらがじぶんたちの銀行信用にたいする指図書をたがいにあたえあうかということには、なんの違いもなくなる。そこで、諸銀行信用が諸手形信用の代わりにあらわれえ、そして手形流通は減少してくる。産業手形や商業手形に代わって、銀行にたいする産業家の債務（Verpflichtung）が基礎となる銀行手形があらわれることになる(39)」という叙述をかれはあたえる。

（38）（39） a. a. O., S. 91.

他方、かれは、「重大だ」という「商業信用からの銀行信用のこのような相対的独立(40)」についてのべる。そこでは、「信用の主要部分が商業信用であったし、銀行家たちがおもに手形取扱業者にすぎなかった(41)」のは、すなわち、「銀行信用」が主として「商業信用」と関係したのはもはや過去のことであって、いまは、「銀行信用」（「銀行家じしんの信用」）では、「資本信用が主要なものとなっている(42)」ということが説かれている。そうすると、銀行制度の発達につれて、（一）「流通信用」に代わって「資本信用」が優位をもつようになるということ、（二）「流通信用」に代わって「銀行信用」が優位をもつようになるということ、そして（三）「銀行信用」では「流通信用」―「商業信用」に代わって「資本信用」が優位をもつようになるということ、の三点が混在的に叙述されていることになる。そして、これらの三点はそれぞれどう関連し、またどうちがうのか、といったようなことについては、そこではほとんどなにもあきらかにされていない。これら三点の相互関係や相違にかんして、じっさいにかれがどう考えていたかを、他の諸叙述部分から、おしはかろうとするさいに、われわれの脳裏をかすめる第一の疑問は、ヒルファディングのいう「銀行信用」ということばは、いったいなにを意味するのだろうか、「銀行信用」が「手形信用」(「商業信用」)に代わってあらわれる、ということはどういうことなのだろうか、また、その「銀行信用」と「資本信用」とはどう関係するのだろうか、ということである。そこでしばらく、この問題について考察しよう。この問題について考察することは、さきに(「流通信用」にかんするわれわれの研究さいごの段階で)われわれによって解明を延期された諸問題のひとつにこたえることにもなろう。

(40)(41) a. a. O., S. 93. (傍点〔飯田〕)。

(42) a. a. O., S. 93.

「銀行信用」ということばは、既述のとおり、「流通信用」がヒルファディングによって説明された段階で――手形割引が考察されたさいに[43]――いちはやくあらわれた。そこで説かれている「銀行信用」による「商業信用」の代位は、手形割引、すなわち、銀行券による商業手形の引き替え、したがって、銀行券流通による商業手形流通の代位をいみした。ところが、上記の引用文(注39)にみられる「銀行信用」による「商業信用」(「手形信用」)の代位は、手形割引をいみしないで、しかも銀行券(銀行手形)流通による商業手形流通の代位――商業手形流通の減少――をいみした。このようないみでの、「銀行信用」による「商業信用」(「流通信用」)の代位ということばは、『金融資本論』第一八章「景気経過中の信用諸関係」のなかにもみられる。すなわち、「……景気の経過中に、流通信用がその最高限界にたっする瞬間から、銀行信用がいよいよつよく要求されるようになる。……販売の緩慢化は、手形流通の緩慢化を、したがって流通信用の制限をいみし、この流通信用に代わって銀行信用があらわれなければならないからである[44]」。

(43) Vgl. a. a. O., S. 79.

(44) a. a. O., S. 338.

「銀行信用」による「商業信用」の代位が、手形割引をいみしたばあいには、それは、「銀行信用」が「商業信用」と直接にまざりあうことを表明したわけであった。だが、「銀行信用」による「商業信用」の代位が、手形割引をいみしないで、しかも銀行券流通による商業手形流通の代位をいみするばあいには、「銀行信用」は、「商業信用」と直接にまざりあうことなしに、それじしん、「商業信用」の変形としてあらわれ、純粋な手形流通の形式によって代表される「商業信用」の代わりに「銀行信用」があらわれることになる。かれは、このばあいの「銀行信用」による「商業信用」（「手形信用」）の代位が、「商業信用」の「形態のうえでの変化」によってもたらされるものだ、とかんがえ、商業手形流通―「商業信用」がしだいにすがたを消して、そのような形態での「商業信用」の代わりに「銀行信用」があらわれる、とみなした。(45) このばあい、「銀行信用」としてあらわれるものの内容は、じつは、「商業信用」であった。「銀行信用」がそういうふうに考えられているかぎりでは、「銀行信用」と「資本信用」との関係の問題はまだ表面にだされていない。

（45） Vgl. a. a. O., S. 91.

ところが、「銀行信用」は、かれによって、たんにそう考えられているだけでなく、さらに「資本信用」との関係でも考察される。かれが、「商業信用からの銀行信用の……相対的独立」についてかたり、「銀行信用」での「資本信用」の重要性を強調したばあいが、それであった。こうしてともかくも、「銀行信用が、一面では「流通信用」と関係し、他面では「資本信用」と関係するものであることをかれはみとめている。他のところでもかれはいう、「自由処理されうる（銀行によって（飯田注））貸付資本の一部分だけがいっぱんに支払媒介（流通信用）のために必要なのだから、その他の部分は産業的投資（資本信用）のために用だてられる。流通信用と資本信用との両目的にたいする、いっぱんに自由処理されうる貸付資本の、このような分割は……」(46)、と。そうであるいじょう、「銀行信用」は、かれにおいては、「流通信用」と「資本信用」との両信用にかかわりをもつ「銀行家じしんの信用」(47)だ、ということになる。かれが「あらゆる信用は銀行制度の発達にともなって銀行信用としてあらわれる」[48]とのべたのは、銀行制度の発達につれて、「流通信用」も「資本信用」もともに銀行に集中され、銀行じしんの手でおこなわれるようになることをいみしたものと考えられる。かれは、しかし、これだけの叙述にとどまろうとはしないで、さらに、「銀行信用」での「資本信用」の重要性を、したがって、「銀行信用」での「流通信用」にたいする「資本信用」の優位を、主張した。というのは、この優位は、かれにとっては、かれの研究主題である「金融資本」の成立のうえでひとつの重要な理論的・現実的支柱を形成するものであったからである。

(46) a. a. O., S. 211.

(47) Vgl. a. a. O., S. 79. なお、この「銀行家じしんの信用」ということばは、ヒルファディングにおいては、かならずしも一定しておらず、「銀行じしんの信用」(Vgl. a. a. O., S. 88.) でみられるように、「銀行信用」いっぱんとはちがういみにも用いられている。このばあいに、「銀行じしんの信用」=「銀行信用」(**Bankierkredit**) というのは、銀行のたんなる信用、すなわち、銀行の、自己資本と他人資本(預金、借入金)とをふくむ自由処理できる貸付貨幣資本をこえるところの、自己発行の私的銀行券(銀行手形)での貸付貨幣資本(じつは、擬制的な)の創造・貸付をいみするのであろう。

(48) Das Finanzkapital, S. 356.

だが、かれの、この特徴的な人目をひく主張は、みずから、もともと欠陥にみちたかれの信用理論を完全な崩壊にみちびくひとつの穴をうがつ結果ともなった。なぜかといえば、この主張は、かれを「資本信用」=「銀行信用」(両信用同一視)の理論へ、そして「商業信用」(「流通信用」)の一方での軽視と、他方での重視との矛盾へ、みちびき、そうすることによって、けっきょく、ひとびとにかれじしんの「流通信用」と「資本信用」とへの「信用の分類」の意味づけにたいする疑念をおこさせるものを保蔵することになったからである。[49] すなわち、かれは、「流通信用」にたいする「資本信用」の優位を、「銀行信用」のなかにみとめることによって、まず、あらたに「資本信用」=「銀行信用」の理論をうちだした。たとえば、「「……銀行の側からの信用、資本信用にたいする要求、したがって銀行信用にたいする増加した需要……」[50]、「資本（銀行）信用（Kapital-(Bank-)Kredit）」[51]。このような「資本信用」＝「銀行信用」の理論は、ほんらい、両信用の質的・範疇的同一視を、ではなく、量的同一視を、すなわち、銀行制度の発達にともない「銀行信用」での「資本信用」の重要性がまし、「銀行信用」の大部分がますます「資本信用」によって支配されるようになるということを、いみするものとして解釈されるべきだとしても、かれは、これによって究極的にはやはり、両信用の事実方の一致を主張したわけだ。この主張によって、かれは、他面また、銀行信用での「流通信用」の比重をいよいよ軽くとりあつかわねばならないことになったが、同時にまた、それとは反対に、おなじかれは、他のところでは、「流通信用」の重要性について——けっして過去のこととしてではなしに——かたる。「信用の最大部分は〝商業信用〟、すなわち、われわれがいっそう好んでいうように、流通信用である」[52]と。

（49）「なお、流通信用と資本信用とへの信用の分割がヒルファーディング自身によって最後迄維持されていないことを注意しておこう。漸次に彼はこの分割の中に異なれる内容を持ち込み始める。御承知の如く、ヒルファーディングは、資本主義の発達と共に資本信用が流通信用を呑み込み始めるといってゐる。……これらの機能〔「流通信用の機能」〔飯田注〕〕は銀行に移ると答へる以外にはない。然しさうだとすると銀行信用を流通信用と資本信用とに分たねばならないことになる。……然しヒルファーディングは此の問題を回避し、幾度か問題から問題への飛躍を行ふことにより、資本信用と銀行信用を同一視し始める、——かくて流通信用と資本信用とへの信用の分割は全然意味を失ってしまふ……。思ふにヒルファーディングの資本分割に純形式論理の方面から何らかの意味があるとすれば、それは一種類の信用〔「流通信用」〔飯田注〕〕の機能と他種類の信用〔「資本信用」〔飯田注〕〕の機能とを区別づけたといふ一点以外にはあり得ないのであるが、然し今や資本信用が漸次に銀行信用へと転化してゆくことによりどちらの機能〔「流通信用」の機能と、「資本信用」の機能〔飯田注〕〕をも演じることになった以上、上記の分割はその形式論理的意義をさへ失はざるを得ない……」（デ・ローゼンベルグ、淡徳三郎訳『資本論註解』第四巻四四四―五ページ）。

（50） **Das Finanzkapital, S. 332.**

（51） **a. a. O., S. 356.**

（52） a. a. O., S. 106.（傍点〔飯田〕）。

かれの、このさいごの命題では、「銀行信用」とは関係しないものとしての本来的な「流通信用」の重要性がかたられているのだ、とかれがもし抗弁するならば、この抗弁は、本来的な「流通信用」の役割の凋落を説いたかれの前言[53]とあいいれないだろう。こうして、一方では、かれによって描かれた「流通信用」の帰趨はわれわれにはまったくつかめないものとなり、他方では、「資本信用」は、かれにおいては、「銀行信用」の全領域を支配し、「資本信用」=「銀行信用」とみなされる。「流通信用」と「資本信用」との面面をもつものとされていたはずの「銀行信用」がここでは消えることとなった。その結果として、もしそうだとすれば、かれの、「流通信用」と「資本信用」とへの、「信用の分類」の意味づけにたいするひとびとの疑念はさけられないものとなろう。

（53） Vgl. a. a. O., S. 83, S. 91.

「銀行信用」にかんするヒルファディングの見解をたどることによって、われわれはかれの信用理論のなかで破綻の諸契機に遭遇したが、以上は、しかし、さきにわれわれによって見解を延期された諸問題のひとつにたいする解答にすぎない。ところで、のこる諸問題は、じつは、「銀行信用」の内部にいっそうふかくたちいって提起されうるものであり、既述のように、「銀行信用」の源泉としての銀行預金の内容はなにか、その「銀行信用」がながれていき・働くところはどこか、そしてそれは、そこでどういう働きをするか、ということについて、かれがどうかんがえたか、ということに関連する。われわれは、さらにいましばらく、これらの問題について考察しよう。

ヒルファディングによれば、信用は、発展のはじめには、おもに「支払信用」であったし、それもさいしょ産業資本家じしん相互のあいだだけでおこなわれたのであり、「第三側面、すなわち銀行」は、これに「ただ還流が中断するときにだけ」――「手形取引の条件である商品販売がなんらか停滞するときに[54]」――介入（手形割引）するのであった。そして銀行制度の発達につれて、「流通信用」は「銀行信用」の形式でおこなわれる、というのがかれの見解であった。もっとも、上述のように、「流通信用」の役割は、「銀行信用」では、しだいに衰退する、とかれはかんがえるのだが。ともかくも、このように、銀行が「流通信用」と関係することをみとめたかぎりでは、銀行が、自由処理できる貸付貨幣資本の一部分を「流通信用」当事者である産業資本家や商業資本家たちに用だてる・貸しつけることを、ヒルファディングは承認しなければならないだろう。そうすると、銀行が自由処理できる貸付貨幣資本は、いったいどこからもたらされるのか、ということが問題になる。もし、その貸付貨幣資本の源泉が、産業資本家たちの預金であり、ヒルファディングが「資本信用」の規定であたえた諸源泉（遊休貨幣資本）とおなじものであるとすると、遊休貨幣資本が「資本信用」の媒介によって機能貨幣資本化するというかれの「資本信用」の理論は、この点でも、破綻されることになろう。なぜかといえば、銀行によって自由処理されうるこれらの遊休貨幣資本の一部分は、「資本信用」のルートにはのせられないで、それとは対立する「流通信用」のルートをへて手形支払い・相殺の媒介に役だつことになるのだからである。

（54） a. a. O., S. 78.

遊休貨幣資本が「資本信用」の媒介によって機能貨幣資本化する、というかれの「資本信用」の理論が、そのような、銀行預金（「銀行信用」の源泉としての）の内容や使途にかんする諸難問をきりぬけうるためには、一方では、銀行が手形割引→「流通信用」のためにもちいる貸付貨幣資本の源泉は、手形割引依頼人＝「流通信用」当事者である資本家階級じしんの手形割引のための基金としての預金である、とヒルファディングはみなければならなかった。（「……小切手は個々人の預金と関係し、手形は階級の預金にもとづく。なぜかというと、手形割引で資本家階級に用だてられるものは、なによりもまず、じぶんたちじしんの諸預金であり、それは、満期の諸手形にたいする諸支払いがおこなわれ、したがって、売られた諸商品にたいする還流がじっさいにおこるばあいには、くりかえし諸預金として復帰するからである。還流が減少し、手形支払いがすくなくなると、資本家たちは追加的資本を得なければならない。このばあい、かれらは諸預金を、したがってまた、かれらの手形が割り引かれる基金を、すくなくしているわけだ。……手形流通の基礎である諸預金は減少している……[55]」と、かれはいっているのだから。そしてまた他方では、銀行預金（「銀行預金の最大部分は生産資本家階級にぞくする……[56]」とかれじしんがいっている）が生産資本家階級の遊休貨幣資本によって構成されるかぎりでは、銀行は「流通信用」と関係することをやめなければならない、とかれは考えねばならなかった。ところが、これらの両方はじつは両立しない。というのは、かれは、「資本信用」が、銀行制度の最高の発展段階では、「銀行信用」のほとんど全部をのみこんでしまい、ほとんどすべての「銀行信用」のながれていくさきは、商業部面・流通部面ではなく、産業部面・生産部面でなければならない、とかれはみるのだから。こうして、「銀行信用」と「資本信用」との二つの形態の信用が、けっきょく同一物でなければならないという、さきにわれわれがみた、独特な主張にかれはとうとうおいこまれてしまうことになった。だが、それらのどちらもが、じっさいとはまったく一致しないのだから、かれの「資本信用」の理論はこれらの難関をきりぬけえないわけだ。

(55) a. a. O., S. 88.（傍点（飯田））。この引用文の前後でなされるヒルファディングの銀行預金にかんする叙述はひどく混乱していて、「資本信用」にあてられる銀行預金と、「流通信用」にむけられる銀行預金との区別がぜんぜんあきらかにされていないので、この引用文での規定、すなわち、「手形割引の基金としての預金」の規定は、たんなることばのうえのものにおわっているように、われわれにはおもわれる。

(56) a. a. O., S. 84.

げんに、「銀行信用」が「商業信用」と関係することをわれわれは無視できないし、「手形信用は流通過程の経過にたいする信用であって、流通期間のあいだ保有されねばならない追加資本を代位する[57]」とかれじしんものべている。手形は掛け買い人の予備（追加）貨幣資本の代わりとして機能するのであり、銀行がこの手形を割引くとすれば、銀行預金に転化されたある生産資本家たちの遊休貨幣資本の一部分が、掛け買い人にとっての、流通過程で

（生産過程で、ではないが）機能する貨幣資本に再転化することになる。もっとも、それは、掛け売り人にとっては、商品資本（機能資本のひとつの形態）の貨幣資本（機能資本の他のひとつの形態）への形態転化にすぎない（「……資本家にたいして新規の資本が用だてられるわけではない。流通信用はただ資本家の商品資本に貨幣資本の形態をあたえるだけである」[58]）。そうであるいじょう、遊休貨幣資本の機能貨幣資本への転化を媒介するというたんなる規定によっては、「資本信用」が内容的に「流通信用」から区別されうるものとなる、とはいえないだろう。だとすると、かれがおこなった「資本信用」の発生原因にかんする研究は主要な支柱をうしない、したがってまた、かれがこころみた「流通信用」と「資本信用」とへの「信用の分類」は、内容的・実質的にも意義を喪失することになろう。

（57） a. a. O., S. 78.（傍点〔原著者〕）。

（58） a. a. O., S. 86.

われわれは、ここでふたたび問題を、「銀行信用」での「資本信用」の優位（「商業信用」からの「銀行信用」の「相対的独立」）にかんするヒルファディングの叙述にもどし、その叙述の進行をたどろう。銀行が、「流通信用」と、ではなく、「資本信用」と、ますます関係するようになると、反作用的に「産業にたいする銀行の地位も同時に変化する」[59]。こうして、産業にたいする銀行の地位は優勢となるのだが、そうした銀行の優位は、銀行が「資本信用」を、しかも固定資本の信用を、ますます多く産業資本家にあたえることによって確立される、とかれは説く[60]。そして、銀行が産業にたいして優位をかちとるわけは、一面では、「銀行が流動的な、いつでもとびだせる（schlagfertig）形態にある資本、すなわち貨幣資本をつねに自由にする」[61]からであり、他面では、それを産業的企業のなかに固定して、その企業を銀行に拘束しうるからである。そこで「一般的には、ひとつの債務関係の内部での経済的依存を決定するものは、いつでも、資本力の優位、とくに自由処理できる貨幣資本の拡大である」[62]。このような、銀行の、「産業にたいする変化した関係は、銀行制度の技術からすでに集積にみちびく、あのあらゆる傾向をつよめる」[63]。

「銀行経営そのものの技術から、こうして、銀行集積——これが産業的集積をひきおこすように——にたいしても、同様に作用していく諸傾向が生じる。とはいっても、この産業的集積が銀行集積の第一の原因であるのだが(64)」。

(59) a. a. O., S. 96.

(60) 念のために一言したいのは、ヒルファディングの、このところの叙述のなかには、表現のまぎらわしさのゆえにか（あるいは、表現のあまりの微妙さのせいでか、というべきであるかもしれない）、またしてもかれの叙述にたいするわれわれの理解をさまたげる部分がある、ということである。「諸銀行が支払取引を媒介する〔「流通信用」〔飯田注〕〕のにすぎないあいだは、ほんらいの企業の一時的（**momentan**）状態にだけ……利害関係をもつ。……銀行が産業資本にたいして生産資本を用たてる〔「資本信用」〔飯田注〕〕ようになっていくばあいには、それとはちがう」（**a. a. O., S. 96.**〔傍点—飯田〕のであって、「このばあいには、銀行の利害は、いまやもう企業の一時的（**augenblicklich**）状態に……ではなく、むしろ企業の将来の運命に……関係することになる」（**a. a. O., S. 96.**）、とかれはいう。同時にまた「信用がただ一時的（**vorübergehend**）であったあいだ、したがって、企業がただその流動資本（**zirkulierendes Kapital**〔固定資本ではなく〕—飯田注）だけを銀行によって信用してもらうあいだは、この関係の解消もまた比較的容易であった」（**a. a. O., S. 96.**〔傍点—飯田〕）、とかれはのべる。そこでヒルファディングは、流動資本にたいする信用が「資本信用」ではなく「流通信用」である、とでもかんがえたのだろうか、といった疑問さえおこる。だが、しんじつは、上記（本文で）のように、産業にたいする銀行の優位は、銀行が、「流通信用」を、ではなく、「資本信用」を、「とりわけ、固定資本（**Lixes Kapital**）」（**a. a. O., S. 96.**〔傍点—飯田〕）にたいする「資本信用」を、産業資本家にますます用だてるようになることによってもたらされる、ということをかれはそこで説いたのだ、とわれわれは解釈しなければならないのだろう。

(61) **Das Finanzkapital, S. 96.** (62) (63) **S. 97.** (64) **S. 100.**

ところで、このような「銀行信用」の役割の増進、とりわけ固定資本にたいする信用の増大にともなっておこる、産業にたいする銀行の優位こそは、かれがあとで「金融資本」と名づけたひとつの新たな資本形態（「わたくしは、このような様式でげんじつに産業資本に転化された銀行資本、したがって貨幣形態の資本を金融資本と名づける(65)」）を真正面から説明するひとつの主要なかぎとなった。かれの信用理論、なかでも、「資本信用」理論と、かれの「金融資本」

理論とのあいだの基本的関係はこうしてうちたてられたのであった。かれの信用理論は、かれの「金融資本」理論にさきだつ規定的基礎理論の地位をしめ、したがってまた、かれの「金融資本」理論の性格は、かれの信用理論そのものの特殊性によって規定されることになった。すでにあきらかにされたように、かれは、資本主義的な信用が「流通諸事象そのものから発生する」という基本的方法のうえにたって、かれじしんの信用理論を構成したので、かれの「金融資本」理論もまた、基本的にはやはり流通主義的方法によって形成されたものとしてあらわれねばならなかった。「金融資本」発生の基盤が、上述のような、銀行の「資本信用」による産業の支配にもとめられるかぎり、「金融資本」の形成的諸要因のなかに、どのような生産的扮飾がほどこされようとも、それはたんなる側面的・促進的意義をもつにすぎない。

（65） a. a. O., S. 283.（傍点〔原著者〕）。

本項をおわるにあたり、われわれは上述のヒルファディングの信用理論の方法を、マルクスの信用理論の方法と対比しながら再検討することにしよう。マルクスは、『資本論』第三巻第五編第二五章であきらかにしているように、信用を商業信用 (der kommerzielle Kredit) と銀行信用 (Bankierkredit, Bankkredit) との二つの形態に区別し、そしてこの区別をさいごまでつらぬきとおした[66]。商業信用は、単純な商品流通から、もっと正確にいえば、単純な商品流通の「形態転換」から生じるので、マルクスは、商業信用の基本的関係をば、すでに、支払手段としての貨幣の機能を究明した『資本論』第一巻第一篇第三章（三）b)であきらかにした。そしてそのところで、かれは、貨幣のこの機能から直接に発生する信用貨幣を、もっとも一般的な形態でしめした。しかし、支払手段としての貨幣の機能が究明されたその理論的段階では、まだ、商業信用や信用貨幣にかんするいっそうたちいった諸問題、すなわち、商業信用の銀行信用との関係をめぐる諸問題、さらにまた、銀行信用そのものの諸問題、は解明されえない。なぜかというと、商業信用が関係していく銀行信用は、それじたい商業信用とは「まったく別の、本質的にちがう一要因」[67]であり、それの成立は、もともと、「貨幣取扱業の発展とむすびつく」[68]のであるが、さらに、ほんらいの貨幣取扱業（貨幣取扱業上の純技術的諸操作）をこえる「貨幣の貸借」、「利子つき資本または貨幣資本の管理が貨幣取扱業者たちの特定の機能として」[69]おこなわれるという歴史的諸事情のうえにたつのだからである。

（66） もっとも、『資本論』第三巻第五編の全篇をつうじて、おのおの一ヵ所ずつに、「流通信用」ということばと、「資本信用」ということばとがあらわれる。「流通信用」ということばがあらわれるのは、第三六章のなかであって、そこでは「銀行制度は、さらに、いろいろな形態の流通信用を貨幣に代位させることによって……」（Das Kapital, Bd. III. Tl. II., S. 655.〔傍点—飯田〕）としるされている。ここに「流通信用」（zirkulierender Kredit）——それは、ヒルファディングのいう「流通信用」（zirkulationskredit）とは、ドイツ言語でも一致しない——といわれるものは、商業信用そのものと同義、ではなく、むしろ、商業信用を代表する、流通手段・支払手段として機能するいろいろな形態の信用貨幣（いろいろな形態の手形〔いわゆる「信用手段 Kreditmittel」（a. a. O., Bd. III. Tl. II., S.618.）〕）と同義にもちいられているようにおもわれる。また、「資本信用」ということばがあらわれるのは、第三〇章のなかであって、そこでは「（恐慌は、しかし、ときには、イギリスからもっとも多く貿易信用（Handelskredit）と資本信用（Kapitalkredit）をうける国であるアメリカでまずさいしょにおこったこともある）」（a. a. O., Bd. III. Tl. II., S. 536.）としるされている。この「資本信用」が長期的信用での資本輸出のいみである、ということは、「資本信用」が、このように、長期的信用での商品輸出としての「貿易信用」＝「商業（このばあい、対外的）信用」と併記されているところからもわかる。したがって、この「資本信用」ということばが、ヒルファディングの叙述の展開でみられるような、やがて「銀行信用」を呑みつくすようなそういうものとしてもちいられているのでないことはあきらかである。それであるから、マルクスにおいては、主著『資本論』でただ一度きりずつ、しかも商業信用・銀行信用そのものとはちがうものとして、使用される「流通信用」・「資本信用」ということばが、かれの基本的な、「信用の分類」を震撼するものとなりえなかったのは当然であって、商業信用と銀行信用とへのかれの基本的な「信用の分類」はさいごまで貫徹された、といえよう。

（67） Das Kapital, Bd. III. Tl. II., S. 523.

（68） a. a. O., Bd. III. Tl. I., S. 438-9.

（69） a. a. O., Bd. III. Tl. I., S. 439.

だから、歴史的にも・理論的にも、単純商品流通の形態転換から生じる、そして信用制度の「自然発生的な、あるいは、本来的な基礎」[70]をなす、商業信用そのものにずっとおくれて、銀行信用は――この銀行信用と関係していく商業信用もまた――あらわれなければならなかった。しかも、近代的資本関係の最高物神形態としての利子つき資本の究明なしには、銀行信用（利子つき資本の全運動を実現し・具体化する信用形態。この信用は、銀行・銀行業者の手でおこなわれるので、銀行信用とよばれた）はぜんぜん解明されえなかった。銀行信用において利子つき資本の形態であらわれる貨幣（貨幣資本）は、たんなる貨幣や流通資本の形態であらわれる貨幣（貨幣資本）とは、まったくちがう社会的関係の物神的段階を表示するものだ、ということが、なによりも細心に注意されなければならない。そうでなければ、貨幣の「資本としての譲渡」＝貸しつけの意義もまったく知られえないものとなり、貨幣資本家・貸付資本家と機能資本家とへの資本家階級の社会的・範疇的分裂のいみもまたぜんぜん理解されえないことになろう。そこで、マルクスは、信用の二つの形態にかんする研究にさきだって、最高資本物神としての利子つき資本と利子との質的・量的規定について十分な叙述をあたえたのであった。

（70） Vgl. a. a. O., Bd. III. Tl. I., S. 436. Tl. II., S. 523.

ヒルファディングが、商業信用のいみで「流通信用」ということばをもちい、そしてそれを支払手段としての貨幣の機能と直結して論究し、さらに信用貨幣の作用、したがってまた、「流通信用」の作用を「貨幣の節約」にもとめたことは、既述のように、それじたい十分ではなかったとしても、本質的にまちがっていた、とはいえない。かれのもっとも顕著な本質的あやまりは、「資本信用」理論での、かれの理論構成の方法にあった。商業信用とはまったくちがうものとしての信用は、マルクスのばあいのように、利子つき資本の全運動を媒介し・実現する「銀行業者のおこなう信用」、すなわち銀行信用として規定されなければならなかったのに、ヒルファディングのばあいには「資本信用」として規定された。もっとも、かれは、上述のように、この、「流通信用」と「資本信用」とへの、「信用の分類」に終始しえないで——かれがかれじしんの「信用の分類」に終始できなかったということじたいに、すでに、その分類の欠陥があったのだが——、この「信用の分類」のなかにマルクスの「信用の分類」をしのびこませることによって、かれはおのれの手で自己の「信用の分類」を破壊してしまっている。だが、問題は、ことばのうえにあるのではなく、かれの「資本信用」理論の内容と規定のしかたのうえにある。

ヒルファディングの「資本信用」理論でのあやまりは、「資本信用」の発生原因や、本質・形態や、作用にかんするかれの叙述そのものにしめされているが、いままた、上記のようなマルクスの方法と対照されることによって、いっそう明瞭となるだろう。ヒルファディングは、既述のように、「資本の休息をみちびいた全原因は、だから、いまやそのまま、信用諸関係の成立の前原因となる」[71]というのであり、したがって、信用諸関係発生の原因究明のためには、ただ、現実的・機能的資本の回転期間や流通過程の分析だけが、かれには必要であるようにおもわれた[72]。だから、かれにおいては、「……機能としての資本に対立する所有としての資本」[73]である利子つき資本そのものの分析、すなわち、利子つき資本の最高資本物神性や独特な運動、そうじて、近代的形態の利子つき資本をめぐる独特な社会的関係、したがって、商業信用とは本質的にちがうものとしての、ひとつの新たな信用（ヒルファディングが「資本信用」という名のもとに追求しようとこことざした信用）そのもののなかにひそむ諸問題、の分析はまったく無視されることになった。

（71） Das Dinanzkapital, S. 73. ヒルファディングがここで「資本の休息をみちびいた全原因」というのは、じつは、マルクスによって「資本主義的社会での蓄蔵貨幣の第二形態」とよばれた遊休貨幣資本の成立原因にほかならなかったのであって、「資本主義的社会での蓄蔵貨幣の第一形態（流通手段・支払手段の準備金として存在する貨幣資本）——Vgl. Das Kapital, Bd. III. Tl. I., S. 350.——の形成については、かれはなにもかたらなかった。これらの、資本主義的社会での蓄蔵貨幣の第一形態と第二形態の形成は、本来的な個別的貸付資本家の本来的な貸しつけられうる貨幣資本の形成（これらについてもヒルファディングは論及しなかった）や、「貨幣形態での他のあらゆる階級の所得」（Das Finanzkapital, S. 89.）の形成とともに、「信用諸関係の成立」の全原因ではなくて、たんなる物的基礎（銀行資本――銀行信用のたんなる要素的諸素材、諸源泉）にすぎない。

(72) このことは、ヒルファディングがつぎのようにのべていることからもしられる。「われわれは、これから、貨幣が産業資本の流通のなかでえんじる役割に眼をむけよう。したがって、道は技術の諸奇跡をもつ資本主義的工場へつうじるのではなく、貨幣が商品へ、そして商品が貨幣へ、形式的にたえずおなじ様式で転換されるところの、永久におなじ市場事象の単調さにわれわれの考察がむけられねばならない。資本主義的信用としてさいごには社会的諸事象にたいする支配を反響する、あの力が、どのように流通諸事象じたいから生じるか、の秘密を解くことをば可能にするものはこの方法であるという希望だけが、読者を、いくらかの忍耐をもってこの章の苦難な諸地点を通過するよう、激励することだろう」(a. a. O., S. 56.)。

(73) **Das Kapital, Bd. III. Tl. I., S. 414.**（傍点〔原著者〕）。

「彼（ヒルファディング〔飯田注〕）の信用『理論』は貸付資本の分析を必要としない[74]」（デ・ローゼンベルグ）のであったし、またげんに、かれは貸付資本＝利子つき資本そのものの理論的研究をおこなわなかった。なるほど、かれは、「資本信用」のことを「純粋な貨幣所有者と企業家とへの、資本家機能の分裂から生じる信用[75]」だといっており、利子つき資本が成立する社会的関係を「資本信用」発生の前提とみていたわけだが、しかし、かんじんの、その社会的関係の独自性――信用理論の研究にとっては、それの解明がもっとも必要であるはずなのに――については、なにもかたらなかった。つまり、かれは、信用理論の研究で、「所有としての資本」＝利子つき資本の、したがって信用の、研究をしないで、たんにそれを前提して、「機能としての資本」の研究（それの遊休化の必然性、遊休化から機能化への転換の諸問題）をおこなっただけだった。「純粋な貨幣所有者」である貸付資本家が、「企業家」である機能資本家とのあいだでとりむすぶ社会的関係（信用関係）は、機能資本家と賃金労働者とのあいだで、または機能資本家そうごのあいだで、成立する社会的関係（現実的・機能的関係）とは本質的にちがう。貸付資本家が機能資本家に譲渡する貨幣・貨幣資本（利子つき資本としての）や、それの譲渡（貸しつけ）の意義・形式は、機能資本家が賃金労働者や、他の機能資本家に譲渡する貨幣資本（流通資本としての）や、それの譲渡（売買）の意義・形式とはまったくちがう。(76) これらの諸事情にかんする完全な理解なしに、遊休貨幣資本化の問題がとりあつかわれたのでは、遊休貨幣資本の機能貨幣資本化を媒介するという、その「資本信用」の、信用としての、しんのいみはけっしてあきらかにされないだろう。　遊休貨幣資本そのものはまだ利子つき資本ではなく、それが、それのたんなる所有者（機能資本家の手にある遊休貨幣資本は、そのままかれじしんの機能貨幣資本となるのではないのだから、機能資本家は、じこの遊休貨幣資本にかんするかぎり、それのたんなる所有者である）の手から媒介者・銀行または他の機能資本家の手に「資本として譲渡される」（貸しつけられる）ときにはじめて、利子つき資本としてあらわれる。しかも、遊休貨幣資本が利子つき資本の形態に転化され、さらに借り手によって機能貨幣資本化されるときには、もはやそれの利子つき資本としての性格はきえる。だから、信用じたいは、遊休貨幣資本を機能貨幣資本に転化するという現実的な機能をおこなわないどころか、その機能とは直接にはなんの関係をももたないのであり——信用じたいはあらゆる現実的機能から分離しているのだから——、ただもともと信用そのものとは独立に発生する遊休貨幣資本を、機能資本家（遊休貨幣資本を機能的貨幣資本に転化するひと・借り手）の手にもたらす、というたんなる媒介・譲渡的役割をはたすのにすぎない。

(74) デ・ローゼンベルグ、淡徳三郎訳『資本論註解』第四巻四四二ページ。
(75) Das Finanzkapital, S. 60.
(76) 飯田繁「利子つき資本における譲渡の意義と形式」（『経済学雑誌』第三二巻第五・六号、昭和三〇年六月〔『利子つき資本』第九章に収録〕）参照。

ヒルファディングは、「資本信用」の本質について説くとき、一面では、なるほど信用のたんなる媒介的役割を意識した。「ひとつの個別的資本の循環から分離されたこの貨幣資本は、しかし、もしそれがある他の資本家に信用をとおして用だてられるならば、後者の資本の循環で貨幣資本として機能しうる」[77]。「貨幣資本のあらゆる遊離は、しかし、信用の媒介によるこの貨幣資本の、それを遊離した個別的資本の循環以外のほかの生産的諸目的への、使用可能性をいみする」[78]。しかし同時にかれは、他面では、「どういう形態での貨幣であろうと、……それを休息貨幣から機能貨幣資本に転化する機能をおこなう信用をわれわれは資本信用とよぶ」[79]、または、「……資本信用は貨幣の移転のことであり、貨幣は資本信用によって休息的なものから機能的貨幣資本に転化されることになる」[80]とのべている。ヒルファディングのこのような表現の不鮮明と混乱は、けっきょく、かれが信用のもつ媒介的役割（しかも、自立的な独特の最高物神的流通形式）のいみを深刻には認識しなかった、ということをものがたる。そこで、このことは、信用にたいするかれの理解のほどをしめす一面となろう。さらに、かれが、「資本信用」の作用についてかたるばあいに、「流通信用」の「貨幣の節約」作用との対照的な――たんなる貨幣的同一平面上での――「貨幣の移転」[81]作用を強調した、というじじつは、信用にたいするかれの理解のほどをあらわす他の一面であろう。

(77) Das Finanzkapital, S. 73.

(78) a. a. O., S. 74.

(79) Das Finanzkapital, S. 85.（傍点〔原著者〕)。かれが、はじめに休息貨幣資本といったところのものを、ここでは用心ぶかく休息貨幣とよび、そして「それ（貨幣―飯田注）を休息貨幣から機能貨幣資本に転化する機能をおこなう信用」（傍点〔飯田〕）を「資本信用」と名づけたのであって、信用が貨幣を資本に転化する機能をはたす、とかれは言明したわけだ。かれの研究対象となっている「貨幣」は、可能的資本（利子つき資本）としての最高資本物神的形態への転化をとげているものとしては理解されていないのであるから、そこでの「貨幣の資本化」は産業資本の運動過程でみられるものにほかならなかった。しかも、それが「資本信用」によっておこなわれる、とかれはかんたんにかんがえる（貨幣の貸しつけが、借り手の側からみての、「貨幣の貸しつけ〔借り入れ〕」であるか、「資本の貸しつけ〔借り入れ〕」であるか、にかんするなんらの究命もなしに」のだから、かれの思想はまさにかの「信用創造の理論」と共通する。「信用が貨幣を資本に転化せしめるというヒルファーディングの主張は、信用の資本形成を説く神話と、相隔たること遠くない。ハーンは、御存じの様に、資本形成力を『非インフレーション的』信用にも認めた、而してこの『非インフレーション的』信用なるものはヒルファーディングの資本信用と少しも異なるところがない、どちらも貨幣をば、それが生産的に使用されてない部面から、生産的に充用される部面へと、移転される」（デ・ローゼンベルグ・淡徳三郎訳『資本論註解』第四巻四四三ページ）。

(80) Das Finanzkapital, S. 86-7.

(81) 「資本信用」の作用が「貨幣の移転」(Uebertragung von Geld) にあるというかれの規定は、それが「貨幣の節約」(Ersparung von Geld) にあるのではない、といういみをふくんでいる。「……したがって、このばあいには、すでに存在する貨幣の移転がおこるのであって、貨幣いっぱんの節約がおこるのではない。だから、資本信用とは貨幣の移転のことであり、貨幣は資本信用によって休息的なものから機能的貨幣資本に転化されることになる。資本信用は、支払信用とはちがい流通諸費用を節約するのではなく、同一貨幣基礎という土台のうえに生産資本の機能を拡大する」(Das Finanzkapital, S. 86-7.)。しかし、かれは同時に、「資本信用」の作用についてつぎのようにしるす。「資本家階級ぜんたいについてみると、貨幣はあそんでいない。貨幣がここで蓄蔵貨幣として凝結すれば、それを信用がすぐさまある他の流通過程での能動的貨幣資本に転化する。こうして、階級ぜんたいにとっては、前貸しすべき貨幣資本の大きさが減少する。この減少は、流通の休止 (Pause) がこのばあい貨幣を移転可能なものにし、そうして蓄蔵貨幣としての貨幣の休息がさけられるから、生じるのだ。そこで、資本家階級ぜんたいは、ただ、流通の諸不規則と諸撹乱とに対処しうるために、比較的僅少の貨幣部分を蓄蔵貨幣として機能させる必要があるだけである」(a. a. O., S. 87.)。「現存の貨幣資本は、信用の媒介によって、この媒介がないばあいよりも、もっと大きな範囲で機能する。信用は、休息資本を資本の循環過程での諸撹乱または予測できない諸変動をさけるために必要な、あの最低限度に縮減する。個別的資本の循環過程の経過中におけるある一定期間の貨幣資本の休息を、信用は、こうして、社会的資本のために止揚しようとする」(a. a. O., S. 87-8.〔傍点—原著者〕)。これらの引用文では、かれは、貨幣・前貸し貨幣資本の減少・節約（流通信用・支払信用のばあいとおなじく、蓄蔵貨幣・休息貨幣の縮少）をもたらす、「資本信用」の作用についてのべるわけだから、「流通信用」の作用とのうるわしい対照で「資本信用」の作用を説こうとするかれの着想は、けっきょく、みごとな実をむすべなかったことになろう。

ヒルファディングの信用理論にみいだされる上述のような方法論の諸欠陥は、とどのつまり、諸価値形態の段階的展開過程にたいする十分な理解にかけるところからおきている、といえよう。商業信用とは本質的にちがうあの信用諸関係を利子つき資本の賃借関係として、しかも、その利子つき資本を最高の物神的価値（資本）形態として、すなわち、価値形態の単純なものから複雑なものへの、抽象から具体への、逐次的上向のながい展開過程をたどってきてさいごにとうたつする、価値—資本形態として、したがって、現実的諸機能からまったくきりはなされた「たんなる所有」の資本として、かれが完全に理解していたという証拠、そして信用理論の研究では利子つき資本にたいする正しい、しかも十分な理解がもっとも重視されねばならないということを、かれが完全に認識していたという証拠は、われわれがいままでにあとづけてきたかれの叙述にかんするかぎりでは、どこにもみられなかった。かれが、利子つき資本したがってあの信用諸関係をそういうものとして厳密に規定しなかったことにあらわれている価値形態—資本展開理論の不十分な理解は、じつは、貨幣理論の出発点で、貨幣の本質を価値形態として規定することの重要性のうえに、あくまでもたちつづけえなかった、かれじしんの独自の方法論そのもののあやまりのなかに根ざしたのであった。正しい信用理論は、正しい価値形態の展開理論としての貨幣・資本の理論のうえにたたなければならないのだから、かれが、『金融資本論』の序文のなかで、「貨幣の正しい分析によってはじめて、信用の役割……も認識されうるものとなる」といったことは、ひにくにも、かれじしんのあやまりをみずから言明した、という意味で正しかった。

Ⅳ　利　子　率

利子率の研究にむけられた章（原著『金融資本論』第六章）の叙述は比較的みじかく、そしてかんたんである。この、比較的みじかく、そしてかんたんな叙述は、だが、ひじょうに重要な問題をふくんでいて、われわれの注意をひく。というのは、この叙述のなかでヒルファディングは、マルクスの利子率変動論にたいする重大な異議を真正面から提起しているからである。われわれは、例のとおり、まず、かれのおこなった叙述の内容をあとづけてみよう。そうすると、かれがなぜマルクスの利子率変動論に異議をとなえたか、の理由がわかる。さいごに、われわれはヒルファディングの利子率論にたいするデ・ローゼンベルグとトラハンテンベルグの批判を検討しよう。

ヒルファディングは、この章の冒頭で『資本論』第三巻第五篇第二一章（そのはじめの部分にみいだされる、利子つき資本と利子との質的解明→平均利潤と利子との量的解明のための基本的叙述〔S. 371.〕）のなかから、ひとつの引用をおこない、それによって、かれがこれから研究の対象としようとする利子（利子つき資本の所有者に帰属する）にかんする基本的な規定をあたえた。かれが、なぜ、この引用をこのところではじめておこなって、かれの「資本信用」理論を究明するときにはおこなわなかったのか、ということは、かれの信用理論の方法をしるうえにも、ひとつの興味あるじじつである。そのことは、つまり、一面では、かれがかれの「資本信用」理論を利子つき資本と利子との質的解明なしにおこないえた方法論のうえにたっていた、ということをものがたるのだが、他面では、かれがマルクスからのこの引用文の内容をたんに利子の意味規定、利潤と利子との量的関係の規定としてだけ理解したのにとどまった、ということをしめすのだろう。

かれは、この引用文につづいてすぐさま――利子の質的規定（利子つき資本の独特な「価格」としての）の研究にいりこむことなしに――利子の量的規定（利潤の大きさと、利子の大きさとの関係）の問題にすすむ。そして利潤の大きさをきめる諸事情と、利子の大きさをさだめる諸事情とのちがいが説かれる。利潤とちがい、「利子は、労働からの諸生産手段の分離という資本主義の本質にたいして偶然的な諸事実、すなわち、第一には、生産資本家たちだけが貨幣にかんする自由処理権をにぎっているのではないという事実、第二には、個別的資本の循環では全貨幣資本がいつでもいりこまねばならないのではなく、ときおり休息するという事実、から生じる。そこで、利潤のどれだけの部分を貸付資本家たちが取得できるか、ということは、この貨幣資本にたいする生産者たちのがわの需要の変化する比例にかかっている」(1)とかれはのべる。こうして、「利子の高さは貸付資本の需要と供給とに依存する」(2)というちおうの結論をかれもまたひきだす。その需要と供給とはなんによってきまるかと、いうことについては、かれは、「一方には、一時的に休息しつつあるが、しかし増殖をもとめている貨幣があり、他方には、機能資本家たちが貨幣資本として機能資本に転化しようと欲している貨幣にたいするかれらの需要がある。この分配を資本信用がおこなうのであり、したがって、資本信用の状態によって利子率の高さがきまる」(3)とのべる。そしてまた、かれは、「したがって、このばあい、需要・供給としてたがいに貨幣市場で出あい、〃貨幣の貸付価格〃である利子率を決定する、各瞬間にきまる二つの大きさが問題である。この決定（利子率の〔飯田注〕）は、これ以上には、なんの困難をもしめさない。困難は利子率の変動の分析にさいしてはじめて生じる」(4)としるしている。

（1）（2） Das Finanzkapital, S. 102.
（3） a. a. O., S. 103.（傍点〔飯田〕）。
（4） a. a. O., S. 103.

ところで、かれは、利子率の変動を分析することがなぜ困難である、とかんがえるのだろうか。利子率の変動を把握することのむずかしさは、かれによると、利子率を変動させる要因である需要・供給関係の変化が捕捉されにくいことにあるようだ。「生産の、そしてまた流通の拡大が貨幣資本にたいする需要増加をいみする」(5)、ということは、なによりもあきらかである。需要増加は、したがって、供給がまえとおなじであるかぎり、利子率の上昇をひきおこすにちがいなかろう。だが、困難は、需要変化と同時に、そしてまさに需要変化の結果として、供給もまた変化する、ということから生じる」(6)。ところで、「供給を形成する貨幣量をみると、それは二つの部分、すなわち、第一に現存の現金、第二に信用貨幣から成る」（傍点〔飯田〕）と、かれはつづいていう。こうしてかれは、その、「需要変化と同時に、そしてまさに需要変化の結果として」変化する供給の内容を問題とするのだが、かれが供給の内容にたちいってのべている点は、かれの利子率変動論の核心に、さらに、かれのマルクス利子率変動論にたいする反駁の重心に、ふれているのであって、とくべつの注意を要するところである。ここでかれは、利子率を変動させる要因がなんであるか、ということについてかれじしんの見解を表明したのであったが、そこに展開されているこ(7)とがらのうちのあるものは、しだいにあきらかとなるように、通貨学派のノーマンやオーヴァストーンの見解のなかにみられるものと共通しているようにさえおもわれる。

（5） ここにいわれる「貨幣資本」が「貸しつけられうる貨幣資本」＝貸付資本をさすものだとしても、生産・流通の拡大、したがって商品（商品資本）にたいする需要増大がいつでもそのまま貸付資本にたいする需要増加をいみするとはいえないだろう（Vgl. Das Kapital, Bd. III. Tl. II., S. 559-60. 飯田繁『利子つき資本の理論』三六〇―二ページ参照）。商品にたいする需給関係と貸付資本にたいする需給関係とを同一視したオーヴァストーンのあやまりは、すでに、マルクスによってきびしく批判されたところであった（Vgl. bes. Das Kapital, Bd. III. Tl. II., S. 563.）。

（6） Das Finanzkapital, S. 103-4.（傍点〔飯田〕）。

（7） Vgl. Das Kapital, Bd. III. Abs. V. Kap. 26.

ヒルファディングは、利子率変動の規定要因を、あるときには、貸付資本（「貸しつけられうる貨幣」）の需給関係の変化とみ、またあるときは、たんなる貨幣（「現存の現金」）、貨幣資本（げんみつには規定されないままで）の需給関係の変化とみなす。このことは、かれの、利子つき資本と利子との質的規定にかんする理解がどんなか、をしめすものであり、貸付資本（利子つき資本としての貸付資本）と、たんなる貨幣や貨幣資本（流通資本としての）との区別の重要さをかれが十分には認識しなかったことをものがたるのだろう。たんなる「現存の現金」の供給量が、それにたいする需要量との関係で、利子率を変動させる、とかれが考えたその表現の素朴さ（それは、じつは、利子つき資本と利子との質的規定にたいするかれの理解の素朴さにもとづいている）は、ぜんぜんすくわれえない。ここでかれが

「現存の現金」といったのは、じつは、「貸しつけられうる現金」（ただし、貸しつけられうる現実的貨幣〔マルクスは、そのなかには、貨幣としての金・銀のほかに、銀行券をふくませた。しかし、ヒルファディングは、既述のように、「現金」のなかに銀行券をふくませなかった〕）のことであったのだ、という有利な解釈をうけることによって、その素朴な表現がかりにゆるされうるとしても、利子率の変動となにかのかかわりをもつものとして、「信用貨幣」の供給量をかれが指摘したことは、容易にゆるされえないだろう。なぜかというと、この「信用貨幣」のなかには、「流通信用」によってつくりだされる商業手形がおもにふくまれているとかんがえられるからだ。もっとも、この「信用貨幣」のなかには、商業手形のほかに、商業手形の割引によって流通内にながれこむ銀行券（ほんらいの信用貨幣）もまたふくまれるのだが、もし、流通内にあって流通手段・支払手段として機能しつつある銀行券をふくむ発行銀行券総量が――商業手形とともに――利子率の変動と関係する、というならば、ひとは利子率変動論でのもっとも初歩的なあやまりをおかすことになろう。流通過程からひきあげられて貸しつけられうる状態にある銀行券の供給量だけが利子率の変動に影響しうる、といわれねばならないのだから。

銀行券にかんするかぎりでは、「信用貨幣」の供給量についてかれがのべたことは、その銀行券がこのように「貸しつけられうる状態にある」ものだけをいみすると解釈されることによって、承認されよう。しかしながら、商業手形にかんするかぎり、そのような、流通過程からひきあげられて貸しつけられうる状態にある商業手形の供給量などというものはぜんぜん存在しないのだから、「信用貨幣」の供給量についてかれがのべたことは、まったく救済されない。つぎの引用文のなかにあらわれる「信用貨幣の増加」が、貸しつけられうる貨幣、貸しつけられうる貨幣資本の増加でないこと、したがって、利子率変動にたいして原因的になんの作用をもはたしえないことは、きわめてあきらかだ。「……われわれが流通信用の分析でみたとおり、信用貨幣は生産の拡張とともに拡大されるひとつの可変的要因である。しかし、この生産の拡張は貨幣資本にたいする需要増加をいみする。ところが、こうして需要が増加すれば供給もまた増大する。この供給増大は生産の拡張にもとづく信用貨幣の増加によってあたえられるのだ。利子率の一変化は、だから、貨幣資本にたいする需要の変化が供給の変化よりもつよいばあいにだけおこるだろう。したがって、利子率の上昇は、貨幣資本にたいする需要が信用貨幣の増加よりもいっそうはやく増大するときに生じる(8)」。

(8) Das Finanzkapital, S. 104.

おなじ内容をもつ叙述が『金融資本論』の本章にさきだつ第五章にもあたえられている。「生産の上昇は同時に流通の増進をいみし、流通諸事象の増大は信用貨幣の増加によって処理される。手形流通は増大されるし、また増大されうる。というのは、流通のなかに入りこむ商品量が増大するからである。流通のこの増進は、だから、金貨幣にたいする需要があがることを要しないで、生じうる。貨幣資本の需給関係もまたなにも変化することを要しない。というのは、流通手段にたいする要求の増加と同時に、そしておなじ割合で、供給が増大する——そのわけは、商品量の増加にもとづいて信用貨幣が多量に発行されうるので——のだからである。

……したがってこのばあい、信用増大と生産資本増加とがおこる。どちらも手形流通の増加であらわれる。しかし、貨幣形態資本の需給関係がそれとむすびついて推移するということはない。だが、利子率にたいして作用するのは、ただこの需要だけである。だから、信用増大——それがまさに流通信用にかぎられるかぎり——は不変の利子率とあいともないうる(9)」。

(9) a. a. O., S. 77-8.（傍点〔原著者〕）。

このように、貨幣資本（貸付資本）にたいする需要増大が生産・流通の拡大にともなう信用貨幣の供給増加によってみたされるかぎりでは、利子率は変動しない——なぜならば、貨幣資本にたいする需要増大と、それの（信用貨幣の形態での）供給増加とが一致すれば、貨幣資本にたいする需給関係はなにも変化しないのだから——、とヒルファディングがのべたのは、信用貨幣の供給増加（流通信用の増大）が、利子率変動にたいして影響しない、ということをではなく、むしろ反対に、それにたいして影響する、ということを主張するためであった。この影響は、しかし需給が一致するこのばあいには、利子率を上昇も低落もさせないようなぐあいに、利子率にたいしてあたえられる。ところで、利子率がげんじつに上昇するのは、「貨幣資本にたいする需要増大」が「信用貨幣の供給増加」よりもいっそう大きくすすむばあいである、とかれは考えるのだが、それでは、そのようなばあいはどうして生じるのだろうか。そのようなばあいは、かれによれば、信用貨幣の供給増加がとまり、代わって「現存の現金」（貸しつけられうる）にたいする需要増加が発生することによっておこる。「信用貨幣の供給増加をこえる貨幣資本にたいする需要増大」、「現金にたいする需要増加」については、かれはこうのべる。

「まずだいいちに、信用貨幣の増大は、信用貨幣のたえまない兌換可能のための準備金として必要な現金の増加を要請するし、つぎにまた、信用貨幣の流通につれて、相殺されない信用貨幣のために差額決済上保有されねばならない現金部分もまた増加する。同時に、流通の拡大にともない、信用貨幣がそのなかではとるにたらない役割をしか演じないような諸取引も増大する。労働者たちの支払いや、増加した諸小売取引の決済に必要な額は、たいてい現金からなりたっている。こうして、貸付取引のために用だてられる額は減少する。なぜかというと、現金の一部分はこういった他の（貸付取引以外の（飯田注））諸機能のために必要となるからである。さいごにあげられるのは、繁栄期の終末あたり諸商品の販売がとどこおりまたはおそくなると、信用貨幣の増加は増進した生産・流通諸要求よりもおくれるようになる、ということである[10]」。「……満期となった諸手形が相殺されないならば、それらは現金と換えられねばならない。そこで信用貨幣（したがって、諸手形、あるいはそれらに代わる諸銀行券）は、貨幣諸機能、商品の流通をいままでのような範囲ではもはやはたしえなくなる。満期となった諸手形を償却するためには、現金にたいする需要増加がおこる。そこで、げんじつに機能しつつある信用貨幣は減少したが、他方では同時に、信用貨幣を償却するため現金にたいする需要がたかまる。利子率の上昇をひきおこすものは、この需要である」[11]。そのような現金にたいする需要がたかまるときに、利子率の上昇がひきおこされる、とかれがいうのは、現金（じつは、貸しつけられうる現金）にたいする需要が増加するその瞬間に、「諸銀行の金保有量が減少し、準備金がそれの最低限度にちかづき」[12]、「貸しつけられうる金蓄蔵の欠乏」が生じるからである。すなわち、「……貸付資本にたいする需要は、金をますます多く吸収する流通の要求によって金蓄蔵がもっともすくなくなるまさにそのときにもっとつよくなる。貸しつけられうる金蓄蔵の欠乏が、そのような諸時期に利子率の規制者となる銀行割引率引き上げの直接的な誘因となる」[13]。こういうことがおこるのは、上記の引用文にしめされているような、「繁栄期の終末あたり諸商品の販売がとどこおりまたはおそくなる」時期においてである。

（10） a. a. O., S. 104.
（11） a. a. O., S. 104-5.
（12）（13） a. a. O., S. 106.

ヒルファディングは、繁栄期に需要される貨幣資本（と、かれがいっているものは、貸付資本のことだ、とわれわれは解釈しよう）が流通過程ではおもに購買手段として機能するものであり、繁栄終末期・恐慌期に需要される貨幣（貸付）資本が流通過程では主として支払手段として機能するものである、ということをここでは明瞭にはしめしていないが、そのことを知っていた（『金融資本論』第一八章でかれはこの点にふれる[14]）。かれがここでいおうとしていることは、こうだ。繁栄期に生産・流通拡大のためにおこる、貨幣（貸付）資本にたいする需要増大は、信用貨幣の供給増加によってみたされるのだが、繁栄終末期・恐慌期に生じる貨幣（貸付）資本にたいする需要増大は、信用貨幣の供給増加によってではなく——信用貨幣はもはや役だたなくなるので——、そういう時期にこそかえって最小限度に減少する「現存の現金」（貸しつけられうる金蓄蔵）によってまかなわなければならない、ということである。

そして、利子率の上昇は、貨幣（貸付）資本にたいする需要増大が、信用貨幣の供給増加によってみたされるとき（繁栄期）にはおこらない――そのばあい、信用貨幣の形態での、貨幣（貸付）資本にたいする需要と供給との関係は合致するのだから――で、信用貨幣の供給増加によってもはや満たされえなくなるときに生じる、とかれはかんがえた。こうして、かれにおいては、利子率の変動にたいして信用貨幣の増減がきわめて大きな役割をはたすことになる。

(14) Vgl. a. a. O., S. 339.

そこで、かれは、「利子率の決定」と「利子率の変動」とにかんして、つぎのように結論した。「……利子率の絶対的高さが資本信用の状態に依存するとすれば、利子率の諸変動はとりわけ流通信用の状態に依存する」[15]。ここで「……利子率の絶対的高さは資本信用の状態に依存する」、とかれがいっていることの内容は、さきにかれが「一方には、一時的に休息しつつあるが、しかし、増殖をもとめている貨幣があり、他方には、機能資本家たちが貨幣資本として機能資本に転化しようと欲している貨幣にたいするかれらの需要がある。この分配を資本信用がおこなうのであり、したがって、資本信用の状態によって利子率の高さがきまる」[16]とのべたことによっていちおう説明されている。だが、利子率の絶対的高さの決定と利子率の変動との関係、そしてそれぞれの規定要因としての、「資本信用」の状態と「流通信用」の状況との関係はなにもあきらかにされていない。ところで、「資本信用」の物的基礎をヒルファディングが「資本主義的社会での蓄蔵貨幣の第二形態」だけにもとめた不十分さはあるが、ともかくも、貸しつけられうる貨幣資本にたいする需給関係の状態、したがって「資本信用」の状態、が利子率の高さを基本的に決定するという、かれのこの命題の精神をわれわれはいちおう理解することができる。それにしても、つづく「利子率の諸変動はとりわけ流通信用の状態に依存する」、というかれの立言をわれわれは承認できない。われわれがこの立言をうけいれえないわけは、利子率は、ほんらい利子つき資本にたいする需給関係の状態、したがって銀行信用の状態によってきまり、そしてうごかされるものであって、銀行信用との関係に入りこまないたんなる商業信用（ヒルファディングのいわゆるたんなる「流通信用」）の状態によってはけっしてうごかされるものではない、のだからである。

（15） a. a. O., S. 105.

（16） a. a. O., S. 103.（前掲注3）。

ところが、「利子率の諸変動はとりわけ流通信用の状態に依存するる」というかれのこの確信こそは、かれの利子率変動論をマルクスのそれから決別させた、ひとつの特徴を形成し、したがってまた、かれをして敢然とマルクス利子率変動論に挑戦させたひとつの誘因ともなったのであった。かれによると、「……流通のなかに現存していないあらゆる貨幣は貸しつけられうる」(17)のであって、その貸しつけられうる貨幣の供給にたいする「需要が利子率の高さをきめる」(18)のだが、「この需要そのものは、流通信用の状態、したがって、再生産的代理者たちがたがいにあたえあう〝商業信用〟に依存する。この〝商業信用〟が需要の増加とおなじ割合で拡大するかぎりでは、利子率になんの変動もおこらないだろう。だが、需要の最大部分は、需要と同時に増加する供給によってみたされるということをひとはわすれてはならない」(19)。こうして、かれは、貸しつけられうる貨幣（貸付資本）の供給という正しい概念から出発したのであったが、それにたいする需要が「商業信用」に依存し、その「商業信用」の拡大によって信用貨幣の供給が増加して、そうしてそれらの需要と供給とがおなじ割合で増大する（需給が一致する）かぎり、利子率は変動しない、というあやまった結論に到達した。

（17） a. a. O., S. 105.

（18）（19） a. a. O., S. 106.

ここで、かれは、「貸しつけられうる貨幣（貨幣資本）の需要・供給」と、「信用貨幣の需要・供給」すなわち、流通過程からぬけでて貸しつけられうる状態にはけっして入りこみえない商業手形をふくむ信用貨幣の需要・供給とを同一視した。かれによれば、機能資本家たちは、生産・流通拡大のために必要な貨幣資本（流通資本としての）をば、銀行から「資本信用」を媒介として借り入れ・入手することもできれば、また、ことに繁栄期にはもっとも大量的に、取引相手の機能資本家たちから「流通信用」を媒介として借り入れ・入手することもできる（「流通信用」で貸しつけられるものは商品ではなく、貨幣だ、という一面かれがとらわれている考えかたにもとづいて）。まえのばあいには、機能資本家たちの貨幣資本需要は、「貸付資本にたいする需要」としてあらわれ、あとのばあいには、機能資本家たちの貨幣資本需要は「信用貨幣の発行・供給」によって満たされる、とヒルファディングは思考したのだろう。こうして、なぜかれが、「流通信用」の状態によって利子率がうごかされる、とかんがえたか、の理由もあきらかとなる。

かれは、「資本信用」と「流通信用」とを、ともに、機能資本家たちが流通資本としての貨幣資本を入手しうる機構やルートにほかならないものとみなし、そしてまたそこから、両信用を利子率の決定・変動に参加する要因とみなした。このことによって、かれは、またもや両信用を同一平面のうえにおき、無差別的に混同したばかりでなく、さらに、利子率を変動させる要因にかんする正しい把握を、すなわち、利子率が、商業信用（それを代表する商業手形）の状態に関連するものではなく、ただ利子つき資本の需給関係にだけ関連するものである、というこのさいもっとも大事なことがらにかんする正しい理解を、かちとることができない羽目ともなった。

ヒルファディングは、マルクスが利子率変動の規定要因のなかから「商業信用の状態」を排除したことに大きな不満をいだいた。そうして、マルクスが『資本論』第三巻第五篇第三一章のなかで、利子率の中・短期的（長期的でない）変動を規定する要因にかんしてあたえた命題（「利子率の諸変動……は、貸付資本の供給……、すなわち、硬貨そして銀行券の形態で貸しつけられうる資本——産業資本として、商品形態で、商業信用の媒介で、再生産的代理者たちじしんのあいだで、貸しつけられる産業資本とはちがう——の供給に依存する」[20]）に反対して、「われわれの見解はこれと完全には一致しない[21]」、とかれはのべたのであった。ヒルファディングにとっては、銀行券が、マルクスによって、硬貨とおなじとりあつかいをうけ、したがって、利子率の変動にたいして硬貨とおなじ役割をはたすものとみられていることが気がかりであった。なぜかというと、銀行券は、ヒルファディングにおいては、商業手形とおなじたんなる信用貨幣（貨幣とは区別される）の一部分にすぎないものであり、繁栄期にみられる生産・流通の拡大につれて増大する商業手形の供給とともに増加する銀行券の供給は、「信用貨幣の供給増大」として把握されなければならないのであって、けっして、あの、繁栄終末期にますます減少していく、貸しつけられうる現金（硬貨や国家紙幣）の供給量と同一視されてはならないものだからであった。そこで、こうみるヒルファディングは、たとえマルクスにおいても、かれのばあいとおなじく、銀行券の供給が利子率を変動させる一要因としてとりあげられているとしても、その銀行券の供給は、かれじしんがかんがえているのとはまったくちがうものとして取りあげられているのだ、ということをしめさねばならなかった。

(20) Das Kapital, Bd. III. Tl. II., S. 544.（傍点〔飯田〕）。
(21) Das Finanzkapital, S. 105.

こうして、マルクスが念頭においた銀行券は、けっきょく、「貨幣表章によって代位されうる流通最低限を代表するか、あるいはすくなくとも、ピール時代に代表したかぎりでは、じっさいに国家紙幣の機能をはたす[22]」ものにすぎない、というふうに、だからまた、その「銀行券の数量は法律によってある一定量に確定されどおした[23]」というふうに、ヒルファディングは解釈した。したがって、かれは、マルクスの上述の命題のなかから銀行券を抹殺して、これを〃流通最低限を代表する国家紙幣〃（かれのいう「現金」の一部分）のうちに解消してしまい、そうして、マルクスの命題を〃利子率の諸変動……は、貸付資本の供給……、すなわち、貨幣、硬貨そして流通最低限を代表する国家紙幣の形態で貸しつけられうる資本の供給に依存する〃というかたちにすりかえ・考えてしまった。マルクスの命題が、ヒルファディングによって解釈され、すりかえられた形では、繁栄期のおわりにおこる利子率の変動だけを説明できるのにすぎず、繁栄期のあいだをつうじる利子率変動のじっさいを解明できない、とかれはかんがえたので、「われわれの見解はこれと完全には（nicht voll）一致しない」（傍点〔飯田〕）といいきったのであった。そしてかれじしんは、つぎのように主張した。繁栄期に、利子率の変動にたいして支配的影響をおよぼす、貸付資本にたいする需要の変動と、それの供給の変動との二要因は、「商業信用」（＝「流通信用」＝「信用の最大部分」[24]）によってつくりだされる信用貨幣――そのなかに銀行券がふくまれる――の形態であたえられるのであり、また、その期間中に、利子率が変動しないわけも、貸付資本にたいする需要増大と、それに対応する供給増加とが同時的・同率的に成立するからであって、そのような事情が消滅する繁栄終末期にはじめて利子率が変動（上昇）する、と。

（22）（23）　a. a. O., S. 105.

（24）　a. a. O., S. 106.

かれは、こうして、じこの主張でしめしたものによって、繁栄期の前後にわたる全景気変動過程におこる利子率の変動を正しく解明しえたという満足感に到達した。だが、かれのこの自己満足は、しょせん、つぎのような、理解の欠如、理解の浅薄さからうまれたものだった。ほんらい、利子率が、貸しつけられうる貨幣資本（現実的貨幣の形態で――したがって、「価値・貨幣にたいするたんなる債務請求権」＝擬制資本の形態で、ではなく[25]――貸しつけられうる資本）＝利子つき資本にたいする需給関係だけできまり、そしてうごくのであって、けっして商業信用の状態や、商業信用そのものによってつくりだされる商業手形―信用貨幣の数量それじたいなどと関係するのではない、ということにたいする明確な理解の欠如から、つまりは、かれじしんの信用理論における最高資本物神としての、利子つき資本と利子そのものにたいする理解の浅薄さから。

（25）　銀行券＝銀行手形は、ほんらい、貨幣じたいではなく、「本来的な信用貨幣（das eigentliche Kreditgeld）」（Vgl. Das

Kapital, Bd. III. Tl. I., S. 436.）である。そうであるから、銀行券は、なるほど、信用の程度や流通性の度合いでは、信用貨幣の他の形態としての商業手形＝「本来的な商業貨幣（das eigentliche Handelsgeld）」（Vgl. a. a. O., Bd. III. Tl. I., S. 436.）とはちがうけれども、「貨幣にたいする債務請求権」＝ひとつの種類の擬制資本である、という一点では、区別されない。だが、銀行券の発行権が中央銀行によって集中されるようになると、銀行券の信用貨幣としての性格は、発行権の集中されていない私的銀行券のそれとは、ましてや商業手形のそれとは、まったくちがってくる。「……たいていの国々では、銀行券を発行する諸主要銀行は、国立銀行と私立銀行とのあいだの奇妙な混合物（sonderbarer Mischmasch）としてじっさい国民的信用を背後にもつものであり、そしてまたそれらの銀行券は多かれすくなかれ法定支払手段である……」（a. a. O., Bd. III. Tl. I., S. 440）。

ところで、利子率を変動させる要因は、マルクスにおいては、貸しつけられうる形態での貨幣……に限定されるのであり、ほんらいそれは価値の絶対的存在形態（金・銀）として存立するものでなければならないのだが、兌換中央銀行券はそのような形態との同一性を確保されたものとして、それじたいはひとつの種類の擬制資本でありながらも、貨幣と同等なとりあつかいをうけうる、とみなされ、貨幣……のなかに包含されたのであろう。また、中央銀行券が不換化されたばあいにも、それは、国民によって強制通用力をあたえられることによって、金表章として流通必要金量を代表しうるのだから、貸しつけられうる部分については、硬貨・兌換中央銀行券なきばあいの、利子率変動の規定要因となりうるだろう。

銀行券は、貸しつけ・発行される〃独特な流通過程〃のなかでは、利子つき資本（正確には擬制的利子つき資本）の本質をもち、利子つき資本の運動をおこなう。ところが、貸しつけられ・発行された銀行券が、借り手によって資本の再生産過程に投資され、〃げんじつの流通過程〃のなかに入りこむと、信用貨幣（兌換銀行券のばあい）あるいは価値表章（不換銀行券のばあい）の本質をもって運動する。このように、銀行券は、①擬制的利子つき資本と、②代用貨幣（信用貨幣あるいは価値表章）の二重性を内包している。

だから、銀行券と信用貨幣とが同一視され、〃信用貨幣が貸しつけられる〃などと、お粗末に考えてはならない。だから、利子率を決定し・変動させる要因は、まさに〃独特な流通過程〃のなかで運動する利子つき資本としての銀行券の数量（需給量）であって、けっして〃げんじつの流通過程〃のなかで運動する代用貨幣としての銀行券の数量（需給量）ではない、ということをよく知らなければならない。

ヒルファディングは、利子率低下の傾向が、じっさいに、「ひとが発達した資本主義的諸関係だけを比較するばあいには[26]」、確認されない（nicht konstatieren）という主張を第六章のさいごまでつづける。利子率低下の傾向が確認されないという、かれの立言は、マルクスが『資本論』第三巻第五篇第二二章のなかで、利子率低下の傾向に言及したことに反対して[27]──あからさまにそうと表明されているわけではないけれども──提起されているのだろう。こうして、ヒルファディングのこの立言は、マルクス利子率変動論にたいする第二の反対を形成する。かれは、この立言をおこなう理由について、つぎのようにのべる。

(26) Das Finanzkapital, S. 107.
(27) 「すでにみたように、利子率の高さは資本主義生産の発達に逆比例するのだから、一国での利子率が高いか低いかは、産業的発展の高さにおなじく逆比例することになる。それも、利子率のちがいがげんじつに利潤率のちがいをいいあらわすかぎりでだが。これはけっしていつまでもそうであることを要しない、ということはあとでみるだろう」(Das Kapital, Bd. III. Tl. I., S. 393)。「しかし、利潤率の諸変動とはまったく無関係な、利子率低下の一傾向もまた存在する」(a. a. O., Bd. III. Tl. I., S. 394-5)。

「利子率低下の傾向は、貸付資本への需要にたいする現存の金蓄蔵の割合がたえず順調になるという前提、すなわち、金蓄蔵が貸付資本にたいする需要よりもすみやかに増大するという前提、とむすびつく[28]」のだが、じっさいには、「金蓄蔵の増大や流通の最低限度と同時に、高度好景気の時期に流通によって追加的にとりあげられる金量もまた増加する[29]」ので、「金蓄蔵が貸付資本にたいする需要よりもすみやかに増大するという前提」が存立しうる証拠は、えられない。そこで、理論的にも、そしてまた現実的にも──かれは、一八五二年から一九〇七年まで「さいきん五五年間にわたるヨーロッパ四主要銀行の平均割引率[30]」の推移をあとづけることによって（このあとづけについては、デ・ローゼンベルグのしるしたことが注目される[31]）──、利子率低下の傾向はみられない、とかれは断定する。「利潤率の低下は、利子が利潤のなんらかある一確定部分であるばあい──もっとも、そんなばあいはありもしないことだが──にだけ利子率の低下をいみするでもあろう。利潤率の低下は、たかだか、利子の理論的最高限界である利潤が低下する、といういみをもつ。だが、この最高限界はいっぱんに比較的ながい期間にわたっては達せられないのであるから、この〝確認〟はぜんぜんいみないものだ」[32]。そして、かれは、利潤率と利子率との関係や、利子率の決定について、つぎのような結論的見解をひれきした。

(28)(29) Das Finanzkapital, S. 107.

(30) a. a. O., S. 108, Fußnote.

(31)「然しヒルファーディングはなほマルクスを反駁するために統計的な材料をも挙げてゐる、——だが吾々はこれについては此処で論じることは止めることゝする、読者は上記のマルコフの論文を参照されたい。けだしマルコフは正当にも、ヒルファーディングのあげてゐる統計はマルクスを打たずして却ってヒルファーディング自身を打つものであることを、明かにしてゐるのである」(デ・ローゼンベルグ、淡徳三郎訳『資本論註解』第四巻四五〇ページ)。

(32) Das Finanzkapital, S. 107-9.

「利子率の高さは、利潤率によってなんらか決定されるのではなくて、貨幣資本にたいする需要の大小によって決定されるのだ、ということ、そしていかにこの需要の大小を、繁栄期の発展、テンポ、強度、範囲の遅速が条件づけるかということ、が上述の全事実からあきらかとなる」[33]。ところで、かれの利子率低下傾向の否定論は、それじたい、かれの利子率理論のなかでひとつの地位をしめるという点で、だけでなく、さらに、かれの金融資本理論のなかでひとつの重要ないみをもつという点でも(むしろ、もっと)、注意されなければないものとなっている。「発達した資本主義的諸関係のなかでは、利子率はあまり変動しないのにたいして、利潤率は低下するので、総利潤のうちの利子の分け前は企業者利得にたいして、したがって、有閑資本家たちの分け前は機能資本家たちを犠牲にして、あるていど増進する。こうして、なるほど、利子率低下のドグマとは矛盾するが、しかしその代わり、諸事実とは一致するところのひとつのじじつがうまれる。このじじつは、同時にまた、利子つき資本の、したがって諸銀行の勢力増大と重要性とのひとつの原因であり、そしてまた、資本の金融資本への転化の重要な一槓杆である」[34]。

（33） Das Finanzkapital, S. 109. Fußnote.

（34） a. a. O., S. 110.

マルクスは、上述のとおり、『資本論』第三巻第五篇第二二章で利子率低下の傾向についてかたった。しかし、利子率低下の傾向は、マルクスにおいては、ヒルファディングがのべているような、「貸付資本への需要にたいする現存の金蓄蔵の割合がたえず順調になるという前提、すなわち、金蓄蔵が貸付資本にたいする需要よりもすみやかに増大するという前提とむすびつく」もの、とされているのではなく、また、「利子が利潤のなんらかある一確定部分であるばあい」に成立するもの、とかんがえられているのでもない。マルクスは、貸しつけられうる金・銀の供給量（ヒルファディングのいう「金蓄蔵」）だけでなく、銀行券——ただし、発行権を集中した中央銀行の銀行券——の供給量もまた、貸しつけられうる貨幣資本として存在するかぎり、これらにたいする需要量との関係で、利子率の変動にたいして影響する、とみた。資本主義生産の発展にともなう資本の有機的構成の高度化→利潤率の低下傾向によって規定されるといわれる利子率低下の傾向も、資本主義生産の発展につれて、じっさいに、銀行券をふくむ貨幣形態での貸付資本の供給の増大程度がそれにたいする需要の増加度合いよりもいっそう大きくのびていく長期的傾向によってうらづけられるのでなければ、成立しえなかっただろう。

マルクスは、利子率低下の傾向をうみだす原因として、①国富の増加にともなう金利生活者階級＝貸付資本家階級の増大、②「信用制度の発達、そして、それとともに、社会の全階級のあらゆる貯蓄貨幣の、銀行業者たちによって媒介された、産業家たちや商人たちの利用のたえまない増進、さらに、これらの貯蓄の、貨幣資本として作用しうる量への集積の進行……」[35]をあげたのであったが、マルクスによって指摘されたこれらの貯蓄貨幣・貸付資本がすべて「金蓄蔵」からなりたっているとは想像されえないところである。なお、かれがここにあげた諸原因は利潤率低下の傾向とはかかわりないものであり、したがって、かれによれば、利子率低下の傾向は利潤率低下の傾向とは無関係にも生じうるわけである。このことをマルクスがふかく考慮していたということは、利子が利潤の一確定部分でなければ、利子率低下の傾向は成立しない、というふうには、マルクスが考えていなかったということのひとつの証左となるだろう。いうまでもないことだが、マルクスは、利子の利潤からの自立化について主要な叙述をあたえているのであって、けっして利子を利潤の一確定部分としてはとりあつかわなかった。

(35) Das Kapital, Bd. III. Tl. I., S. 395.

ところで、貸しつけられうる貨幣資本の供給が需要をこえてすすむこのような長期的傾向は、貸しつけられうる貨幣資本のそのときどきにおこる中・短期的需給関係の変動（ヒルファディングが「金蓄蔵の増大や流通の最低限度と同時に、高度好景気の時期に流通によって追加的にとりあげられる金量もまた増加する」といっているのは、貸付資本（「金蓄蔵」）の中・短期的供給についてかたっているようにみえる）と混同されてはならない。しかも、その長期的傾向と中・短期的変動とは、げんじつに、利子率変動にたいして複合的（相乗的または相殺的）に作用するということが注意されねばならない。こうして、利子率低下の長期的傾向は、中・短期的におこる利子率の極端な上昇——たとえば、恐慌期の——によってはけっして否定されえない、ということも理解されえよう。マルクスが『資本論』第三巻のなかで「利子率変動の規定要因」[36]についてのべたときには、かれは貸付資本のそのときどきの供給量（需要量との関係）だけを考慮したので、そこでは利子率の長期的変動の問題は、しばらく除外されることになった。そのことはともかくとして、マルクスは、利子率低下の傾向がいつでも、そしてどこでも存在し・看取されることを主張したのではなかった。「これ（「利子率のちがいがげんじつに利潤率のちがいをいいあらわす」ということ〔飯田注〕）はけっしていつでもそうであることを要しない、ということはあとでみるだろう」（前掲の注(27)参照）。

(36) Vgl. a. a. O., Bd. III. Tl. II., S. 544.

マルクスは、利子の大きさが究極的には利潤の大きさ（一般的〔平均〕利潤率）によって規定されることをみとめつつ、同時に、しばしば——景気変動過程でも、さらにまた、いっそう短期の循環過程でも——利子率（平均）が利潤率（平均）からはなれて運動するということ、利子率が利潤率から自立化するということ、について力説した。マルクスのこの力説は、利子の物神性を追究し・解明するために、かれの原著第二四章でそれの叙述の仕上げがおこなわれるまで、総利潤と利子とのあいだで、さらにすすんでは、利潤内部での利子と企業者利得とのあいだで、『資本論』のこの部分を通過した読者なら、みすごすことのできないほど印象的におこなわれている。ヒルファディングも、したがって、利子率低下傾向の否定論を「マルクスにたいする反論」というあからさまな形では提起することができなかったのだろう。だが、利子率低下の傾向にたいするこれら二人の学者の態度はまったくちがっている。マルクスは、利子率低下傾向の存在を絶対視したのではなかったが、だからといって、それの存在を無視したのでもなかった。というのは、マルクスにおいては、利子そのものは、なによりもまず、利潤との質的・量的関係（依存と自立との矛盾の統一）でとらえられなければならないのだからである。

ところが、ヒルファディングは、利子率低下傾向の存在を完全に無視することによって、利潤と利子との関係を機械的にきりはなし、そして利潤率と利子率との機械的分離から、「総利潤における利子の分け前の増加」から、したがって、生産過程以外のところに起因する産物や傾向から、「資本の金融資本への転化」の理論をみちびきだそうとした。というよりも、むしろ、「資本の金融資本への転化」の理論にみちをきりひらくために、利子率低下傾向の否定論が提起された、とさえいえるほど、論理が整然としている。

さいごに、われわれはヒルファディングの利子率理論にたいするデ・ローゼンベルグとトラハテンベルグの批判についてごくかんたんにふれておこう。デ・ローゼンベルグは、『資本論註解』第四巻『第五篇に対する補足』のなかに、ヒルファディングの信用理論を批判するための一項目をもうけ、その末尾の部分で、ヒルファディングの利子率理論に批判をくわえた。かれがヒルファディングの信用形態論――「流通信用」論と「資本信用」論――にむけた批判の程度にくらべて、ヒルファディングの利子率理論にくわえたかれの批判の度合いは、ずっと低調であるようにおもわれる。それがそうなのは、おそらく、ヒルファディングの利子率理論そのものが、ヒルファディングの信用形態論それじたいとくらべて、内容的にも・分量的にもはるかに低調であるのに、照応しているのだろう。だが、なによりもわれわれに不審と不満をいだかせるものは、デ・ローゼンベルグがヒルファディングの利子率理論を批判しながら、「利子率の諸変動はとりわけ流通信用の状態に依存する」(前掲の注(15))というヒルファディングの「重大な」立言になにもふれなかったという点、したがって、ヒルファディングがこころみたマルクス利子率変動論(「利子率変動の規定要因」にかんする、『資本論』第三一章のなかのマルクスの命題)にたいする反論の核心をまったく突かなかったという点、である。デ・ローゼンベルグは、ただ、ヒルファディングが利子率低下の傾向を否定したことを、マルクス利子率変動論にたいする唯一の反論であるかのようにとりあつかった。「ヒルファーディングの『研究』は、マルクスとの公然たる背離によって終りを全うしなければならなかったのである。マルクスによれば、利潤率低下の傾向が自ら利子率の低下の傾向をも決定する。ヒルファーディングは理論上からも事実上からも此の傾向を排撃してゐる」[37]。デ・ローゼンベルグは、こうして、ヒルファディングの利子率低下傾向の否定論を、マルクスにたいして真正面からむけられた反論としてとりあつかうことによって、同時にまた、かれは、利子率低下の傾向にかんするマルクスの見解にたいするかれじしんの誤解をも表明したわけであった。

(37) デ・ローゼンベルグ、淡徳三郎訳『資本論註解』第四巻四四八ページ。

デ・ローゼンベルグにたいして抱いたのとおなじ不審と不満を、われわれはトラハテンベルグにたいしてもいだく。トラハテンベルクは、『現代の信用及び信用組織』の第七章、一一、「利子及び利子率、利子率低下の法則、ヒルファディングのマルクス修正」のなかで、ヒルファディングの利子率理論に言及し、そして利子率理論でのヒルファディングのマルクス修正の核心を、デ・ローゼンベルグとおなじように、利子率低下傾向の否定にだけもとめている。「ヒルファーディングは利子率低下の傾向を否定してマルクスと一致しないことを示してゐる」(38)、とのべたトラハテンベルクは、つづいて「利子率低下の傾向に関するマルクスの見解を修正するために、ヒルファーディングは次のような考量をめぐらしてゐる」といって、ヒルファディングじしんが『金融資本論』のなかで「われわれの見解はこれと完全に一致しない」と反論した、マルクスの「利子変動の規定要因」にかんする命題をかかげた。マルクスのこの命題は、ヒルファディングによって、マルクスの利子率低下傾向の理論にたいする反論のために利用されたのだ、とトラハテンベルグはかんがえたわけだ。

(38) トラハテンベルグ、川崎巳三郎訳『現代の信用及び信用組織』二二〇ページ。

トラハテンベルグのヒルファディング批判論の筋道はこうである。マルクスのこの命題のなかの「貸付資本の供給」は、ヒルファディング流のとりあつかい方で「銀行に於ける金の存在量」によってきまるものに転化されてしまった。ところで、ヒルファディングによれば、利子率の変動が「銀行に於ける金の存在量」=「存在する金準備の供給に依存する、というかれじしんによって歪曲されたマルクスの理論にしたがうかぎり、利子率低下の傾向は、「金準備が貸付資本に対する需要よりも急速に増大するということを前提」としなければならないはずである。ところが、じっさいには、そういうことはおこらないから、利子率低下の傾向は存在しない、とヒルファディングはかんがえた。しかし、貸付資本の供給を直接に金準備量に依存させたヒルファディングのこのような見解は、「貸付け得べき貨幣資本量は、流通貨幣の量とは異なるもの」である、というマルクスの思想とはまったく矛盾するものである。このような批判論の筋道をたどったトラハテンベルグは、つぎのようにのべることによって、ヒルファディングのあやまりにとどめをさした、とかんがえた。「……金準備は信用拡張の究局の限界をなすのではあるが、しかしだからと言って金準備の増大と貸付資本の蓄積の増大との間に等号を引かなければならないといふことには決してならない(39)」。

(39) 同書二二二ページ。

ヒルファディングが、貸付資本の供給を金準備量に局限して把握した結果、利子率低下傾向の否定論に到達した、という点をトラハテンベルグが指摘したことはいちおう正しい、といえよう。だが、ヒルファディングがその利子率低下傾向を否定するために、マルクスの「利子率変動の規定要因」にかんする命題にたいする反論を提起したかのように、トラハテンベルグが解釈したのは、十分ではなかった。というのは、ヒルファディング利子率理論にたいするそうしたトラハテンベルグの批判では、なんともいえない物足りなさがかんじられるからである。その物足りなさは、かれが、デ・ローゼンベルグとおなじように、マルクスの「利子率変動の規定要因」にかんする命題そのものにむかって真正面からかかげられたヒルファディングの反論の核心が、利子率変動の規定要因としての「流通信用」の状態の強調それじたいのなかにあった、という点をみおとし・あるいはつよく指摘しなかったことにある。なぜ、その見おとしが物足りないか、というと、この点のみおとしは、ヒルファディングの利子率理論のなかにもかれの信用理論の基本的欠陥があらわれている、とはいってみても(40)、しょせんその深奥にひそむ欠陥の根源を見おとすことになりかねないのだからである。

(40) トラハテンベルグは、ヒルファディングの利子率低下傾向の否定論のなかに――ヒルファディングの、利子率変動の規定要因としての「流通信用」の状態の強調論のなかに、ではなく――、ヒルファディング信用理論の基本的欠陥のあらわれをみた。そのわけは、トラハテンベルグによれば、ヒルファディングが、かれの利子率低下傾向の否定論では、貸付資本の供給と金存在量（金準備）とを同一視し、貸しつけられうる貨幣資本の数量と流通貨幣の数量とを区別しなかった、ということは、貸付資本という範疇を理解しなかった、ということをいみするのだからである。その点では、トラハテンベルグの指摘は正しい。「……ヒルファーディングの一切の信用理論が、マルクスの理論との『不一致』……。ヒルファーディングはもと〱産業資本との対立に於いてその特質づけを見出すところの特殊の資本としての貸附資本なる範疇を理解してゐない。彼は貸附資本と産業資本の一機能形態としての貨幣資本とを同一視してゐる。ところで彼はこの貨幣資本の運動法則をば、貨幣の運動法則で規定している」（同書二三一ページ）。

ヒルファディングの利子率低下傾向の否定論は、「利子率の諸変動はとりわけ流通信用の状態に依存する」（前掲の注(15)）という、かれじしんの独自的な主張に起因するものであることが、トラハテンベルグによってきびしく指摘されるべきだった。ヒルファディング信用理論の基本的欠陥（貸付資本と流通貨幣との混視）が、ここでたんに指摘されるだけでなく、さらにさかのぼって、それが、ヒルファディングの利子率低下傾向の否定論にもつながる「流通信用」論の原初的欠陥――だけではないが――にもとづくものだ、ということが明らかにされなければならなかったのではなかろうか。

あとがき

本書の各章はつぎの諸論稿によって構成されている。

第一部

第一章　「金融経済論の地位と課題――マルクス的研究方法の序章――」（『金融経済』第一一七号（昭和四四年八月））。

第二章　Ⅰ　「貨幣の歴史的社会的性質――マルクス貨幣理論とメタリズム――」（神戸経済大学（現・神戸大学）新聞、昭和二三年一二月一〇日）。

Ⅱ1A　「貨幣」、B　「貨幣商品」、C　「貴金属」（貨幣商品としての）、D　「貨幣の使用価値」（『資本論辞典』（昭和三六年六月・四一年四月））、E　「信用貨幣」（『経済学小辞典』増訂版（昭和三一年四月））。

2A　「商業資本主義」、B　「産業資本主義」（『体系金融辞典』（昭和二八年一〇月）、『体系金融大辞典』（昭和四一年一〇月））、C　「貨幣取扱資本」、D　「利子つき資本（利子生み資本、貸付資本）」（『経済学辞典』（昭和四〇年九月））、E　「金融資本主義」（『体系金融辞典』（昭和二八年一〇月）・『体系金融大辞典』（昭和四一年一〇月））。

Ⅲ　「貨幣論と金融論とのあいだ――不換銀行券論争の核心はどこに？――」（川合一郎編『金融論を学ぶ』（昭和五一年九月））。

Ⅳ　「実質的平価切下げの理論――インフレ財政の真相」（大阪商科大学新聞（昭和二三年三月一五日））。

Ⅴ　「インフレ本質の〝貨幣性〟——価値形態転換の問題——」（「経済理論学会」報告（昭和五九年九月））。

第二部

第一章　「商業信用の貨幣性（非資本性）——商業信用と銀行信用〈序説〉——」（大阪経済法科大学・『経済学の諸問題』昭和六二年一〇月）。

第三部

第一章　「利子つき資本と利子」（『講座信用理論体系』Ⅰ基礎理論篇上（昭和三一年一月））。

第二章　「利子率変動論」（『講座　信用理論体系』Ⅱ基礎理論篇下（昭和三一年二月））。

第四部

第一章　「貨幣資本と利子つき資本——ヒルファディングの〈資本信用〉論にたいする一批判——」（『バンキング』（昭和三二年二月））。

第二章　「ヒルファディングの信用理論——ひとつの批判的研究——」（『講座　信用理論体系』Ⅳ学説篇（昭和三一年六月））。

本書に収録されたこれらの諸論稿は、内容・趣旨のうえではなにも変更されていないが、改行・叙述・表現のうえでは多様に手入れされている。

なお、本書で引用されている旧拙著の諸文も、おなじく改行・叙述のうえで、かなり改変されている。

編集者あとがき

飯田繁大阪市立大学名誉教授、岐阜経済大学元学長が一九九九年八月四日に逝去された。

先生は著書一四冊、共著および学術論文一五〇点をはじめ、辞典、その他膨大な学術業績を残し、とくに、貨幣論、金融論、物価論の三つの分野で大きく貢献してこられた。この三つの分野における重要な基本問題を『資本論』のげんみつな解釈と詳細、精密な叙述によって体系化されてきた。とりわけ『物価の理論的研究』『利子つき資本の理論』、不換銀行券論争に関する著作は、戦後のマルクス経済学研究の分野に新しい道を拓くものとして広く認知されている。戦前、戦後の日本経済に対する鋭い問題意識（とくに景気変動、物価や株価を中心とする）から出発しつつ基礎理論研究に辿りつかれた。本書は先生の遺稿集であるが、ただ残された論文を集大成したのではなく、八〇歳をすぎて、着実に積み重ねてこられた完成原稿を公にしたものである。

先生の研究は、大阪経済法科大学を定年退職された後、当初は『利子つき資本の理論』の新改訂版を出版すべく少しずつ加筆されていたが、後に『信用の理論的研究』に結実してきたと考えられるのである。本書の中では、先生がとくに主張してこられ、今なお残しておきたい内容が論述されており、これまでの研究の重要な論点の集大成であるという側面をもつと同時に、他方ではとくに、銀行信用の役割、利子率の変動論やヒルファディング批判に見られるように、従来の研究をいっそう展開され、先生の研究を一歩前に進められていると思われる。

八〇歳を過ぎての地道な研究は、学問研究にささげたいという先生の心意気によるものであるが、先生の教育観や人生観にもとづくものであった。そこで編集者としては、本書を公刊するにあたって、①飯田先生の人と学問・教育観について、②本書の問題意識と問題の所在について、③本書を公にする経過についてふれておきたいと思う。

1　人と学問と教育

私がはじめて先生の講義を受けたのは、今から四〇年も昔になるが、一九六一年であった。貨幣論と金融論を隔年で担当しておられた。大教室で多くの学生たちを前にして情熱をそそいで講義をしておられる飯田先生の姿がまぶたに浮かぶ。学生の反応を一つ一つ丁寧に確かめながら、真意は何かを理解させようとする講義であった。当時の先生の研究は、「利子つき資本」から「不換銀行券」へと軸足を移しておられた。故岡橋保教授（九州大学）や故三宅義夫教授（立教大学）等との不換銀行券論争の論客として活躍しておられ、先生の学究生活の中で、最も充実した時期だったと考えられる。物事の本質把握のあと、発生の必然性を説き、その形態や運動を論じるという方法論的な立場を貫こうとされていたと思う。講義内容はむずかしかったが、説明の仕方は分かりやすく、ユーモアがあり、人生観を語られることも多くあり、講義は、評判が良く、毎年、先生をしたってくる受講生で占められた。

私は、一九六一年から学部・大学院を合わせて七年間、指導教官として直接教えを乞うこととなったが、当時の学部ゼミナールでは、いきなり『資本論』と『利子つき資本の理論』をテキストにして経済学の基礎と考え方について指導された。期日を定めて報告させ、学生相互の質疑討論を十分に行わせ、主な論点について批判し、分かるか分からないかをみきわめて、くり返し丁寧に説明しながら、事柄を根底から把握し、形態や運動を論じるというのが指導方針であった。テキストはむずかしいかどうかということは全く問題にされず、読むに値するかどうかが選択基準だと思った。〝難しければ、こまかく分けてくりかえし読めばよいことだ〟〝自分の能力の乏しいことを憂れうることはない、努力の足りないことを憂うべきだ〟〝輝ける山頂をめざすならば、日々努力だ〟とよくいわれた。ゼミナールでは、村塾風に師弟親しく人格に接し、一方では厳格な態度でのぞみ、他方ではお互いに膝を交えて談論討論を行い、知育と徳育両方の徹底を期すという信念をもって指導にあたられた。

先生自身も努力の人で、うまくいかない時も他人のせいにされることなど全くなく、人の悪口を口にされるということもなかった。〝塞翁が馬〟をモットーとされ、郷里の西郷隆盛を大変尊敬されていた。自分にはきびしく、他人には、こまやかな神経をつかい、笑顔で接し、また大変なおしゃれ（ダンデイ）であった。

さて、先生の還暦の日（一九六六年一二月二日（金））は偶然にも講義と演習のある日であったので、先生の一日を写真に収めつつお伴をさせていただいたが、還暦は「第二の成人式をむかえたぐらいの気持ちだ」と語っておられたのがとっても印象深く、心に残っている。私も現在その年を迎えたが、その気持にはまだまだほど遠い次第である。

大阪市立大学を定年退官後、六五歳から一〇年間岐阜経済大学の学長として激務に耐えられた。学長を辞された後も、大阪経済法科大学に客員教授として迎えられたが、七五歳から七九歳までの五年間に「名匠的・道学者的な精神研鑽の賜」（西川清治、『経済学雑誌』第六二巻第四・五号）として、『商品と貨幣と資本』『貨幣・物価の経済理論』『昭和動乱期の日本経済分析』など六冊の大著をつぎつぎに、精力的に公けにされ、学問研究の気迫を示された。

一九八二年二月一一日に客員教授は八〇歳で定年であると知らされとき、「大学で講義するという人生行路の活気は失われ、勉学の意欲をそぐもの」としてずい分と落担され、ふつうは自分のことについて人に頼まれることはきわめて少ないのであるが、翌日にはある教官を通じて延長できないかどうか確かめられたようである。教育と研究への情熱には定年はない、という意気込みは衰えることはなかった。

しかし八〇歳を過ぎてからは大学の講義等もなくなったものの、体調をこわされることもあったが、毎日の日課として少しずつ原稿を書き、これまで発表されてきた論文に加筆を行ってこられた。このようにして毎日の努力の積み重ねの中で出来あがったのが本書『信用の理論的研究』である。本書は飯田繁先生の遺稿であるが、いろいろな雑誌等に書かれた論文をただ集めたのではなく、貨幣・信用・利子つき資本・金融資本を根本的に検討しながら、体系的に執筆され、原稿として残されていたものである。

先生の業績を整理していくうちに、八〇歳すぎてこのような体系的論述をものにされた意欲、分析力や展開力には実に驚嘆する次第であった。今日金融現象に関する書物が多く発刊されており、「金融滅んで金融論盛える」（伊東光晴）といわれるほどであるが、その中には大変すぐれた研究書もあるが、しかしその圧倒的多くはハウトウ的、記述的なものであるように思われる。今日ほど長年の研究に裏付けされた貨幣・信用の体系化された基礎理論が重要性をましている時代はない。さらに時流に乗った金融政策にたいして理論的な批判が必要な時期はない。この意味で本書は、重要な古典的な基礎研究であり、今日の金融状況をみるとき、本格的な理論的研究として広く読んでいただきたい書物の一つであると考えるようになった。

2　本書の問題意識と問題の所在

本書は大きく分けて、第一部から第四部で構成されている。全体を貫く考え方は、貨幣分野と金融分野との研究対象を区別し、それぞれの本質と運動もまた根本的に異なるものとして説かれていることである。とりわけ商業信用と銀行信用とは同じ信用という言葉の共通性によって根本的に区分しない人もいるが、前者は貨幣理論の分野に属し、後者は資本理論の分野に属するという立場が貫かれている。利子つき資本は資本理論の一番後に属しており、資本機能に対立する資本所有に属するから、貨幣の理論から利子つき資本の理論は展開できないとされた。貨幣理論と資本理論としての利子つき資本との区別をすることが、本書の中を脈々と流れている基本的な考え方である。

このような立場に立って具体的な諸問題を詳細に検討し、抽象的な段階＝本質論から具体的な段階＝運動論へ、そして両者の関係を変動論の中で解くという方法が採用されている。たとえば、インフレーションは、流通必要金量を越えて不換通貨が経済の再生産過程の外部から強制的に投入することによって発生する物価水準の上昇であるが、この現象は貨幣論分野に属するものであるが、貨幣の本質が何であるかが分からなければ、その機能も運動も正しく把握できないとされた。この意味で本質の把握に精力をそそぎ、同時にその形態や運動へ展開するという方法がとられていることは、研究対象から規定される方法的立場であった。

第一部　マルクス信用論の研究〝序説〟　貨幣は商品流通の中で発生し、運動するのに対して金融は資本の生産過程、流通過程につづく資本運動の総過程論の終わりではじめて研究される。金融は資本の理論であり、資本の中でも機能としての資本ではなく所有としての資本の中に示されるものである。だから貨幣の問題から直接に金融の問題は解明されない。

利子つき資本は、独特な商品であっても、資本の理論に位置を占めるのであって、流通過程にある貨幣資本も利子つき資本も同じく貨幣形態をとっており、貨幣という姿においては、全く区別はないが、その本質は根本的に異なる。その本質的な相違を明らかにするために、貨幣の本質、発生の必然性、機能や諸形態が詳細に究明されるのである。その場合とくに、貨幣の本質究明（価値形態論）のあとにはじめて貨幣の発生の必然性（交換過程論）を解くという立場は「貨幣の必然性」（『経済学雑誌』第一九巻第四、五号、一九四八年一一月）以来、今日まで一貫してとられている考え方である。

第二部　商業信用と銀行信用　商業信用は、商品流通の中で発生し、商品流通の拡大や資本循環の確実な還流に依存する。それは支払い手段としての貨幣にもとづいて発生する。商品の譲渡とその価格の実現とが時間的に分離される諸関係のもとで発生する。商品で貸付けられ貨幣で返済されるのも、商品売買という性格によって規定される。貨幣で返済されるから貨幣で前貸しされているのではないし、商品の自由処分権が買い手にゆだねられるからといっても、等価を受けとっていないかぎり商品の所有はゆずり渡さない。商業信用は商品流通の中に地位を占め、貨幣理論の中で説かれるべきである。これに対して銀行信用は利子つき資本の正しい理解を前提する。それは資本としての使用価値を手離して一定期日後に利子をともなって返済されるからである。両者の区別を明確にしたうえで、商業信用と銀行信用とのまざりあいを具体的な関係の中で分析している。最後に銀行信用の役割（銀行制度も含まれる）を多面的に論じている。

第三部　利子つき資本と利子の理論　『資本論』第三巻第五篇「利子と企業者利得の分裂。利子つき資本」の冒頭の第二一～二四章までの四章の地位と意義について書かれたものである。この全四章は『資本論』第一巻から第三巻第四篇まではとは著しく異なる研究対象をなした。この四章に先行する研究は資本の機能＝平均利潤の形成に関する研究であるが、この四章のそれは資本の所有＝平均利潤の分配の研究にささげられているからである。

また、この四章は利子つき資本に関する「資本関係が最高の物神形態に到達することを一貫して展開」している点でよくまとまっているが、二五章以降の、叙述内容も形式も断層的に変化してくる諸章の理論的基礎をなすとともに、マルクス信用理論の骨格を構成している。銀行信用、利子つき資本の具体的形態である擬制資本、貨幣資本量と現実資本の蓄積や現実の貨幣量との関係を理解するためには、四章の正しい理解がどんなに重要であるかを説こうとされた。

「第一章・利子つき資本と利子」においては、利子つき資本の基本的な性格（所有としての資本、独特な商品）と独特な運動（譲渡の意義、前貸されるのは商品か貨幣か）、独特な商品の使用価値とその価格＝利子が分析された。その中で利子と企業者利得の差異としてあらわれてくる現象の統一性として利潤一般を明らかにした後、これらの統一性の必然的形態として利子と企業者利得の成立原因、さらに両者の関係がとりあげられた。つまり、利子発生の原因と利子取得の原因とが区分された。

「第二章・利子率変動論」では、『資本論』第三巻第五篇の中のどの章においても、利子率が登場してくるが、その利子率の取扱いは直接的、間接的そして断片的であって、いろいろな視角からとりあげられているにすぎない。利子率変動に関する理論が統一的かつ一般的な理解をえるために、マルクスの叙述を集め、一定の基準にもとづいて体系化しようとされた。利子率は貸付けられうる貨幣資本（独特な商品）の需要と供給とによって決定されるのであるから、自然利子率（客観的利子率）は存在しないし（『資本論』第三巻第二二章）、商品や現存する貨幣量にたいする需給関係の変動によって定まるのではない（同二六章）。利子率変動の決定要因を明らかにした後に、貸付られうる貨幣資本の供給について、つづいてその需要の形成要因について詳細に研究された。その研究を前提にして景気変動の各段階において、両者の関係、つまり、貸付資本に対する需給関係が実際にどのように変化するかが論じられている。

第四部　ヒルファディング信用理論の研究　本部の研究については二つの課題があった。一つは第一部で取りあげた貨幣・資本・利子つき資本の区別と関連性、第二部で分析された商業信用と銀行信用の研究、第三部で論じられた利子つき資本の性格と利子、利子率をめぐる研究等を前提にヒルファデイング『金融資本論』を詳細かつ具体的に検討し、本書第三部までの研究の正しさを証明し、いっそう具体的に展開しようという意欲がこめられていた。もう一つはヒルファディングの著書それ自体の精密な批判的研究をめざそうということであった。ヒルファディング『金融資本論』は、一九世紀末ドイツ資本主義が重工業を中心に株式会社形態をとってめざましく発展してきたが、それを背景に登場してきたすぐれた二〇世紀初頭の労作であった。マルクス『資本論』に立脚しながら、最新の資本主義分析を行った研究として注目を浴びた著作であり、レーニンが『帝国主義論』を執筆する契機の一つとなったものであった。『金融資本論』の大きな特徴の一つは、商品交換から貨幣の本質を解き、貨幣から信用や株式会社を論じ、金融資本の成立を解くということであった。貨幣は交換から、信用は流通事象の中における作用から、株式会社は創業者利得からそれぞれ本質規定を与えるという方法にもとづいて、最新の資本主義の分析を試みた労作である。

「第一章・貨幣資本と利子つき資本」においては、流通資本としての貨幣資本、蓄蔵貨幣としての貨幣資本、利子つき資本としての貨幣資本は、いずれも同一の貨幣形態をとっているが、範疇的には全く本質的には別個のものである。ヒルファディングの金融資本論には、利子つき資本範疇が欠落しており、致命的な欠陥をもっている点が、克明に批判されている。

「第二章・ヒルファディングの信用理論」においては、信用の二つの主要形態である、流通信用と資本信用を批判したものである。ヒルファディングの貨幣把握は、貨幣の本質規定のあとにその発生の必然性をとくのではなく、貨幣発生の必然性をもってその本質だとする誤謬をおかしたが、信用理論においても信用の本質が究明された後に信用の必然性や作用がとかれるのではなく、流通事象の中での信用の作用によって本質規定を与えようとした。

多様な流通事象の中で信用をとくのであるから、流通信用、支払い信用、商業信用、生産信用、産業信用、資本信用等というように多くの作用契機に着眼して信用の論理を構築をすることになり、信用の用語も多様でその統一性を欠くこととなった。その点では流通信用と資本信用という二つの信用形態を整理するのに先生は大変苦労されているが（四二〇～三ページ）、信用の作用の面からみると、流通信用は貨幣自体の節約であり、資本信用というのは遊休貨幣資本の機能資本への転化にあるというのがヒルファディングの信用に関する基本規定であった。資本信用によって遊休貨幣資本が貸付資本に転化されるのではなく、資本主義的生産のもとでは遊休貨幣資本は可能的に資本であり、信用によって機能資本が形成されるのではない。ヒルファディングにあっては、遊休貨幣資本の発生こそが信用の重要な構成要素として取扱われたのは、資本信用によって遊休貨幣資本が機能資本に転化できるとみたからである。信用によって遊休貨幣資本の機能資本への転化が行われるとみたヒルファディングの信用理論には、利子つき資本、利子率変動という概念が存在しないし、入り込みうる余地がない、という欠陥が含まれていたのである。

3　本書出版の経過

私は昨年八月、先生の一周忌にお宅へお伺いし、奥様が持ってこられた古い写真などの整理の手伝いも終り、いよいよ辞する時間だと思っていた矢先に、奥様から〝主人がとっても大切にしていたもので、ご相談したいことがありますのよ〟といって持ち出してこられたのは、紐でしっかりとしばられた紙の包みであった。その紙包の中からまた別々に紐がかけられた完成原稿とそのための下書き原稿が出てきた（先生は完成原稿のほかに下書き原稿をとっておられ、万一紛失の場合に対応できるようにされていた。）〝毎日毎日少しずつ書きたし出来あがった主人の原稿には、出版してほしいという思いが込められており、これだけは何とか実現したいが、このような昔の研究をどこか引き受けて下さるところがあるのでしょうか〟とずいぶんと案じておられた。〝何とか考えてみましょう〟と申し上げ、福島に帰ってまもなく、奥様から宅配便で原稿が届けられた。

くしくも昭和五六年夏に芦屋市にお住まいの先生のお宅へお邪魔し、芦屋駅までわざわざ送って下さった折りに、『マルクス貨幣理論の研究』の原稿がまもなく出来上がるが、どこか引き受けてくれる出版社はないだろうかという相談をお受けしたことがあった。私はそれまで何冊かの書物の出版をお願いしてきた新評論のことが頭にうかび、当時編集長であった藤原良雄さんにご相談したところ〝学生時代に飯田先生の講義を受けたことがある。大変きびしい先生でしたが、立派な先生でした。飯田先生の本なら何とかしましょう〟といって下さり、その後、二瓶社長さんとも相談され、数日後にお受けいたしましょうというられしいご返事をいただいた。書物は昭和五七年四月に出版されたが、その後、新評論から『貨幣・物価の経済理論』『価値・価格・物価の研究課題』、『昭和動乱期の日本経済分析』の合計四冊の大著を出版いただくことになった。このような経緯もあって飯田先生の書物のことについては、当時の担当者として一番良く理解しておられる藤原さんにまずご相談してみようと思い、九月のはじめに原稿をもって藤原書店を訪ねた。これまでの経過もあり、飯田先生の本ならばということで、出版事情の良くない時期に五〇〇ページに及ぶ大著の出版を快く引き受けて下さった。以上のような事情により、今回の出版については藤原書店でお願いすることとなった。

本書がこのような形で公刊できるようになったのは藤原良雄社長をはじめ担当者の清藤洋氏のご尽力のたまものである。厚く御礼を申し上げる。

二〇〇一年一月

下平尾　勲

書　評

新庄　博著『金融理論の新傾向』・豊崎　稔著『貨幣的景気理論』　経済学雑誌，1巻6号，1937.9

高橋泰蔵著『貨幣的経済理論の新展開』　一橋論叢，8巻1号，1941.7

中山伊知郎著『戦後経済の展望』　批判，創刊号，1946.3

三宅義夫著『貨幣信用論研究』　図書新聞，378号，1956.12

林　要著『金融資本』　図書新聞，1959.7

梯　明秀著『ヘーゲル哲学と資本論』――「《資本論》を論理学として読む」ということの経済学的意義　思想，430号，1960.4

高木暢哉・竹村脩一著『貨幣・金融の基礎理論』　金融ジャーナル，9巻7号，1968.7

随想・祝辞など

『講座信用理論体系』の出版について　BOOKS, No. 71, 1956.3

郷里とわたくし　バンキング，147号，1960.6

論 争 時 代　バンキング，155号，1961.2

富有柿とカステラ　バンキング，178号，1963.1

ユー・ジェントルマン，アイ・ジェントルマン　バンキング，206号，1965.5

名和統一教授の還暦を祝う　経済学雑誌，56巻4·5号，1967.5

平　実教授退任記念号によせて　経済学雑誌，57巻1号，1967.7

序――真理を求めて　岐阜経済大学論集，11巻3号，開学十周年記念（文人・自然科学篇），1977.9

先 見 の 明　真理と激情（名和統一・学問と人），1979.6

故那須　宏教授追悼の文　岐阜経済大学論集，13巻4号，1979.12

“塞翁が馬”の体験記　岐阜経済大学・校友会報，7号，1984.9

＊この研究業績目録は『経済学雑誌』62巻第4·5号，昭和45年5月，『インフレと金融の経済学』（飯田繁教授古稀記念論集）ミネルヴァ書房，昭和54年4月，および，『岐阜経済大学論集』（飯田繁教授退任記念論集），昭和60年1月などにもとづき作成した。

辞典所載の論稿

貨幣の安定問題／国際聯盟金委員会／マクミラン委員会／ワーゲマンエルンスト　大阪商科大学経済研究所編・研究学辞典・追補，岩波書店，1936.10

貨幣／景気政策／物価／物価政策／費用価格・生産価格　大阪市立大学経済研究所編・経済学小辞典，岩波書店，1951.6

物価体系／物価政策／物価安定政策／高物価政策・低物価政策／自由価格制／統制物価制／公定価格制／協定価格制／基準価格制・勧告価格制／フロア・プライス制／プール平準価格制／物価安定帯　体系金融辞典，東洋経済新報社，1953.10

商業資本主義／産業資本主義／金融資本主義　体系金融辞典，東洋経済新報社，1953.10　体系金融大辞典，同，1966.10

信用貨幣　大阪市立大学経済研究所編・経済学小辞典・増訂版，岩波書店，1956.4

貨幣／貨幣の使用価値／貨幣商品／貴金属（貨幣商品としての）　資本論辞典，青木書店，1961.6

利子つき資本／貨幣取扱資本　大阪市立大学経済研究所編・経済学辞典，岩波書店，1965.9

新聞所載の論稿

低金利政策——今後の動向決定力　中央産業組合新聞，1936.4.8

増税と景気——税制整理案を観て　中央産業組合新聞　1936.9.30

利潤統制論の理論的批判　九州帝国大学新聞，1940.6.22

物価問題一年回顧と展望——再生産機構よりの生産計画の樹立　九州帝国大学新聞，230号，1940.12.27

物価統制と物価法則　神戸商大（現神戸大学）新聞，1942.10.25

インフレーションと再生産（上・中・下）　大阪経済新聞，1946.11.28，12.3，8

資本と人口の過剰——資本主義的恐慌の問題　東京大学新聞，1056号，1948.1.15

実質的平価切下げの理論——インフレ財政の真相　大阪商科大学（現大阪市立大学）新聞，1948.3.15

貨幣の歴史的社会的性質——マルクス貨幣理論とメタリズム　神戸経済大学（現神戸大学）新聞，1948.12.10

二重価格の問題点　毎日新聞，1953.12.27

インフレーションの本質論と現象論——「貨幣論」的インフレ論と「資本論」的インフレ論(高須賀義博〈貨幣論〉的インフレーション論の問題点」にたいする Rejoinder)　経済研究，20巻2号，1969.4

貨幣の伸縮運動 (1)——貨幣流通と物価運動との関係(続論)　経済学雑誌，60巻6号，1969.6

金融経済論の地位と課題——マルクス的研究方法の序説　金融経済，117号，1969.8

貨幣としての金の役割——貨幣から代用貨幣への展開 (1),(2),(3),(4)　バンキング，258，259，260，261号，1969.9，10，11，12

SDR and Future of Gold——Can SDR Demonetize Gold?　OSAKA CITY UNIVERSITY *"ECONOMIC REVIEW"*, No. 4, 1968

Monetary Circulation Laws and Monetary Pplicy　OSAKA CITY UNIVERSITY *"ECONOMIC REVIEW"*, No. 5, 1969

貨幣理論の地位と課題 (1),(2)——マルクス的研究方法の序章　岐阜経済大学論集，5巻3号，6巻1号，1972.3，6

貨幣の理論的序章 (1),(2),(3)——マルクス貨幣理論の方法　岐阜経済大学論集，5巻2号8巻1号，15巻3号，1971.10，74.3，81.9

商品・貨幣・資本 (1),(2),(3),(4)——マルクスの概念規定　岐阜経済大学論集，11巻1·2号13巻3，4号，14巻1号，1977.6，79.9，12，80.3

商品から貨幣へ——易しいダイジェスト集 (1)　岐阜経済大学論集，12巻4号，1978.12

貨幣から資本へ——易しいダイジェスト集 (2)　岐阜経済大学論集，13巻1·2号，1979.6

流通必要金量の決定諸要因（貨幣流通の法則）——商品・貨幣・資本 (5)　岐阜経済大学論集，14巻2号，1980.6

流通必要金量とインフレーション（紙幣流通の独自の1法則）——商品・貨幣・資本 (6)　(その1)，(その2)　岐阜経済大学論集，14巻3，4号，1980.9，12

貨幣と資本——商品・貨幣・資本 (7) (その1)，(その2)　岐阜経済大学論集，15巻1，2号，1981.3，6

商業信用と信用貨幣——貨幣の理論的序章 (4)　岐阜経済大学論集，15巻4号，1981.12

世界貨幣と金——貨幣の理論的序章 (5)　岐阜経済大学論集，16巻1号，1982.3

インフレーションの貨幣性——貨幣の理論的序章 (6) (その1)，(その2)，(その3)，(その4)　岐阜経済大学論集，16巻2，3，4号，17巻1号，1982.6，9，12，83.3

不換銀行券と物価との経済関係——不換銀行券論争を顧みて (1),(2)　岐阜経済大学論集，17巻2，3号，1983.6，9

銀行券の「流通(量)法則」の「体系」における岡橋説の問題点総括　経済学雑誌，41巻6号，1959.12

不換銀行券論争点の基本線 (1),(2),(3),(4)完――不換銀行券研究のための序章　金融経済，63，64，65，66号，1960.8，10，12，61.2

不換銀行券研究の方法と課題　バンキング，151号，昭35.10　金融論選集(8)に再録，1962.1

不換銀行券＝不換紙幣説の論理――現代銀行券の基礎理論序説　経済学雑誌，44巻3号，1961.3

銀行券理論の地位　経済学雑誌，44巻4号，1961.4

銀行券問題の現代的意義　バンキング，159号，1961.6

銀行券の総運動と物価の変動 (1),(2),(3)　経済学雑誌，45巻，2，3，4号，1961. 8，9，10

不換銀行券の伸縮運動にかんする問題点――序説　問題点のありか　バンキング，167号，1962.2

紙幣流通を支配する法則にかんする論争 (1),(2),(3)――拙論批判への回答序説　経済学雑誌，46巻6号，47巻1，2号，1962.6，7，8

銀行券の二重規定にかんする論争点　経済学雑誌，48巻5号，1963.5

不換銀行券の運動のとらえかた――諸家の方法における3難点　バンキング，188号，1963.11

不換銀行券の運動にかんする論争問題 (1),(2),(3)――伸縮性の問題をめぐって　経済学雑誌，49巻5，6号，50巻1号，1963.11，12，64.1

不換紙幣の伸縮と不換銀行券の伸縮――同一性と差別性　経済学雑誌，50巻2·3号，64.3

国債発行とインフレ発生との関係――接近へのひとつの試み序説　バンキング，215号，1966.2

貨幣流通と物価運動との関係 (1),(2),(3),(4)――貨幣流通の現代的理論への志向　経済学雑誌，54巻3，5，6号，55巻5号，1966.3，5，6，11

“国家資金”の運動と物価の変動 (1),(2)――運動の法則的探究のための試論　金融経済，103，104号，1967.4，6

貨幣流通の諸法則が支配するもの・ところ　経済学雑誌，56巻4·5号，1967.5

現代インフレーションの可能性と現実性 (1),(2),(3),(4),(5)完　バンキング，232，233，234，235，236号，1967.7，8，9，10，11

貨幣流通の諸法則と貨幣政策　経済学雑誌，58巻4号，1968.4

SDRと金の地位――SDRは金を廃貨できるか　経済学雑誌，59巻2号，1968.8

メタリズムとマルキシズム　バンキング，246号，1968.9

マルクス紙幣理論の現代的視点　経済学雑誌，59巻3·4号，1968.10

単一為替レート設定と国内物価　技術と経営，3巻6号，1949.6
物価問題の理論的考察　エコノミスト，第29年34号，1951.12.1
貨幣の「追加的使用価値」と利子――利子の価値理論について　経済学雑誌，27巻1·2·3号，1952.1
日本物価の課題　同盟時報，112号，1952.5
独占価格と資本集中　経済評論，1巻8号，1952.8
物価政策の基本問題　バンキング，60号，1953.3　金融論選集(1)に再録，1954.7
利子の本質と形態　バンキング，74号，1954.5
「独特な商品」としての利子つき資本　バンキング，81号，1954.12
利子つき資本における譲渡の意義と形式　経済学雑誌，32巻5·6号，1955.6
資本所有と利子　経済学雑誌，33巻1·2号，1955.8
利子つき資本の運動方式　バンキング，95号，1956.2
利子つき資本の形態における物神と擬制　バンキング，100号，1956.7
兌換銀行券と不換銀行券――岡橋保教授の所説をめぐって　経済評論，5巻1号，1956.12
貨幣資本と利子つき資本――ヒルファディングの「資本信用」論にたいする一批判　バンキング，107号，1957.2
利子つき資本における「貨幣の資本化」　経済学雑誌，36巻4号，1957.4
ふたたび「兌換銀行券と不換銀行券」――三宅義夫教授の批判にたいして　金融経済，45号，1957.8
商業信用にかんする一論争点――商品の所有と商品の貸付をめぐる問題　経済学雑誌，38巻1号，1958.1
利子つき資本の質的規定　経済学雑誌，38巻4号，1958.4
利子つき資本研究のための序章 (1)――利子つき資本の研究の地位と意味　経済学雑誌，38巻5号，1958.5
利子つき資本研究のはじめに――研究対象としての近代的利子つき資本　バンキング，123号，1958.6
利子つき資本研究のための序章 (2)――研究の課題と解明の方法　経済学雑誌，39巻1号，1958.7
不換銀行券の「手形性」といわれるもの――不換銀行券にかんする岡橋反論の問題点　バンキング，134号，1959.5
不換銀行券の運動と不換紙幣の流通諸法則 (1)，(2)――不換銀行券の運動にかんする岡橋反論の批判序説　経済学雑誌，41巻2，3号，1959.8，9
不換紙幣の流通諸法則とはなにか――不換銀行券の運動にかんする岡橋反論の批判序説　経済学雑誌，41巻4号，1959.10

現代物価急騰の根本原因　政界往来，8巻8号，1937.8
準戦時型物価対策の帰趨　社会政策時報，203号，1937.8
長期建設と統制経済の将来　株式羅針報，579号，1939.1
戦時物価統制の将来　エコノミスト，第17年3号，1939.1.21
物価統制の新展開　商工経済，7巻3号，1939.3
戦時物価とその統制の基本問題　経済学雑誌，5巻1号，1939.7
物価の自律性と他律性　経済学雑誌，5巻5号，1939.11
戦時インフレの新展開――インフレ抑制策の徹底的究明　エコノミスト，第18年1号，1940.1.1
物価統制としての生産統制　自由通商，13巻4号，1940.4
「低物価策としての利潤統制」批判　経済学雑誌，7巻3号，1940.9
新生産原理と物価　エコノミスト，第18年46号，1940.12.9
満州国における資本欠乏の問題　経済学雑誌，8巻2号，1941.2
満州国統制経済の再編成　外交時報，872号，1941.4
物価統制の基底　エコノミスト，第19年13号，1941.4.7
物価の聯関性　経済学雑誌，9巻4号，1941.10
独逸物価統制の基底　エコノミスト，第20年1号，1942.1.5
戦時物価政策の再建　エコノミスト，第20年25号，1942.7.6
物価の乖離性――その体系と規定要因の一節　経済学雑誌，11巻3号，1942.9
自由物価と統制物価　エコノミスト，第20年37号，1942.10.7
国民貯蓄と増産　大大阪，18巻11号，1942.11
独占並に統制経済下の「物価の乖離性」　経済学雑誌，11巻6号，1942.11
決戦物価の構成と課題　経済毎日（＝エコノミスト改称），第21年17号，1943.5.11
物価の乖離性――特にインフレーションにおける発展の不均等に関説して　経済学雑誌，16巻2号，1947.2
賃 金 と 物 価　中小工業，1巻4･5号，1947.5
日本物価の性格　時論，2巻12号，1947.12
物価運動と賃金変動　労働問題研究，15号，1948.1
社会的価値の「平均原理」と「限界原理」　経済学雑誌，18巻2号，1948.2
貨幣の必然性――流通主義的貨幣論に対する一批判　経済学雑誌，19巻4･5号，1948.11
物価問題と労働者階級　労働問題研究，1949.4
為替レートの単一化と日本物価　関西通信聯盟，第2集，1949.4
価格構成論について――賃金と価値との関係をめぐる理論的考察　経済学雑誌，20巻4･5号，1949.5

雑誌所載の論稿

我国金輸再禁止後の物価と景気　経済時報，4 巻 4 号，1932.7
戦後世界経済恐慌の諸特質　経済時報，4 巻 6 号，1932.9
貨幣価値低下時代の負債減価と景気　経済時報，4 巻 10 号，1933.1
1932 年後半期の我国物価と景気　経済時報，4 巻 12 号，1933.3
米国の物価と金本位制停止　経済時報，5 巻 2 号，1933.5
金本位制停止後の米国物価と景気　経済時報，5 巻 7 号，1933.10
景気政策としての貨幣政策　経済時報，5 巻 8 号，1933.11
景気政策の意義と限度　経済時報，6 巻 1 号，1934. 4
アーヴィング・フィッシャー「債務の弁済と不況」　銀行研究，26 巻 5 号，1934.5
アーヴィング・フイッシャー「不況対策論」――信用統制と金統制　銀行研究，26 巻 6 号，1934.6
フィッシャーの物価理論と物価安定論　経済時報，6 巻 4 号，1934.7
E. W. ケンメラー「アメリカ金本位制復帰論」　銀行研究，27 巻 1 号，1934.7
補整弗に関する若干の技術問題　経済時報，6 巻 5 号，1934.8
「フィッシャーの補整弗」批判　経済時報，6 巻 6 号，1934.9
オットー・ドンネル「中立貨幣と価値安定貨幣」　銀行研究，28 巻 1 号，1935.1
為替相場の安定と景気　経済時報，7 巻 1 号，1935.4
オットー・ドンネル「貯蓄と景気」　銀行研究，28 巻 5 号，1935.5
戦後に於ける貨幣的景気政策の発展　経済時報，7 巻 4 号，1935.7
貨幣的景気政策の一般的根拠　経済時報，7 巻 8 号，1935.11
現時貨幣的景気政策の根拠　経済時報，7 巻 10 号，1936.1
景気政策の統制主義的意義　経済時報，7 巻 12 号，1936.3
現時世界に於ける貨幣政策の対立とその動向　株式羅針報，474 号，1936.5
統制金利とその動向　経済時報，8 巻 3 号，1936.6
日銀金融制度と公債消化の限度　経済時報，8 巻 4 号，1936.7
最近世界の物価政策概観　経済時報，8 巻 6 号，1936.9
平価切下後のベルギー経済発展　経済時報，8 巻 7 号，1936.10
金ブロックの崩壊と国際的貨幣安定の可能性　経済時報，8 巻 9 号，1936.12
第二次インフレ景気の出現とその制約　株式羅針報，509 号，1937.1
最近の物価政策とその動向　関西経済倶楽部講演集，5 輯，1937.1
最近の物価高傾向と電気料金　電気公論，21 巻 2 号，1937.2
現時物価騰貴の特異性 (1)，(2)　ダイヤモンド日報，5492，5493 号，1937.5

利子率変動論　講座・信用理論体系Ⅱ　基礎理論篇・下，日本評論新社，1956.2
ヒルファディングの信用理論——ひとつの批判的研究　講座・信用理論体系Ⅳ　学説篇，日本評論新社，1956.6
利子つき資本と信用理論　大阪市立大学経済学年報，第8集，1958.3
銀行券の「流通根拠」と「流通量法則」——岡橋反論の問題点　大阪市立大学経済学年報，第10集，1959.3
不換紙幣・不換銀行券の運動と物価の変動——岡橋説の問題点　大阪市立大学経済学年報，第12集，1960.3
不換銀行券の運動と物価の変動——序論。貨幣の運動と物価の変動との関係をめぐる岡橋説の批判　福井孝治教授還暦記念論文集・社会経済学の展開，日本評論新社，1960.6
不換紙幣の運動と貨幣流通の諸法則——拙論への批判に答える　大阪市立大学経済学年報，第17集，1960.12
不換銀行券の二重規定と伸縮性〈序章〉　大阪市立大学経済学年報，第19集，1963.12
不換銀行券の運動と貨幣流通の諸法則　渡辺佐平教授還暦記念論文集・金融論研究，法政大学出版局，1964.2
紙幣の本質・発生・流通——紙幣流通と物価運動との関係〈序説〉　大阪市立大学経済学年報，第24集，1966.6
紙幣流通と物価運動との関係——紙幣流通とインフレーションの現代的理論への志向〈序論〉　大阪市立大学経済学年報，第25集，1966.12
貨幣流通の現代的理論への志向〈序論〉——代用貨幣流通と物価運動との関係　大阪市立大学経済学年報，第26集，1967.9
代用貨幣の流通と物価の運動との関係 (1)——貨幣流通の現代的理論への志向〈続論〉　大阪市立大学経済学年報，第27集，1968.2
紙幣流通とインフレーションの現代的理論——紙幣流通と物価運動との関係〈続論〉　大阪市立大学経済学年報，第28集，第29集，1968.9，44.2
需給論・市場価格論・紙幣減価論——紙幣インフレーション謬論の検討　大阪市立大学経済学年報，第30集，1970.2
貨幣論と金融論とのあいだ——不換銀行券論争の核心はどこに？　川合一郎編・金融を学ぶ，有斐閣，1976.9
インフレ本質の“貨幣性”——価値形態転換の問題　経済理論学会年報，第21集，青木書店，1984.9
商業信用の貨幣性（非資本性）——商業信用と銀行信用〈序説〉　大阪経済法科大学・経済学の諸問題，1987.10

著作目録

著　　書

最近の物価政策と景気　〔初版〕大阪商科大学経済研究所編，調査彙報，第 12 輯，丸善，1936.9　〔再版〕飯田繁著，丸善，1937.9

物価の理論的研究　伊藤書店，1949.6

利子つき資本の理論——マルクス信用理論の研究　日本評論新社，1954.6

利子つき資本——信用理論研究序説　有斐閣，1959.1

現代銀行券の基礎理論——現代銀行券の研究〔第 1 巻〕　千倉書房，1962.1

兌換銀行券と不換銀行券——現代銀行券の研究〔第 2 巻〕　千倉書房，1963.3

インフレーションの理論　日本評論社，1968.1

マルクス紙幣理論の体系——現代インフレーションの基礎理論〈序説〉　日本評論社，1970.9

商品と貨幣と資本　ミネルヴァ書房，1981.4

マルクス貨幣理論の研究　新評論，1982.4

貨幣・物価の経済理論　新評論，1983.1

不換銀行券・物価の論争問題　千倉書房，1983.5

価値・価格・物価の研究課題　新評論，1984.1

昭和動乱期の日本経済分析　新評論，1985.1

信用の理論的研究　藤原書店，2001.2

編　　著

インフレと金融の経済学　飯田繁教授古稀記念論集，ミネルヴァ書房，1979.4

講座・叢書・記念論文集などに所載の論稿

戦時物価騰貴必然性の内容分析　大阪商科大学創立六十周年記念論文集，大阪商科大学，1941.2

満州国資本問題の展開　堀経夫編・満州国経済の研究，大阪商科大学経済研究所研究叢書，第 13 冊，日本評論社，1942.3

社会的価値の理論と差額地代——「虚偽の社会的価値」の源泉問題をめぐって　大阪市立大学経済学年報，第 1 集，1951.4

利子つき資本と利子　講座・信用理論体系 I　基礎理論篇・上，日本評論新社，1956.1

1953年 6 月	大阪市立大学大学院経済学研究科委員
1955年 5 月	大阪市立大学評議員（56年3月まで）
1956年 1 月	大阪市立大学経済研究所教授を兼任
4 月	大阪市立大学経済学部長・大学院経済学研究科主任（58年3月まで）
1958年 4 月	大阪市立大学評議員（59年3月まで）
5 月	大阪市立大学大学院委員会委員
1964年 3 月	大阪市立大学在外研究員として，1年間ギリシャ，イタリア，スペイン，フランス，イギリス，オランダ，ベルギー，ドイツ，オーストリア，スイス，北欧諸国，東欧諸国，アメリカ合衆国，その他をふくむ22カ国へ出張
1966年 4 月	大阪市立大学経済研究会会長（67年3月まで）
1969年 1 月	日本学術会議会員（第3部・第8期）
1970年 3 月	大阪市立大学経済学部教授を定年退職
4 月	大阪市立大学名誉教授
4 月	岐阜経済大学教授
12月	岐阜経済大学附属図書館長を兼務（1972年1月まで）
1972年 1 月	日本学術会議会員（第3部・第9期）
2 月	岐阜経済大学学長代行（1972年5月まで）
6 月	岐阜経済大学学長（1981年1月まで）
1981年 2 月	岐阜経済大学教授
1984年 3 月	岐阜経済大学教授を退職
4 月	岐阜経済大学名誉教授
4 月	大阪経済法科大学客員教授
1987年 3 月	大阪経済法科大学客員教授を退職
1999年 8 月4日	肺炎にて逝去

略　　歴

1906年12月2日	鹿児島県に生まれる
1924年 3 月	鹿児島県立第一鹿児島中学校卒業
1927年 3 月	旧制第七高等学校卒業
1930年 3 月	東京大学経済学部経済学科卒業
10月	大阪市（大阪商科大学）経済研究所研究員嘱託
1932年 4 月	大阪市経済研究所研究員
1938年 3 月	大阪商科大学高等商業部教授兼大阪商科大学助教授
1940年 7 月	満州国へ出張
1942年10月	大阪市国民貯蓄奨励調査委員会委員嘱託
1944年 3 月	大阪商科大学を退職（「商大事件」のあおりを蒙り，無実にもかかわらず不意に強制退職を命ぜられる）
3 月	農商省嘱託，物価統制に関する事務取扱嘱託，物価局勤務
4 月	財団法人中央物価統制協議会研究員嘱託
11月	農商省嘱託と中央物価統制協議会研究員嘱託を免ぜられる
12月	内閣所管財団法人調査研究動員本部参事
1945年 3 月	陸軍歩兵応召
10月	終戦で財団法人調査研究動員本部解散により退職
11月	社団法人新政研究会調査部次長
12月	社団法人新政研究会調査部次長を免ぜられる
1946年 2 月	大阪工業経営専門学校(大阪商科大学高等商業部改称)教授に復帰
5 月	大阪商科大学教授兼大阪工業経営専門学校教授
1947年 1 月	大阪商科大学図書課長を兼務
1949年 4 月	大阪市立大学教授（経済学部）
12月	大阪市立大学附属図書館長（54年3月まで）を兼務
1950年 9 月	文部省学術奨励審議会（学術用語分科審議会）専門委員
1951年 7 月	経済学博士の学位を受ける
1953年 6 月	大阪市立大学大学院委員

著者紹介

飯田　繁（いいだ　しげる）

1906年鹿児島県に生まれる。1930年東京大学経済学部経済学科卒。大阪商科大学教授，大阪市立大学経済学部教授（経済学博士），同経済学部長を経て，1970年大阪市立大学名誉教授・岐阜経済大学教授となる。この間，日本学術会議会員（第8，9期）。岐阜経済大学学長（1972～81年）を経て，1984年岐阜経済大学名誉教授。大阪経済法科大学客員教授。1999年8月4日肺炎にて没す。専攻は金融論・物価論。

著　書　『最近の物価政策と景気』（1936年，大阪商科大学経済研究所）。『物価の理論的研究』（1949年，伊藤書店）。『利子つき資本の理論』（1954年，日本評論新社，新訂，1958年）。『利子つき資本』（1959年，有斐閣）。『現代銀行券の基礎理論』（1962年，千倉書房）。『兌換銀行券と不換銀行券』（1963年，千倉書房）。『インフレーションの理論』（1968年，日本評論社）。『マルクス紙幣理論の体系』（1970年，日本評論社）。『商品と貨幣と資本』（1981年，ミネルヴァ書房）。『マルクス貨幣理論の研究』（1982年，新評論）。『貨幣・物価の経済理論』（1983年，新評論）。『不換銀行券・物価の論争問題』（1983年，千倉書房）。『価値・価格・物価の研究課題』（1984年，新評論）。『昭和動乱期の日本経済』（1985年，新評論）。

編　著　『インフレと金融の経済学』（1979年，ミネルヴァ書房）。

信用の理論的研究

2001年2月25日　初版第1刷発行©

著　者　飯　田　　繁
発行者　藤　原　良　雄
発行所　株式会社　藤　原　書　店
〒162-0041　東京都新宿区早稲田鶴巻町523番地
電話　03（5272）0301
FAX　03（5272）0450
振替　00160-4-17013

印刷　白　陽　舎　　製本　河　上　製　本

落丁本・乱丁本はお取替えいたします
定価はカバーに表示してあります

Printed in Japan
ISBN4-89434-221-9